国家社会科学基金重大项目（11&ZD140）资助

新兴技术未来分析理论方法与产业创新研究

黄鲁成　吴菲菲　李　欣　苗　红等　著

科学出版社

北　京

内 容 简 介

本书从我国创新驱动发展的现实需求出发,展现了新兴技术未来分析理论方法与产业创新研究的最新成果。全书由上篇"新兴技术未来分析理论方法研究"与下篇"产业创新与新兴产业发展研究"组成。上篇内容包括新兴技术未来分析理论方法基础、新兴技术发展规律及分析方法、面向新兴技术研发的识别方法、新兴技术应用领域演化规律与跨领域评价、新兴技术应用效应评价和新兴技术应用对策研究。下篇内容包括产业创新与新兴产业发展的研究主题及内容的"伞"结构、战略性新兴产业评价标准与选择、产业创新与新兴产业演化规律研究、新兴产业关联特征性及发展研究、新兴产业共性技术识别与发展研究、新兴产业风险评估与预警研究。

本书既可以作为技术管理、技术与产业创新方向研究生的参考书,也可以用于指导企业选择研发方向,以及相关政策制定者把握技术与产业创新发展的规律。

图书在版编目(CIP)数据

新兴技术未来分析理论方法与产业创新研究 / 黄鲁成等著. —北京:科学出版社,2018.4

ISBN 978-7-03-057147-2

Ⅰ. ①新…　Ⅱ. ①黄…　Ⅲ. ①高技术发展–研究 ②新兴产业–产业发展–研究　Ⅳ. ①F062.4 ②F264

中国版本图书馆 CIP 数据核字(2018)第 077500 号

责任编辑:徐　倩 / 责任校对:孙婷婷
责任印制:霍　兵 / 封面设计:无极书装

科 学 出 版 社 出版

北京东黄城根北街 16 号
邮政编码:100717
http://www.sciencep.com

中国科学院印刷厂 印刷

科学出版社发行　各地新华书店经销

*

2018 年 4 月第 一 版　开本:720 × 1000　1/16
2018 年 4 月第一次印刷　印张:22 3/4
字数:459 000

定价:220.00 元

(如有印装质量问题,我社负责调换)

前　言

　　"新兴技术未来分析理论方法与产业创新研究"（11&ZD140）是国家社会科学基金 2011 年重大招标项目并已结项，本书是在这个项目成果基础上完成的。

　　本项目是我国"十二五"期间的重大选题，项目的目的与意义是：在我国面临新兴技术与产业创新快速发展的时期，通过正确认识和把握新兴技术与产业创新规律，构建科学的新兴技术与产业创新分析方法，提出有针对性的发展对策，以服务于国家科技、经济与社会发展，服务于企业创新研发决策。项目的实施对于完善新兴技术与产业创新的理论体系，创新研究方法，促进新兴技术与产业创新决策科学化，加速我国新兴技术与产业创新发展具有重要意义。

　　本书由上篇和下篇构成，上篇的研究内容是：新兴技术未来分析理论方法基础、新兴技术发展规律及分析方法、面向新兴技术研发的识别方法、新兴技术应用领域演化规律与跨领域评价、新兴技术应用效应评价和新兴技术应用对策研究。

　　下篇的研究内容是：研究主题与内容的"伞"结构、战略性新兴产业评价标准与选择、产业创新与新兴产业演化规律研究、新兴产业关联特征性及发展研究、新兴产业共性技术识别与发展研究、新兴产业风险评估与预警研究。

　　研究中依据的主要学科理论和技术是：信息科学理论与技术、未来学及分析技术、科学计量学与文献计量学、技术研究相关理论、产业经济学、系统科学、生态学理论方法、产业创新系统理论和创新理论等。

　　研究中始终坚持以理论分析与实践对策研究相结合、规范研究与实证研究相结合、客观分析方法与主观判断相结合、定性分析与定量分析相结合原则开展工作。

　　研究中主要采用的数据与信息资料包括专利数据、科技文献、网络信息、统计数据、专家咨询信息等，其中在网络信息的采集、处理与分析方面，开发了部分软件工具。

　　研究工作力求的创新性是：①构建基于专利、文献、网络信息的新兴技术未来分析客观方法，阐述新兴技术未来分析"伞"结构的概念，为新兴技术未来分析奠定基础。②应用上述客观分析方法，阐述新兴技术发展阶段、新兴技术轨道与路径演化、新兴技术扩散中的规律性，为新兴技术的发展提供理论基础。③提出面向企业创新研发的新兴技术前沿与热点、技术机会、颠覆性技术的识别方法，为企业超前研发提供决策支持。④揭示新兴技术应用领域的演化规律，提出新兴技术跨领域评估方法、新兴技术经济效应评估方法、新兴技术竞争态势评估方法，为新兴技术的应用提供多视角支撑。⑤提出产业创新与新兴产业发展研究"伞"结构的概念，完善研究方法论和研究内容体系。⑥根据"伞"结构概念，阐述产业创新和新兴产业演化阶段与转化特征、新兴技术与新兴产业协同演化规律，为新兴产业发展研究提供理论基础。⑦提出新兴产业评价标准与选择方法、新兴产业关联分析方法、新兴产业共性技术识别方法及新兴产业风险评估与预警方法，为产业创新与新兴产业可持续发展的研究提供决策支持。

黄鲁成

2017 年 4 月 18 日

目　录

下篇　产业创新与新兴产业发展研究

上 篇

新兴技术未来分析理论方法研究

第一章

新兴技术未来分析理论方法基础

新兴技术未来分析是技术未来分析的重要组成部分，是技术未来分析的发展。理论方法是本书上篇研究工作的基础，其主要研究内容包括：首先阐述技术未来分析概念的由来以及在我国的发展，这是全面理解和把握相关问题研究价值的基础；其次阐述我国新兴技术未来分析主题与研究内容"伞"概念，以及研究依据的学科理论和分析技术；最后提出新兴技术未来分析的客观方法。

第一节 技术未来分析由来

一、国外技术未来分析的由来

技术未来分析活动首先来自于企业界。1971 年，日本建立了独立的服务于政府和企业的未来技术研究院（The Institute for Future Technology，IFTECH），主要提供科学、技术与产业未来发展的咨询服务。建立于 1978 年的技术未来公司（Technology Futures，Inc.），通过提供高质量的技术管理、战略与技术预测服务，广泛服务于企业、政府和学术组织。该公司以聚焦未来和技术未来分析为特点，通过平衡技术、市场和企业之间的要求，提供如下服务：新技术、产品与服务的识别评价；确定新技术的市场需求；研究新技术的接受与采用问题；技术开发的战略模型；技术投资的经济价值评估等。技术未来公司曾为三星、波音等多家财富 100 强高技术企业提供服务。2005 年，联合国工业开发组织的技术预见报告指出，在过去20 年中，许多行业（能源、汽车、电信等）的大公司都建立了自己的组织，并制定了实施计划，用以分析新技术的远景以及它们对市场和公司战略的影响[1]。

理论界的相关研究起始于 20 世纪末和 21 世纪初。英国著名的 Teesside 大学设立了技术未来研究院（Technology Future Institute，TFI），TFI 力求通过运用和开发技术，努力实现其经济价值、改善生活质量，提供一个可持续的未来。它的研究与创新范围主要涉及工艺过程、能源与环境、生命科学与安保领域。美国乔治亚理工学院技术政策与评估中心（Technology Policy and Assessment Center，TPAC）以科技与创新研究为己任，中心的研究人员关心的主要问题是：什么样的创新轨道有助于新兴技术的出现？能预测与评估新兴技术吗？信息技术能创新什么样的公共产品？什么样的能源政策与技术创新可实现持续发展？美国将拥有未来技术吗？2004 年，欧盟建立了"欧洲科学技术预见知识共享平台"（European S&T Foresight Knowledge Sharing Platform），提出要监测技术预见活动、支持预见活动中各个主体间的相互学习，促进欧盟的预见活动创新。

二、我国的技术未来分析研究

2010 年《中国软科学》第 12 期发表的《未来导向技术未来分析现状与思考》，将国外相关研究介绍到中国，并在评述的基础上提出了我国开展技术未来分析的建议。

2010 年 1 月 18 日，首届中国技术未来分析论坛在北京召开，此后每年连续举办，成为以技术未来分析为主要研究对象的交流平台。高等院校、研究机构、企业和政府部门的广泛参与，预示着我国技术未来分析研究不断走向深入。

我国的技术未来分析研究具有以下特点：紧密结合科技、经济与社会发展现实需要；由高校、研究机构和企业共同参与；坚持理论与实践相结合；既包括技术未来分析的内容，也包括新兴技术未来分析的内容；坚持国内需求与国际前沿相结合。

第二节　新兴技术未来分析的"伞"结构

一、新兴技术未来分析发文趋势

通过在中国知网（China National Knowledge Internet，CNKI）数据库中对中文社会科学引文索引（Chinese social sciences citation index，CSSCI）期刊的检索不难发现，论文关键词（keywords）包含"新兴技术"并且全文中有"未来"概念的论文共计 300 余篇，论文数量逐年变化如图 1-1 所示。

由图 1-1 可知，我国新兴技术未来分析论文快速发展时期为 2005 年，并呈持续增长势头。

二、基于关键词共现的新兴技术研究主题识别

依据 CNKI 可知，"新兴技术"最早出现于 1978 年，《光明日报》1978 年 5 月 5 日、5 月 7 日、5 月 8 日先后发表了《关于八个综合性科学技术领域、重大新兴技术领域和带头学科的介绍》。直到 2003 年，我国学术研究主题中也很少讨论"新

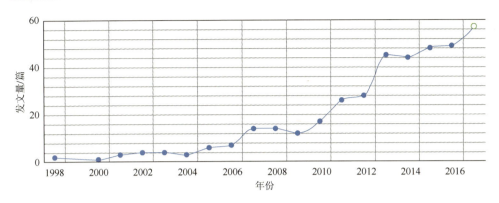

图 1-1　新兴技术未来分析发文量分布

兴技术"。自 2005 年起，关于"新兴技术"研究的学术主题日趋明显，通过采用关键词共现的方法，聚类分析 2005～2011 年的研究主题，如图 1-2 所示；再采用文献阅读归类方法，全面了解这期间的研究主题。

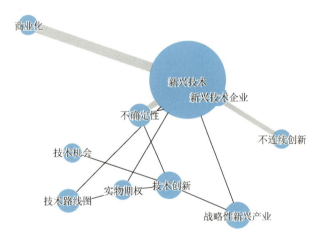

图 1-2　我国新兴技术未来分析研究主题（2005～2011 年）

由图 1-2 可知，早期我国新兴技术未来分析主要关注的是：新兴技术的不确定性、战略性新兴产业和新兴技术商业化、技术机会与技术路线图的研究等。

三、基于文献分析的新兴技术研究主题识别

通过阅读早期（2005～2011 年）相关文献，可归纳总结，提炼出 4 个方面的主题：第一个研究主题是关于新兴技术产业化（商业化）的研究，特别是对其产

业化（商业化）潜力的评价研究。第二个研究主题是关于新兴技术不确定性和风险研究。第三个研究主题是关于新兴技术演化（路径）方面的研究。第四个研究主题是关于新兴技术管理与政府政策的研究。值得一提的是，这一阶段有极少数学者开始使用专利、文献分析新兴技术问题。

2005~2011 年，新兴技术研究采用数据方面，客观数据（专利和科技文献）的应用还不是主导。在研究内容方面，除少数学者研究了新兴技术演化（路径），未见到从发展阶段分析、轨道与路径关系、前沿和热点识别、空白点和技术机会分析、跨领域应用预判方面研究新兴技术的相关成果。

四、研究主题与内容"伞"结构

科学提炼、构建新兴技术未来分析的研究对象和研究内容，是保证上篇研究系统性和科学性的首要条件，有利于开展深入、系统和持续性研究，有利于提升研究的理论水平和应用价值。

为此，提出研究主题与研究内容"伞"结构的概念，"伞"结构是对技术未来分析结构的形象描述，它是指新兴技术未来分析研究对象与研究内容的相互关系及层次性。"伞"概念的结构由分层主题和研究内容构成：一级研究主题是新兴技术未来分析理论方法；二级研究主题是按照一级研究主题的内在逻辑性、现实需求的紧迫性决定的；研究主题由不同的研究内容"伞"构成，研究内容"伞"是对研究主题的细化。

一级研究主题和二级研究主题构成第一层"伞"概念，二级研究主题的确定，依据研究视角有不同的区分，既可以从理论和方法角度区分，即二级研究主题包括新兴技术发展演化规律、新兴技术识别和评价方法研究，也可以从新兴技术发展和效应角度区分，即二级研究主题包括新兴技术自身发展和应用效应研究。

（一）基于理论与方法的"伞"结构

本视角下的"伞"概念，第一个二级研究主题——新兴技术发展规律研究的内容"伞"包括形成与发展阶段规律、轨道与路径演化规律、新兴技术扩散规律、应用领域演化规律。第二个二级研究主题——面向研发的新兴技术识别与评价方法的研究内容"伞"包括新兴技术前沿识别、新兴技术热点识别、新兴技术机会识别、颠覆性技术识别、新兴技术跨领域评价、新兴技术应用效应评价。

由此得到新兴技术未来分析研究"伞"结构示意图（图 1-3）。

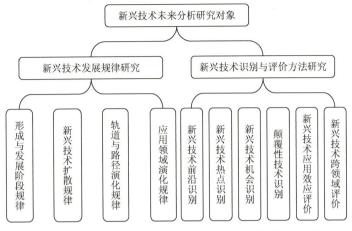

图 1-3　基于规律与方法的新兴技术未来分析"伞"结构

（二）基于发展与效应的"伞"结构

本视角下的"伞"概念，第一个二级研究主题——新兴技术自身发展研究的"伞"内容包括新兴技术发展规律研究、新兴技术轨道与路径识别、新兴技术扩散规律研究、新兴技术机会识别、颠覆性技术识别、新兴技术前沿与热点识别。第二个二级研究主题——新兴技术应用及效应研究的"伞"内容包括新兴技术应用领域演化规律、新兴技术跨领域评价、新兴技术应用效应评价、新兴技术应用对策研究。由此得到另一个新兴技术未来分析研究"伞"概念示意图（图 1-4）。本书按照图 1-4 展示的"伞"结构展开研究。

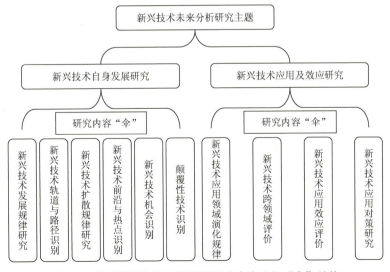

图 1-4　基于发展与效应的新兴技术未来分析"伞"结构

第三节　相关学科理论与分析技术基础

依据新兴技术的特性和研究内容的要求,研究过程依据的学科(理论)与分析技术主要包括信息科学理论与技术、未来学与分析技术、科学计量学与文献计量学、技术研究相关理论等。

一、信息科学与相关分析技术

信息科学是研究信息特性和行为、信息流动、优化信息获得和使用过程方式的学科。它涉及信息收集、组织、存储、检索、解释、转换和使用的相关知识,它是由数学、逻辑学、语言学、心理学、计算技术、图形、通信等构成的交叉学科[2]。信息从本体论的意义上来说,是事物运动的状态和方式;从认识论的意义上说,它是认识主体所感知或所表述的事物运动的状态和方式。以信息作为主要研究对象,这是信息科学区别于其他科学的最根本的特点之一,也是信息科学之所以能够成为一门独立学科的最根本的前提。信息技术是指能够完成信息的获取、传递、加工、再生和使用等功能的一类技术。

(一)信息获取技术

信息获取技术研究如何获得大量、难以处理的信息,并有效地提供给使用者。其主要应用技术包括信息检索、文本挖掘、文本编辑、机器翻译、文本分类等。

(二)信息检索技术

信息检索是研究如何检索文本、在文本中检索信息和在文本中检索元数据、如何检索关系数据库、万维网等,如何避免数据过度等。其中元数据是描述数据的数据,包括描述元数据、结构化元数据和管理元数据。结构化元数据是元数据的"容器",标明各类数据是如何组合在一起的。管理元数据是为管理信息源提供的信息,如文件类型、创造的时间。元数据用于发现和识别事物,具体包括标题、摘要、作者和关键词、日期、文本大小等。

(三)信息处理分析技术

信息处理分析技术主要包括:①排序技术,即对具有相同特性的数据进行分层。②分类、聚类技术,即将理念和研究对象进行认识、区别、理解的过程,分类是按照特定目的进行的,并能阐述对象之间的关系。分类是预测、推理和决策的基础。分类有许多理论和技术,主要包括经典分类、概念性聚类和原型理论。

概念聚类——通过对不同的"群"或个体的特征进行概念性描述，在此基础上对整体进行聚类。基于概念描述的聚类与模糊集理论紧密相关。③数据可视化技术，是一种软件技术，使"成堆"的数据可以看得见。数据可视化要使用元数据完成，结构化元数据通常用于支撑数据可视化。

二、未来学与分析技术

未来学是对未来可能、很可能、期待的研究。未来研究力求判断哪些情况可能会继续，哪些会发生变化。未来学力求系统性和基于模式的理解过去及现在，并决定未来哪些事件可能发生或具有趋势性。作为交叉学科，未来学研究过去和现在的变化，在此基础上探讨未来的可能性及选择，其研究过程包括分析变化与稳定性的原因、模式和起源，以便预见可能的未来[3]。从实际应用角度看，未来学探索和预测事物发展的趋势、动向、前景，研究控制事物未来发展变化的对策，为规划、计划、管理、发展战略和各种决策服务。

可以用于新兴技术未来分析的未来学分析技术主要包括环境扫描监测、交叉影响分析、技术路线图、社会网络分析、趋势分析（特别是潜在趋势分析，即由于创新、项目实施、理念或行动造成的新可能趋势，这种趋势是潜在的但会逐渐成长为主流）、形态分析、技术效应评估、经济效应评估、环境效应评估、系统动力学分析、技术预测、情景分析、德尔菲法、仿真等。

未来学研究的基本理念是："变化"是常态，而且"变化"在加速；事件总是相互联系的，而不是分离或不连接的；前瞻变化应当坚持整体观和系统观；"未来"总是具有多种可能性的；未来学重视"弱信号"的作用，它是指趋势变化中一些早期、具有噪声、来自社会环境的信号，是可以支撑预判行为的原始信息。

三、科学计量学与文献计量学

科学计量学是测量和分析科学技术、创新的学科，其主要研究领域（问题）是基于论文引用的期刊和机构的影响测度，分析科学引用，可视化科学领域，提出面向政策与管理的指标体系[4]。

科学计量学的分析技术包括定性与定量分析及计算方法，其中引用分析与引用指数技术、词频统计、计量模型是最常用的技术。

科学计量学的研究焦点是各机构产出率比较、排序、期刊排序、研究人员评价标准、评估顶级学术论文影响力，基于研究绩效的顶级作者与机构分析。

文献计量学是关于文献出版物的统计分析[5]。该方法通常应用于图书情报学科领域，对学术文献进行定量分析，或评估预算支出绩效[6]。文献计量学是集数学、统计学、文献学于一体，注重量化的综合性知识体系。

引用分析是该学科最常用的技术，通常以图表的方式表示出来。文献计量学也用于评价特定领域的影响力、研究者影响力、特定论文的影响力，也可以用于分析学术期刊的关系。还可以应用于构建主题词（term）库、测度关键词词频、探索文本的结构、测度读者的习惯网上互动媒体的价值。

四、技术研究相关理论

（一）技术生命周期理论

技术生命周期是技术发展变化的周期性特征，具有不同视角的阐释。

宏观视角的技术生命周期观[7]。技术的发展变化首先是技术增量变化阶段，特点是技术呈现进化、连续增量改进，注重的是技术细节的完善；其次是技术非连续性变化阶段，特点是技术发生了革命，具有突破性、颠覆性；然后是技术的动荡阶段，特点是变化具有不确定性，潜在用户未形成明确的使用偏好；最后是主导设计阶段，特点是产业技术标准开始出现。

基于技术功能的技术 S 曲线观[8]。任何一项技术的功能随时间变化而呈现出不同的特点：第一阶段，技术功能的提升（改进）很少且比较缓慢；第二阶段，技术功能的改进很迅速；第三阶段，技术功能继续改进，但改进的速度开始下降；第四阶段，可见的技术功能改进已经非常少了。

基于技术采用的技术生命周期观[9]。新技术的初始阶段，市场采用仅限于早期采用者，采用量很少；在中期阶段，主导设计开始浮现，人们对新市场具有了一定的忠诚度，而且产品制造具有了标准；在主导设计阶段，市场新进入者不断增加，加剧了竞争，促进了进一步创新，这个迅速发展的阶段是技术成熟阶段；最后一个阶段，产品市场达到了饱和。上述各阶段上，每个阶段持续的时间依据产品特性、市场环境、管理状态、研发和生产情况而变化。

（二）技术变化

技术变化的本质是通过研发（形成新兴技术）、技术持续改进和技术在产业及社会的扩散，实现技术发明及其商业化，简而言之，技术变化是获得更多、更好的技术。技术变化通常被看作一个社会过程，其中包含生产者、采用者、政府部门（提供文化、制度等）。技术变化中要研究的主要内容是技术扩散，技术扩散中的重要模型是 S 曲线型，最初技术很不成熟，接着是一个成功创新时期（具有较高的采用水平），最后是采用水平降低，因为技术采用在市场中已经达到最大潜力。影响扩散的主要要素包括创新性技术、特定渠道的交流、社会系统及成员、采用者。

（三）技术转换

技术转换是对技术创新发生并嵌入社会过程的描述，它伴随着广泛的社会变化过程，如使用者行为、规则、产业网络、基础设施和文化[10]。

技术转换具有 6 个特性[11]：技术转换是协同进化和多维度的，其中"协同"既包括技术与社会协同，也包括科学、技术、使用者和文化之间的协同；技术转换是多因素的，其中科学与工程是核心，还有组织、政策制定者、政府、利益集团等；技术转换发生在多层次水平上；技术转换是个长期过程；技术转换具有颠覆性（通常发生在微观层次）；技术转换也是非线性的。

技术转换具有 5 种轨道[12]：复制已有轨道，社会经济体制不发生变化；轨道转化，其社会-技术体制发生变化，但并没有出现垄断性技术；技术替代，现行的技术被颠覆性技术创新取代，结果导致新的社会-技术体制出现；轨道消散与重组，即社会-技术体制出现缺陷后，一个竞争性的新技术导致主导模式的出现；轨道重构，即多重与相互联系的技术被类似的技术方案替代。

技术转换是与社会需求、个体需要和使用紧密相连的，技术被采用和扩散是建立在创新和社会需要相互作用基础上的。技术转换是多层次的、长期的、非线性的。技术转换管理需要把不同的观点、多种思路方法引入，以加速转换和可持续发展。

第四节　新兴技术未来分析的客观方法

一、客观方法的必要性

目前科技活动中主要依据主观方法，即依据同行专家和管理者的知识和经验，采用研讨、问卷对新兴技术进行识别、判断、评价和选择。毫无疑问，主观方法是科技活动的基础性和主导性方法，但也要清醒地认识到，单纯采用主观方法存在的不足及带来的问题：一是在科技飞速发展、知识爆炸和大数据时代，同行专家难以迅速掌握技术领域的发展全貌及规律特点，因此同行专家的认识、判断必然存在局限性。二是同行专家通常是在某一科学技术领域内某方向的"专家"，因此在确定"哪座山峰值得攀登"时，部分专家会潜意识地选择自己熟悉的"山峰"，即主观方法存在片面性。要解决科技活动中存在的上述弊端，将客观方法论纳入新兴技术分析是十分必要的。

客观方法是指依据客观数据，即科技文献、专利、网络信息等，采用数据分析处理工具，由此对新兴技术发展规律进行研究，对新兴技术进行认识、识别、判断、评价和选择。

二、客观分析方法的数据类型及来源

新兴技术未来分析数据主要包括科技文献、专利、技术标准与网络信息等。

（1）科技文献数据及来源。技术形成与发展是一个过程，尽管新兴技术不再固守基础理论研究-技术应用研究-技术产业化推广的线性成长路径，但毕竟新兴技术从时间阶段上看处于技术形成的早期，很多新兴技术的形成有赖于基础理论的突破，换句话说，基础理论的突破常常导致技术研发路径的重新选择，引发技术轨道的改变。因此，科技文献的跟踪和关键信息挖掘成为新兴技术未来分析的主要新来源。科技文献可以通过传统的期刊数据库获取，但期刊发表存在一定的时间滞后；而会议论文发表比较及时，会议研讨的主题也具有较强的时代感，反映现实社会的需求，引领未来的研究方向。因此，会议论文也是技术未来分析数据值得关注的信息源。随着开放、分享文化的深入人心，开放期刊被越来越多的组织和研究人员所重视和接受，尽管开放期刊的运行模式和质量控制环节与传统期刊不同，但作为承载研究成果的平台，其利用价值和优势是明显的，具有进一步挖掘的意义。科技文献信息主要来自 WoS（汤森路透公司文献数据库）、工程引文索引（engineering index，EI）数据库、社会科学引文索引（social sciences citation index，SSCI）数据库、CNKI、科技报道、R&D（research and development）报告、各类开放期刊源等。

（2）专利数据及来源。基础研究成果是否能够顺利地转化成技术成果，有待于各项技术方案的落实和各种技术参数与试验方法的有效性验证，不同环节的技术创新成果为了确保未来竞争中的地位和竞争力，常通过专利权形式独享创新成果。因此各国家、区域和组织的专利数据成为技术未来数据分析方法的重要数据来源。各种基于专利数据的分析方法层出不穷，研究问题的深度和广度不断增加。专利数据获取主要来自：德温特专利数据库（Derwent Innovations Index，DII）、美国专利商标局（United State Pantent and Trade-mark Office，USPTO）数据库、esp@cenet（欧洲专利数据库）、DEPATISnet（德国专利数据库）、日本专利局（Japan Patent Office，JPO）数据库、专利合作协定（Patent Cooperation Treaty，PCT）数据库、世界知识产权组织（World Intellectual Propety Organization，WIPO）数据库、国家知识产权局（State Intellctual Propety Office，SIPO）数据库等。

（3）技术标准数据及来源。技术标准是竞争中的关键"武器"，拥有标准在市场竞争中可获得更多的话语权。基于标准的分析以及对标准必要专利的分析，也成为技术未来数据分析方法的视角和途径。技术标准主要来自标准数据库。

（4）网络信息数据及来源。网络信息具有实效快、来源广的特点，当然也具有"噪声"大的特点。网络信息的采集、降噪、处理和分析成为新兴技术未来数据分析的关键问题。网络信息获取主要来自用户评论信息、知识型网站信息、各研究机构网站、各公司网站、各大门户网站的新闻和评论等信息、各类搜索引擎获取的网络链接，移动互联网获取的信息等。

除了上述科技文献、专利、技术标准、网络信息，各种传统的经济统计、科技统计数据、财务数据、产业报告等也是技术未来数据分析的重要数据源。

三、客观方法类型及适用范围

新兴技术未来分析客观方法主要包括专利分析方法、科技文献分析方法和网络信息分析方法等。客观方法的特点如下（图1-5～图1-7）。

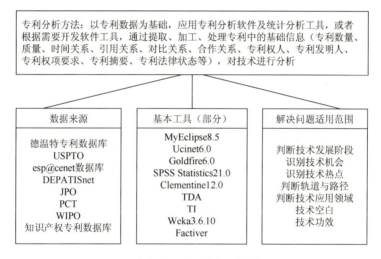

图 1-5　专利分析方法特点

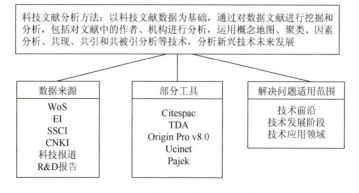

图 1-6　科技文献分析方法特点

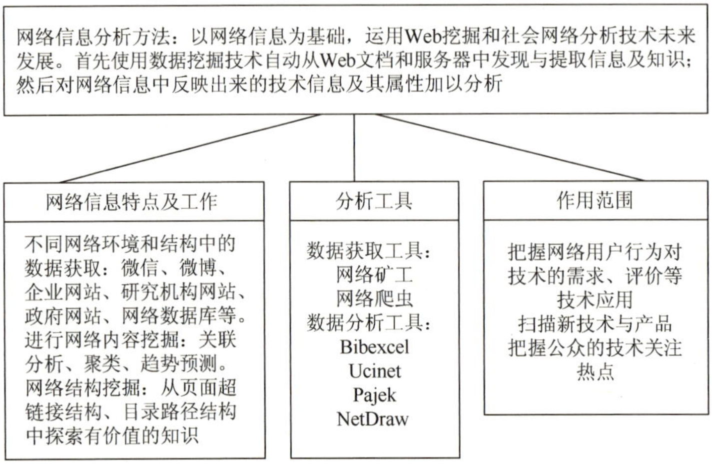

网络信息分析方法：以网络信息为基础，运用Web挖掘和社会网络分析技术未来发展。首先使用数据挖掘技术自动从Web文档和服务器中发现与提取信息及知识；然后对网络信息中反映出来的技术信息及其属性加以分析

网络信息特点及工作	分析工具	作用范围
不同网络环境和结构中的数据获取：微信、微博、企业网站、研究机构网站、政府网站、网络数据库等。进行网络内容挖掘：关联分析、聚类、趋势预测。网络结构挖掘：从页面超链接结构、目录路径结构中探索有价值的知识	数据获取工具： 网络矿工 网络爬虫 数据分析工具： Bibexcel Ucinet Pajek NetDraw	把握网络用户行为对技术的需求、评价等技术应用 扫描新技术与产品 把握公众的技术关注热点

图 1-7　网络信息分析方法特点

四、客观方法组合及应用

针对新兴技术未来分析研究对象"伞"概念，客观方法及工具的应用，一方面要根据研究内容需要，分别采用专利数据及分析方法（技术）、科技文献及分析方法（技术）、网络信息及分析方法，如图1-5～图1-7所示；另一方面要坚持"组合"法，即综合专利数据及分析方法（技术）、科技文献及分析方法（技术）、网络信息及分析方法。据此，可将客观方法体系概括为新兴技术未来分析方法及工具（技术）、新兴技术未来识别方法及工具（技术）、新兴技术未来评估方法及工具（技术）。

新兴技术未来分析方法及工具（技术）主要用于分析阐述新兴技术发展阶段、新兴技术路径与轨道演化、新兴技术扩散、应用领域演化方面的规律性。新兴技术未来识别方法及工具（技术）主要用于识别新兴技术前沿与热点、技术机会、颠覆性技术、新兴产业共性技术。新兴技术未来评估方法及工具（技术）主要用于对新兴技术跨领域、经济效应、竞争态势的分析评价。

第二章

新兴技术发展规律及分析方法

如图 1-4 所示，新兴技术发展变化规律及分析方法是第一个二级研究主题新兴技术自身发展研究中的重要内容，其研究内容"伞"包括新兴技术发展规律研究；新兴技术轨道与路径识别；新兴技术扩散规律研究。

第一节　新兴技术发展阶段及特性分析

对新兴技术发展规律性的分析，包括对新兴技术发展的阶段性的分析，对技术轨道与路径及关系的分析，对新兴技术扩散规律及特征的分析。

技术发展随着时间推移，其技术性能改进呈现 S 形状，不同阶段的技术发展空间、技术风险、研发投入产出比具有很大差异。把握技术发展阶段的过程和特征，对于正确选择技术研发的"落脚点"具有重要意义：第一，处于缓慢成长阶段的新技术，其技术发展的方向和成功与否具有很大的不确定性，研发投入和风险都比较大，但一旦取得突破，该项新技术有可能引领新增长。具有较强风险承受能力和风险偏好的企业、国家、区域，可以对此阶段的技术进行研发投入，成为技术发展的"领头羊"，占据技术优势；而风险承受能力弱的稳健型企业、国家、区域则不宜对此阶段的技术进行研发投入。第二，处于成长快速阶段的新技术，主导设计初步确定，技术功能迅速提升，此时进入该技术领域的技术失败风险比较小，利润增长明显，但企业间竞争风险比较大。多数企业可选择对此阶段的技术进行研发投入的战略，在主导设计不变的情况下，突出差异化特点。第三，处于成长稳定阶段的新技术，技术性能改进的空间逐渐缩小，研发效率显著降低，建议企业考虑识别选择新技术方向。

为此应采用客观数据，特别是综合使用专利数据、科技文献数据等客观数据，运用定量分析方法描述技术所处的发展阶段，并使之有较好的可操作性和有效性。

一、新兴技术发展阶段特性的分析基础

　　新兴技术发展阶段分为成长缓慢阶段、成长快速阶段和成长稳定阶段。成长快速阶段还可以进一步分为成长快速阶段Ⅰ和成长快速阶段Ⅱ。通过多视角集成，即基于科技成果类型关系的技术发展阶段分析、基于专利权人与专利数量关系的技术发展阶段分析、基于专利与引文（知识积累）关系的技术发展阶段分析，以及在上述三种分析基础上的集成评价：当至少有两种分析方法的结论一致时，便可采信对新兴技术发展阶段的判断结果。技术成长缓慢阶段前端被称为技术前沿，属于不具有技术功能形态的原理研究状态。

二、基于科技成果类型的技术发展阶段特性分析

　　科技成果类型通常包括会议论文、期刊论文、著作、专利、研究报告等，考虑数据的时效性、可得性以及与技术发展阶段关联的紧密性，运用会议论文、期刊论文和专利数量作为判断依据。科技文献（包括会议论文）与专利的数量及增长有三种情况，表明了技术发展不同阶段的特性。

（一）科技文献数与专利数相当且总数较少、增长缓慢

　　科技文献数与专利数相当且总数较少、增长缓慢表明：该新兴技术的科学问题和工程技术问题难又多，由于具有经验和关注该新技术的科学家很少，科学家的探索成果（学术论文）比较少；同时有经验和关注该新技术的工程技术人员也比较少，所以工程技术人员的解决问题方案（专利）也比较少。此时的技术处于成长缓慢阶段。处于此阶段的技术发展趋势有两种可能：随着技术难题的不断解决——专利和文献快速增长，主导技术在深入探索中；也可能很多技术难题持续解决不了，而放弃该新技术。

（二）科技文献数大于专利数且均在快速增长

　　科技文献数大于专利数且均在快速增长表明：该新兴技术的科学问题与工程技术问题虽然都比较多，但随着科学家与工程技术人员经验的积累，完善新技术的方案（专利与文献）也快速增加——因专利研发周期长，所以专利数小于文献数。这时的新技术发展趋势逐渐明朗，主导技术逐渐明确。专利的增长主要用于完善主导技术的功能，此时的技术处于成长快速阶段。

（三）科技文献数小于专利数且均在增长

　　科技文献数小于专利数且均在增长表明：该新技术的科学问题已经基本解决，

有利于工程技术问题的快速解决，主导技术趋于稳定。所增加的专利主要用于进一步完善主导技术的功能，此时的技术处于成长稳定阶段。

三、基于专利信息的技术发展阶段特性分析

新兴技术发展阶段不仅可以通过文献数据类型进行判断，也可以用专利信息中专利权人数量和专利数量的变化确定。

专利数量快速增长，表明该技术领域许多问题正在得到解决，该新技术的功能不断得到完善；专利数量由快速增长进入缓慢增长阶段，表明技术需要解决的问题逐渐减少，技术功能完善的空间在减少，技术创新的吸引力在下降。

对于专利申请人（专利权人）而言，当技术刚出现还不被人们所认识时，进入该新技术领域掌握相关工程技术问题解决方案的机构不多；随着人们对技术的认识和市场对新产品的接受，技术的潜在价值逐渐显现，希望拥有相关技术专利的机构逐渐增加；当技术的功能逐渐完善，主导技术逐渐显现，技术创新的吸引力逐渐下降，在相关技术领域从事研发活动的机构不再增加，甚至逐渐减少。

专利权人数和专利数之间的变化关系，具有五种状态，产生各种状态的原因各有不同，可以按不同状态出现的先后阐述如下。

"变化关系"的第一状态：专利权人数和专利数量都较少。这时的新兴技术处于成长缓慢阶段（初始缓慢成长期）。其原因是：一方面，技术需要解决的新问题很多，人们解决问题的经验和能力还不足——专利比较少；另一方面，技术的价值还未被人们所认识——专利权人也比较少。此时，技术未来的发展有三种可能：或者技术问题迅速得到解决，主导技术的探讨十分活跃；或者技术的关键问题未能解决，技术难以快速发展；或者现有技术基本能满足需求，技术发展动力不足。

"变化关系"的第二状态：专利权人数和专利数量都快速增长。此时新兴技术处于成长快速阶段Ⅰ。其原因是：技术发展存在的问题迅速得到解决，但主导技术尚不明朗，很多机构在相关技术领域进行积极探索。

"变化关系"的第三状态：专利权人数减少而专利数量缓慢增长。此时新兴技术处于成长快速阶段Ⅱ。其原因是：技术功能需要提高的空间在减少（专利不再快速增长了）；由于主导技术渐渐明朗，一些研发机构不再继续增加该领域的研发。

"变化关系"的第四状态：专利权人数减少而专利申请数量趋于稳定或减少。此时新兴技术处于成长稳定期。其原因是：技术功能需要完善的空间越来越少，专利数稳定或减少；由于主导技术基本确立，研发机构不再增加。

"变化关系"的第五状态是：专利数量和专利权人数量处于不稳定变化中，此阶段的新兴技术也处于缓慢成长期，其原因是技术发展趋势不明确。

四、基于专利与引文结合的技术发展阶段特性分析

在一个新兴技术领域中，随着技术成熟度的增加，其应用领域也会相应地得到扩展，显示出更强的共性特征，具有较强的可应用性和产业化的潜力，体现在专利数据中，即随着该领域知识的积累，专利数据中所包含的国际专利分类号（international patent classification，IPC）数量增加。另外，若该技术领域已经有清晰的应用发展方向，很难在新的领域有所突破，就会在专利数据中表现出高度的IPC聚集效应，体现在数据中，即随着知识的积累，排名前5位（TOP5）的IPC所涉及的专利数量大幅度增加。

因此，可以选择两个指标说明技术的共性特征和应用领域的聚集程度，并使用研究论文的参考文献数量表征该领域的知识积累。基于专利与引文（知识积累）结合的趋势分析，可以从以下四种技术发展状态讨论：一是知识积累量大，但专利IPC数量不大，IPC TOP5所涉及的专利数量十分有限，反映该技术研究所覆盖的技术领域不多，重点研究问题还不收敛，说明该技术处于成长缓慢阶段（应用的深度和广度还有很大提升空间）；二是知识积累量较大，专利IPC数量也较大，且IPC TOP5所涉及的专利数量同步增长，反映该技术研究热度提高，技术探索已经在越来越多的领域取得成果，研究的重点技术问题逐步收敛，说明技术处于成长快速阶段 I；三是知识积累量很大，专利IPC数量与IPC TOP5专利数量也很大，并且IPC TOP5专利数量的增长已超过IPC数量的增长，反映该技术研究基础很强，研究问题的重点十分突出，主流技术已经形成，说明技术处于成长快速阶段 II；四是知识积累量稳定或减少，说明该技术领域的大部分科学问题已经解决；同时，专利IPC数量与IPC TOP5专利数量也在减少，说明技术应用范围趋于稳定，此时技术发展趋于成长稳定期。需要指出，知识积累量与专利数量的大小，是彼此相对而言的，不是绝对数的大小。

第二节　技术轨道与路径分析方法及规律性分析

技术路径与技术轨道是不同的概念。技术路径是解决技术问题的初始方案，新兴技术产生之初人们往往探索多种技术解决方案，即技术路径比较多。随着技术的不断发展，有些技术路径继续完善的成本过高或短期内难以完善，因此被淘汰；而另一些技术路径迅速完善，成为人们关注的重点，并最终发展成为技术轨道——新兴技术成长完善的基础。

把握技术轨道的意义在于：在技术解决方案初始阶段，企业也可以在研发上采取"多边下注"的策略，多方探索技术路径；当企业自身的技术路径初见端倪

时，可努力使自己选择的技术路径被行业认可，成为技术发展过程中的技术轨道；对于已具有明朗技术路径的技术，企业可以沿着这一技术路径进行持续研发，保证自己在即将形成的技术轨道上占有一席之地。

目前关于技术轨道识别方法存在的主要问题是，没有考虑技术发展过程中的阶段性，基本上是静态分析。事实上，技术轨道不是简单的直线，在技术发展的不同阶段，多种复杂因素的影响，会使技术轨道发生变化，技术路径上也会出现分叉；对于技术实现方式或技术功能存在较大变数的动荡时期，静态分析结果的合理性不能令人满意。

为了解决技术轨道动态变化识别的问题，以 Hummon 等学者的工作为基础，研究提出技术轨道动态性分析的方法。

一、技术轨道与路径研究的关键问题

新兴技术轨道与路径的研究重点是技术轨道随时间变化的问题，要解决的关键问题包括：第一，如何确定技术发展阶段，这个问题是动态分析的基础。实践中可以根据研究的需要和易实施等原则选择分段方法，例如，采用时间序列以及技术生命周期相结合的方法划分时间阶段。第二，如何获得专利技术引文网络，这是基于专利引用的技术轨道动态分析的前提。已有针对技术引文网络的研究，主要以 USPTO 为检索源，因为该数据库提供了较为完整的引用信息。

目前，针对 USPTO 的引文分析工具已经有很多成熟的分析软件。但 USPTO 收录的专利信息只限于美国专利，不能全面了解全球的技术状况。德温特专利数据库是由科睿唯安（原汤森路透知识产权与科技事业部）推出的基于 Web 的专利信息数据库，这一数据库将德温特世界专利索引（Derwent World Patents Index，DWPI）与专利引文索引（Patents Citation Index）加以整合，以每周更新的速度，提供全球专利信息。德温特专利数据库收录来自全球 40 多个专利机构（涵盖 100 多个国家）的一千多万条基本发明专利，两千多万条专利情报，资料回溯至 1963 年。德温特专利数据库提供 100 多万条同族专利及其引证文献的信息，每周新增约 6000 条记录。德温特专利数据库包括审查员对专利文献和非专利文献的引证，专利文献中的引证来自 6 个国家和国际组织 1997 年 10 月以来的数据[13]。

二、新兴技术轨道动态分析流程

基于专利引用的新兴技术轨道动态分析流程如图 2-1 所示。

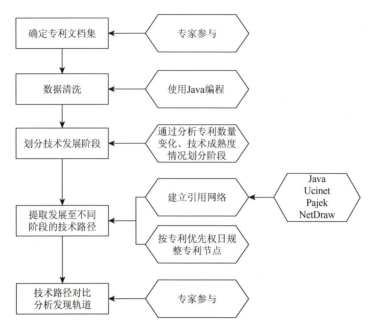

图 2-1   基于专利引用的新兴技术轨道动态分析流程

（一）确定专利文档集与数据清洗

在专利数据库中检索获取信息，通常的检索方式有专利分类号检索、关键词检索，以及分类号、关键词、专家知识的组合检索。对检索获取的专利信息进行数据清洗是分析的必要环节。

（二）划分技术发展阶段

通过对相关年份专利数量的变化进行分析，可以看出技术领域的发展动向、研发投入趋势。在某个特定技术领域中，这种发展变化趋势大多呈现一定的周期性，这说明技术在不同时间阶段会呈现不同的发展状况。通过对某一变量随时间变化的分析，可以反映研究对象的发展速度和发展趋势。因而可以通过专利历年数量变化进行阶段的划分，将数量出现较明显变化（如极大值、极小值）之间的年份划分到同一阶段。

技术生命周期可以通过专利申请量与申请人数量之间的关系进行判断。某项技术的生命周期通常包含几个阶段：新兴期、成长期、成熟期、衰落期。某些技术生命周期中还可能会出现技术复苏期，这意味着企业又找到新的技术空白点，向新的技术方向发展迸发出了新的生命力。对于具有明显生命周期的技术，可以根据技术所处生命周期的不同阶段对技术发展进行阶段划分，针对不同的阶段分析技术路径的变化过程。

对于具有其他阶段性特征的技术，可以根据自身发展的具体情况来进行阶段的划分。

（三）建立专利引用矩阵

通过对技术发展不同阶段的数据进行提取，得到不同时段专利的引用关系对儿，将具有引用关系的专利建立引用矩阵，得到专利交叉引用矩阵，将其导出为txt文档，作为分析的原始数据。各阶段引用关系矩阵构建时序图见图2-2。

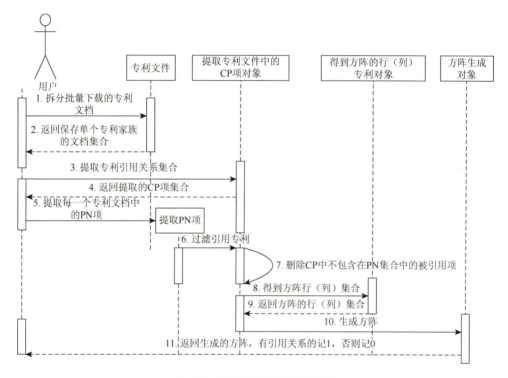

图 2-2　构建引用矩阵的时序图

引用关系矩阵构建流程说明如下。

（1）由于专利数据为批量下载，为了方便数据统计，将下载保存后的文本研究文档进行拆分，将每个专利家族信息保存在单个文本研究文件中。

（2）每个文件中的 CP（cited patent）项表示该专利家族中的专利引用其他专利的情况，因而通过对所有文件中 CP 项进行提取，构建 CP 数据集，可以获得每个专利的引用情况。

（3）每个文件中的 PN（patent number）项表示该专利家族所包含专利的专利号，提取所有文件的 PN 项，构建 PN 数据集，以出现在 PN 数据集中的专利为基准对 CP 数据集中的被引专利数据进行清洗，删除被引专利中不包含于 PN 数据集中的项。由于 CP 中的被引专利中既包含 PN 数据集中的专利，也可能会包含不属于该数据集中的专利，这部分专利可以理解为其他技术领域向该领域的技术溢出。为了更准确地观察所研究技术的变化轨迹，需要对 PN 数据集外的被引专利进行剔除，只分析 PN 数据集内专利之间的相互引用关系。

（4）用处理过的具有引用关系的专利数据构造引用矩阵，该引用矩阵是一个 $n \times n$ 的方阵，其中，行为施引专利，列为被引专利，矩阵中具有引用关系的记为 1，不具有引用关系的记为 0。

（四）提取关键路径

根据 Hummon 等[14]的算法思想，以搜寻路径链接数目（search path link code，SPLC）为算法基础来获取专利网络中的技术轨道。SPLC 算法如下：考虑网络中存在的所有路径，并计算相邻两节点之间的连线存在于所有路径中的频次。在图 2-3 中，$J \rightarrow H$ 这条线的 SPLC 值为 4，即在网络中的所有路径上，节点 J、H 之间的连线总共出现了 4 次，分别出现在 $J \rightarrow G$、$J \rightarrow E$、$J \rightarrow B$ 和 $J \rightarrow A$ 这 4 条路径上。以此类推，可以算出各条连线的 SPLC 值。并将每条路径中的 SPLC 值加总求得该路经的 SPLC 值总和，选取最大值的路径作为技术轨道，该路径能够较清晰地展现以专利为载体的技术发展轨道。

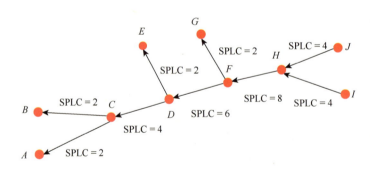

图 2-3   SPLC 算法基本原理

采用 Ucinet 与 Pajek 软件作为技术轨道的分析工具，系统地对技术发展路径连通性进行分析，使用 NetDraw 软件进行技术轨道绘制，再结合专利申请时间，将专利按照时间顺序脉络重新梳理。

（五）对比分析关键路径–发现技术轨道

提取不同阶段的技术轨道，将各阶段的技术轨道进行对比分析，以了解技术发展的轨道变化过程及其变化发展的稳定性。每个阶段的技术轨道都具有该阶段的特性，某些阶段的技术轨道变化是剧烈的，以图 2-4 中的第一阶段与第二阶段为例，两个阶段的技术轨道对比发现，在第一阶段中出现的节点在第二阶段均未出现，技术情况发生了巨大的变化，这时就需要对这两个阶段的技术轨道中的专利及专利权人进行解读，分析轨道变化的原因以及该变化对未来技术发展的影响；某些阶段的技术轨道变化是渐进的，以图 2-4 中的第二阶段与第三阶段为例，两个阶段的技术轨道对比发现，第三阶段的技术轨道只是在第二阶段的基础上进一步发展，在第二阶段技术轨道的基础上增加了一些新节点，这说明技术轨道进入了一个相对稳定的发展状态，这时的技术变化较小，短期内技术还将沿着这条轨道持续发展下去。因而可以发现，通过阶段划分对技术轨道进行分析可以了解技术轨道的发展状况，从而对技术的未来发展进行预测。

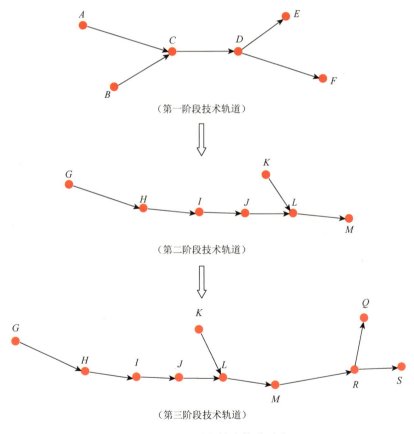

（第一阶段技术轨道）

（第二阶段技术轨道）

（第三阶段技术轨道）

图 2-4　不同阶段技术轨道对比

新兴技术产生和发展的驱动力主要来源于有创新活力的初创公司、有技术实力的大公司和从事基础研究的人员、实验室。而成功占据技术轨道中节点的企业将在技术以及市场份额的竞争中占有优势。因此，许多研发实验室、设备及原材料厂商、制造商和区域性协会都试图积极地影响技术发展轨道的内容和进程。设备和原材料厂商也经常根据这些轨道所衍生的结论调整企业发展战略，从而与未来的市场需求保持一致。对技术轨道中专利权人进行分析，既可以了解产业发展中起到关键作用、占据优势地位的企业变化情况，也可以根据专利权人的主营业务来了解产品、技术的实际应用领域的变化情况。对技术轨道进行动态分析还可了解技术领域研发模式的变化情况。技术轨道上的关键节点可能是单一研发机构或企业，也可能是多企业或组织的合作，当关键节点中多次出现某机构或企业与相同或不同的组织共享同一专利时，可以判断其采用的是合作研发模式，并且可以分析合作的稳定性。

三、以太阳能电池为例的技术轨道动态分析

太阳能电池中所包含的技术大都为新技术，科技因素对其影响尤为突出。因而通过专利引用分析识别并绘制出不同发展阶段的技术轨道能够为我国政府、科研机构以及企业把握技术发展规律、制定科技发展计划、开展技术研发与申请相关专利等提供事实依据与决策支持。利用领域专家的知识和经验，以"solar cell"或"solar battery"为主题，在德温特专利数据库中检索入库时间为 1967～2010 年的太阳能电池专利（检索时间为 2010 年 4 月 5 日），共计 47835 个专利族，运用该数据进行分析可以较全面地反映全球太阳能电池技术的发展过程。

（一）太阳能电池技术发展现状描述

1. 专利申请量呈现增长趋势

图 2-5 显示了 1970～2010 年全球太阳能电池技术专利申请量的年度变化趋势。

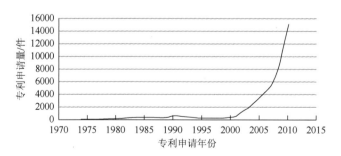

图 2-5　1970～2010 年全球太阳能电池技术专利申请量分布

20 世纪六七十年代开始了相关技术的研究，1986 年的专利数量达到局部极大

值，在 1990 年第二次出现了专利数量上的局部极大值，2002 年的专利数量环比
增长率达到峰值，之后专利数量增长迅猛。

2. 技术生命周期处于成长阶段

根据技术生命周期理论，绘制太阳能电池技术生命周期图，如图 2-6 所示。

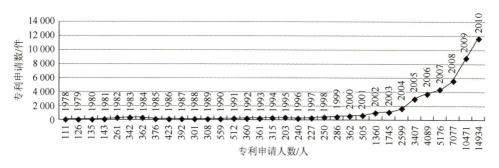

图 2-6　太阳能电池技术生命周期情况

可以看出，目前相关技术发展正处于成长期，即发明主体和相关专利的数量
都处于扩张较快的时期。越来越多的人开始重视太阳能电池技术的研发，研究主
体的活跃度增加。这一特征体现出太阳能产业是新兴产业，目前处在技术的高速
成长阶段，吸引了众多企业、研究机构和人员进入。总体来说，产业内技术属于
方向性的技术，具有蓬勃的生命力，企业在这个时期选择进入该产业并积极进行
研发是适时的。

通过对专利申请量增长趋势及技术生命周期的分析，可将技术发展划分为四
个阶段：第一阶段为 1974~1985 年，这一阶段的专利年申请量均在百件左右徘徊，
1985 年之前的专利数量一直处于上升态势，在此之后有一个小的回落；第二阶段
为 1986~1990 年，这一时期的专利申请量出现了较快的增长；第三阶段为 1991~
2002 年，这一时期的专利申请量增速较前一时期加快，专利数量首次突破千件，
开始进入高速发展期；第四阶段为 2003 年至今，技术进入成长期，专利数量出现
了井喷式的增长，技术发展显示出快速增长态势。从 1839 年法国科学家贝克勒尔
发现"光伏打效应"现象到 1977 年第一块非晶硅太阳能电池问世，再到 2010 年
太阳能电池全球总装机容量 39GW，技术发展从科学主导期进入了市场主导期。
经过了先前的技术积淀，这个时期的技术发展更为迅猛、各国研发投入不断增加，
把握好这个时期的技术研发趋势对整个产业未来发展都具有深远意义。

（二）太阳能电池技术轨道动态发展过程

通过专利引用获得技术发展的轨道，首先需要构造专利之间的引用网络。通
过对下载的专利数据进行清洗、分类，提取其中的引用关系，得到专利的交叉引

用矩阵。用 NetDraw 软件实现对不同时间阶段专利引用关系的可视化，得到引文网络。运用 Pajek 中的 SPLC 算法对引用网络的连通性进行分析并提取 SPLC 最大值的路径为技术轨道，再运用 NetDraw 进行绘图，可以得到以下四个发展阶段的技术轨道见图 2-7～图 2-10。

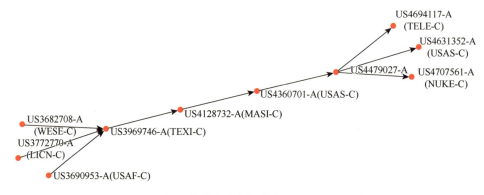

图 2-7　太阳能电池技术轨道（1967～1986 年）

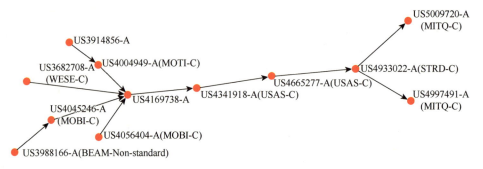

图 2-8　太阳能电池技术轨道（1967～1990 年）

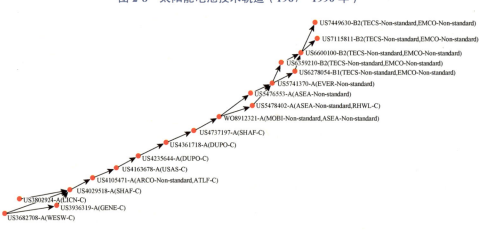

图 2-9　太阳能电池技术轨道（1967～2002 年）

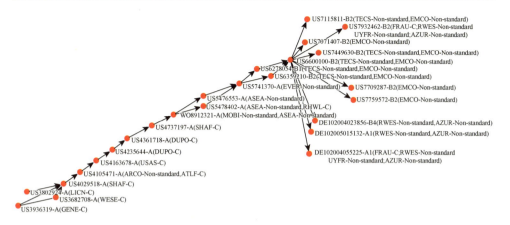

图 2-10　太阳能电池技术轨道（1967～2010 年）

图 2-7～图 2-10 中的每个节点均以专利号命名，括号中项为该专利的专利权人。为了解太阳能电池技术轨道的变化，将四个阶段的轨道进行对比分析发现如下结论。

1967～1986 年太阳能电池专利量较少，技术轨道构成较简单，此阶段开始着手解决增强电池在太空中使用时的辐射耐受性、提高在高入射光强度环境及一般环境中的电池转换效率等一些基础问题，该时期技术尚不成熟，主要以基础性技术的研发为主。该阶段专利权人主要有两类：一是以美国空军以及美国国家航空与空间管理局为代表的国家机构，二是以德州仪器公司为代表的半导体生产企业和以特洛芬肯电子公司为代表的晶体管、二极管生产企业。由此可见，此时关键技术的研发、应用主要集中在航空航天及军事方面，关键器件的生产、基本技术的解决主要依靠一些半导体等电子元件生产企业。该路径中存在以半导体为主营业务的公司也揭示了太阳能电池的技术背景，太阳能晶硅电池片与电力半导体器件的生产工艺有许多相似之处。发展至该时期，研发人员通过采取改善电池 P-N 结构中的表面凹槽结构等方式来增强电池的辐射耐受性，采取减少电池中的电阻、减少硅太阳能电池的厚度等方式来提高电池效率。

1967～1990 年的技术轨道与上一阶段相比发生了巨大的变化，该时期的技术发展更加多元化。通过对图 2-7、图 2-8 的比较可以看出，在上阶段技术轨道中出现的专利在这一阶段均未出现，该阶段出现了一些新型电池的研发，同时光电转换率等问题也得到进一步解决。较上一阶段，专利权人也出现了较大变化，德州仪器公司、特洛芬肯电子公司等上一阶段中的主要专利权人从轨道中消失，增加了摩托罗拉公司、埃克森美孚公司、三菱集团等经营不同类型业务的大型企业。在轨道初始阶段出现了摩托罗拉公司，该公司是全球芯片制造、电子通信的领导者，其出现也意味着太阳能电池在通信设备上得到应用，并在该领域得到发展。埃克森美孚公司是全球领先的石油公司，在全球性的石油能源危机的背景下，许多石油公司开始寻求多样化发展，作为构件厂家进入市场，从事该领域相关化学材料的研发，解决了发展中相关材料制备的一些问题。此时，美国国家航空与空间管理局仍旧占据了关键路径中的两个节点，说明一部分关键技术仍由航空领域掌握。该时期，技术发展从配备了聚光系统和自冷却系统的双面太阳电池，到平板型的多结串联、高输出电压电池，到通过扩散或离子注入的方式在电池表面形成收集区或基区接触的方式改进电池结构中的具体设计，再到旁路二极管的设计，进一步解决了技术发展中的问题。虽然其中一些技术短期内主要应用于航空航天领域，但多元化公司的出现引领了太阳能电池朝着多应用领域拓展。

通过比较图 2-8、图 2-9 可以看出，1967～2002 年的技术轨道与上一阶段相比同样发生了巨大变化，技术上经历了从基础电池的研发到电池电阻相关技术的改进，到电池采光结构的优化，再到解决应用中避免组件热斑效应的电池本身技术结构的发展过程。摩托罗拉公司、埃克森美孚公司、三菱集团等公司均在技术轨道上消失，同时出现了大西洋富田公司、通用电气公司、夏普株式会社、杜邦公司等。该阶段出现了一些以发电、输电为主营业务的公司，由此可见技术重点已经由基础技术、基本器件的研发转向更高效、更清洁环保的材料研发，由单个器件、单个电池的研发转向太阳能电池组件、太阳能电池系统的研发。同时还新增了大西洋富田公司这样的石油巨头，可见太阳能电池作为新型替代能源在石油产业得到了不断的发展。在应用范围上，逐步由边远地区和农村的补充能源向全社会的替代能源过渡，TECSTAR POWER SYSTEMS 公司是一家电力公司，该公司在关键路径的出现可以看出技术研发已经向电力产业延伸，由于技术的不断进步，一些关键问题逐步得到解决，应用领域已经开始逐步向大规模日常供电发展。

以上三个阶段中的技术轨道发生较大变动都是由于相关基础性技术的突破性变化，此时的产业发展清晰度低，处于发展的初始期，存在较多发展轨道之间的相互竞争，因而在这个时期技术还没有形成稳定、明确的主流技术发展轨道。

通过比较图 2-9、图 2-10 可以看出，1967～2002 年与 1967～2010 年技术轨道变化并不大，此阶段技术大都是性能或应用领域的渐进性变化，主要将之前发展成形的产品、技术进行改善从而应用于更多领域，此时一些基础技术问题已经得到解决，技术发展轨迹逐渐显现出短期的稳定性，产业发展跨入成长期。大规模发电、空间发电是太阳能电池的主流发展方向，企业可以沿着该轨道进行相关技术的持续研发，争取早日进入技术轨道，把握太阳能电池发展的核心技术。第四阶段的企业研发模式出现了由大公司内部研发向中小公司合作的开放式研发转换，且合作具有一定的稳定性，这说明技术的复杂性在不断增加，企业获取、消化吸收并且运用外部知识能力的重要性开始凸显。

纵观四个时期的路径可以发现，技术轨道是不断变化的，随着旧的技术难题解决，技术被逐步应用到了不同的领域。前三个阶段未形成稳定的技术轨道，到了第四个阶段技术轨道才相对稳定。在以上四个阶段中会有一些公司多次出现在不同阶段的关键路径中，例如，美国的西屋电气公司，该公司主要业务领域涉及发电设备、输变电设备、用电设备和电控制设备、电子产品等，尤以发电设备、输变电设备为特色。该公司在三个阶段中都处于技术轨道上游，属于基础研究时期活跃的公司，掌握了多个基础性关键技术。随着技术的发展，一些公司的持续研发开始增多，这些公司经过多年的发展，在太阳能电池领域已经拥有了一定的技术积淀，为未来持续发展奠定了基础。

（三）太阳能电池技术未来发展方向分析

太阳能电池技术的基础技术问题在技术发展过程中已经得到解决，如通过在硅基底和金属电极间引入氮化硅改善金属和硅材料的欧姆接触从而减少电阻，在电池中应用旁路二极管避免组件的热斑效应等，但围绕问题最优的解决方法及其应用开展的研究还没有相对稳定的轨道，即还不能判断谁在未来技术应用中占据核心技术优势位置。通过分析技术轨道中的专利可以发现多结太阳能电池近年的发展势头良好，是值得关注的方向。路径中的专利以结构改造为主，研发人员在通过对电池结构的改进以提升电池模块性能方面取得较好进展；薄膜太阳能电池特别是叠层结构的薄膜太阳能电池将逐渐取代晶体硅太阳能电池，成为未来的发展方向。随着技术的应用领域不断拓宽，根据现有技术轨道情况并考虑专利与实际应用存在的时间差距，可以看到航空、空间领域的应用已经趋于成熟，而太阳能光伏发电系统正在成为世界各国太阳能电池研发的主要方向。这预示着太阳能光伏发电将进入大规模商业化应用阶段，成为电力工业组成部分之一的重要方向，是当今世界太阳能光伏发电技术发展的主流趋势，也是日后太阳能电池发展的主流方向。而想要实现大规模发电首先必须解决与基础电力设施联网的课题，同时需要解决的两大难题是提高光电转换效率和降低生产成本。太阳能电池的应用逐步由主要为边远农村地区和通信设备、气象台站、航标灯等特殊应用领域解决供电问题向并网发电和与建筑相结合的常规供电方向发展，由补充能源向替代能源过渡。技术轨道末端节点呈发散式且具有较多分叉，这说明近年在解决具体应用中遇到的问题没有被行业普遍认可的核心技术，大家都在努力探索最佳的解决方法，这为我国企业创新研究提供了机会。围绕新型太阳能电池技术以解决提高太阳能电池转化效率、降低生产成本等问题，在研究中应该密切关注EMCORE CORP 等公司的研发方向和技术特征。

第三节　新兴技术跨领域扩散特征分析

新兴技术出现后，技术拥有者和早期接受者会加速技术的推广，伴随新兴技术的使用和认知度的提高，技术跨领域扩散的深度、广度，以及扩散类型都呈现出不同的特征。

一、研究框架与实施步骤

新兴技术扩散特征的研究框架如图 2-11 所示。首先，根据检索关键词抽取专利信息和引用信息，建立专利引用关系。然后根据专利所对应的各个 IPC、IPC 与技术领域之间的对应关系，将专利引用关系转化为技术领域关联关系。最后建立扩散深度与广度指标，定义典型技术领域的扩散类型并进行特征描述。

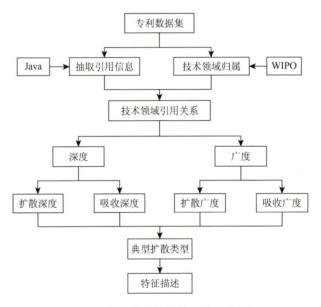

图 2-11　新兴技术扩散特征的研究框架

采用 WIPO 报告中的技术小类分类标准界定技术领域[15]，并假设如果一个技术领域的知识与另一个技术领域的知识存在关联，即属于一个技术领域的专利被属于另一个技术领域的专利所引用，则认为该技术领域可以扩散和应用到另一个技术领域中。因此研究层面可以从专利层面转变为新兴技术领域层面。专利涉及的 IPC 并不是单一的，经常会出现一个专利对应多个 IPC 的情况，可通过权重设定方法（图 2-12），将专利引用关系转化为技术领域引用关系。

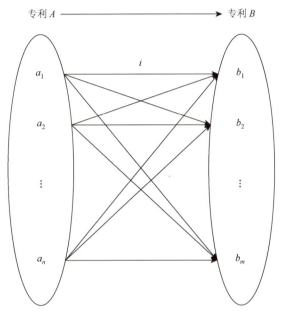

图 2-12 权重设定方法

图 2-12 中专利 A 所属的技术领域为 $a_1, a_2, \cdots, a_n$，专利 B 所属的技术领域为 $b_1, b_2, \cdots, b_m$，专利 B 被专利 A 引用，根据以上假设，可以认为专利 A 指向专利 B 的一个引用对隐含的技术领域引用信息为 a_1 指向 b_1，a_1 指向 b_2 直到 a_1 指向 b_m，a_2 指向 b_1，a_2 指向 b_2 直到 a_2 指向 b_m 等。一个专利 A 与专利 B 的引用关系可以转化为 $C_m^1 \times C_n^1$ 个技术领域引用关系，各扩散对的引用频次（权重值）为 $\dfrac{1}{C_m^1 \times C_n^1}$。

以上抽取技术领域扩散关系的方法能够同时考虑专利的 IPC 共现情况。因为如果施引专利 A 属于技术领域 a_1，引用专利 B 属于技术领域 b_1 与 b_2，那么 a_1 对于 b_1 和 b_2 的引用数值将比较接近。此外，权重的平均化设定也可以减少由于专利所归属的技术领域类别多所导致的引用数大的误差。

二、构建新兴技术扩散深度与广度指标

新兴技术扩散存在输出方与接收方，定义深度和广度指标用于描述扩散和吸收的程度，于是形成扩散深度、吸收深度、扩散广度、吸收广度四个纬度。

（一）深度指标

深度是纵向概念，反映了技术领域的扩散与吸收能力。深度指标用专利引用数量的总和表示，代表了该技术领域对于其他技术领域的影响力和需求量。如果有 n 篇属于 A 技术领域的专利引用了 B 技术领域的专利，那么 B 技术领域扩散到 A 技术领域的能力为 n。随着时间的推移，技术领域不再满足于吸收本领域内部的知识，逐渐趋向于获取其他更多领域的知识，并且也试图将本技术领域的知识扩散到其他的技术领域中。吸收深度（A_d）表示该技术领域获取其他技术领域知识的能力（式（2-1））；扩散深度（D_d）表示该技术领域向其他技术领域释放知识的能力（式（2-2））。

$$A_d(i) = \sum_{\mathrm{class}(i) \neq \mathrm{class}(j)} \mathrm{KDD}_{j,i} \tag{2-1}$$

$$D_d(i) = \sum_{\mathrm{class}(i) \neq \mathrm{class}(j)} \mathrm{KDD}_{i,j} \tag{2-2}$$

其中，$\mathrm{KDD}_{i,j}$ 为从领域 i 扩散到领域 j 的知识量，可以通过加总能够反映从 i 领域到 j 领域专利引用对的引用频次得到。为各技术领域建立代表吸收深度与扩散深度的坐标 $(X, Y) = (A_d, D_d)$，得到技术领域扩散深度图（图 2-13）。

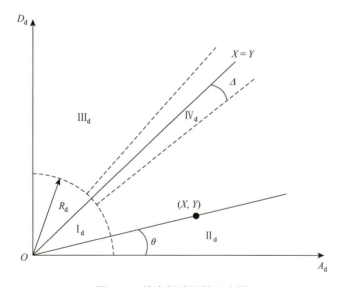

图 2-13　技术领域扩散深度图

如图 2-13 所示，$R_d = \sqrt{X^2 + Y^2}$，体现了深度视角下的扩散与吸收的综合能力。$\theta = \arctan(Y/X)$，体现了深度视角下扩散或吸收的倾向性。$\mathrm{Max}(X, Y) = X$ 或 Y，可以简单地判断该领域的技术知识流向是以扩散为主还是以吸收为主。2Δ 表示平衡宽度，R_{dmin} 为深度阈值，$\theta_0 = 45°$，即扩散深度值和吸收深度值相等。根据 θ、R_{d} 值的大小，将技术扩散深度图分为四个区域，分别是 I_{d}、II_{d}、$\mathrm{III}_{\mathrm{d}}$ 和 IV_{d}。

I_{d}：该区域 R_{d} 小于 R_{dmin}，扩散深度和吸收深度都很小，与其他技术领域之间的引用关系不明显，表示该技术领域吸收的知识量很少，被扩散的能力也很零星，该技术领域并没有明显的倾向性。

II_{d}：该区域 θ 小于 $\theta_0 - \Delta$ 且 R_{d} 大于 R_{dmin}，扩散深度小且吸收深度大，表示该技术领域吸收其他领域知识的能力很强，但是其知识扩散到其他领域的能力较弱，说明该技术领域需要获得大量的外部知识的支撑，应用的价值并不明显。

$\mathrm{III}_{\mathrm{d}}$：该区域 θ 大于 $\theta_0 + \Delta$ 且 R_{d} 大于 R_{dmin}，扩散深度大且吸收深度小，表示该技术领域的知识扩散到其他领域的能力很强，可能是其他领域的知识基础或是其应用价值很明显。但是该技术领域的知识吸收其他领域知识的能力较弱，说明该技术领域内部的集成度较高，不需要外部领域的知识就可以解决。

IV_{d}：该区域 θ 属于 $(\theta_0 - \Delta, \theta_0 + \Delta)$ 且 R_{d} 大于 R_{dmin}，扩散深度与吸收深度均较大，表示该技术领域的知识扩散到其他领域的能力很强，同时吸收其他领域知识的能力也很强，吸收和扩散的两种特征均很明显。说明该技术领域正处于稳定增长的状态，可能在整体扩散网络具有重要的中介作用。

（二）广度指标

广度是横向概念，指新兴技术领域的扩散和吸收范围，表示技术领域的波及面，用领域类别的数量表示。一些技术领域的专利虽然较多地被其他领域的专利所引用，但这些专利涉及的领域类别比较单一；而有一些技术领域的专利虽然并未被较多的其他技术领域的专利所引用，但这些技术领域的波及面很广，该领域之内的专利涉及的领域类别很丰富。这说明仅仅用深度指标即专利引用数量衡量一个技术领域的扩散和吸收程度是不够的，需要从范围的角度判断该技术领域的广度。吸收广度（A_{b}）表示该技术领域获取其他技术领域的范围，见式（2-3），扩散广度（D_{b}）表示该技术领域向其他技术领域释放知识的范围，见式（2-4）。

$$A_{\mathrm{b}}(i) = \sum\nolimits_{\mathrm{KDD}_{j,i\neq0}} N_i \qquad (2\text{-}3)$$

$$D_{\mathrm{b}}(i) = \sum\nolimits_{\mathrm{KDD}_{i,j\neq0}} N_i \qquad (2\text{-}4)$$

其中，N_i 为非 0 的专利引用所属领域数。类似地，为各技术领域建立代表吸收广度与扩散广度的坐标 $(X', Y') = (A_{\mathrm{b}}, D_{\mathrm{b}})$，得到技术领域扩散广度图（图 2-14）。类似地，$R_{\mathrm{b}} = \sqrt{X'^2 + Y'^2}$，体现了广度视角下的扩散与吸收的综合能力。$\theta' = \arctan(Y'/X')$，体现了广度视角下扩散或吸收的倾向性。当 $\mathrm{Max}(X', Y') = X'$ 时，该领域扩散广度较弱，说明该技术领域对其他领域的影响范围较窄，受到其他领域的影响范围相对较广，表明该技术领域结合了很多其他领域的知识。当 $\mathrm{Max}(X', Y') = Y'$ 时，该领域扩散广度较强，说明该技术领域对其他领域的影响范围较广，表明该技术领域的知识可以应用到很多其他的领域。2Δ 仍然表示平衡宽度，R_{bmin} 为广度阈值，$\theta'_0 = 45°$，即扩散广度值和吸收广度值相等。根据 θ'、R_b 值的大小，将技术扩散深度图分为四个区域，分别是 I_b、II_b、III_b 和 IV_b。

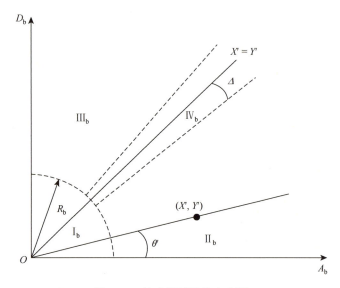

图 2-14　技术领域扩散广度图

I_b：该区域 R_b 小于 R_{bmin}，扩散广度和吸收广度都很小，表示该技术领域吸收的知识范围很单一，同时扩散的知识范围也很有限。

II_b：该区域 θ' 小于 $\theta'_0 - \Delta$ 且 R_b 大于 R_{bmin}，扩散广度小且吸收广度大，表示该技术领域吸收的知识范围广泛，但是扩散的知识范围很单一。说明该技术领域需要获得多样化的知识，但是该技术领域的知识只可以应用到有限的领域中。

III_b：该区域 θ' 大于 $\theta'_0 + \Delta$ 且 R_b 大于 R_{bmin}，扩散广度大且吸收广度小，表示该技术领域吸收的知识范围单一，但是该技术领域的波及面很广，可应用的知识范围很广泛。说明该技术领域属于基础性的领域。

IV_b：该区域 θ' 属于 $(\theta'_0 - \Delta, \ \theta'_0 + \Delta)$ 且 R_b 大于 R_{bmin}，扩散广度和吸收广度均较大，表示该技术领域吸收的知识范围很广泛，同时扩散的知识范围也很丰富。说明该技术领域的跨领域的集成性和跨领域应用性都很强。

三、新兴技术扩散类型

以上的情况并不单独存在，综合深度和广度的特征，通过技术领域的扩散深度、吸收深度、扩散广度、吸收广度进一步细分技术领域的扩散类型，得到技术领域扩散类型及图示，如表 2-1 所示。

表 2-1 技术领域扩散类型及图示

类型		图示	类型		图示
边缘型	I_d, I_b		单一扩散型	III_d, I_b	
	I_d, II_b			III_d, II_b	
	I_d, III_b		交叉扩散型	III_d, III_b	
	I_d, IV_b			III_d, IV_b	
单一会聚型	II_d, I_b		均衡型	IV_d, I_b	
	II_d, III_b			IV_d, II_b	
交叉会聚型	II_d, II_b			IV_d, III_b	
	II_d, IV_b			IV_d, IV_b	

四、不同扩散类型的特征

第一类：边缘型。该技术领域在跨领域扩散深度图的位置处于第一区域，而在广度图的位置不受区域限制。属于边缘型的技术领域，向外部技术领域扩散或者吸收的能力并不明显。说明其专门化研究特征明显，趋向于在内部解决问题。

第二类：单一会聚型。该技术领域在跨领域扩散深度图的位置处于第二区域，在广度图中处于第一或第三区域。属于单一会聚型的技术领域，虽然其跨领域扩散能力较弱，但从外部获取知识的能力较强且单一。说明其跨领域的应用依托于专门化知识的支撑。

第三类：交叉会聚型。该技术领域在跨领域扩散深度图的位置处于第二区域，在广度图中处于第二或第四区域。属于交叉会聚型的技术领域，虽然其跨领域扩散的能力较弱，但从外部获取知识的能力较强且呈现出多样化。说明其跨领域的应用依托于多样化知识的支持，所涉及的研究问题具有交叉性。

第四类：单一扩散型。该技术领域在跨领域扩散深度图的位置处于第三区域，在广度图中处于第一或第三区域。属于单一扩散型的技术领域，向特定领域的扩散能力较强，但波及的范围即"跨"的范围还不够广。说明该领域开始向其他领域进行试探性的研究，该领域的研究问题能够为特定的领域提供解决方案，跨领域转移应用的能力在逐渐增大。

第五类：交叉扩散型。该技术领域在跨领域扩散深度图的位置处于第三区域，在广度图中处于第二或第四区域。属于交叉扩散型的技术领域，跨领域的扩散能力较强，波及的范围很广。说明该领域属于基础型的应用领域，该技术领域的知识被大量地应用到各种领域中，跨领域转移应用的能力最大。该技术领域的突破势必会推动其他领域的发展。

第六类：均衡型。该技术领域在跨领域扩散深度图的位置处于第四区域，在广度图上的位置不受区域限制。属于均衡型的技术领域，跨领域的扩散和吸收能力均相对较强，说明该技术领域具有重要的承接作用，它是重要的促进各领域之间扩散的桥梁。

通过结合深度图与广度图的位置，绘制典型技术领域扩散类型图（图2-15）。

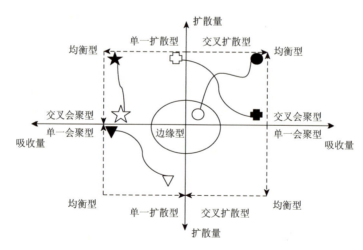

图2-15　典型技术领域扩散类型图

图2-15中水平方向带箭头的实线表示吸收深度，从箭尾指向箭头表示吸收量从少到多；竖直方向带箭头的实线表示扩散深度，从箭尾指向箭头表示扩散量从少到多。同理，水平方向带箭头的虚线表示吸收广度，从箭尾指向箭头表示吸收范围从单一到广泛；竖直方向带箭头的虚线表示扩散广度，从箭尾指向箭头表示

扩散范围从单一到广泛。技术跨领域的扩散从出现不同领域之间的引用关系开始，各领域之间的扩散与吸收状态随时间的推移不断变化。典型技术领域的扩散类型并不是一成不变的。一些属于边缘型的技术领域逐渐转变为扩散能力强的扩散型技术领域，一些单一扩散型的技术领域会继续增加可扩散的领域范围，转变成交叉扩散型的技术领域。一些会聚型技术领域开始运用所吸收的知识成果拓展新的领域，产生角互换，成为扩散型的技术领域等。研发人员需要根据扩散类型的变化情况实时调整研发策略和方案。通过动态分析典型扩散类型的变化趋势，来识别潜在的跨领域扩散方向是有必要的。

五、以石墨烯技术为例的分析

2004 年，英国曼彻斯特大学的物理学家安德烈·海姆（Andre K. Geim）和康斯坦丁·诺沃肖洛夫（Kostya S.Novoselov）成功地从石墨分离出石墨烯，并于2010 年获得了诺贝尔物理学奖。石墨烯是一种由碳原子组成的六角型呈蜂巢晶格的平面薄膜，只有一个碳原子厚度，是已知的厚度最薄，硬度最高的材料，具备良好的电学、光学、化学等性能。石墨烯技术具有广泛的应用前景，可以应用在锂电池、传感器、超级电容器、LED、生物医药等各个领域，跨领域扩散特征明显。

石墨烯技术专利可划分为 2000～2006 年、2007～2013 年两个时间段，经过技术领域的归属转化，最终得到 2000～2006 年石墨烯技术跨领域扩散矩阵（表 2-2）与 2007～2013 年石墨烯技术跨领域扩散矩阵（表 2-3）。

表 2-2　2000～2006 年石墨烯技术跨领域扩散矩阵（部分）

技术领域	Audio-visual technology	Basic materials chemistry	Chemical engineering	Computer technology	Electrical machinery, apparatus, energy	Engines, pumps, turbines	Environmental technology	Macromolecular chemistry, ploymers
Audio-visual technology	0.048 611	0.041 667	0	0	0	0	0	0.013 890
Basic materials chemistry	0	0.001 189	0	0	0.043 333	0.004 756	0.04	0.189 040
Chemical engineering	0	0	0.112 426	0	0.854 391	0	0	0
Computer technology	0	0	0	0.041 667	0	0	0	0
Electrical machinery, apparatus, energy	0	0.987 179	2.212 229	0.041 667	14.850 31	0	1.807 143	2.459 540
Engines, pumps, turbines	0	0.004 756	0	0	0	0.019 025	0	0.009 510
Environmental technology	0	0	0	0	0	0	0	0

续表

技术领域	Audio-visual technology	Basic materials chemistry	Chemical engineering	Computer technology	Electrical machinery, apparatus, energy	Engines, pumps, turbines	Environmental technology	Macromolecular chemistry, ploymers
Machine tools	0.041 667	0.041 667	0	0	0	0	0	0
Macromolecular chemistry, polymers	0.041 667	0.002 378	0	0	0.933 219	0.009 512	0.106 667	0.585 870
Materials, metallurgy	0.128 788	0.317 281	0.698 028	0	6.637 507	0.014 269	0.540 833	1.608 280
Measurement	0	0	0	0	0	0	0	0
Micro-structural and nano-technology	0	0.002 378	0.047 337	0	1.049 287	0.009 512	0	0.004 760
Other special machines	0.048 611	0.041 667	0	0	0.349 456	0	0.04	0.200 560
Semiconductors	0.225 379	0.613 636	0.023 669	0.083 333	0.243 993	0	0	0.041 670
Surface technology, coating	0.090 278	0.144 828	0.171 532	0.083 333	1.144 315	0.009 512	0.245 357	0.356 060
Textile and paper machines	0	0.633 691	0.319 395	0.083 333	2.768 955	0.061 831	0.145 000	0.425 750
Thermal processes and apparatus	0.041 667	0.041 667	0	0	0	0	0	0
Transport	0	0.002 378	0	0	0	0.009 512	0	0.004 760

表 2-3 2007～2013 年石墨烯技术跨领域扩散矩阵（部分）

技术领域	Analysis of biological materials	Audio-visual technology	Basic communication processes	Basic materials chemistry	Biotechnology	Chemical engineering	Civil engineering	Computer technology
Analysis of biological materials	0.744 444	0	0	0.051 190	0.319 201	0.059 524	0	0
Audio-visual technology	0	1.570 040	0.250 000	0.298 160	0	0	0	0.201 310
Basic communication processes	0	0.238 095	0.583 333	0	0	0	0	0.057 143
Basic materials chemistry	0	0.082 939	0	8.536 338	0.204 352	0.483 028	0.097 222	0.115 741
Biotechnology	0.895 767	0	0	0.367 308	1.474 722	0.065 385	0	0.012 821
Chemical engineering	0.1	0.252 706	0	3.392 189	0.034 524	8.192 642	0.027 778	0
Civil engineering	0	0	0	0.142 857	0	0	0	0
Computer technology	0	0.350 000	0	0.056 190	0	0	0	0.242 010

续表

技术领域	Analysis of biological materials	Audio-visual technology	Basic communi-cation processes	Basic materials chemistry	Biotechnology	Chemical engineering	Civil engineering	Computer technology
Electrical machinery, apparatus, energy	0.303 114	1.301 784	0	3.273 082	0.474 725	3.049 305	0.027 778	0.364 732
Engines, pumps, turbines	0	0.375 000	0	0	0	0	0	0.500 000
Environmental technology	0	0.050 000	0	0.865 657	0	1.096 032	0	0
Handling	0	0	0	0	0	0	0	0
Machine tools	0	0.047 222	0	0.061 953	0	0.030 303	0	0
Macromolecular chemistry, polymers	0	0.403 019	0	4.853 848	0.106 838	3.286 060	0	0.128 704
Materials, metallurgy	0.410 723	1.657 529	0.400 000	12.312 260	0.754 035	14.000 13	0.086111	0.788 016
Measurement	1.614 270	0.078 500	0.550 000	0.325 571	0.562 227	0.245 012	0	0.588 462
Mechanical elements	0	0.125 000	0	0	0	0	0	0.166 667
Medical technology	0	0.025 000	0.050 000	0	0.283 333	0.016 667	0	0.050 000
Micro-structural and nano-technology	0.298 815	0.413 064	0	3.072 315	0.511 208	1.547 696	0.047 222	0.527 295
Optics	0.290 278	0.200 00	0	0.230 357	0.055 556	0.045 982	0	0
Organic fine chemistry	0.041 667	0	0	2.761 971	0.217 949	1.190 323	0.136 111	0
Other consumer goods	0.022 727	0.006 993	0	0	0.032 251	0.005 556	0	0
Other special machines	0	0.021 474	0	1.254 245	0.083 333	0.168 148	0	0
Pharmaceuticals	0	0	0	1.679 487	0.512 821	0.107 692	0	0
Semiconductors	0.799 185	2.127 743	0.939 394	2.287 95	0.374 450	2.830 312	0	5.011 582

　　为了更清晰地展示各技术领域的分布情况，使用 WIPO 报告中给出的技术领域编号（表 2-4）。结合深度、广度指标计算方法，最终得到 2000～2006 年石墨烯技术跨领域扩散深度图（图 2-16），2000～2006 年石墨烯技术跨领域扩散广度图（图 2-17），2007～2013 年石墨烯技术跨领域扩散深度图（图 2-18），2007～2013 年石墨烯技术跨领域扩散广度图（图 2-19）。

表 2-4　WIPO 报告技术领域编号表

1	Electrical machinery, apparatus, energy	电气机械，装置，能源	19	Basic materials chemistry	基础材料化学
2	Audio-visual technology	音像技术	20	Materials, metallurgy	材料，冶金
3	Telecommunications	电信	21	Surface technology, coating	表面加工技术，涂层
4	Digital communication	数字通信	22	Micro-structural and nano-technology	微结构和纳米技术
5	Basic communication processes	基础通信程序	23	Chemical engineering	化学工程
6	Computer technology	计算机技术	24	Environmental technology	环境技术
7	IT methods for management	信息技术管理方法	25	Handling	装卸
8	Semiconductors	半导体	26	Machine tools	机械工具
9	Optics	光学	27	Engines, pumps, turbines	发动机，泵，涡轮机
10	Measurement	测量	28	Textile and paper machines	纺织和造纸机器
11	Analysis of biological materials	生物材料分析	29	Other special machines	其他特殊机械
12	Control	控制	30	Thermal processes and apparatus	热过程和器具
13	Medical technology	医学技术	31	Mechanical elements	机械零件
14	Organic fine chemistry	有机精细化学	32	Transport	运输
15	Biotechnology	生物技术	33	Furniture, games	家具，游戏
16	Pharmaceuticals	药品	34	Other consumer goods	其他消费品
17	Macromolecular chemistry, polymers	高分子化学, 聚合物	35	Civil engineering	土木工程
18	Food chemistry	食品化学			

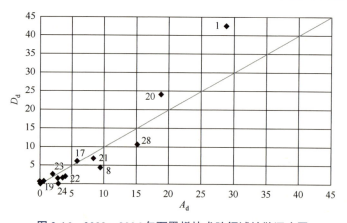

图 2-16　2000～2006 年石墨烯技术跨领域扩散深度图

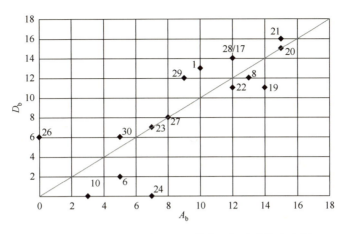

图 2-17 2000~2006 年石墨烯技术跨领域扩散广度图

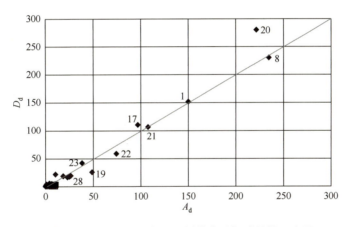

图 2-18 2007~2013 年石墨烯技术跨领域扩散深度图

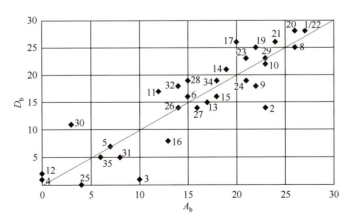

图 2-19 2007~2013 年石墨烯技术跨领域扩散广度图

如图 2-16 所示，2000～2006 年技术领域的最大深度值并没有超过 45，说明该阶段石墨烯技术的跨领域扩散特征并不明显。技术领域 1 扩散深度较大，跨领域扩散能力较强，并且表现出扩散的倾向。技术领域 1 的 IPC 集中在 H01B、H01G、H01J、H01M，说明电气机械装置能源领域中的主要基础应用集中在超导电容器和电池方面。石墨烯技术所具有的高导电性和高比表面积能够作为活性物质和负极材料，未来可以作为锂电池的负极材料，超级电容的负极材料甚至可以作为太阳能电池，该领域对于其他领域具有潜在的影响力。技术领域 28 吸收深度最大，跨领域吸收能力较强，表现出吸收的倾向。技术领域 28 的 IPC 集中在 D01C、D01F、D02G、D03D、D06M，表示石墨烯在纺织领域中的应用主要在碳纤维方面，指将石墨烯"纺织"成石墨烯纤维从而实现强力学性能和导电导热性能。说明石墨烯在碳纤维方面的应用依托于其他领域知识的支撑。

如图 2-17 所示，2000～2006 年各技术领域的吸收和扩散的波及范围基本均衡，分布比较集中。扩散范围和吸收范围的倾向性并不十分明显。技术领域 21 虽然在图 2-16 中的深度值较小，但扩散和吸收的范围相对较广，是具有交叉影响潜力的应用领域。技术领域 21 的 IPC 主要集中在 B05D、B32B、C23C、C30B，主要应用在功能涂层及涂料方面。石墨烯粉体以高端添加剂的形式应用在涂料领域是一个很有前途的方向。技术领域 24 的 IPC 集中在 B01D，主要指石墨烯的分离制备。石墨烯的分离制备技术只吸收其他领域的知识，并未得到应用。技术领域 26 的 IPC 集中在 B21D，主要应用于散热材料领域。该技术领域被应用到其他领域中，并不吸收其他领域的知识，说明石墨烯在散热材料应用的专业性和核心性。技术领域 8 虽然深度值极低，但其广度值较高，具有较大的未来发展潜力。

如图 2-18 所示，2007～2013 年技术领域的深度增加值是上一阶段最大值的 20 倍左右。无论是吸收强度还是扩散强度都有了很大程度的提升。技术领域 1 的深度值依旧较大，说明石墨烯在锂电材料、储能材料领域的应用仍在蓬勃发展。技术领域 20 和技术领域 8 在深度值上超越了技术领域 1。其中，技术领域 20 的扩散倾向最大，跨领域的扩散能力最强。技术领域 20 的 IPC 集中在 C01B、C04B、C22C、B22F，表示石墨烯在材料冶金领域的应用主要在功能复合材料的制备方面。目前，如何制备石墨烯与金属形成多层结构的复合材料是该领域关注的热点，石墨烯的高强度、高硬度等优质特性与金属结合形成的复合材料能够超过传统的金属与金属多层材料的强度，具有良好的应用前景。该实际情况符合利用扩散深度图所得的分析结论。同时，技术领域 8 从第一阶段的一区到第二阶段的四区，其深度值有了跨越式的增长，印证了上一阶段所预测的领域 8 具有发展潜力的猜想。技术领域 8 的吸收强度和扩散强度均很大，说明石墨烯在半导体领域的应用最有价值。石墨烯所具有的良好的导电性和光的高透性，可以用作晶体管、高频元件以及传感器等。石墨烯作为新一代半导体器件的核心材料具有广阔的前景。对比图 2-18 和图 2-16，并未注意到技术领域 28 的踪影，虽然在图 2-16 中领域 28 处于较为新兴且有潜力的技术领域，但在这一阶段，石墨烯在碳纤维中的应用并不明显和持续。

如图 2-19 所示，2007～2013 年各技术领域的吸收和扩散的波及范围也有了较大的增加，但其分布依然比较集中，扩散范围相比吸收范围波及面更广。核心的技术应用领域 1、20、21、8 随着深度值大幅度的增加，广度值也有相应的增加。技术领域 16、13、15 需要引起注意，虽然在深度图中由于其深度值极小而无法识别，但是广度图中可以看到其广度吸收值相对较大。这三个技术领域在第一阶段并未出现，说明它们是 2006 年以后新兴的应用领域。技术领域 16 的 IPC 集中在 A01K，技术领域 13 的 IPC 集中在 A61B、A61L、A61C、A61F、A61H，技术领域 15 的 IPC 集中在 C07K、C12M、C12N、C12P、C12Q，说明石墨烯在生物医药领域的应用开始受到关注。据了解，石墨烯材料在疾病诊断、药物载体、生物元件制作等方面确实得到了广泛关注，主要应用是利用石墨烯氧化物生物相容性良好的特性，及化学基团或生物基团对石墨烯的修饰，在不同领域应用达到不同效果。

结合各阶段的扩散深度和广度图可得出典型的扩散类型，如表 2-5 所示。

表 2-5　分阶段典型技术领域扩散类型

2000～2006 年第一阶段			
技术领域编号	深度图区域	广度图区域	扩散类型
28	Ⅱ区	Ⅲ区	单一会聚型
8	Ⅰ区	Ⅱ区	边缘型
20	Ⅲ区	Ⅳ区	均衡型
1	Ⅲ区	Ⅲ区	交叉扩散型
19	Ⅰ区	Ⅱ区	边缘型
2007～2013 年第二阶段			
技术领域编号	深度图区域	广度图区域	扩散类型
28	Ⅱ区	Ⅲ区	单一会聚型
8	Ⅳ区	Ⅱ区	均衡型
20	Ⅲ区	Ⅲ区	交叉扩散型
1	Ⅳ区	Ⅲ区	均衡型
19	Ⅱ区	Ⅲ区	单一会聚型
13	Ⅰ区	Ⅱ区	边缘型

技术领域 28 一直属于单一会聚型，说明石墨烯在碳纤维领域的应用稳步增长，持续地依托于特定技术领域知识的支撑，研究问题具有一定的专门化特征。技术领域 8 在第一阶段属于边缘型，扩散强度和吸收强度均很弱，当时石墨烯在半导体领域的关注并不突出，而后在第二阶段高速增长成为均衡型的技术领域，吸收和扩散强度均较强，是具有应用价值的技术领域，能够促进各领域之间的扩散，一旦取得突破性的进展，将为电子信息技术带来巨大的变化。技术领域 1 在第一阶段属于交叉扩散型，扩散能力和波及面相对较强，并且保持持续的增长态势，在得以广泛应用的同时，也逐渐向其他领域汲取知识来解决本领域出现的问题。说明石墨烯在超导电容器、电池领域的应用在第二阶段出现了一些亟待解决的新问题，需要结合其他领域的研究得以解决，从而获得更大程度的扩散。技术领域 20 在第一阶段属于均衡型，较平衡地体现了扩散能力和吸收能力，说明石墨烯在功能复合材料领域的应用起初需要吸收外部知识并内化为领域内的研究成果从而应用到其他领域中，可应用性受到制约。而后在第二阶段转为交叉扩散型，说明第二阶段石墨烯在功能复合材料领域的应用处于核心的地位，知识被广泛大量地扩散，实现产业化应用的潜力最大。此外，在第二阶段石墨烯出现了新的应用领域，即生物医药领域。虽然属于边缘型的技术领域，但是广度值较大，说明其未来可能影响的范围较大，是有潜力的技术应用领域。通过以上的分析，更加细化地描述了各技术领域在不同阶段的扩散特征，能够为研发人员更有针对性的制定研发计划提供依据。

第三章
面向新兴技术研发的识别方法

面向新兴技术研发的识别方法也是第一个二级研究主题新兴技术自身发展研究中的重要内容，其研究内容"伞"包括提出技术前沿与热点、技术机会、颠覆性技术的识别方法。

第一节　新兴技术前沿及识别方法

一、技术前沿及相关概念

技术前沿是刚浮现且快速增长的技术主题，是超越现有新技术而潜在的技术，其形态表现为"原理"探讨，具有基础理论特性。技术前沿代表着技术未来可能的发展方向和制高点。如前所述，技术前沿早于技术成长缓慢阶段，没有处在技术 S 曲线上。在技术发展阶段与技术前沿（frontier technology）相关的概念还有研究前沿（research frontier）和新兴主题（emerging topics），这三个概念有共同的本质特性，即"新浮现"。从涵盖的内容范围看，技术前沿小于研究前沿，因为研究前沿的范围不仅包括技术领域，而且包括其他已有领域的前沿；而研究前沿又小于新兴主题的范围，因为新兴主题的范围不仅包括已有领域内的主题，也包括还没有形成领域的新主题。在技术领域，技术前沿以新兴主题或研究前沿为基础，把握了新兴主题或研究前沿，将有利于占领技术前沿制高点。从这个意义上说，技术前沿的分析识别，也包括对研究前沿和新兴主题的分析识别。

目前的技术前沿识别方法：一方面技术前沿缺乏操作性，分析方法缺少相互印证；另一方面比较重视技术前沿的创新性，而没有关注交叉性，缺乏客观性。为此，提出"三位一体"技术前沿主题识别方法，避免单一方法可能出现遗漏的问题。这一方法具有简便、可操作性强，实践意义突现的特点，并在实践中易于应用。另外，提出将创新性和学科交叉性结合识别研究前沿（技术前沿主题）的方法和过程，力求增强新方法的客观性、科学性、创新性。

二、"三位一体"的新兴技术前沿识别方法

"三位一体"的识别方法主要特点是：采用文献进行分析识别技术前沿，体现方法的客观性；使用不同的文献分析方法相互印证，加强其科学性和有效性。

（一）基于关键词频增长变化的技术前沿识别

技术前沿的重要特性之一是突现性，突现性可以通过词频增长率来测度。由于研究对象文献数据量十分庞大，所构成的关键词集合中关键词的数量也极多，分析时不仅要考虑词频的变化率，还要考虑相关概念所产生的影响。因此，具体识别过程中，可先采用 TDA（Thmoson data analysis）软件逐年描述文献关键词的共现网络，目的是对相关概念进行知识聚类，再从各聚类中借助专家人工提取反映所分析技术领域的词汇作为分析增长变化的基础，最后再针对选中词汇的词频增长率确定具有前沿特征的技术主题。

（二）基于被引文献的技术前沿识别

任何概念的出现都有其知识基础，技术前沿的知识基础存在于科学文献（被引文献）中，"突现"特征可用文献被引频次的变化率测度。该方法可探测到技术前沿问题的知识基础和技术原理。具体实施过程是利用被引文献知识图谱确定具有突现特征的文献，并根据突现特征文献确定技术前沿关键词，由此识别技术前沿主题。

（三）基于高影响因子期刊关键词的技术前沿识别

通过对技术词汇所在期刊源的影响因子排序，寻找高影响因子期刊，高影响因子期刊刊载的文章质量高，被关注的机会多，通过分析近期高影响因子期刊所刊发论文，可以把握技术前沿；利用高影响因子期刊关键词分析，可以进一步补充技术前沿研究词汇，增加研究的针对性。

在上述三种方法的基础上，将结果相互补充，从更广泛的视角准确地把握技术前沿，更清晰地揭示技术前沿主题。基于科技文献的各领域技术前沿识别流程图见图 3-1。

三、基于创新性和学科交叉的研究前沿识别

（一）前沿识别的关键因素

"研究前沿"是技术前沿的先导和基础，但研究前沿不仅具有创新性，还具有冒险性、时间性、应用性，学科交叉性等[16]。欧洲研究理事会通过计量经济学模型，从 2009 年在欧盟申请的 2503 项研究项目中抽取 758 项进行实证分析，结果

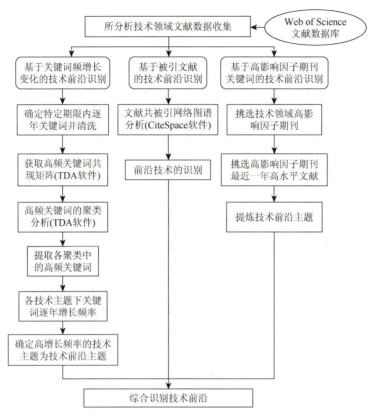

图 3-1　技术前沿识别流程图

显示创新性和学科交叉性是鉴定项目是否属于研究前沿的决定性因素[17]。多学科的交叉使技术未来发展的不确定性增强，新技术跨领域应用的机会增加，技术轨道的非线性变化的可能性增大，出现创新性破坏影响的概率加大。因此，研究前沿不仅要考虑创新性，还要测度知识的学科交叉性。学科交叉不仅推动了科研世界复杂问题的解决，而且促进了不同领域研究者的交流，激发新知识、新思维和新技术的产生[18]，进而形成新的科学问题，促使研究前沿的改变。创新性和学科交叉性是前沿识别的关键因素。

（二）前沿识别模型

1. 基本概念界定

尽管目前对于研究前沿还没有统一的定义，但研究前沿应该具备创新性和学科交叉性已取得共识。因此，可将研究前沿定义为在某一时间段内，研究内容与反映创新性特征的突现主题词（burst terms）密切相关且学科交叉属性明显的最新发表的文献集所反映的研究主题。

前沿关键词反映的是文献研究主题的核心和精髓，是对研究主题的高度概括和凝练，但不能揭示词与词之间的关系，即使利用词共现关系也难以解释概念之间的逻辑；而前沿主题阐述了前沿关键词之间的明确逻辑关系，得到的是研究方向和主要内容，更有助于决策者的科学决策。因此，研究前沿探索是将具备创新性和学科交叉性特征的文献搜索出来，从中挖掘前沿主题。

研究前沿探测模型的特点是：依据科技文献数据，力求从创新性和学科交叉性两个方面，在逐渐递进过程中分别运用引文分析工具、文献计量工具、文本挖掘工具，提炼研究前沿主题。

2. 识别模型

1）模型构成

前沿探索的关键是创新性测度和学科交叉性识别。基于文献的创新性测度通常以文献被引频次或关键词出现次数等的变化率为依据[19]，即关键词的突现性。当研究中出现了之前研究未出现或虽已出现但未被关注的新关键词，且该关键词在近期被大量引用时，预示着该关键词的创新性特征明显。创新性是保证科学技术研究始终保持动态变化且向前发展的首要因素，可以说没有创新性就不具备前沿性。采用 Kleinberg[20]设计的跳跃检测算法（burst detection algorithm）测度关键词的突现性，并将测度值作为研究前沿创新性的评价。由于知识交叉可能引起研究方向的突变，要从具备创新性的文献中搜索具有学科交叉特征的文献，即识别出由学科交叉带来的新问题。当一篇文献归属于一个以上的学科领域时，即被定义为具有学科交叉属性，据此可以识别研究前沿的学科交叉性，并利用学科交叉广度作为其强度的测度值。

模型由三个阶段构成，各阶段之间存在前后承接关系。三个阶段分别为创新性特征识别阶段、交叉性特征识别阶段、前沿主题提炼阶段。每个阶段分别给出测度阈值，并选择相应的测度方法和分析工具。前沿探测以文献为数据源，创新性识别阶段采用文献引文分析方法，以 CiteSpace 软件为测度工具；学科交叉性识别阶段采用共现分析方法，以 TDA 软件为工具；前沿主题提炼阶段采用文本挖掘方法，以 Goldfire 软件为工具。具体的模型构成如图 3-2 所示。

2）实施步骤

基于创新性和学科交叉性的研究前沿探测模型的实施步骤如下。

（1）确定前沿探测文献数据库。为了全面扫描研究领域前沿，应该选取具有权威性、综合性和易获取性的文献数据库作为数据源。

（2）下载和清洗数据。为了确保分析结论的可靠性，对下载得到的数据必须进行清洗，去掉由于文献著录、拼写等原因造成的错误，以及由于词性、词的单复数等差异带来的重复计算问题。

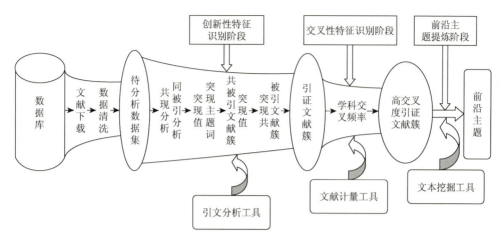

图 3-2　研究前沿探测模型

（3）筛选符合创新性特征的文献。首先，测度突现关键词；其次，识别文献内容与突现关键词相符的突现共被引文献簇；然后，将其作为研究前沿的知识基础，从知识基础的聚类中分别依据知识基础的内容挖掘出前沿框架主题，根据知识基础，在数据库中二次检索相关引证文献簇；最后，得到符合创新性特征的文献集。

（4）筛选符合学科交叉性特征的文献。考虑到不同数据库的文献学科分类标引规则有差异，为了减少由于学科分类过细导致的弱学科交叉性和学科分类过粗导致的泛学科交叉性，可采用 JCR（journal citation report）提供的学科分类表作为标准学科分类，将不同数据库给出的文献分类归属到上层大类，对比JCR 大类后进行一定的合并或拆分，以保证学科交叉性计算的标准一致。如果文献学科分类与 JCR 学科分类一致，则直接代入式（3-1）计算每一篇文献的学科交叉度；如果存在差异，则标准化为 JCR 学科分类后再代入式（3-1）计算。根据确定的阈值实现高学科交叉度的文献筛选；最后，获得具有创新性和学科交叉性的文献集。

$$F = \frac{\sum_{i=1}^{k} a_{ij}}{\sum_{j=1}^{m} b_j}, \quad i=1,2,\cdots,k; j=1,2,\cdots,m \qquad (3\text{-}1)$$

其中，F 为学科交叉度；a_{ij} 为第 j 篇文献所属的第 i 个学科分类统计量；b_j 为第 j 篇文献的学科分类统计量。由式（3-1）确定文献学科交叉性强度，最终筛选出学科交叉性强度较高的文献簇。

（5）提炼前沿研究主题。利用 Goldfire 工具，以满足创新性和学科交叉性特征的文献为素材构建个性知识库；然后，通过文本挖掘获得相关研究前沿主题。

（三）数据来源与处理

1. 数据来源

选择 WoS（Web of Science）数据库为数据源。WoS 是科学引文索引的网络版，是一个多学科的综合性数据库，其所涵盖的学科超过 150 个，每周平均新增 19 000 条记录，423 000 篇参考文献，记录包括论文与引文，提供跨库检索功能，是世界最权威的科学技术文献检索数据库之一[21]。数据检索的准确性和全面性是研究前沿探测可信性的基础和保证，采用迭代检索方式可更好地保证检索效果。第一步，征询专家意见，由专家给出初始检索词汇；第二步，利用专家词汇在谷歌等搜索引擎中进行搜索，扩充检索词；第三步，利用扩充后的词汇，在 CNKI 和 WoS 中检索相关文献，通过文献的标题和关键词实现检索词汇的再次扩充。

2. 数据处理工具

创新性测度工具可以采用 CiteSpace，分别通过 TF-IDF（term frequency-inverse document frequency）算法、LLR（Log-likelihood ratio）、MI（Mutual information）三种抽词排序法，从引文的标题、文摘、系索词中抽取名词短语，作为共被引聚类的标识，通过 Modularity Q 指标和 Silhouette 指标对聚类结果和抽词结果进行计量，以选取最适合的结果。该软件功能强大、操作简单，能够可视化呈现具有创新性特征的文献。

学科交叉性测度工具可采用 TDA，该软件由科睿唯安（原汤森路透知识产权与科技事业部）公司开发，具有数据清洗、数据分析等强大功能，借助该软件可快速实现文献与学科关系矩阵的构建。

前沿主题提取可采用 Goldfire Innovator，该软件由 Innvention Machine 公司开发，其突出的优势是基于语义的文本挖掘分析技术，利用该软件可帮助发现有价值的前沿研究主题。

（四）以智能材料领域为例的研究前沿识别

1. 数据准备

依据迭代检索方式最终确定了由：smart material、intelligent material、structure、SMP、ERF、MRF、PZT、PVDF、PVDFP、VDF2、IPMC、BT 的常用变形词组配并进行"或/与"运算形成的主题检索表达式。将检索得到的文献下载到本地，作为进一步分析的数据源。利用 CiteSpace 工具生成如图 3-3、图 3-4 的知识图谱。

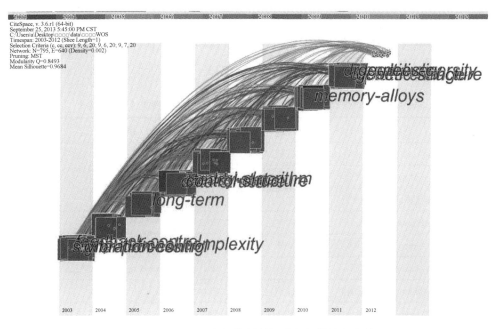

图 3-3　2003～2012 年智能材料领域创新性特征关键词

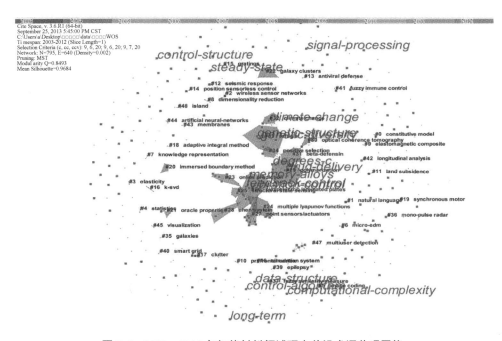

图 3-4　2003～2012 年智能材料领域研究前沿术语共现网络

测度突现关键词：通过 CiteSpace 提供的自动聚类方法，可得到突现词聚类网络，用摘要信息方式为聚类命名。由于软件生成图3-3和图3-4关键词重叠不清，将前15位突现词及聚类列于表3-1，其为第一阶段突现词共被引文献簇识别的核心，从表3-1中还可以知道每类前沿主题的主要研究方向。

表3-1 2003～2012年智能材料领域研究突现词及聚类（前15位）

突现词	突现值	频次	年份	聚类名	聚类号
Vibration-control（振动控制）	39.39	64	2003	Piezoelectric laminated plates（压电层合板）	26
Memory-Alloys（记忆合金）	25.56	44	2010		
Feedback-Control（反馈控制）	22.12	36	2003		
Degrees-C（温度）	37.94	69	2011	Polymerization（聚合作用）	29
Drug-Delivery（给药系统）	22.51	41	2011		
Climate-Change（气候变化）	21.41	39	2011	Climate change（气候变化）	32
Genetic-Structure（基因结构）	24.16	44	2010	Refugia（生物避难所）	33
Genetic-Diversity（基因多样性）	20.86	38	2011		
Control-Structure（控制结构）	31.80	62	2006		
Long-Term（长期记忆）	30.13	48	2005		
Data-Structure（数据结构）	31.08	51	2006		
Signal-Processing（信号处理）	24.59	40	2003		
Steady-State（稳定状态）	23.75	39	2006		
Control-Algorithm（控制算法）	22.53	37	2006		
Computational-Complexity（计算复杂性）	22.12	36	2003		

识别前沿知识基础与挖掘前沿框架主题：为找到研究内容与前沿主题词相符的突现共被引文献（cited-reference），将网络节点选为主题词、关键词及共被引文献，其他设定不变，绘制了突现关键词和共被引文献异构聚类网络，从聚类中选取与表3-1中前沿关键词关联密切的高共被引突现文献簇（表3-2～表3-4），即前沿知识基础，对知识基础（文献簇）进行内容分析，可以得出4类前沿框架主题：①基于有限元模型的压电传感器/执行器智能材料的主动控制；②相变温度在形状记忆聚合物（shape memory polymer，SMP）性能变化中的作用及SMP在各个领域的应用特别是生物医学领域以及航空航天领域；③智能材料的自适应模型对气候变化脆弱性的影响作用；④基于群体遗传学的智能结构数据软件研究。此时完成了第一阶段的第三步工作，得到了符合创新性特征文献集的知识基础和对应知识基础的前沿框架主题。

表 3-2 主题一前五位突现文献

作者	篇名	发文年	突现值	频率	所属类	引证文献数
Ha S K，et al.	Finite element analysis of composite structures containing distributed piezoceramic sensors and actuators	1992	13.62	67	#14	68
Tzou H S，et al.	Distributed piezoelectric sensor/actuator design for dynamic measurement/control of distributed parameter systems：A piezoelectric finite element approach	1990	11.79	106	#14	109
Crawley E F，et al.	Use of piezoelectric actuators as elements of intelligent structures	1987	11.14	307	#14	304
Benjeddou A，et al.	Advances in piezoelectric finite element modeling of adaptive structural elements: A survey	2000	6.86	121	#14	122
Boccaletti S，et al.	Complex networks: Structure and dynamics	2006	6.68	45	#14	43

表 3-3 主题二前四位突现文献（去除综述类文献）

作者	篇名	发文年	突现值	频率	所属类	引证文献数
Behl M，et al.	Multifunctional shape-memory polymers	2010	6.49	16	#42	15
Sofla A Y N，et al.	Shape morphing of aircraft wing：Status and challenges	2010	5.80	16	#42	14
Xie T	Tunable polymer multi-shape memory effect	2010	5.27	13	#42	13
Behl M，et al.	Shape-memory polymers	2007	3.24	36	#42	37

表 3-4 主题四前七位突现文献

作者	篇名	发文年	突现值	频率	所属类	引证文献数
Evanno G	Detecting the number of clusters of individuals using the software structure：A simulation study	2005	19.78	122	#10	122
Librado P，et al.	DnaSP v5：A software for comprehensive analysis of DNA polymorphism data	2009	14.12	45	#9	45
Excoffer L，et al.	Arlequin（version 3.0）：An integrated software package for population genetics data analysis	2005	14.07	149	#10	149
Yang Z H	PAML 4：Phylogenetic analysis by maximum likelihood	2007	13.47	79	#9	79
Peakall R，et al.	Genelex 6：Genetic analysis in Excel. Population genetic software for teaching and research	2006	12.80	77	#10	77
Excoffer L，et al.	Arlequin suite ver 3.5：A new series of programs to perform population genetics analyses under Linux and Windows	2010	12.71	33	#10	34
Tamura K，et al.	MEGA4：Molecular evolutionary genetics analysis（MEGA）software Version 4.0	2007	12.36	96	#9	97

检索具有创新性特征的文献集：分别在 WoS 中对每类前沿框架主题的知识基础进行二次检索，可获取其引证文献（文献量见表 3-2～表 3-4），即得到前沿框架主题下的符合创新性特征的文献集，完成模型的第一阶段筛选。由于第三类前沿框架主题的知识基础仅包含一篇文献，可不对其进行列表显示，即 Smit 等[22]于 2006 年在 *Global Environmental Change* 上发表了 Adaptation，adaptive capacity and vulnerability（引证文献为 27 篇）。

2. 学科交叉性特征文献筛选

首先，比较 WoS 和 JCR 的学科分类，结果显示两数据库中对智能材料领域论文的学科分类几乎一致，因此学科分类不再需要标准化。将框架前沿主题下的四组符合创新性特征的引文文献簇分别导入 TDA，做文献-学科的共现矩阵（图 3-5（截取矩阵的部分）），其中图 3-5 中第一行表示学科分类，第一列表示文献标题，交叉处的数字表示文献被标引的所属学科。统计每一篇文献的学科分类频数，用式（3-1）计算每一篇文献的学科分类强度，筛选出 $F>0.05$ 的文献（表 3-5），形成高学科交叉度文献集，此文献集由符合创新性和学科交叉性的文献构成，此时完成了三阶段模型中的前沿研究数据筛选工作。最终主题一从 646 篇创新性引证文献集中挑选出符合创新性和学科交叉性的文献 167 篇，主题二从 79 篇中挑选出 19 篇，主题三的最终文献集为 13 篇，主题四为 264 篇。

Reset		TI	1	2	3	4	5	6	7	8	9	10	11	12	13	14	15	16	17	18	19	20	21	22	23	24	25	26	27	28	29	30	31	32	33	34	35
		# Records	20	15	14	13	72	54	49	49	45	45	43	42	32	24	21	16	15	15	13	12	10	8	7	6	5	5	5	5	4	4	4	4	3	3	3
WC	# Records	Show Values >= 1 and <= 6 Cooccurrence # of Records	Materials Science, Multidisciplinary	Mechanics	Engineering, Mechanical	Instruments & Instrumentation	Engineering, Civil	Engineering, Electrical & Electronic	Engineering, Multidisciplinary	Materials Science, Composites	Computer Science, Interdisciplinary Applic	Mathematics, Interdisciplinary Applications	Engineering, Aerospace	Acoustics	Automation & Control Systems	Computer Science, Artificial Intelligence	Mathematics, Applied	Materials Science, Characterization & Tes	Engineering, Manufacturing	Physics, Mathematical	Physics, Applied	Optics	Physics, Multidisciplinary	Robotics	Physics, Fluids & Plasmas	Construction & Building Technology	Computer Science, Theory & Methods	Engineering, Industrial	Multidisciplinary Sciences	Operations Research & Management Scie	Computer Science, Information Systems	Nanoscience & Nanotechnology	Physics, Condensed Matter	Polymer Science	Chemistry, Analytical	Electrochemistry	Imaging Science & Photographic Technolo
109	1	A dynamic parameter estimator to control		1								1					1			1					1													
110	1	A finite element for piezoelectric multilayer	1																																		
111	1	A finite element model for the static and dy		1																																	
112	1	A Four-Node Finite Element for Piezoelectr	1	1						1								1																			
113	1	A geometrically non-linear piezoelectric so							1			1																									
114	1	A local adaptive algorithm for emerging sc																		1																	
115	1	A LQR controller design for active vibratio									1					1											1										
116	1	A Multi-cellular Developmental Representat						1																			1										
117	1	A New Impedance Measurement System f				1		1																													
118	1	A note on possible flutter of piezoelectric l		1	1		1																														
119	1	A passive electric controller for multimodal					1				1																										
120	1	A phenomenological constitutive model for		1																																	
121	1	A review of active structural control: chall					1				1																										
122	1	A review of simulation methods for smart	1	1	1																																
123	1	A review on structural enhancement and r	1			1																															
124	1	A semi-analytic meshfree method for Alma		1																																	
125	1	A shell finite element for active-passive vi	1	1						1								1																			
126	1	A single-walled carbon nanotube reinforc	1			1																															
127	1	A smart single-lap adhesive joint integrate		1																																	
128	1	A study of the polarization-electric-field no	1			1																															
129	1	A Study on Polarization-Electric Field Nonli	1														1																				
130	1	A theoretical analysis of piezoelectric/com		1																																	
131	1	A Thermopiezoelectric Mixed Variational T					1				1																										
132	1	Acoustic response synthesis using multipl		1	1									1																							
133	1	Active aeroelastic flutter suppression of a							1																												
134	1	Active constrained layer damping of smart	1	1	1		1																														
135	1	Active constrained-layer damping: a state-													1																						
136	1	ACTIVE CONTROL EXPERIMENTAL BASED						1								1																					
137	1	Active control of delaminated composite s			1		1																														
138	1	Active control of laminated plates using a	1	1						1								1																			
139	1	Active control of vibration using a fuzzy c	1			1																															
140	1	Active damping of geometrically nonlinear								1																											
141	1	Active damping of geometrically nonlinear	1	1	1		1																														
142	1	Active damping of laminated thin cylindrica		1																																	
143	1	Active feedback vibration suppression of													1	1											1				1							1
144	1	Active structural vibration control: Robust			1																																

图 3-5　主题一引证文献-学科交叉矩阵（部分）

表 3-5　主题—引证文献–学科交叉计算结果（部分）

文献编码	Materials Science, Multidisciplinary	Mechanics	Engineering, Mechanical	Physics, Fluids &Plasmas	…	统计量	学科交叉强度
[23]		1		1	…	6	0.12
[24]			1		…	6	0.12
[25]	1		1		…	5	0.10
[26]			1		…	5	0.10
…	…	…	…	…	…	…	…

3. 基于文本挖掘的前沿主题确定

前沿框架主题是挖掘前沿技术或前沿研究方向的向导。首先在框架主题的基础上，为得到具体的前沿主题，将经过"三阶段"筛选得到的具有"两特征"的文献集依据前沿框架主题分成四组文献集；其次从每组文献集中抽取出摘要和关键词，创建四组分析文本；然后分别利用 4 组分析文本创建个性知识库；最后分别对 4 组文本进行文本挖掘，挖掘分析出未来智能材料的前沿主题集中在 5 个方面：①基于有限元模型的智能结构，包括结构集成传感器、执行器和控制器的特殊数学力学问题，尤其是非线性控制问题；②适合于智能结构的应变、活性振动及相变温度等传感器的原理方法与技术的主动微传感器；③由形状记忆材料、压电材料、磁流变体制成的主动执行器，特别是执行器的驱动研究——远程非接触驱动；④信息处理和控制，适用于智能材料系统与结构、仿生的智能控制、模糊控制及神经网络控制的自适应模型的理论及方法；⑤智能材料基体特性及基体本身的研究，包括构成基体的单个元素的研究。

通过阅读智能材料发展趋势研究综述性文献，发现使用提出的前沿探测模型得出的智能材料领域前沿主题，与学者撰写的智能材料发展趋势综述性文献内容相符程度高。张新民[27]从工作原理、材料分类、研究重点及应用前景等方面整体介绍了智能材料的研究进展，提出未来智能材料的发展趋势将重点放在性能控制、结构微型化和相变温度适应性等方面。较高的符合性验证了所提出的模型的可靠性，而且采用提出的方法，可以实现大数据量的文献采集和分析，更加保证了分析的全面性和有效性。

从图 3-4 中可知表 3-1 中的许多突现词彼此联系，说明关于它们的研究不仅仅局限在某个特定学科，而且涉及很多学科交叉研究和很多应用领域。彼此之间的交织说明它们彼此之间有内在的关联，牵制着彼此的发展，从而推动智能材料领域的发展。对智能材料领域的实证研究，证实了研究前沿不仅需要满足创新性，更需要符合学科交叉性，从而极大地支撑了研究前沿探测模型的实用性与合理性。

第二节　新兴技术热点及识别方法

一、技术热点及构成

技术热点是在技术前沿基础上快速成长起来的技术领域，也是众多研究者和企业一直关注的技术领域，其产业化前景值得期待。如前所述，技术前沿处于技术成长缓慢阶段之前，不在技术 S 曲线上。而技术热点则处在 S 曲线上，是技术成长快速阶段上的"点"，该"点"上的研发成果持续增长并被普遍关注。

技术热点识别可以是面向企业识别"热点主题"；也可以是面向国家、区域分析技术热点，即识别国家或区域在一定时期内所选择的"热点领域"。对于技术热点识别方法，可依据科技文献、专利数据的分析进行，也可基于网络信息进行识别。

目前，技术热点识别方法存在以下不足：第一，单纯以成果累计量（论文或专利）识别技术热点，这具有比较好的可操作性特点，但也存在遗漏重点投入研发资源"热点"的可能，因为并不是所有的研发成果都公布于众。第二，没有考虑国家技术热点与企业技术热点的区别，国家的技术热点和企业的技术热点是有差异的，国家覆盖的技术领域比较多，其技术热点往往表现为某个技术领域；而企业涉及的技术领域比较少，识别某一具体技术领域中的热点更有意义。第三，如何依据网络信息探索技术热点，如何对成果数量做更精确的区分，还没有很好的方法。因此，理论与实践都需要就技术热点识别方法进行探索。

二、基于专利数据的国家技术热点领域识别

（一）专利数据及应用

在某一技术领域和一定的时间跨度里，有若干个 IPC（记为 $C_i, i = 1,2,3,\cdots$），它们各自在一定时间跨度里所包括的专利件数分别记为 $x_{ij}(j = 1,2,3,\cdots)$，其相应的专利总件数分别记为 T_i，且 $T_1 > T_2 > \cdots > T_i$（假设的模型结构见表 3-6），则认为 IPC C_1 所代表的技术领域是热点领域，不再依据专利数量特征之间的差异定量地分析判断 $C_2, C_3, \cdots$，而是根据研究的需要定性地选取技术热点，从而避免主观、随意和不精确。

表 3-6　假设的模型结构

IPC	时间跨度				专利总件数
	1	2	…	*j*	
C_1	x_{11}	x_{12}	…	x_{1j}	T_1
C_2	x_{21}	x_{22}	…	x_{2j}	T_2
⋮	⋮	⋮		⋮	⋮
C_i	x_{i1}	x_{i2}	…	x_{ij}	T_i

注：专利检索中的时间跨度一般以年为单位

具体的分析思路如下：由于技术热点领域 C_1 的专利总件数的数量特征为 $T_1>T_2>\cdots>T_i$，并且根据表 3-6，可以将 IPC 看作一种因素（分类变量），该因素中包括 $C_1, C_2, C_3, \cdots, C_i$ 共 i 个水平；同时，将 x_{ij} 看作某种相同条件下，各个水平对应的观测值（专利件数），要解决所提出的问题，实际上就是需要对两个以上的总体在数量特征上的差异进行检验。而 Fisher[28]提出的方差分析理论，即用于检验多个方差齐性的正态总体的均值是否具有显著性的差异的方法，就适合解决这类问题。因为所提出的问题是针对一种因素，即 IPC，所以可以运用单因素方差分析法对基于 IPC 的技术热点领域的识别进行探讨。

（二）识别方法

方差分析方法在不同领域的研究中都得到了广泛的应用。从方差入手的研究方法有助于找到事物的内在规律性。单因素方差分析可以测试某一个控制变量的不同水平是否给观察变量造成了显著差异和变动[29]。

1. 数学模型

假设控制变量 A 有 k 个水平，每个水平均有 r 个样本（r 次试验），那么，在 A_i 下的第 j 次试验的样本值 x_{ij} 可以定义为 $x_{ij}=\mu_i+\varepsilon_{ij}$，$i=1,2,\cdots,k$；$j=1,2,\cdots,r$。其中，$\mu_i$ 为观测变量在水平 A_i 下的理论指标值；ε_{ij} 为抽样误差，是服从正态分布 $N(0,\sigma^2)$ 的独立随机变量。如果令 $\mu=\dfrac{1}{k}\sum\limits_{i=1}^{k}\mu_i$，其中，$\mu$ 为观测变量总的理论指标值。并且有 $a_i=\mu_i-\mu$，其中，a_i 是控制变量水平 A_i 对试验结果产生的附加影响，称为 A_i 对观测变量产生的效应，且 $\sum\limits_{i=1}^{k}a_i=0$。则有 $x_{ij}=\mu_i+a_i+\varepsilon_{ij}$，此式就是单因素方差分析的数学模型。可知，它是一个线性模型，其中，μ 的无偏估计 $\hat{\mu}=\bar{x}$，a_i 的无偏估计 $\hat{a}_i=\hat{x}_i-\bar{x}$。如果控制变量 A 对观测变量没有影响，则各水平的效应 a_i 应全部为 0，否则应不全为 0。单位因素方差分析正是要对控制变量 A 的所有效应是否同时为 0 进行推断[30]。

2. 基本步骤

（1）建立原假设。单因素方差分析的原假设 H_0 是：控制变量不同水平观测变量各总体的均值无显著差异，控制变量不同水平的效应同时为 0，记为 $a_1 = a_2 = \cdots = a_k = 0$，意味着控制变量不同水平的变化没有对观测变量产生显著影响；原假设 H_1 是 $a_1, a_2, \cdots, a_k$ 中至少有两个不全相等，意味着控制变量不同水平的变化对观测变量有显著影响。

（2）构造统计量。单因素方差分析采用的检验统计量为 F 统计量，数学表达式为 $F = [SSA/(k-1)][SSE/(n-1)] = MSA/MSE$，其中，$n$ 为总样本量；$k-1$ 与 $n-1$ 分别为 SSA 和 SSE 的自由度；MSA 是平均组间平方和；MSE 是平均组内平方和，其目的是消除水平数和样本量对分析带来的影响。F 统计量服从（$k-1$，$n-1$）个自由度的 F 分布。

（3）计算统计量的观测值和概率 p 值。对 F 统计量进行计算。如果控制变量对观测变量造成显著影响，那么观测变量总的变差中控制变量影响所占的比例相对于随机变量必然较大，F 值显著大于 1；反之，如果控制变量没有对观测变量造成显著影响，那么观测变量的变差应归纳为随机变量造成的，F 值接近于 1（F 统计量的计算，分析软件 SPSS 可自动完成）。

（4）给定显著性水平 a，并作出决策。给定显著性水平 a，并与检验统计量的概率 p 值进行比较，如果概率 p 值小于显著性水平 a，则应拒绝原假设，认为控制变量不同水平下观测变量各总体的均值存在显著差异，控制变量的各个效应不同时为 0，控制变量的不同水平对观测变量产生显著影响；反之，如果概率 p 值大于显著性水平 a，则不应拒绝原假设，认为控制变量不同水平下观测变量各总体的均值无显著差异，控制变量的各个效应同时为 0，控制变量的不同水平对观测变量没有产生显著影响。

3. 适用条件

方差分析适用的条件有以下几点：独立性，即只有样本中的各元素相互独立，来自真正的随机抽样，才能保证变异能够具有可加性；正态性，即由于各组的随机误差项 ε 被设定为服从正态分布，模型要求各单元格的残差必须服从正态分布；方差齐性，即由于在模型中无论何种组合，ε 都被假定服从相同的正态分布，模型要求各单元格满足方差齐性的要求。

在对单因素方差分析的实际操作中，独立性和正态性一般都可以满足，往往只需要对方差齐性进行考察即可，但除了重复测量等特殊情况[31-33]，即一般的研究中常用的假处理[34]。

（三）应用举例

1. 数据和处理方法

（1）数据来源。IPC 是目前唯一国际通用的专利分类和检索工具，它的体系是由高至低依次排列的等级式结构，分为 8 个部，即 A 部（人类生活必需），B 部（作业、运输），C 部（化学、冶金），D 部（纺织、造纸），E 部（固定建筑物），F 部（机械工程、照明、加热、武器、爆破），G 部（物理）和 H 部（电学）[35]。应用举例中以这 8 个部为研究对象，探讨其技术热点分布，可从专利信息服务平台（China Intellectual Property Right，CNIPR）下载 2010～2014 年中国的专利数据（检索日期为 2014 年 7 月 29 日），统计的原始数据见表 3-7。CNIPR 是在原中外专利数据库服务平台的基础上，吸收国内外先进专利检索系统的优点，采用国内先进的全文检索引擎开发完成的，它完整、全面地收录了中国的专利[36]。

表 3-7　2010～2014 年中国 IPC 的 8 部专利件数分布

IPC	年份				
	2010	2011	2012	2013	2014
A 部	133 532	172 679	219 281	191 047	27 229
B 部	164 210	232 340	305 436	295 682	34 025
C 部	88 809	109 240	129 922	118 487	22 377
D 部	13 768	19 906	24 503	23 217	2 579
E 部	43 427	59 155	75 200	74 484	9 024
F 部	96 552	131 731	162 277	149 009	16 513
G 部	123 858	163 131	200 221	182 872	28 939
H 部	146 349	182 185	208 360	171 419	23 269

注：IPC 与年份对应的数值为专利件数

（2）数据处理过程。根据上述理论，热点技术领域识别方法及其过程为：从专利数据库采集数据后构建相应的数学模型；然后，进行单因素方差分析，其内容包括描述性统计（了解数据的整体特征）、方差齐性检验（检验数学模型是否满足单因素分析的前提条件）、主体间效应检验（检验数学模型是否有统计学意义和因素之间是否有差异）和两两比较（通过 Student-Newman-Keuls 方法进行两两比较找出热点技术的子集）；数据处理软件采用 SPSS20.0。

2. 结果和分析

由于只有一个影响因素，建立的是单因素方差分析模型，相应的数学模型为 $x_{ij} = \mu + a_i + \varepsilon_{ij}$。其中，$\mu$ 表示不考虑具体的 IPC（即 8 个部）时专利的总平均件数，而 a_i 代表 i 部和总平均水平相比其专利平均件数的差异，此处分析就是为了检验假设 H_0 和 H_1。

表 3-8 给出 8 个部样本的描述性统计结果。可知，B 部的标准差（111 742.3）

最大，A 部（74 724.8）和 H 部（72 295.9）较为接近，而 D 部（8966.5）最小。究竟有无方差不齐需要进一步分析。

表 3-8　描述性统计量

IPC	均值	标准偏差	N
A 部	148 753.6	74 724.8	5
B 部	206 338.6	111 742.3	5
C 部	93 767.0	42 657.9	5
D 部	16 794.6	8 966.5	5
E 部	52 258.0	27 454.8	5
F 部	111 216.4	58 395.4	5
G 部	139 804.2	68 180.9	5
H 部	146 316.4	72 295.9	5
总计	114 406.1	81 907.3	40

注：因变量为专利件数

表 3-9 给出方差齐性的检验结果。可知，Levene 检验结果的 F 统计量为 2.151，对应的 P 值为 0.066，取显著性水平 $\alpha = 0.05$，所以不能拒绝原假设，可以认为 8 部中的专利件数的总体方差无显著差异，满足方差分析的前提条件，可进行下一步分析。

表 3-9　误差方差等同性的 Levene 检验[①]

F	df1	df2	Sig.
2.151	7	32	0.066

注：因变量为专利件数；检验零假设，即在所有组中因变量的误差方差均相等
①设计：截距+IPC

表 3-10 给出模型进行方差分析的结果。可知，校正模型和 IPC 因素的 F 统计量都为 4.221，相应的 $P = 0.002 < 0.05$，说明所构建的数据模型有统计意义，并且 IPC（8 部）之间专利的数量特征有差异。

表 3-10　主体间效应的检验[①]

源	Ⅲ型平方和	df	均方	F	Sig.
校正模型	125 606 019 714.8	7	17 943 717 102.1	4.221	0.002
截距	523 550 228 688.4	1	523 550 228 688.4	123.154	0.000
IPC	125 606 019 714.8	7	17 943 717 102.1	4.221	0.002
误差	136 037 448 328.8	32	4 251 170 260.3		
总计	785 193 696 732.0	40			
校正的总计	261 643 468 043.6	39			

注：因变量为专利件数
①$R^2 = 0.480$（调整 $R^2 = 0.366$）

表 3-11 给出 Student-Newman-Keuls 方法两两比较的检验结果。

表 3-11 Student-Newman-Keuls 两两比较的检验结果

IPC	N	子集		
		1	2	3
D 部	5	16 794.6		
E 部	5	52 258.0	52 258.0	
C 部	5	93 767.0	93 767.0	93 767.0
F 部	5	111 216.4	111 216.4	111 216.4
G 部	5		139 804.2	139 804.2
H 部	5		146 316.4	146 316.4
A 部	5		148 753.6	148 753.6
B 部	5			206 338.6
Sig.		0.122	0.208	0.097

注：已显示同类子集中的组均值；基于观测到的均值；误差项为均值方（错误）= 4251170260.275；使用调和均值样本大小 = 5.000；$\alpha = 0.05$

可知，8 个部被分成三个子集，分别为 S_1 = {D 部，E 部，C 部，F 部}，S_2 = {E 部，C 部，F 部，G 部，H 部，A 部}和 S_3 = {C 部，F 部，G 部，H 部，A 部，B 部}。因为不同子集间的 P 值小于 0.05（设定的显著性水平），而在同一子集内的各平均数则两两无差异，比较的 P 值（分别为 0.122、0.208 和 0.097）均大于 0.05，所以可以得出：在 B 部为热点技术的前提下（专利的平均件数最多），A 部、H 部、G 部、F 部和 C 部也属于热点技术（因为它们的数值特征（均值）与 B 部无明显差异）；而 E 部和 D 部并不是热点技术（它们的数值特征（均值）与 B 部有明显差异）。与根据基于 IPC 的判断热点技术的传统理论相比，运用传统理论判定 B 部为热点技术之后，无法再定量地分析 A 部、H 部、G 部、F 部和 C 部与 B 部的数量特征关系，仅定性地选取热点技术，尤其显得不精确和不合理。

（四）技术热点领域识别结果

运用单因素方差分析完善了基于 IPC 的技术热点领域识别的方法，以 IPC 中 8 个部为研究对象，从 CNIPR 采集 2010~2014 年中国专利数据，使用分析软件 SPSS20.0 进行数据处理。实证研究结果表明，在显著性水平 $\alpha = 0.05$ 的条件下，2010~2014 年中国专利技术热点集中在子集 S_3，即{C 部，F 部，G 部，H 部，A 部，B 部}，与基于 IPC 的技术热点领域识别的传统理论相比，结果显得更精确与合理，能为技术管理实践提供更精确与合理的技术热点领域的判断标准。

当然，所提出的技术热点领域识别方法，仅给出了专利分类体系中最宽泛的部类，由于专利分类体系庞大，每个部类下有若干子类，要更深入地识别和把握技术的热点主题，还需要有进一步的分析和挖掘。

三、基于网络信息的国家技术热点领域识别

面向国家的技术热点领域也可以采用以网络信息为基础的国家技术热点主题识别方法。基于网络信息的技术热点领域，是在某一时间段内、有内在联系的、数量相对较多的一组网页所探讨的科学问题或者专题。探索和分析技术领域的关注焦点和研发特点，对该技术领域研究和利益相关者具有十分重要的意义，可以使利益相关者及时准确地把握和跟踪某技术领域的热点主题，并研究最新演化动态，预测技术领域的发展方向和需要重点研究的问题等。

为了充分利用网络信息资源，确立用网络信息中的国家域名分析技术领域热点主题的思路，即把若干个国家分组，对关于技术网页统计数量相似性较大的国家分为一组，利用层级聚类分析，通过组内和组间的比较得到各国关注的技术热点主题。

（一）国家顶级域名的相关概念

域名（domain name）是由一串用点分隔的名字组成的 Internet 上某一台计算机或计算机组的名称，用于在数据传输时标识计算机的电子方位（有时也指地理位置），目前域名已经成为互联网的品牌、网上商标保护必备的产品之一。企业、政府、非政府组织等机构或者个人在域名注册商上注册的名称，是互联网上企业或机构间相互联络的网络地址。

以下通过域名的分类和级别来阐述国家顶级域名的概念。

1. 域名的分类

一是国际域名，也称为国际顶级域名（international top-level domainnames，iTDs）。这是使用最早也最广泛的域名。例如，表示工商企业的.com，表示网络提供商的.net，表示非营利组织的.org 等。

二是国家域名，又称为国家顶级域名（national top-level domainnames，nTLDs），即按照不同国家分配不同后缀，这些域名即该国的国内顶级域名。

2. 域名的级别

域名可分为不同级别，包括顶级域名、二级域名等。

顶级域名又分为以下两类。

一是国家顶级域名，目前 200 多个国家都按照 ISO3166 国家代码分配了顶级域名，例如，中国是 cn，美国是 us，日本是 jp 等。

二是国际顶级域名，例如，表示工商企业的.com，表示网络提供商的.net，表示非营利组织的.org 等。

为了便于分析各国目前的研究热点及焦点，探索性地采用分析国家顶级域名的方法，并用实证分析说明方法的可行性。

（二）识别方法

基于国家域名聚类分析的网络信息分析方法是把若干个国家分组，即对关于技术网页统计数量相似性较大的国家分为一组。通过组内和组间的比较，衡量国家的技术关注焦点和研发热点，并在这个过程中，通过比较发现国家聚焦关注热点、技术未来发展的技术领域。

以国家的网页数量作为基本的数据对象，选择普适计算技术领域在各国网页的分布情况进行分析。为了使得到的数据具有可得性和可靠性，确定的数据来源分为技术关键字（子技术领域）数据和国家域名统计（网络数据）数据两部分。首先，得到技术关键字(子技术领域)。通过《科学引文索引》(*Science Citation Index*)数据库中的文献资料确定普适计算技术的子技术领域。其次，得到国家域名统计（网络数据）数据。以关键字搜索网络数据，利用网络爬虫，得到各子技术在各国的分布情况，并采用技术领域相对重要的概念处理数据得到分析数据，对各国所关注的技术热点和焦点做初步分析。最后，对各国数据进行分析，得到各国普遍关注热点技术和技术未来发展方向。以技术领域作为分类变量，围绕分类变量，采用层次聚类方法，对技术分布相似的国家进行分组，通过组内比较得到组内国家聚焦关注技术，再通过各组得到的热点技术进行组间比较，发现国家聚焦关注技术领域，得到普适计算技术未来的最有可能的发展方向。

（三）以普适计算技术为例的识别过程

1. 提取关键词

关键词提取借助了文献计量学方法中的关键字提取方法。以 SCI 数据库为数据源，以"ubiquitous computing"或"pervasive computing"为标题对 1974～2010 年的数据库进行检索，旨在搜索出设定时间段内有关普适计算技术方面的相关论文，共搜索出 1569 篇论文（截止到 2010 年 6 月 9 日）。利用 Bibexcel 软件进行关键词统计分析。忽略部分文章在收录时缺失的关键词，1569 篇文章中共出现 1001 个关键词，累计频次为 1854 次。根据搜索引擎的搜索原理手动进行关键词合并，例如，"context aware"搜索的结果中包含"context-aware"，在选取关键词时就只选取"context aware"，并结合频次排名，最后得到 26 个关键词，如表 3-12 所示。

表 3-12　关键词识别结果

编号	关键词
1	SPKI/SDSI
2	Web services
3	distributed computing
4	wearable computing
5	RFID
6	access control
7	mobile ad hoc networks
8	semantic Web
9	mobile agent
10	reconfigurable context-sensitive middleware
11	ubiquitous computing environments
12	distributed systems
13	social computing
14	context-awareness
15	data mining
16	mobile computing
17	trust management
18	admission control
19	human-computer interaction
20	resource discovery
21	autonomic computing
22	intelligent environments
23	smart space
24	bluetooth
25	wireless sensor network
26	service discovery

2. 网络数据来源与处理

利用网络爬虫 LexiURL，对 Yahoo Globe 单独搜索到的表 3-12 中的 26 个子技术领域网页进行域名信息提取。假设所有的顶级域名均匀地分布在搜索到的所有网页中，为了便于分析，在此提取各技术领域的前 1000 个主要网页的顶级域名作为研究对象。为了便于后续的研究，网页清理时去除了顶级域名为.com、.edu、.org、.net 和.gov 等无法区分国家的网页。数据来源于 2010 年 6 月 10 日。

按照统计结果，选取占网页数量最多的前 20 个国家和排在第 29 位的中国作为研究对象。前 20 个国家在所选取的技术领域中的网页总量达到所有国家网页总量的 80%以上，说明它们在技术研发和创新方面具有很强的竞争力。

在 Fabry 等[37]研究的基础上，采用"技术领域的相对重要性"这个指标对初始数据进行转换。经过转换后的数据具有相同的量级，利于聚类分析，而且相对于所研究域名的绝对数量而言，相对数值更能体现不同领域的研发活动的侧重。具体的指标计算方法如式（3-2）所示：

$$RI_{ij} = \frac{PA_{ij}}{\sum_j PA_{ij}} \tag{3-2}$$

其中，PA_{ij} 为国家 i 在 j 技术领域中所占有的网页数；$\sum_j PA_{ij}$ 为国家 i 在所有技术领域中网页统计总和。

指标 $\sum_j PA_{ij}$ 反映了国家在某一技术领域中域名总量的比例。对于同一国家，通过比较不同技术领域的 RI_{ij}，可以对技术领域进行排序，明确这个国家的关键技术和研发热点，可以进一步进行不同国家间的横向比较，考察哪些技术领域是目前聚集关注的焦点和研发热点。

根据式（3-2）对初始数据进行处理，结果见表 3-13。

表 3-13 各技术领域对于国家的相对重要性   （单位：%）

域名	1	2	3	4	5	6	7	8	9	10	11	12	13
uk	2.3	2.7	4.4	5.0	1.5	7.9	2.5	3.6	1.5	3.1	5.6	3.8	1.3
de	9.9	0.4	3.0	5.6	0.9	1.3	4.7	4.7	3.9	7.3	10.3	6.9	0.0
au	4.1	6.5	4.6	3.2	4.6	4.1	3.2	1.4	2.8	3.7	4.1	0.9	0.5
ca	3.1	3.7	1.8	1.2	2.5	3.1	4.3	1.8	4.3	2.5	4.9	6.7	3.1
fi	3.3	0.0	1.6	4.9	0.0	1.6	8.2	0.0	1.6	6.6	16.4	4.9	0.0
ch	8.7	5.8	4.3	8.7	0.0	0.0	13.0	0.0	0.0	4.3	7.2	7.2	1.4
nl	1.8	0.0	0.0	3.5	0.0	0.0	3.5	1.8	0.0	8.8	1.8	7.0	0.0
eu	7.0	3.5	0.0	0.0	7.0	1.8	0.0	5.3	0.0	7.0	7.0	1.8	1.8
se	0.0	0.0	1.9	3.7	1.9	0.0	3.7	1.9	1.9	1.9	18.5	7.4	3.7
it	7.3	0.0	9.1	3.6	1.8	1.8	3.6	3.6	7.3	3.6	7.3	5.5	0.0
ie	5.7	1.9	7.5	1.9	0.0	3.8	3.8	5.7	0.0	0.0	13.2	7.5	0.0
gr	4.4	0.0	2.2	2.2	0.0	0.0	0.0	4.4	6.7	6.7	6.7	8.9	0.0
es	10.8	0.0	2.7	0.0	0.0	0.0	2.7	0.0	2.7	2.7	16.2	2.7	2.7
at	2.6	0.0	2.6	5.1	0.0	0.0	17.9	5.1	0.0	0.0	10.3	7.7	0.0
fr	5.4	0.0	5.4	2.7	0.0	0.0	10.8	0.0	8.1	2.7	10.8	10.8	0.0

续表

域名	1	2	3	4	5	6	7	8	9	10	11	12	13
br	38.2	0.0	2.9	0.0	0.0	0.0	2.9	0.0	5.9	5.9	2.9	2.9	0.0
jp	2.9	0.0	2.9	8.6	0.0	0.0	0.0	0.0	11.4	5.7	31.4	2.9	0.0
nz	3.1	0.0	3.1	3.1	3.1	6.3	0.0	0.0	3.1	3.1	6.3	0.0	0.0
kr	3.3	0.0	3.3	0.0	0.0	0.0	6.7	0.0	0.0	20.0	30.0	3.3	3.3
in	5.9	8.8	8.8	2.9	2.9	2.9	5.9	0.0	5.9	5.9	5.9	5.9	0.0
cn	0.0	0.0	0.0	0.0	0.0	9.5	0.0	4.8	19.0	14.3	4.8	0.0	19.0

域名	14	15	16	17	18	19	20	21	22	23	24	25	26
uk	7.5	0.8	5.4	6.0	3.3	6.3	7.3	4.4	6.1	1.5	2.5	1.3	2.3
de	16.4	1.3	0.9	2.2	1.3	4.7	1.3	3.0	5.6	0.4	1.3	1.3	1.3
au	5.1	3.7	5.1	7.8	1.8	6.9	7.4	0.9	8.3	0.5	2.3	4.6	1.8
ca	3.7	2.5	3.7	5.5	3.7	11.7	3.1	3.7	9.2	2.5	1.2	1.8	4.9
fi	24.6	3.3	4.9	1.6	0.0	4.9	1.6	1.6	6.6	1.6	0.0	0.0	0.0
ch	18.8	0.0	1.4	0.0	1.4	8.7	0.0	1.4	4.3	1.4	0.0	1.4	0.0
nl	31.6	5.3	1.8	1.8	5.3	5.3	1.8	5.3	10.5	1.8	0.0	0.0	1.8
eu	15.8	0.0	0.0	0.0	0.0	1.8	1.8	7.0	14.0	5.3	0.0	3.5	8.8
se	13.0	0.0	1.9	0.0	9.3	16.7	0.0	1.9	5.6	1.9	1.9	1.9	0.0
it	16.4	0.0	0.0	3.6	0.0	5.5	1.8	7.3	3.6	0.0	1.8	1.8	3.6
ie	13.2	0.0	5.7	0.0	5.7	5.7	1.9	9.4	3.8	0.0	0.0	3.8	0.0
gr	20.0	0.0	0.0	0.0	8.9	8.9	2.2	4.4	6.7	2.2	0.0	2.2	2.2
es	24.3	2.7	0.0	2.7	2.7	2.7	0.0	10.8	8.1	0.0	0.0	2.7	0.0
at	28.2	0.0	2.6	0.0	0.0	10.3	2.6	0.0	2.6	0.0	0.0	0.0	2.6
fr	16.2	0.0	0.0	0.0	5.4	2.7	2.7	13.5	2.7	0.0	0.0	0.0	0.0
br	14.7	0.0	0.0	2.9	2.9	2.9	0.0	5.9	2.9	2.9	0.0	2.9	0.0
jp	11.4	0.0	0.0	0.0	2.9	2.9	2.9	0.0	11.4	2.9	0.0	0.0	0.0
nz	12.5	3.1	3.1	28.1	0.0	12.5	0.0	0.0	9.4	0.0	0.0	0.0	0.0
kr	16.7	0.0	0.0	0.0	6.7	3.3	0.0	3.3	0.0	0.0	0.0	0.0	0.0
in	0.0	0.0	2.9	0.0	14.7	11.8	2.9	2.9	0.0	0.0	0.0	2.9	0.0
cn	4.8	0.0	0.0	14.3	0.0	0.0	0.0	9.5	0.0	0.0	0.0	0.0	0.0

　　从表3-12和表3-13可以看出，英国将RFID作为关注焦点，澳大利亚将intelligent environments作为关注热点，加拿大将human-computer interaction作为关注热点，新西兰将trust management作为关注热点，巴西将SPKI/SPSI作为关注热点，印度将admission control作为关注热点，中国将mobile agent和social computing作为关注热点，瑞典、日本和韩国都把ubiquitous computing environments作为关注热点，而其他

国家把 context-awareness 作为其最重要的技术领域。这足以说明 context-awareness 对于普适性计算领域的技术发展和技术创新活动的影响很大。

但是，仅仅对 14 号 context-awareness 一个领域进行分析是不够的。考虑到不同国家的国家发展战略不同，如果对 20 个国家不加分类地进行比较，得到的结果会比较分散，不利于后续各国普遍关注的技术焦点和研发热点的测度。基于此，提出用聚类分析方法分析国家域名。在这里，以技术领域作为分类变量，围绕分类变量，对技术分布相似的国家进行分组，通过组内和组间比较，衡量国家的技术关注焦点和研发热点，并在这个过程中，通过比较发现国家聚焦关注技术领域，得到普适性计算技术未来的、最有可能的发展方向。

3. 分析方法与分析结果

研究采用层次聚类的 Q 型聚类方法，对样本进行聚类，使差异性大的样本分开。其中样本距离的测度采用平方欧氏距离，类间距离的测度采用平均组间链锁距离，由于数据间不存在数量级上的差异，无须进行标准化处理。具体的测度方法如下。

平方欧氏距离：两样本 i 个变量值之差的平方和的平方根，数学定义为

$$EUCLID = \sqrt{\sum_{i=1}^{k} x_i - y_i} \qquad (3\text{-}3)$$

其中，x_i 为样本 x 第 i 个变量的值；y_i 为样本 y 第 i 个变量的值。

平均组间链锁距离：样本与小样、小样与小样间的平均组间链锁距离是每个样本距离的平均值。

在确定好距离测度方法之后，确定聚类数目是整个分析过程的关键。层次聚类的方法将所有可能的聚类解全部输出，目前没有统一的确定分类数目的标准，但是分类过程应该考虑以下两个方面：各个小类的重心间距离应该较大；各小类所包含的样本数不应该过多。据此提出利用样本聚类树形图帮助确定分类数目。

观察聚类过程不难发现，随着类的不断凝聚，类数目在不断地减少，类间距离在不断地增大。在聚成 6 类之前，类间距离增大幅度较小，形成陡峭的山峰，在此步骤之后，类间距离迅速增大，形成平坦的碎石路。根据"类间距离小形成类的相似度较大，类间距离大形成的类的相似度较小"的原则，最终确定的分类数目为 6。

距离测度方法与聚类数目都确定后得到的聚类分析结果见图 3-6。

由图 3-6 可知，英国、澳大利亚和加拿大相似性很高，较早地聚成了一类，之后与印度聚为一类（第一组）；德国和意大利相似性很高，较早地聚成了一类，之后与希腊、爱尔兰共和国及法国聚为一类，芬兰和西班牙相似性很高，较早地聚

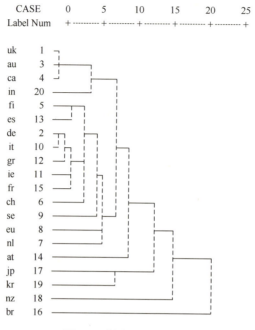

图 3-6　样本聚类树形图

为一类，这两类又与瑞士、意大利、瑞典和欧盟聚为一类（第二组）；奥地利、新西兰和巴西分别自成一类（第三组、第五组和第六组）。日本和韩国相似性较高的聚为一类（第四组）。

基于顶级域名的描述统计量（仅列出第一组示意）见表 3-14，进而对重点技术进行描述。

表 3-14　分组后国家（第一组）的描述统计量　　（单位：%）

关键字序号	N	Minimum	Maximum	Mean	Std. Deviation
1	4	2.3	5.9	3.850	1.5517
2	4	2.7	8.8	5.411	2.7773
3	4	1.8	8.8	4.922	2.8910
4	4	1.2	5.0	3.096	1.5409
5	4	1.5	4.6	2.885	1.2884
6	4	2.9	7.9	4.506	2.3065
7	4	2.5	5.9	3.974	1.4710
8	4	0.0	3.6	1.717	1.5055
9	4	1.5	5.9	3.619	1.8841
10	4	2.5	5.9	3.773	1.4933

续表

关键字序号	N	Minimum	Maximum	Mean	Std. Deviation
11	4	4.1	5.9	5.126	0.7683
12	4	0.9	6.7	4.348	2.5894
13	4	0.0	3.1	1.218	1.3532
14	4	0.0	7.5	4.059	3.1294
15	4	0.0	3.7	1.727	1.6605
16	4	2.9	5.4	4.266	1.1505
17	4	0.0	7.8	4.826	3.3708
18	4	1.8	14.7	5.873	5.9407
19	4	6.3	11.8	9.167	2.9470
20	4	2.9	7.4	5.169	2.5002
21	4	0.9	4.4	2.990	1.5041
22	4	0.0	9.2	6.910	4.1437
23	4	0.0	2.5	1.113	1.1016
24	4	0.0	2.5	1.507	1.1491
25	4	1.3	4.6	2.683	1.4465
26	4	0.0	4.9	2.264	2.0244

观察第一组的国家可以发现，它们在 19 号 human-computer interaction 和 22 号 intelligent environments 上网页占有率比较大，表现为其均值比较高；第二组国家在 11 号 ubiquitous computing environments、14 号 context-awareness、19 号 human-computer interaction 和 22 号 intelligent environments 这五种技术上网页占有率比较大；第三组国家在 8 号 semantic Web 和 15 号 data mining 上网页占有率比较大；第四组国家在 11 号 ubiquitous computing environments、14 号 context-awareness、9 号 mobile agent 和 22 号 intelligent environments 上网页占有率比较大；第五组国家在 18 号 admission control 和 20 号 resource discovery 上网页占有率比较大；第六组国家在 2 号 Web services 和 15 号 data mining 上网页占有率比较大。

通过以上分析，可以看出第一组和第二组都把 19 号 human-computer interaction 作为国家普适计算技术领域关注的热点；第一组、第二组和第四组都把 22 号 intelligent environments 作为国家关注热点；第二组和第四组都把 11 号 ubiquitous computing environments 和 14 号 context-awareness 作为国家关注热点；第三组和第六组都把 15 号 data mining 作为国家关注热点。由此可见，ubiquitous computing environments、context-awareness、human-computer interaction、intelligent environments 和 data mining 五个子领域是各国网页数目最多的技术领域，是普适计算技术在各国普遍关注的热点和焦点，是未来发展的方向。

通过分析可以发现，中国与世界各国聚焦关注的热点技术领域在一定程度上存在差别。首先，在技术网页总量上，中国位于 29 位，排在众多发达国家之后，可见在普适计算技术领域的科研人员和资金投入力度不够。其次，关注焦点不同。世界各国聚焦关注 ubiquitous computing environments、context-awareness、human-computer interaction、intelligent environments 和 data mining 五个子领域，我国关注焦点为 mobile agent 和 social computing 两个子领域，并且在上述 5 个子技术领域内几乎没有关注，可见我国在普适计算技术领域的前沿技术关注上覆盖面不够。国家制定科技政策和方针时应加大对各国聚焦的 5 个技术领域的关注，引导中国科技与世界同步发展。

四、基于文献与专利的企业技术热点主题识别

由于企业涉及的技术领域有限，识别某一技术领域的热点主题，对企业研发决策更有意义。技术热点主题的测度通常以论文数量和专利数量表示，当某技术领域论文或专利数量在论文总量或专利总量中所占比重较大，或代表着该领域技术特征的词汇、专利分类号等频次排序位于前列时，则被认为是技术热点主题。技术热点主题的识别过程如图 3-7 所示。

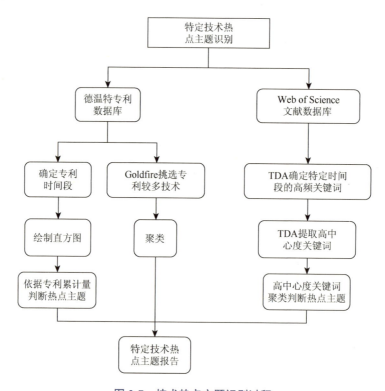

图 3-7　技术热点主题识别过程

五、基于网络信息的企业技术热点主题识别

（一）网络问答社区及特点

随着信息技术的发展与网络用户的增加，网络成为人们接收信息的主要来源。网络信息来源相对传统信息具有时效性、广泛性及贴近用户的特点，对于辅助识别技术热点主题具有重要意义。从现有研究成果看，网络问答社区信息已用于用户使用行为研究[38]、信息质量研究[39]及其知识传播作用研究[40]，但从此类网站中识别与分析话题焦点并用于辅助识别技术热点还是一个是值得研究的新问题。

网络问答社区是用户提问与回答的公共知识分享平台，用户可以提出问题，平台通过一定的激励机制发动不同的用户解决问题，创建个性化答案，用户既是信息的创造者，也是信息的使用者，用户通过提问、回答、关注等功能寻找问题的最佳答案和相关知识。网络问答社区与专家在线咨询平台和搜索引擎存在较大差异：网络问答社区的信息来源为众多用户生成的答案，是开放注册的免费网站；专家咨询平台的信息是特定专家回答的结果，较为单一，多为付费服务；搜索引擎则是通过关键词获取现有在线网页的信息[41]。

在线问答服务最早开始于 2002 年 Google 创立 Google Answers 的服务，该服务是付费的专家交互问答方式，此后随着互联网的发展出现了更多相关服务，目前国内外主流在线问答社区可分为三类。

第一类是传统的问答型社区，如百度知道、Yahoo! Answers、新浪爱问知识人、搜搜问问等。这些网站为注册用户提供提问的平台，问题的最佳答案由提问者选择或用户投票产生，采用加分等奖励机制激励用户回答，被称为第一代问答社区。这类网站借助一定的群体智慧仅可实现信息对信息的交流方式，未形成用户间的关系网络[42]。第二类是近年来逐渐出现的社交与知识相结合的问答型社区，也就是综合性知识问答社区，此类网站将社交网络与传统问答结合，通过良好的社交氛围吸引专业人士参与回答，产生高质量的信息，在用户间、用户与问题/话题、问题/话题间形成复杂的信息交互，实现信息与人的对接。代表性网站有 Quora、知乎等。第三类是垂直问答社区，这类网站是针对某一细分专业领域的平台，可以为用户提供范围小、具有较高针对性的信息，如针对程序技术的开发者社区 SegmentFault[43]。

（二）研究方法

研究方法的研究框架见图 3-8。

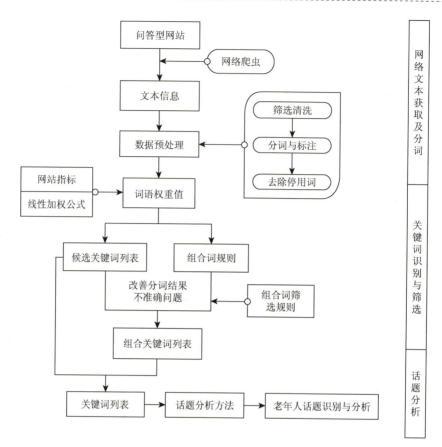

图 3-8　研究框架

1. 数据来源与预处理

通过网络爬虫软件可以爬取网络问答社区中用户提问与回答的相关数据，包括提问内容、答案数目、问题关注数目以及最佳回答等原始文本数据。在网络问答社区中，某个问题的提问与回答均是公开的，用户可以关注关心的问题，通过问题关注将有相似问题的人聚集在一起。问题的回答者包括该方面的专家，也有关注过类似问题的普通用户，回答数量也反映了对此问题的关注情况，但问题的回答记录是相关的具体知识，不适合用于文中识别话题关注点的情况。因而数据源选取网络问答社区中某话题的所有提问内容、答案数量及问题关注数量作为分析对象。

网络数据预处理过程主要包括去噪、分词、词性标注、去除停用词等步骤。首先要对网络文本进行筛选剔除广告与无关信息。可采用中国科学院开发的NLPIR 汉语分词系统（又名 ICTCLAS）进行分词，该系统分词精度达到了 98.45%，是目前最好的汉语语法分析器。得到分词结果后，借鉴哈尔滨工业大学信息检索中心发布的停用词表扩展版，并结合网络问答社区提问的特点，将什么、为什么、有没有、如何、哪些、请问、怎么办加入停用词表中，作为分词筛选使用的停用词表。根据分词结果，去除掉虚词、介词、连词、助词以及标点符号，导入停用词表进行筛选，可得到初次分词后的结果。

2. 词语权重测度

由于问题间语义存在一定差异，关注量与回答数也有较大不同，不能简单地计量词语重要性，需要根据网站的特点建立一套测度词语重要性的指标体系，实现对词语重要性的判断。在网络问答社区中，用户通过提出问题、关注问题、回答问题实现知识交流，根据网站的特点与词语处理结果，初步引入四个分析指标：词频 FR、词性 PO、关注量 AT、回答数 AN。

1）综合权重计算

依据提出的重要性测度指标，采用线性加权的方法确定词语的权重，计算见式（3-4）：

$$W = A \times \mathrm{FR} + B \times \mathrm{PO} + C \times \mathrm{FO} + D \times \mathrm{AN} \tag{3-4}$$

其中，A、B、C、D 为比例系数，根据指标在数据中的重要程度确定。系数可以通过大量的语料库进行反复测验确定，但是语料库并不能代表所有领域关键词的提取情况。此处词语权重计算是为了得到候选关键词，仍需要进一步处理，可以采用一定的模糊处理方法，此处采用改进的层次分析法确定比例系数，步骤如下。

首先建立层次结构模型，如图 3-9 所示。

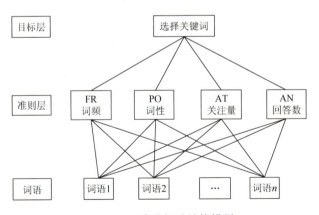

图 3-9　层次分析法结构模型

与以往的层次分析法不同，结构模型中的方案层是所有待分析的词语，相对准则层具有相同的重要性。在处理中，将方案的词语一致化，设定方案层所有词语对准则层的权向量相等且和为 1。

　　其次构建成对比较矩阵，确定各层次因素的权重时采用一致矩阵法，构建判断矩阵，其中判断矩阵的元素用 1~9 标度方法给出，依据专家评分的方法得到判断矩阵 A。

$$A = \begin{pmatrix} 1 & 5 & 3 & 3 \\ \dfrac{1}{5} & 1 & \dfrac{1}{3} & \dfrac{1}{3} \\ \dfrac{1}{3} & 3 & 1 & 1 \\ \dfrac{1}{3} & 3 & 1 & 1 \end{pmatrix}$$

　　经计算，最大特征根 $\lambda = 4.043$，对矩阵 A 进行一致性检验，定义一致性指标，$CI = \dfrac{\lambda - n}{n-1}$，计算得 $CI = 0.0145$。由 $n = 4$ 查表可得随机一致性指标 $RI = 0.9$，定义一致性比率 $CR = \dfrac{CI}{RI}$，计算得 $CR = 0.0161$。一般，当一致性比率 $CR < 0.1$ 时，认为 A 的不一致程度在容许范围内，经检验得 A 符合一致性要求。

　　准则层对目标层的权向量为 $w = (0.519, 0.078, 0.2008, 0.2008)^T$，方案层对准则层一致化处理。因此，得到比例系数 $A = 0.519$，$B = 0.078$，$C = 0.2008$，$D = 0.2008$。根据专家评分，关注量与回答数两个指标的权重相同且两者性质类似，为方便处理，将其合并为焦点度 FO。最终确定加权公式为

$$W = 0.519 \times FR + 0.078 \times PO + 0.4016 \times FO \tag{3-5}$$

　　2）指标量化

　　词频 FR：采用非线性函数的方法（式（3-6）），f_i 为词语在所有问题中出现的频率，当词频逐渐增大时，该词成为关键词的可能性就增大，FR 逐渐向 1 收敛。

$$FR = \frac{f_i}{1 + f_i} \tag{3-6}$$

　　词性 PO：通过研究发现，不同的词性易于作为关键词的概率也是不同的，但是这个比例大小的确定并不容易，此处采用模糊权重的方法。根据以往的研究，名词以及包含名词性的词语在关键词中占 80%~90%[44]，这说明名词更容易成为关键词。当词语为名词或名词性成分时，PO = 0.8；动词 PO = 0.6；其他词性 PO = 0。注意对于同时具有名词与动词词性的词语，赋予名词性词语的词性权重。

　　焦点度 FO：焦点度为关注量与回答数的综合，AT 为词语所在问题的全部关注量之和，AN 为词语所在问题的全部回答量之和。通过统计发现在线问答社区问题的关注与回答数量较大，且关注量大于回答数，因而处理时将数据开平方平滑处理两者的数量级。随机爬取知乎网站上 1000 条问题的关注量与回答数，通过计算平均值发现，某问题的回答量约是关注量的 8 倍，因而将 AT 与 AN 分别开三次方与二次方处理（式（3-7））。

$$FO = \frac{\sqrt[3]{AT} + \sqrt{AN}}{1 + \sqrt[3]{AT} + \sqrt{AN}}$$ （3-7）

3）候选关键词

将经过分析与筛选后的词语按照权重结果降序排列。确定候选关键词的提取规则如下：原始文本的总词数为 T，关键词数目为 K，若 $T \times 5\% < 20$，则 $K = T \times 5\%$，若 $T \times 5\% > 20$，则 $K = 20$[45]。根据该规则，确定取经过候选关键词过滤后的权重在前 20 位的词语作为候选关键词。

3. 组合词生成与筛选

在中文中，词语与字之间存在多种组合方法，也可以拆分，但是意义差别有时较大，例如，"老年人"就可以被拆分为"老年"和"人"，影响最终的关键词判断。经过预处理后的词语文本就存在这种问题，以往的研究关注多在词语位置的组合，忽略了二次筛选及无意义组合词的剔除。利用词语在句中的词序位置以及词性关系规则对候选关键词进一步组合，在此过程中采用候选关键词限定与人工筛选结合的方法，提高关键词确定的效率。

1）组合词生成

通过组合词生成流程确定可能存在的组合词，流程如下。

从文本第一个词语开始，依次向后。首先判断该词语是否在候选关键词表中，若在，与前词、后词以及前后两词分别组合，判断是否符合筛选规则。若符合，则将组合词语的关键词相加，放入组合词表中，若组合词表中已有，则词频加 1。

其次，若该词语不在候选关键词表中，则判断其前后词语是否在，若在，则分别组合，判断是否符合筛选规则。若符合，则将组合词语的关键词相加，放入组合词表中，若组合词表中已有，则词频加 1。

最后，若词语都不在候选关键词表中，则向后继续下一个词，直至结束。

2）组合词词性规则

首先根据词语的组合词性，对组合词进行组合。根据统计数据[44]，一元、二元、三元的关键词占了关键词的 90.04%，且在词性方面，特定词性组合的词语有更大的概率成为关键词，基于此得到以下组合关键词词性规则（表 3-15）。

表 3-15　组合词筛选规则

组合类型	形式		
二元	形容词 + 名词	动词 + 副词	动词 + 名词
	名词 + 名词	名词 + 动词	
三元	名词 + 名词 + 名词	名词 + 形容词 + 名词	名词 + 介词 + 名词
	动词 + 名词 + 名词	名词 + 名词 + 动词	名词 + 动词 + 名词
	形容词 + 名词 + 动词	名词 + 连词 + 名词	

3）关键词确定

在组合词确定时采用的是词性组合的确定规则，得到的组合词存在词语意义不准确、组合词与分词互相包含的问题，可以认为子串没有父串准确。针对这个问题，张红鹰[46]采用了词频选择率的方法，但这种方法可能会滤掉重要语义的词语。苏祥坤等[45]采用组合词频比值的方法，这种方法可能会引起提取语义的局限性。这些都不能解决组合词意义不准确的问题。采用候选关键词限定与人工筛选结合的方法，在确定组合词时不采用初始分词后的原始文本进行组合，而是运用经过权重筛选后的候选关键词作为组合词确定的基础，一方面可以提高组合词确定的准确性，另一方面也极大地提高了效率。同时基于候选关键词的组合词表降低了词语处理数量，结合人工筛选的方式，可以在一定程度上缓解组合词无意义的问题。

通过候选关键词与组合词的人工筛选得到关键词列表，结合权重及指标数据可以从话题关键词、关键词分布以及热点子话题三个角度进行网络问答社区的话题分析。

4. 话题分析方法

1）话题关键词

统计网络问答社区爬取的问题处理后的词语词频，对问题的关注人数及回答数目进行权重计算并排序。得到候选关键词表后进行组合词筛选，综合得出关键词表。对于结果运用词云分析软件对较高权重的词语进行可视化，字体的大小代表词语的重要程度，可以直观地发现关注权重较高的词语，发现话题中的关键词，此步骤可以初步得到话题中的关键点。

2）关键词分布

将关键词的相关数据运用四分图法进行分析，将各个词语归到四个象限内，发现关注词的分布情况。流程如下：选取词频、回答数、关注量三项结果进行标准化，即选择数据值最大的词语为1，将其他关键词与该值大小相比进行标准化，制作关注点分布气泡图。其中横坐标代表词语所在问题回答数，纵坐标代表词频，也就是提问中该词语出现的次数，气泡大小代表词语所在问题的关注数。根据话题中各个关键词所处的位置，将其分成四种类型：①舆论焦点，高词频且高回答数；②关注焦点，高词频低回答数；③潜在点，高回答数低词频；④沉默点，低回答数低词频。通过将话题中关键词在四分图中进行分布，可以发现这些关键点的分析价值。

3）热点子话题

通过对网络问答社区的父话题中提取出的关键词进行聚类，可以发现热点子话题。在计算词语的相似度时采用哈尔滨工业大学同义词词林扩展版为基础，同义词词林按照树状的层次结构把词条组织在一起，在剔除罕见词后共包含 77 343

条词语，根据词语相似性，将词语分成 5 层结构，随着级别的递增，词义刻画越来越细。相似度取值范围设为[0, 1]，一个词语与其自身的相似度为 1，影响词语相似度的因素有词语间的语义距离与词语相关性。借助田久乐等[47]提出的计算方法，首先判断两个词语的义项标号在同义词林中哪一层不同，从第一层开始判断，相同则乘 1，否则乘分支层相应的系数。

两个义项之间的相似度计算公式为

$$\text{sim}(A,B) = \alpha \times \cos\left(n \times \frac{\pi}{180}\right) \times \left(\frac{n-k+1}{n}\right) \tag{3-8}$$

其中，α 为分支层对应的系数，若两个义项不在同一颗树上，$\text{sim}(A,B) = 0.1$，若两个义项在同一棵树上，第 2～5 层分支层的系数分别为 0.65、0.8、0.9、0.96；$\cos\left(n \times \frac{\pi}{180}\right)$ 为调节系数；n 为分支层的节点总数，调节系数可以将义项相似度控制在[0, 1]范围内；$(n-k+1)/n$ 为控制参数；k 为两个分支间的距离。

依据上述计算规则，选取相关话题的关键词构建相似度矩阵，用 SPSS 软件进行聚类分析，并进行可视化，发现父话题下的热点子话题。

（三）针对知乎网站"老年人"热点话题的识别与分析

知乎网站是综合性知识问答社区，于 2011 年 1 月 26 日创办，上线前两年通过严格的邀请注册的方式汇集各行各业的精英以及知识分子，开放注册后其高质量信息吸引又一波专业人士，用户分享彼此的专业知识、经验和见解，形成良性循环，为中文互联网源源不断地提供高质量的信息。根据知乎 CTO 李申申的数据公开，目前知乎已拥有 2900 万个用户，全站累计产生 600 万余个问题，涵盖约 10 万余个话题领域。贾佳等[48]对知乎和百度知道的答案质量进行对比评估，从整体和分领域的层面看，知乎的答案质量相对更高。曹雨骋等[49]通过研究科普网站的社交功能，发现相对中国科普博览、中国科普网等传统科普网站，知乎网站对公众科技传播具有重要影响。因此采用知乎网站作为相关语料来源是可行的。

2015 年我国 65 岁以上人口占总人口的比例达到 9.5%，我国已经进入老龄化社会。中央十八届五中全会提出"积极开展应对人口老龄化行动"。应对人口老龄化行动的基础是了解和把握人们对老年社会的关注热点，有针对性地制定相关对策。目前人们对老年人的关注越来越多地通过网络表现出来，网络问答平台为公众提供解答问题的场所，对网络问答平台的"与老年人相关的话题"进行识别与分析，是把握老年社会关注热点的重要途径。针对知乎网站上的"与老年人相关的话题"讨论为数据来源的分析，不仅说明了基于网络信息识别与分析话题的方法，也提炼出了目前我国"与老年人相关的话题"的热点和类型，可以为"积极开展应对人口老龄化行动"提供决策支持。

1. 数据获取

分析数据选自知乎的话题检索，目前知乎的检索栏只能进行普通的关键词检索，选择检索关键词分别为"老年人"、"老人"、"老龄"等，通过试检索发现知乎网对话题进行了智能分组，形成了完整的父子话题结果。"老年人"相关的问答包含在"老年人"的父话题下，下设"老年人"相关的子话题。因此直接对知乎"老年人"这个父话题进行提取，可得到问题 3744 个。经过去噪清洗，去除与老年人无关的问题 125 个，最终得到 3619 条数据，将其作为原始文本。

2. "老年人"话题分析

1）话题关键词

根据提出的研究方法，对知乎网站数据进行处理，得到词语分词结果与词性。由于所采集的数据是"与老年人相关的话题"，分词结果中含有大量表述老年人的名词，这些词语与关注热点无关，去除老人、老年人、中老年人、老人家等相关词语。将得到的高权重词语做成词云图，如图 3-10 所示，图中词语的大小代表了词语的重要程度。从图 3-10 可以看出，在"老年人"话题下，摔倒、手机、公交车、养老、保健品、身体等词语的重要性程度较高，在得到关键词语后分析词语的分布，进行进一步判断与分析。

图 3-10 "老年人"关键词词云图

2）关键词分布分析

根据所提取关键词的相关数据，得到关键词分布的四分图，图中分成四个区域，如图 3-11 所示，分别对四个区域的内容进行分析。

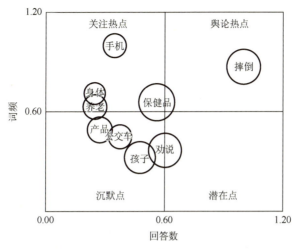

图 3-11 "老年人"话题关键词的四分图

舆论热点区域：从图 3-11 中可以看出，关键词"摔倒"的提问与回答数量都非常高，说明其是社会关注与讨论的热点。"摔倒"是我国伤害与死亡的第四位因素，在 65 岁以上的老年人中是造成伤害与死亡的首要原因，摔倒死亡率随着年龄的增加急剧上升。此外，摔倒还可能导致大量残疾，如摔倒后的恐惧心理可以降低老年人的活动能力，使其活动范围受限，生活质量下降，影响老年人的身心健康。提供老年人实时的摔倒监测技术具有重大的价值，目前该领域出现了一部分可穿戴摔倒监测装置，在老年人身体状态发生变化时通知其子女及特定人员，但是产品的准确性与实用性还有待提高；同时，由于摔倒监测算法计算复杂，装置难以进行产品化[42]。因而，老年人摔倒监测算法、可穿戴式传感器以及报警装置方面存在很大的市场机会，有待开发。

关注热点区域：关键词"手机"、"身体"、"养老"、"保健品"处于关注热点区，这个区域词频高，但是回答数少，说明此类问题急需解决且空间比较大。在当代社会，手机是老年人的必需品，应关注和解决以下问题：首先，随身携带手机可以方便老年人在日常生活中与孩子的联系，装置了紧急呼叫系统的手机在发生状况时也可以与家人或医院取得联系，及时获得救助。其次，老年人外出活动的过程中，手机的定位功能也可以帮助家人定位迷路的老人，防止发生意外。如今各款手机的功能越来越强大，但这也意味着更复杂的操作程序，然而对于老年人来说，很多功能是无用的，同时老年人在使用手机时面临着思维与学习能力差、视野范围缩小、光适应能力差、声音敏锐度降低等诸多问题。然后，老年手机需要有适合老年人使用的手机功能与操作界面，除了具备基本的通话功能，从安全方面考虑，还应具备紧急呼叫系统、安全定位系统等。最后，将老年产品与手机功能进行结合，如将体温测量、计步、血压计以及跌倒监测系统与手机功能结合，开发出真正适合老年人使用的功能强大的手机。从网友的问答来看，尽管老年人手机在我国有广阔的前景与发展空间，但是目前面向老年人手机设计的研究却很少，诸多提问却难以找到真正适合自家老年人的手机，这值得创业者与手机开发商关注。

老年人的身体健康问题也是关注热点，身体方面的诸多问题，使用什么保健品，应该怎样养老是困惑很多人的问题。随着老龄化的到来，出现了很多与老年人相关的产品与服务，但是老年人健康以及养老问题仍是一大社会问题，需要政府以及社会各方面的力量去完善。保健品市场也值得我们关注，虽然保健品生产企业众多，却存在知识产权落后以及监管不到位等问题，老年人难以找到适合的、价格合理的保健品，更有甚者，以次充好，虚假夸大保健品的作用与功效。老年人不应当过分依赖保健品，同时，政府也要加强监管，完善保健品的市场秩序，关爱老年人身体健康。

潜在点区域：关键词"劝说"处于潜在点，老年人逐渐衰老，认知能力变差，不肯接受新的事物，变得较为固执。虽然该关键词的提问人数不多，但是回答数却较多，这说明老年人的心理问题可能会成为以后关注的潜在点。老年人心理问题是由于老年人对生理和社会环境的认知失调引起的不良心理状态，帮助老年人适应老年期的生活可以有效地解决心理问题。当前社会，很多老年人退休后无所事事，空虚寂寞之感容易使其产生心理问题。实际上很多老年人乐于学习新事物，也希望可以发挥自己的余热，这些需要外界的帮助与支持。庞大的老年群体是难得的资源，大到老年人资源开发的政策，小到各项社会制度，甚至是社区建设的细枝末节，都是老年人可以发挥余热的地方。政府社会及家庭应该多关注老年人的心理问题，为老年人提供发挥余热的机会，丰富老年人生活。

沉默点区域：在该区域中的关键词关注与回答量均较少，目前处于沉默状态。

3）"老年人"热点子话题

对知乎"老年人"话题下的关键词进行聚类分析，发现"老年人"话题下的热点子话题。根据聚类计算规则，计算"老年人"话题下权重在 1.5 以上词语间的相似度，得到 62×62 的词语相似度矩阵，将相似性矩阵导入 SPSS 软件，采用系统聚类的方法，导出谱系图，得到 8 类聚类结果。为了进一步分析这 8 类之间的联系，利用多维尺度分析工具，得到欧氏距离模型，合并临近类别，共得到 5 类结果。将相似度矩阵导入 Ucinet 软件，将不同的类别进行可视化，得到如图 3-12 所示的结果。

聚类得出的子话题结果如图 3-12 所示，分别为老年人生活、老年人用品、老年人健康、老年人心理以及老年人社会问题等 5 类热点子话题。这些类别是关注的集中点，今后的老年人工作开展应当多注重这 5 个方面。其中，保健与检查两词是中心度最大的两个节点，也是连接所有话题的纽带，这说明，老年人的诸多活动建立在身体健康与保健的基础上，这是老年人问题的核心。

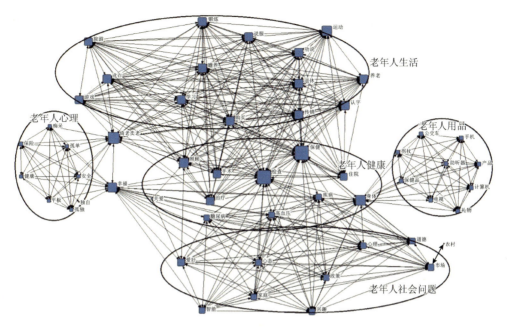

图 3-12　"与老年人相关的话题"热点子话题聚类

第三节　新兴技术的技术机会及识别方法

一、技术机会含义与认识

技术机会反映的是技术进步的可能性，对于技术机会的概念要追溯到熊彼特的机会观，他认为"客观机会"一直是进步的先决条件。美国经济学家谢勒提出，技术机会是感知到的对新技术或已有技术的新需求。它具有几个特征：第一，技术机会因各个行业的发展阶段不同而不同；第二，同一行业中，不同企业对特殊技术或市场决定力量的不同认识导致对机会的认识也有很大的差别；第三，感知到的技术机会的不同有可能影响企业的创新活动。可以看出谢勒强调的是主体对技术机会的认知。

无论技术成熟度低的技术还是技术成熟度高的技术，都存在对技术机会的识别：高度成熟的技术是否还存在改进完善的空间；技术成熟度低的技术是否存在进一步发展的可能。对于前者，可以通过研究提出技术空白点识别方法、技术功效矩阵构建方法解决。对于后者，技术轨道与路径的研究结果可以辅助判断决策。

分析识别技术机会对于把握新技术基础上的研发活动或已有技术的创新活动都具有重要意义：一是分析把握新技术可能的机会，便于企业根据自己的资源和特长，有针对性地选择研发方向；二是可以根据已有技术的完善程度，深度挖掘可以进一步改进的"空白点"，在"空白点"上进行创新活动，进而减少创新活动的盲目性。

目前技术机会（空白点）的识别方法虽然有一些成果，但系统性、层次性、可操作性的方法并不多；如何应用大数据、云计算工具和文本挖掘方法，建立技术功效矩阵，识别技术功能实现的新方式也是比较少见的。为此，提出五种逐步深入、启发意义更大的技术机会（空白点）识别方法，即基于专利地图的识别方法、基于生成式拓扑映射（generative topographic mapping，GTM）的识别方法、GTM 与质量功能展开（quality function deployment，QFD）相结合的方法、改进现有技术功效矩阵构建的方法，以及基于网络信息的识别方法。

二、基于专利地图的技术空白点识别方法

（一）基本识别过程

基于专利地图的技术空白点识别过程分为三个阶段，分别是：专利地图制作、专利空白区识别和空白区有效性检测。具体过程如图 3-13 所示。

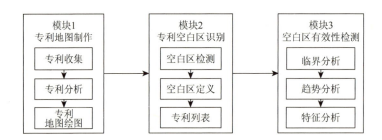

图 3-13　基于专利地图的技术空白点识别过程

（二）专利地图制作

专利地图制作由专利收集、专利分析和专利地图绘制三个步骤实现。首先，根据确定的研究目标检索下载相关专利文献。然后，筛选能够代表特定技术的 IPC，建立"IPC-专利文献"的关系矩阵。最后，采用主成分分析法（图 3-14）对 IPC 进行降维，提取两个最佳主成分（方差贡献率最大）来绘制成二维的专利地图。

（三）专利空白区识别

专利空白区识别是建立在专利地图基础之上的，由空白区检测、空白区定义和专利列表三部分组成。首先，在所制作的专利地图上检测出密度相对很低的稀疏区域，虽然可选用量化标准来检测并做进一步调查，但定性的直觉判断是识别

FAC1_1	FAC2_1	FAC3_1	FAC4_1	FAC5_1	FAC6_1
-.36604	-.18822	-.21077	-.31952	-.20807	-.29905
-.48918	-.38129	-.43220	-.05347	-.17588	3.23792
.37105	-.44344	-.51144	-.36298	-.01041	-.18341
-.35057	-.08491	-.13729	-.12457	-.15222	-.37432
-.35230	-.21406	-.23494	-.24525	-.30332	-.36103
-.29097	-.16439	-.13874	-.19280	-.19603	-.44572
-.07320	-.12098	4.47397	-.45041	-.27252	.13075
-.33061	-.20777	-.19743			.29101
-.29461	-.18505	-.02225			.45109
-.26796	-.19300	-.18312	-.23829	-.15450	-.44828
-.24495	-.22161	-.22750	-.28377	-.11296	-.45084
-.47951	-.62041	-.42512	2.77860	-.29335	-.40477
.26389	6.49961	-.22850	2.61293	-.14796	.79491
-.29872	-.18235	-.15409	-.22711	-.23492	-.47807
-.19894	-.27884	-.31627	-.37473	-.02989	-.45595
-.19894	-.27884	-.31627	-.37473	-.02989	-.45595
-.40847	-.32033	-.37167	-.20313	-.07840	-.37211
-.29097	-.16439	-.13874	-.19280	-.19603	-.44572
.03053	3.20049	-.17488	.65506	-.14308	.16804
-.29097	-.16439	-.13874	-.19280	-.19603	-.44572

图 3-14   主成分分析得到的各因子得分（截图）

潜在的技术创新点的更灵活的方法。一般情况下，稀疏区往往被许多现有专利包围着，然而，并不是所有被包围的稀疏区都具有研究价值，因此，要先确定稀疏区的边界。再通过稀疏区周边的专利组成的专利列表集来分析该稀疏区是否具有研发价值，这个过程需要引入专家的意见。例如，某一家公司通过对稀疏区的探索性研究发现了新技术创新点的可能性，此时要将稀疏区所在边界勾勒出来，以便查找稀疏区周边的专利并做针对性的调查研究；再如，某一家公司对某一细小的技术点感兴趣，为了避免侵权风险，也要进一步精确稀疏区周边专利的分析范围。一旦检测到了专利地图中的稀疏区，并选定了其周边的专利，那么专利空白区就随之产生了。可以根据研究需要，在地图中制作出一定数量的空白区。技术空白区只表明该区域没有专利布局，但不等于一定具备可开发性，或者必然具有开发价值，因此，对空白区的有效性检测是必不可少的环节。空白区是否有效要通过对其周边专利的主要特征分析来确定，为了便于检测空白区的有效性及进一步开展研究，通过列表的方式将每个空白区周边的专利分列表中（表 3-16）。

表 3-16   空白区周边专利列表

空白区域 1	空白区域 2	空白区域 3	…	空白区域 n
专利 1	专利 1	专利 1	专利 1	专利 1
专利 2	专利 2	专利 2	专利 2	专利 2

空白区域 1	空白区域 2	空白区域 3	...	空白区域 n
专利 3	专利 3	专利 3	专利 3	专利 3
...	...	...	...	...
专利 m	专利 m	专利 m	专利 m	专利 m

（四）空白区有效性检测

空白区有效性检测由临界分析、趋势分析和特征分析三部分构成。首先，收集空白区周边专利的主要信息，包括专利申请人、申请号、发明名称、摘要、权利要求等，根据这些信息计算专利的技术值、技术范围和技术竞争 3 个指标，确定临界分析的取值，值越高表明空白区周边专利之间的竞争越激烈。然后，通过技术含量趋势和技术知识趋势指标确定趋势分析的取值。最后的特征分析是针对那些有意义的空白区的技术特征进行的更详细的解读。通过技术和市场性论证判断具有研发价值的空白区，并收集所选的空白区周边专利中主要的关键词等信息来推断它们的技术特点和寻求新技术研发的最佳时机。特征分析需要专业人员或企业根据实际需要确定具体分析的内容。临界分析、趋势分析的主要测度指标见表 3-17。

表 3-17　空白区临界分析和趋势分析主要指标和测度

目标	名称		信息源	测度指标
临界分析 （价值分析）	技术值（VoT）		专利引证数据	周边专利引证数均值
	技术范围（SoT）		专利权利要求	周边专利权利要求项数均值
	技术竞争（CoT）		专利数	周边专利数量除以空白区域面积
趋势分析	技术含量趋势	最新技术含量（LTC）	专利摘要	所有周边专利新兴关键词百分比 （越高越能反映空白区新技术趋势）
		过时技术含量（OTC）	专利摘要	所有周边专利衰减关键词百分比 （越低越能反映空白区新技术趋势）
	技术知识趋势	最新技术知识流（LTK）	分类号、引证	所有周边专利新兴分类号百分比 （越高越能反映空白区新知识趋势）
		过时技术知识流（OTK）	分类号、引证	所有周边专利衰减分类号百分比 （越低越能反映空白区新知识趋势）

通过数据挖掘方法制作专利地图并分析，可以了解目标技术领域相关专利的发展过程和状态，有助于人们关注目标技术的发展方向，挖掘出新技术的创新点及该技术领域的发展潜力，再通过对空白区相邻专利集的深入研究分析，能更有效地识别出新技术研发的机会。

三、基于 GTM 的技术空白点识别方法

利用主成分分析法制作专利地图，并通过直觉判断和专家解读方式定义空白点，其优势是方法易于掌握和实施，但该方法的局限性也是明显的：一是空白点的判断完全依赖专家的认知和解读能力，一旦数据量庞大，专家认知的全面性将面临挑战，识别效率也会受到很大影响；二是虽然可以对有效空白点周边专利进行解释，但无法认识空白点内的技术含义是什么，即无法把握空白点的实际技术内容。因此基于 GTM 的技术空白点识别方法应运而生。GTM 方法通过对数据向量的降维处理，达到数据可视化分析的目的。基于 GTM 的技术空白点识别可利用专利信息自动生成专利技术空白点，并能详细解释空白点的技术内容。

（一）基于 GTM 的技术空白识别框架

基于 GTM 的技术空白点识别分为数据收集、数据预处理、空白点识别与解释三个部分（图 3-15）。具体步骤包括：第一步，构建检索表达式，在专利数据库中收集技术领域的专利文献。第二步，对所收集的数据做预处理，提取关键词，构建词（关键词）篇（专利文本）矩阵以表示专利信息。第三步，通过 GTM 绘制专利地图，发现空白区域。第四步，识别技术空白，这一步是通过 GTM 的逆映射函数来完成的。第五步，技术空白点解释，将所识别的专利空白再次转化为原始关键词向量，确定相应的技术概念。

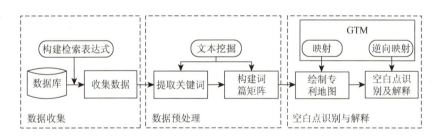

图 3-15 基于 GTM 的技术空白识别框架

（二）数据预处理

以德温特专利数据库作为收集专利文献的数据源。从收集到的专利文献中提取关键词，以构建用于专利映射的关键词向量。

专利文献关键词的抽取可采用文本挖掘工具 Clementine 12.0 实现。为避免提取出的词汇可解释性不强或过于复杂，可请技术领域专家帮助筛选出最具有解释力的关键词。再借助文本分析完成关键词向量的构建，形成词篇矩阵（关键词-专利矩阵），如表 3-18 所示。矩阵中"1"表示相应专利中包含某关键词，"0"表示不包含。

表 3-18　关键词向量（词篇矩阵）

专利	关键词 1	关键词 2	...	关键词 n − 1	关键词 n
专利 1	1	0	...	1	1
专利 2	1	1	...	1	0
专利 3	0	1	...	1	0
...	...	...	...	...	...
专利 m	0	0	...	1	1

（三）GTM 图

（1）构建关键词向量。利用 GTM 算法将多维关键词向量映射到二维空间，达到对专利数据可视化的目的。

（2）确定模型参数。需要确定的参数有基函数的数量及其参数、潜变量空间中位于正则网格上的样本点、正规化系数以及迭代次数。GTM 算法中的参数确定非常重要，且参数必须为每个问题单独选择[50]。如果只有几个样本点和基函数有关，数据中的高斯混合模型的中心将变得相对独立，而所需的平滑性将会丢失。此外，还需要在训练过程中，引入正则化因子。该参数控制了训练过程中权重衰减的程度。所有参数确定后，就完成了 GTM 模型建立。

（3）数据可视化。图 3-16（a）显示的是潜变量空间中数据的后验均值投影。图 3-16（b）为数据的后验众数投影。

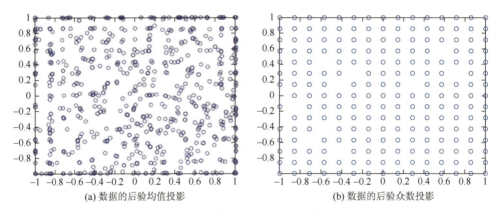

(a) 数据的后验均值投影　　　　　(b) 数据的后验众数投影

图 3-16　基于 GTM 的专利地图

后验均值投影虽然不能清晰地反映出专利空白点，但是它可以反映专利的原始位置及专利间的距离。后验众数投影则将所有的数据都映射在潜变量空间的正则网格上。相比后验均值投影，后验众数投影的空白点识别更加清晰。图 3-16（b）中每个圆圈代表数据空间中数据映射到潜变量空间上的点，这个点通过 GTM 的映射函数，就可以找到对应的关键词向量。因此，后验众数模式更适合于空白点可视化。

（四）技术空白的识别与解释

在基于 GTM 的专利地图中，空白区即专利空白点。如图 3-17 所示，图中红色✖代表没有数据点与之映射的空白区域，即技术空白点。因为由专利的关键词向量构成的数据，通过 GTM 模型映射到正则网格上，所以空白网格代表该点没有与之对应的专利数据存在，即技术空白点。专利空白点的识别是从潜在空间向数据空间投影[51]实现的，其更具客观性。

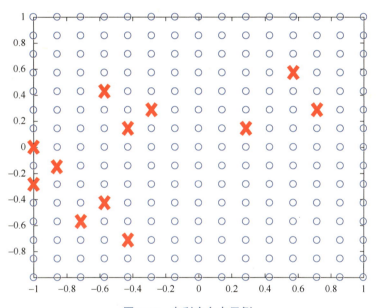

图 3-17　专利空白点示例

专利空白点的解释通过 GTM 的逆向映射使专利空白点转换为原始关键词向量，以便确定技术空白点所代表的含义。

首先，将潜变量空间的空白点逆向映射到数据空间，形成新的关键词向量。其次，根据设定的阈值，将所形成的新关键词向量转换为二进制值，即向量中某个元素超过阈值时，用 1 表示，否则，用 0 表示。最后，根据转换后的以二进制值表示的关键词向量，找到空白点所表示的含义。

技术空白点的快速准确发现为技术机会的识别和判断奠定了基础。利用文本挖掘方法，能够半自动解析技术主题、技术应用、技术功效的处理工具，用于实现技术机会的挖掘。

（五）基于 GTM 的技术空白点识别方法应用

3D 生物打印又称生物增材制造技术，是将生物材料或生物单元（细胞、蛋白质等）按仿生形态学、生物体功能、细胞特定微环境等的要求，用增材制造的方法制造出具有复杂结构、功能和个性化外形的生物材料三维结构或体外三维生物功能体的新型材料成型方法[52]。被誉为第三次工业革命标志的 3D 打印技术，将给人们的生产和生活方式带来颠覆性的变化。以 3D 生物打印技术为例说明基于 GTM 的技术空白点识别方法。

1. 3D 生物打印相关数据采集

利用文献检索的方式初步提取 3D 生物打印技术领域的关键词，并结合领域专家的访谈最终确定 3D 生物打印技术的检索表达式。

3D 生物打印技术表达式为 TS = (("3D Print*")OR("print* in three dimensions") OR("three-dimensional print*")OR("Additive Manufactur*")OR("Rapid Prototyp*") OR("Rapid Prototyp* Manufactur*")OR("3D direct digital fabrication")OR("3D manufactur*")OR("Rapid Manufactur*"))AND(TS = ((bio-print*)OR("biological constructs") OR biological OR cells OR tissue OR organ* OR("blood vessels")OR ("body part")OR Vascular* OR("tissue engineering")OR bio* OR bone OR teeth OR LIVER* OR Chondrocytes OR osteoblasts OR Cartilage OR OSTEOCHONDRAL OR regeneration OR reconstruction OR repair OR implant* OR GRAFTS OR IN-VIVO OR IN-VITRO OR constructs OR microfluid* OR hydrogels OR Collagen OR Gelatin OR Protein* OR surgery OR angiogenesis OR ARTICULAR* OR("Cellular solids") OR("dental crown*")OR denture* OR "artificial joint*" OR "joint prosthesis" OR "hydroxyapatite") OR IP = (A61C* OR A61F*))，在德温特专利数据库中检索下载相关专利，检索时间段为 1985～2014 年，数据下载时间为 2014 年 9 月 14 日，共获得 753 个相关专利族。

2. 数据预处理

（1）关键词提取。大多数的文本挖掘算法都是以关键词代表专利文献中所包含的信息[53-55]。从下载的专利信息中借助 Clementine12.0 实现关键词的自动提取，共得到关键词 5000 个。然后，请该领域专家从自动提取的关键词中挑选出对该技术更具解释力的关键词 33 个，如表 3-19 所示。

表 3-19　3D 生物打印高解释力关键词

编号	关键词	编号	关键词	编号	关键词
1	rapid prototyping	5	additive manufacturing	9	porous material
2	resin	6	rapid manufacturing	10	phase separation
3	ceramic	7	polymeric material	11	shape memory polymer
4	sinter	8	injection molding	12	curable composition

编号	关键词	编号	关键词	编号	关键词
13	uv	20	gelation	27	stereolithography
14	three-dimensional printing	21	deposition	28	ink
15	polymerizable composition	22	crosslink	29	three-dimensional structure
16	laser	23	copolymer	30	matrix
17	high durability	24	inkjet printing	31	formula
18	biodegradable material	25	filter	32	binder
19	bioactive material	26	adhesion	33	temperature

（2）词篇矩阵的构建。利用专家确定的高解释力关键词构造由二进制值表达的关键词向量。当某专利包含所确定的关键词时，则该关键词向量中对应元素赋值为 1，否则为 0。关键词向量构建结果如图 3-18 所示。

关键词 :	rapid prototyping	resin	ceramic	sinter	additive manufacturing	⋯	temperature
专利1 :	(1	1	1	1	1	⋯	0)
专利2 :	(0	1	0	1	0	⋯	1)
⋮	⋮	⋮	⋮	⋮	⋮		⋮
专利557 :	(1	1	1	0	0	⋯	0)

图 3-18 3D 生物打印关键词向量

3. 专利地图绘制

使用 12×12 的方格网络作为潜变量样点；使用 64 个径向高斯基函数；每个基函数的数据中心位于一个 8×8 正则网格点上，该正则网格与上述潜变量样点所在的正则网格均集中于潜变量空间的原点上；基函数的宽度参数为相邻基础函数之间最短距离的两倍。其他参数使用主成分分析对模型进行初始化，并采用 15 次迭代进行训练。控制训练的权衰减程度的权重正规化因子设定为 0.001。根据以上参数，通过在 MATLAB R2013a 中调用 Svensén 开发的 GTM 工具箱，制作基于 GTM 的专利地图并识别空白点，如图 3-19 所示。在 144 个潜在点中共识别出 24 个专利空白点。通过逆向映射确定专利空白点所代表的关键词组合，可以实现对技术空白点的解释，如表 3-20 所示。

在德温特专利数据库中对上述关键词组合进行检索验证，可知空白点 1、空白点 2、空白点 4、空白点 5、空白点 6、空白点 7、空白点 8、空白点 9、空白点 10、空白点 12、空白点 13、空白点 15、空白点 17、空白点 18、空白点 19、空白点 21、空白点 22、空白点 23、空白点 24 是可以确认的空白点，即未发现相关关键词在专利中存在。

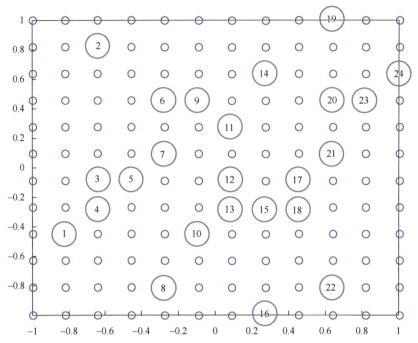

图 3-19 基于 GTM 3D 生物打印专利地图的空白点识别

表 3-20 3D 生物打印专利空白点结果解释

空白点	关键词	解释
1	additive manufacturing, three-dimensional printing, copolymer, filter, adhesion, matrix, binder	增材制造, 三维打印, 共聚物, 过滤器, 黏合性, 基体, 黏合剂
2	rapid prototyping, rapid manufacturing, three-dimensional printing, deposition, crosslink, adhesion, binder	快速成型, 快速制造, 三维打印, 沉积, 交联, 黏合性, 黏合剂
3	resin, three-dimensional printing, temperature	树脂, 三维打印, 温度
4	porous material, three-dimensional printing, polymerizable composition, copolymer, matrix	多孔材料, 三维打印, 聚合性组合物, 共聚物, 基体
5	resin, polymeric material, shape memory polymer, polymerizable composition, biodegradable material, crosslink, matrix, temperature	树脂, 高分子材料, 形状记忆聚合物, 聚合性组合物, 生物降解材料, 交联, 基体, 温度
6	rapid prototyping, three-dimensional printing, laser, three-dimensional structure, matrix, binder, temperature	快速成型, 三维打印, 激光, 三维结构, 基体, 黏合剂, 温度
7	rapid prototyping, shape memory polymer, polymerizable composition, crosslink, formula, temperature	快速成型, 形状记忆聚合物, 聚合性组合物, 交联, 配方, 温度
8	rapid manufacturing, porous material, uv	快速制造, 多孔材料, 紫外线
9	rapid prototyping, three-dimensional printing, three-dimensional structure, matrix, temperature	快速成型, 三维打印, 三维结构, 基体, 温度
10	ceramic, polymerizable composition, laser, biodegradable material, crosslink, filter	陶瓷, 聚合性组合物, 激光, 生物降解材料, 交联, 过滤器
11	rapid prototyping, three-dimensional structure, temperature	快速成型, 三维结构, 温度

续表

空白点	关键词	解释
12	rapid prototyping, shape memory polymer, polymerizable composition, laser, crosslink, formula	快速成型，形状记忆聚合物，聚合性组合物，激光，交联，配方
13	rapid prototyping，shape memory polymer，polymerizable composition，laser，crosslink，filter	快速成型，形状记忆聚合物，聚合性组合物，激光，交联，过滤器
14	rapid prototyping，resin，deposition，adhesion	快速成型，树脂，沉积，黏合性
15	rapid prototyping，laser，filter，three-dimensional structure	快速成型，激光，过滤器，三维结构
16	resin，rapid manufacturing，three-dimensional printing	树脂，快速制造，三维打印
17	rapid prototyping, rapid manufacturing, laser, additive manufacturing	快速成型，快速制造，激光，增材制造
18	rapid prototyping, rapid manufacturing, laser, three-dimensional structure	快速成型，快速制造，激光，三维结构
19	rapid prototyping, ceramic, sinter, porous material, deposition, binder, temperature	快速成型，陶瓷，烧结，多孔材料，沉积，黏合剂，温度
20	rapid prototyping，resin，ceramic，laser	快速成型，树脂，陶瓷，烧结，激光
21	rapid prototyping，rapid manufacturing，adhesion	快速成型，快速制造，黏合性
22	additive manufacturing, rapid manufacturing, uv, three-dimensional structure，formula	增材制造，快速制造，紫外线，三维结构，配方
23	rapid prototyping，ceramic，porous material，laser，adhesion	快速成型，陶瓷，多孔材料，激光，黏合性
24	rapid prototyping, ceramic, sinter, additive manufacturing, rapid manufacturing，laser	快速成型，陶瓷，烧结，增材制造，快速制造，激光

四、GTM 和 QFD 结合的技术空白点识别

采用 GTM 方法发现了技术空白点，但是技术空白点是否能够成为技术机会，关键是看是否存在技术或市场的需求。目前主要靠相关领域的技术专家，借助专家的经验和知识积累，发现技术空白点，但目前这些方法基本都是基于技术自身因素识别技术空白点的，并未考虑技术或市场需求对技术空白点识别的影响，为此提出基于 GTM 和 QFD 相结合的技术空白点识别方法。

盖峰[56]于 2006 年将 QFD 与 TRIZ（发明问题解决理论）思想结合，构建了概念设计方法，利用 QFD 识别"需要做什么"，并通过 TRIZ 思想实现"如何解决"所遇问题。QFD 不仅可以进行产品质量分析，也能够用于市场需求的展开。"技术机会识别模型屋"由左墙壁、屋顶、右墙壁构成，见图 3-20。

（一）基于 GTM & QFD 的技术机会识别步骤

基于 GTM & QFD 的技术空白点识别由以下四步实现。

（1）基于 GTM 技术空白点的需求项的提取与处理；

（2）技术特征矩阵的构建；

（3）技术空白点需求-技术特征相关关系矩阵的构建；

（4）需求满足度评估。

					左墙壁	技术特征项（天花板）					右墙壁
CDI_n	...	CDI_i	...	CDI_2	CDI_1	需求项	TCI_1	TCI_2	...	TCI_j	...	TCI_m	需求满足度
?	?	?	?	?	?	CDI_1	R_{11}	R_{12}	...	R_{1j}	...	R_{1m}	CD_1
?	?	?	?	?	?	CDI_2	R_{21}	R_{22}	...	R_{2j}	...	R_{2m}	CD_2
?	?	?	?	?	?	...	...	...	...	...	...	...	...
?	?	?	?	?	?	CDI_i	R_{i1}	R_{i2}	...	R_{ij}	...	R_{im}	CD_i
?	?	?	?	?	?	...	...	...	...	...	...	...	...
?	?	?	?	?	?	CDI_n	R_{n1}	R_{n2}	...	R_{nj}	...	R_{nm}	CD_n
						技术质量特征重要度	TC_1	TC_2	...	TC_j		TC_m	

图 3-20　基于 QFD 的技术空白点识别模型屋

（二）具体实施过程

具体实施过程描述如下。

1. 基于 GTM 技术空白点的需求项的提取与处理

基于 GTM 方法识别出技术空白点，再利用文献阅读法提取技术空白点需求项，将技术空白点解释为需求项，并对其进行归类处理以方便后续分析。归类处理采用归类图法，表 3-21 描述了归类图层次分析法的处理步骤[57]。

表 3-21　归类图法处理步骤

步骤	操作描述
1	把所有需求项罗列出来，剔除意义相同的需求，留下剩余需求项
2	将意义相似的需求项进行聚类，构建第一层需求项
3	对步骤 2 中所聚类的组进行命名，构成第二层需求项
4	将所有第二层需求项罗列出来，再将意义相近的需求进行聚类操作
5	将上一步所聚类的组进行命名，形成第三层需求项

2. 基于文献数据库的技术特征矩阵的构建

技术特征矩阵的构建目的是将技术空白点需求转化为可观察、易研究的技术特征，对技术空白点的相关技术因素进行分析，分析技术空白点在哪些技术因素上有较大的研究价值。技术特征矩阵的构建包括技术特征因素的提取以及技术特征因素重要性评级两个部分。

1）提取过程

采用文献分析和扩展主调宾（extent subject-action-object，eSAO）结构以分析构建包含 n 项技术空白技术特征提取因素列表，结合语义挖掘技术和 TRIZ 思想对知识进行挖掘。

eSAO 分析过程如下：通过一套系统的识别方法，提供获取自然语言文档的文本；

从具有一套或多套 eSAO 组件的文本中识别一套或多套 eSAO 结构；匹配一套或多套因果关系形式的 eSAO 结构；在匹配的结果上，生成一套或多套 eSAO 因果关系（包括原因 eSAO 和效应 eSAO）；并将这些 eSAO 因果关系存储在知识库中。

2）提取结果

在技术空白点的技术特征因素提取过程中，技术特征由四部分构成：基本情况（general facts）、组成及功能（parts and functions）、参数（parameters）、原因及效应（causes and effects）。四个部分的具体技术特征展开要素如下。

（1）基本情况分析。定义（definitions）、概念（concepts）、优势（advantages）、应用（applications）、方法（methods）、条件（conditions）。

（2）组成及功能分析。构成要素（made up of）、用于组成（part of）、受动宾语（objects acted upon）、功能函数（action + object）、施动主语（acting subject）等。

（3）参数分析。速度（speed）、尺寸（size）、时间（time）、颜色（color）、持续时间（duration）、形状（shape）。

（4）原因及效应。原因（causes）、效应（effects）、阻碍（preventions）。

上述过程的完成，可以借助 Goldfire Innovator 中 Knowledge Search 工具实现。

（5）技术空白点需求-技术特征相关矩阵。技术空白点需求-技术特征相关矩阵是观察和了解现有技术文献（专利、论文）中是否存在能够符合空白需求的技术特征。首先提取技术空白点需求项对应的技术特征出现频次，然后根据频次进行相关关系评级以确定该技术特征对于满足或改进相应技术空白点的潜在可行性强弱。

（6）需求满足度评价。根据所提取的需求满足频次进行相关关系评级，一般采用"强-中-弱"三个等级。等级越强，表明需求满足度越高。在关系评级的基础上，结合技术实施的难易度、需求满足程度，以及创新技术的活跃程度，可以判断技术机会的特点和大小。

（三）以 3D 生物打印为例的技术空白点识别

首先，按照实施步骤确定空白需求项。根据归类图法将技术空白点所包含的关键词进行归类整理。将技术空白点中的关键词，分别归类到材料类、性能类、制造技术类及设备类。

材料类包含 3D 生物打印所使用的材料。例如，陶瓷、树脂等有机材料。

性能类是指 3D 生物打印工艺实施过程中，对材料、设备仪器及其组件，或技术等的性能要求，如温度、黏合性等。

制造技术类是指在产品生产的全周期内所使用的工艺或技术。例如，快速成型（rapid prototyping）、快速制造（rapid manufacturing）等技术。

设备类是指在 3D 生物打印设备仪器中的组件，如过滤器等。

其次，提取相关技术特征。利用构建好的 3D 打印知识库，提取出 16 个技术特征项，并将这些特征项划分为基本情况分析、组成及功能分析、参数分析和原因及效应分析四大类（图 3-21）。

基本情况				组成及功能				参数					原因及效应		
优势 (advantages)	应用 (applications)	方法 (methods)	条件 (conditions)	构成要素 (made up of)	用于组成 (part of)	功能函数 (action+object)	相互作用 (interaction)	速度 (speed)	尺寸 (size)	颜色 (color)	持续时间 (duration)	形状 (shape)	原因 (causes)	效应 (effects)	预防 (preventions)
T1	T2	T3	T4	T5	T6	T7	T8	T9	T10	T11	T12	T13	T14	T15	T16

图 3-21　技术特征分类

最后，建立空白项与技术特征项之间的关系矩阵。建立好的 3D 生物打印空白点需求项与技术特征相关关系矩阵见图 3-22。

		技术质量特征项															
		基本情况				组成及功能				参数					原因及效应		
		T1	T2	T3	T4	T5	T6	T7	T8	T9	T10	T11	T12	T13	T14	T15	T16
3D生物打印技术空白点需求项	材料 C1	0	2	0	0	4	11	2	6	1	1	0	0	0	0	12	0
	C2	4	14	0	1	15	0	0	0	0	0	3	0	8	3	31	2
	C3	2	28	0	0	16	22	34	43	1	0	2	0	3	4	27	0
	C4	5	30	0	1	11	11	35	32	1	3	0	3	2	1	26	1
	C5	0	1	0	0	0	1	1	1	0	0	0	1	0	0	0	0
	C6	0	0	0	0	0	0	0	4	3	0	0	0	0	3	0	0
	C7	0	6	0	0	3	11	6	6	0	0	0	0	0	0	9	0
	C8	0	0	1	0	3	3	3	2	0	0	0	0	0	0	2	0
	C9	0	0	0	0	0	0	2	0	0	0	0	0	0	0	0	0
	C10	1	6	0	0	5	13	4	6	0	2	5	0	2	1	0	1
	性能 C11	2	0	13	14	0	0	0	0	0	0	0	0	1	14	13	0
	C12	0	0	64	16	0	1	6	33	0	0	0	0	0	123	72	9
	C13	8	20	108	40	4	4	32	41	0	0	0	10	1	200+	200+	2
	C14	6	33	1	4	0	0	45	51	0	0	1	1	3	10	59	11
	C15	0	10	0	0	0	0	6	20	0	0	1	0	0	10	3	0
	C16	0	11	0	0	0	0	18	23	7	0	0	0	0	2	5	0
	技术 C17	200+	200+	200+	200+	200+	0	200+	200+	0	1	1	19	0	200+	200+	4
	C18	70	200+	200+	0	0	0	70	0	0	7	200+	200+	0	0	0	8
	C19	121	64	200+	200+	163	3	200+	200+	2	5	0	102	0	200+	200+	12
	C20	2	5	92	15	0	0	4	8	0	0	0	0	0	200+	200+	0
	C21	4	79	0	1	0	18	90	81	0	2	9	0	0	4	80	0
	C22	0	0	0	0	0	0	0	1	0	0	0	0	0	7	5	0
	设备 C23	19	45	15	1	28	23	62	52	0	1	13	1	1	38	75	0

图 3-22　技术空白点需求项与技术特征项相关关系矩阵

将识别出的 19 个技术空白点分别进行需求满足度、技术难易性及技术活跃度计算，结果见表 3-22。

表 3-22　各技术空白点的需求满足度、技术难易性及技术活跃度

技术空白点 k	1	2	4	5	6	7	8	9	10	12	13	15	17	18	19	21	22	23	24
需求满足度 TS_k	17	21	2	8	14	12	17	11	12	13	16	20	37	27	15	32	22	15	25
技术活跃度 TA_k	33	26	30	30	27	34	14	29	30	29	33	28	32	13	25	28	30	13	26
技术难易性 TL_k	7	7	5	8	7	6	3	5	6	6	6	4	4	4	7	3	5	5	6

基于 GTM 和 QFD 的技术机会分析结果表明：由"快速成型"、"快速制造"、"激光"、"增材制造"组成的技术空白点 17，由"快速成型"、"快速制造"、"黏合性"组成的技术空白点 21，由"增材制造"、"快速制造"、"紫外线"、"三维结构"、"配方"组成的技术空白点 22，由"快速成型"、"陶瓷"、"烧结"、"增材制造"、"快速制造"、"激光"组成的技术空白点 24，由"快速成型"、"快速制造"、"三维打印"、"沉积"、"交联"、"黏合性"、"黏合剂"组成的技术空白点 2，由"快速成型"、"激光"、"过滤器"、"三维结构"组成的技术空白点 15，以及技术空白点 1、4、5、6、8、9、10、12、13、18、19、23 等均具有不同程度的可实施技术机会。

五、基于网络评论信息的技术机会识别方法

互联网时代用户的网络评论是方便易得的用户体验信息源，大量的网络信息获取工具和手段也为利用网络评论创造了条件。对企业来说，用户的网络评论信息既包含了消费者的使用心得、感受和体会，也有对产品的不满和期待。这些不满和期待恰恰是企业产品持续改进和创新的主要问题来源，即企业持续创新的技术机会。互联网思维下的产品创新，竞争焦点之处在于能否充分有效地利用来自最终用户的信息，从用户评论信息中挖掘出自己产品的优势和劣势，并且根据这些信息有针对性地调整后续产品的研发策略。

（一）基于网络评论信息的技术机会分析步骤

基于用户网络评论信息的技术机会分析步骤：首先，获取相关信息，为此要选择合适的网站。其次，网站评论信息的抽取。可选择的网络信息采集工具很多，例如，利用网络矿工采集器——一款专业的数据采集软件。然后，文本下载和处理。文本处理包括中文分析和词频统计，可选择 ROST CM 软件——该软件是可以辅助人文社会科学研究的大型免费社会计算平台。最后，以小米手机为例说明

分析步骤。先通过小米 2 与小米 1 的对比描述分析过程，再通过小米 3 与小米 2 对比，对分析结果进行进一步验证。具体分析步骤见图 3-23。

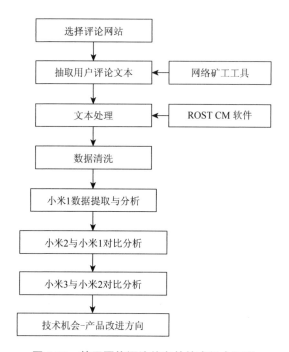

图 3-23　基于网络评论信息的技术机会识别

1. 数据源的选取

网络信息数量庞杂、信息非结构化，要根据研究的需要选择合适的数据源才能达到研究目的。根据选定的研究问题，确定中关村在线网站为数据源，该网站评论大多来自产品的舆论领袖，其评论对其他消费者有很大的参考价值，篇幅也较多，对企业的参考价值更大。李慧颖[58]通过 Tobit 回归分析得到，消费者认为发表较多内容的评论能够帮助他们更好地作出购买决策，同时也能为企业研发产品提供更多的信息。另外，中关村网站评论具有便于区分手机各属性优缺点的优势，这为分析用户对产品属性特征的感情倾向奠定了基础。

选取小米手机自诞生以来的三款旗舰机型，即小米 1、小米 2、小米 3 的用户评论文本为基础数据内容，采集的评论项目有用户名称、评论时间、优点评论、缺点评论、总结。

2. 评论采集及预处理

采用网络矿工数据采集器共采集了 1336 条评论,淘汰缺少主要项目或内容简单的评论，剩下 1168 条评论信息，其中小米 1 有 392 条，小米 2 有 348 条，小米

3 有 428 条。利用筛选后评论数据提取出用户对小米手机关注的属性，把所有的评论数据用 ROST CM 软件进行中文分词和词频统计。

3. 数据清洗

根据词频统计结果，选取排名前 300 的高频词，再对高频词进行清洗和整理。清洗方法如下。

（1）剔除不具属性特征的词汇；

（2）合并意义相近的词，合并时采取对应词汇频率叠加统计；

（3）识别重复词，选取最能表达手机属性的词记入总词频；

（4）删除无法分辨的词，对于难以辨别针对何种属性的词，进行人工识别，如果仍旧无法确定，则删除。

清洗 300 个高频词，整理出用户对小米手机评论中最关注的 16 项指标及其总频率（表 3-23），作为对小米三款手机评论文本处理的依据。并将三款手机评论信息分别做相同处理，提取相关属性指标。

表 3-23　小米手机用户最关注的指标

属性名称	词频统计结果
性能	1605
显示屏	912
做工	885
续航能力	853
拍照能力	806
外观	711
配置	674
系统	645
性价比	546
用户体验	357
通话效果	338
影音效果	314
散热性	277
价格	227
售后服务	208
配件	203

（二）基于用户评论信息的产品改进

1. 小米 1 评论信息的处理

小米 1 评论信息中的词频统计结果见表 3-23，表 3-24 是对表 3-23 的预处理结果，表 3-25 中比例之差 = 各属性优点/各属性总计－各属性缺点/各属性总计，该比例差可以描述手机属性的评论极性，作为评价用户评论变化等级的数据来源。

表 3-24　小米 1 用户评论文本处理结果　　　　（单位：条）

小米 1 属性	优点	缺点	总计
性能	366	88	454
显示屏	113	53	166
做工	97	193	290
续航能力	105	111	216
拍照能力	49	307	356
外观	26	54	80
配置	194	44	238
系统	172	72	244
性价比	100	5	105
用户体验	64	17	81
通话效果	27	57	84
影音效果	42	51	93
散热性	4	52	56
价格	52	13	65
售后服务	0	80	80
配件	0	32	32

表 3-25　小米 1 各属性优缺点比例差　　　　（单位：%）

小米 1 属性	优点百分比	缺点百分比	比例之差
性能	80.6	19.4	61.2
显示屏	68.1	31.9	36.2
做工	33.4	66.6	−33.2
续航能力	48.6	51.4	−2.8
拍照能力	13.8	86.2	−72.4

续表

小米 1 属性	优点百分比	缺点百分比	比例之差
外观	32.5	67.5	−35.0
配置	81.5	18.5	63.0
系统	70.5	29.5	41.0
性价比	95.2	4.8	90.4
用户体验	79.0	21.0	58.0
通话效果	32.1	67.9	−35.8
影音效果	45.2	54.8	−9.6
散热性	7.1	92.9	−85.8
价格	80.0	20.0	60.0
售后服务	0.0	100.0	−100.0
配件	0.0	100.0	−100.0

2. 小米 2 的改进与用户评论的关联性分析

改进结果与用户评论信息之间的关联性分析是利用网络评论信息识别技术机会，进而判断产品改进方向和策略正确和有效性的重要环节。关联性分析步骤见图 3-24。

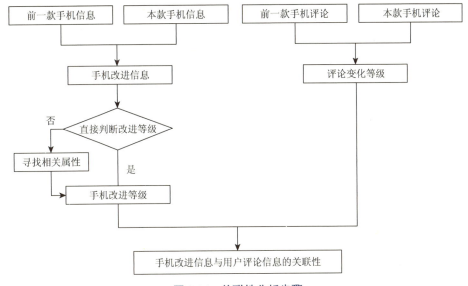

图 3-24　关联性分析步骤

中关村在线提供了具体的产品信息，将网站上小米 1 和小米 2 的产品信息作对比，把变化的信息对应到 16 个属性，得到手机改进的信息，再与用户评论变化的计算结果对比，判断两者的关联性。对于属性难以通过网上的参数加以区别的情况，可以根据相关属性分析其变化程度。小米 2 的手机改进程度和用户评论变化程度各分为三个等级，划分依据见表 3-26。

表 3-26　等级划分依据

等级名称	级别	划分依据
改进等级	1	改进明显
	2	改进较少
	3	无改进
评论变化等级	1	|小米 2 比例差 – 小米 1 比例差|≥10.0%
	2	5.0%<|小米 2 比例差 – 小米 1 比例差|<10.0%
	3	|小米 2 比例差 – 小米 1 比例差|≤5.0%
评论发展方向	上升	小米 2 比例差 – 小米 1 比例差>0
	下降	小米 2 比例差 – 小米 1 比例差<0
关联性	强	改进等级 = 评论变化等级
	中	改进等级 – 评论变化等级 = 1
	弱	改进等级 – 评论变化等级 = 2

对分析的结果进行统计可知，16 个指标中有 9 个关联性强，6 个关联性为中，1 个关联性为弱，具体结果见表 3-27。

表 3-27　小米 2 的改进等级与用户评论变化等级关联性

属性	比例差变化/%	改进等级	评论变化等级	关联性
性能	−17.0	1	1，下降	强
显示屏	10.6	1	1，上升	强
做工	−6.2	2	2，下降	强
续航能力	−37.0	2	1，下降	中
拍照能力	90.4	1	1，上升	强
外观	81.3	1	1，上升	强
配置	−39.4	2	1，下降	中
系统	2.8	2	3，上升	中
性价比	5.3	2	2，上升	强
用户体验	14.3	1	1，上升	强
通话效果	−2.5	3	3，下降	强

续表

属性	比例差变化/%	改进等级	评论变化等级	关联性
影音效果	9.7	3	2，上升	中
散热性	−1.4	3	3，下降	强
价格	8.2	3	2，上升	中
售后服务	8.7	3	2，上升	中
配件	10.6	3	1，上升	弱

3. 小米 2 到小米 3 的进一步验证

对比分析小米 3 与小米 2 的不同之处，可得到产品的改进方向，再计算小米 3 和小米 2 用户评论的比例差变化，可得到产品改进与用户评论的关联性程度，见表 3-28。

表 3-28 小米 3 的改进等级与用户评论变化等级关联性

属性	比例差变化/%	改进等级	评论变化等级	关联性
性能	−7.8	1	2，下降	中
显示屏	−31.6	1	1，下降	强
做工	33.1	1	1，上升	强
续航能力	10.5	1	1，上升	强
拍照能力	−35.0	1	1，下降	强
外观	−24.1	1	1，下降	强
配置	−9.8	1	2，下降	中
系统	−6.2	2	2，下降	强
性价比	−9.1	1	2，下降	中
用户体验	−86.2	1	1，下降	强
通话效果	−15.2	3	1，下降	弱
影音效果	48.9	1	1，上升	强
散热性	6.8	3	2，上升	中
价格	31.8	3	1，上升	弱
售后服务	−8.7	3	2，下降	中
配件	−10.6	3	1，下降	弱

4. 以小米手机产品为例的分析结果

通过分析小米公司的三款手机之间不同属性的改进和用户评论的变化关系验证了这两者之间存在很强的关联性：当手机改进程度较大或者改进的方向较好时用户评论趋向于积极评论，当手机改进程度较小或者改进对手机各属性提高不明显时，用户评论也随之不变或者更加趋向于消极评论。从新机型在功能上的改变与网络评论之间的关联关系可以证明利用网络评论信息进行技术机会识别，准确判断产品改进方向是有效的，并且现有网络挖掘工具对于获取网络评论信息是可行的。

5. 未来小米的创新方向预测

利用该方法还可以进一步预测小米手机后续研发的方向，可以将用户评价低或者评价变化下降的属性作为重点改进对象，即发现持续创新的机会，而用户评价很高或者上升的属性要继续保持。每个属性的后续研发策略见表 3-29。

表 3-29　小米手机后续研发改进策略

属性	评论变化等级	后续研发策略
性能	2，下降	稍微改进
显示屏	1，下降	重点改进
做工	1，上升	继续保持
续航能力	1，上升	继续保持
拍照能力	1，下降	重点改进
外观	1，下降	重点改进
配置	2，下降	稍微改进
系统	2，下降	稍微改进
性价比	2，下降	稍微改进
用户体验	1，下降	重点改进
通话效果	1，下降	重点改进
影音效果	1，上升	继续保持
散热性	2，上升	继续保持
价格	1，上升	继续保持
售后服务	2，下降	稍微改进
配件	1，下降	重点改进

在小米手机后续的产品改进中，手机做工、续航能力、影音效果、散热性和价格需要继续保持，这些属性的用户评论变化等级较高并且评论方向为上升。重

点需要改进的是显示屏、拍照能力、外观、用户体验、通话效果和配件。这些重点改进对象需要改进的具体地方可以利用网络用户评论信息进一步挖掘获得。

用户网络评论信息对于企业识别技术机会，特点是持续性的产品创新和改进是丰富的资源，应该充分利用；现有的文本挖掘工具软件为获取和分析网络评论信息提供了工具和手段；网络评论信息既可以为企业指明改进方向和领域，也可以基于需要改进的功能从多领域发现技术机会并获得创新源泉。

第四节　颠覆性技术及识别方法

新兴技术的发展有可能成为颠覆性技术，并造成重大技术产品范式变革[59]。颠覆性技术也将对企业的长期盈利和生存能力产生重要影响[60]，因此，应在颠覆性技术对主流市场产生重大影响之前，对其进行识别，才能辅助企业制定相应的研发战略[61]。历史经验表明，只有当颠覆性技术对现有技术体系产生破坏性影响后，其重要性才被正视。从技术路径的角度来说，颠覆性技术会打破原有技术生命周期，形成新的技术轨道，因此，对于技术预测人员或技术路线图规划者来说，传统的技术预测方法（针对持续性技术）不适用于颠覆性技术的识别[62]，应提出与颠覆性技术特性相契合的识别方法。

一、颠覆性技术的主要特征

颠覆性技术是相对于持续性技术而言的，两者在性能提升轨道和竞争力来源方面有很大不同。具体反映在如下两方面。

（一）阶跃式的性能提升轨道

随着颠覆性技术研发活动的持续开展，其所能够支撑的各项技术属性构成它在该领域中的竞争优势，技术水平的逐步提升会以不断增加的速率推动新属性的完善。因此，从技术 S 曲线看，当颠覆性技术出现时，曲线会出现突变点，并进入新的轨道，形成新 S 曲线的起点。

如图 3-25 所示，技术 1 和技术 2 均作为持续性技术，分别在应用领域 A 和 B 所定义的性能标准下衡量，形成不间断的生命周期曲线。当技术 2 进入应用领域 A 时，会改变技术 1 的性能衡量标准，产生阶跃式的性能提升轨道，描绘出颠覆性技术的性能提升轨迹。因此，颠覆性技术的性能并不能参照现有技术进行衡量，而需要采用一组新的性能参数，从而形成与持续性技术不同的技术性能轨道。因此，采用针对持续性技术的 Logistic 曲线预测方法不适用于颠覆性技术的识别。

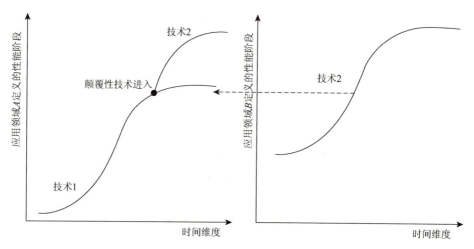

图 3-25　持续性技术与颠覆性技术的技术性能轨道

（二）颠覆性技术的竞争力来源

持续性技术是指对正在使用的技术作增量改善的技术，其竞争力依赖于在现有技术属性的维度上对技术性能进行改进，以满足用户日益增长的需求。而对于初始技术性能较低的颠覆性技术来说，其竞争力来源为通过技术/产品属性集的创新，引入新的竞争平台。正如 Bloodworth 所述，依据技术属性集中关键属性在技术中重要程度的变化，即可准确地对持续性技术与颠覆性技术进行划分[63]。

与已有产品相比，以颠覆性技术为基础的新产品若以现有属性维度进行衡量，则具有较低的技术性能，难以进入主流市场，但其能够满足新的属性集，进而产生细分的市场，服务利基市场中的用户，形成新的市场结构[64]。

新技术属性集的出现能够为技术领域建立新的技术属性衡量标准，构成技术拥有者重要的竞争力来源，随即出现改变技术领域内竞争态势的颠覆性技术。因此，对技术方案出现前后的技术属性集相似度的探测将有助于对颠覆性技术进行识别。

二、颠覆性技术识别模型的基础

为了确立颠覆性技术识别框架，首先，提出属性-技术方案（P&T）模式的技术路线图，为采用技术属性集和进行颠覆性技术识别提出基本思路；其次，论证物种入侵研究应用于颠覆性技术识别的合理性，并提出如何采用物种入侵模型识别新属性的最适技术集；最后，采用文本集对分析评估属性集合间的相似度，用于测量技术的颠覆性强度。

（一）颠覆性技术发展路线图

以颠覆性技术的"属性"理念为基础，结合基于专利的语义分析理论，提出了 P&T 模式的技术路线图。如图 3-26 所示，该技术路线图在现有研究的基础上加入了技术属性的因素，突出了技术属性的变化对技术发展的推动作用。P&T 模式的技术路线图包括三个要素，即技术属性（P/P'）、技术方案（T/T'）和技术发展阶段轨道（长线）。其中，实线代表特定领域中持续性技术的变化轨迹，虚线代表颠覆性技术的发展轨迹。另外，如表 3-30 所示，P&T 模式中的变量关系能够通过动力机制进行解释，可以看出，市场拉动机制通过改变或完善属性集，推动新技术方案的形成，而技术推动机制作用于技术的升级或更新，从而形成新的属性。

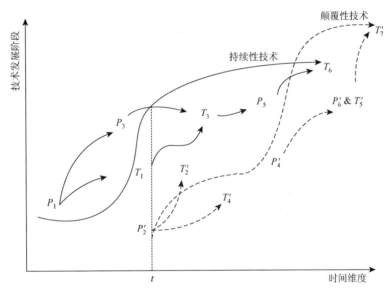

图 3-26　P&T 模式的技术路线图

表 3-30　P&T 模式中的变量关系

变量关系	动力机制	产生原因
属性→属性	市场拉动	两种属性间具有关联性
属性→技术方案	市场拉动	提出相关技术方案，满足既定属性的需求
技术方案→技术方案	技术推动	技术相关性或技术升级
技术方案→属性	技术推动	随着技术方案的改进，提出对新属性的支撑思想

通常情况下，持续性技术在改进的过程中，具有相对稳定的属性集 $\{P_1, P_3, P_5, \cdots, P_j\}$，为了满足技术性能的提升，技术方案被提出并实施，即 $\{T_1, T_3, T_6, \cdots, T_i\}$，

随着技术的升级，持续性技术的性能不断提升。但自时点 t 起，持续性技术的性能提升速率减缓，逐渐进入平台期，这为颠覆性技术的进入提供了机会。如图 3-27 中虚线部分所示，利基市场的需求激发新属性的引入，颠覆性技术逐渐进入主流市场，最终替代持续性技术，主导技术领域的发展。

（二）基于 SOM（self organizing maps）的物种入侵模型

依据物种进化的理论，外来引入物种在进入本地的过程中，需要经历多阶段入侵过程，面临多种生物/非生物的筛选机制，具有较宽生理容限（如耐温性）或较强的资源获取能力的生物更易存活下来，并最终成为入侵物种[65]。

文献研究发现，颠覆性技术与入侵物种间存在三点相似特性。其一，两者的发展轨道类似，呈现由指数增长向 Logistic 增长转变的趋势，均在经历初期的缓慢增长过程后，以爆发式的增长态势占据所侵入的技术领域或地理区域；其二，两者均显示出对新增属性的适应能力，入侵物种能够在新的容限维度上（如抵抗全球气候变暖的耐温性）占据优势，从而替代本土物种，而颠覆性技术也是在新的技术属性维度上具有优势，能够满足利基市场中消费者的需求，进而逐步入侵主流市场；其三，两者均能够对现存主导者形成极大的威胁，入侵物种在替代本土物种的同时，能够破坏性地改变当地的生态体系，进而危害其他物种的生存，而颠覆性技术能够从根本上改变技术领域中研发企业的价值体系，以一组新的属性参数引导技术的发展。因此，采用物种入侵研究方法实现颠覆性技术的识别是具有可行性的。

SOM 算法由 Kohonen[66]提出，该算法能够将高维数据集（输入层）映射到低维空间（竞争层）中。图 3-27 展示了二维 SOM 神经网络的结构，输入层向量 x_i 与输出神经元 c_j 间依据权重 w_{ij} 实现连接，该权重代表每个输出神经元的虚拟值，即输入向量与获胜神经元以虚拟向量相连，同时，虚拟向量代表了相似输入向量的中心坐标，其中的相似度由欧氏距离进行衡量（式（3-9））：

$$D(X, W_{ij}) = \left[\sum\nolimits_{i=1,\cdots,p} (X_i - W_{ij})^2 \right]^{1/2} \tag{3-9}$$

SOM 算法能够在多维空间中对样本向量进行有效分布，从而以样本向量间的相似度为衡量标准，对输出层中相邻神经元进行类别的划分，相似度越大，神经元间的距离越近，反之则越远。

（三）文本集对分析

集对分析（set pair analysis，SPA）方法由赵克勤[67]提出，其已被广泛用于系统工程、人工智能、预测、多属性评估等研究中。该方法用于研究集合之间的相

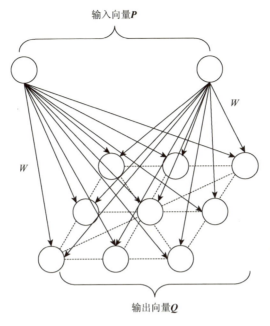

图 3-27　二维 SOM 神经网络结构图

互关系，其核心思想是将被研究事物间的确定性联系和不确定性联系作为衡量指标，构建一个系统分析的模型。文本的集对分析需要首先对文本进行向量空间模型的建立，再进一步对两个向量空间进行集对分析。

1. 文本的空间向量表示

在向量空间模型中，文本被表示为一组正交词条向量所组成的向量空间，每个文本表示为其中一个范化特征向量 $V(d)=[t_1,w_1(d);t_2,w_2(d);\cdots;t_n,w_n(d)]$，其中 t_i 为词条项，$w_i(d)$ 为 t_i 在文本 d 中的权重，$w_i(d)$ 通常被定义为 t_i 在文本 d 中出现的频率 $\mathrm{tf}_i(d)$ 的函数，即 $w_i(d)=\varPhi[\mathrm{tf}_i(d)]$。在多数向量空间模型中，TF-IDF 作为一种常用的词条权重计算方法出现，其计算公式为

$$w_i(d)=\mathrm{tf}_i(d)\cdot\log(N/n_i) \tag{3-10}$$

其中，N 为文本数量；n_i 为含有词条 t_i 的文本数量。

2. 集对分析

在集对分析中最重要的概念为同异反联系度，简称联系数。设集合 M_1 与 M_2 组成集对 $H(M_1,M_2)$，在同一个主题下对集对 H 的属性进行分析，假设该主题中包含 n 个属性，其中有 s 个为集对 H 中的两个集合所共有的属性，p 个为集对 H 中两个集合相互对立的属性，剩下的 $f=n-s-p$ 个属性既不对立，又不同一，即其属性的关系不能确定，则称 s/n 为这两个集合的同一度，f/n 为两个集合的差异度，p/n 为两个集合的对立度，并采用式（3-11）对集对的联系度进行计算：

$$\mu(M_1, M_2) = \frac{s}{n} + \frac{f}{n_i} + \frac{p}{n_j} = a + b_i + c_j \qquad (3-11)$$

其中，μ 为集对的同异反联系度；j 为对立度系数，赋值为 $j = -1$，仅作为反向量的标记使用；i 为差异度系数，在 $[-1,1]$ 区间内取值，仅用于异分量的标记使用。

在上述定义中，a、b、c 这三个数的数值满足归一化条件，即 $a + b + c = 1$ 且 $0 \leqslant a,b,c \leqslant 1$。若 $a \gg c$，则说明两个集对的同一度较大；若 $a \gg b$，则说明两个集对同一的可能性较大；若 $c \gg b$，则表示两个集对对立的可能性较大。

三、颠覆性技术识别模型

颠覆性技术识别模型由三部分构成（图 3-28）。首先，通过语义分析的方法提取专利信息中的"属性（P）"和"技术方案（T）"词汇，并形成 P-T 权重矩阵；其次，将 P-T 权重矩阵作为输入向量，进行基于 SOM 算法的训练，确定技术方案对于属性的适生性，对技术与其所支撑的技术属性进行精准匹配；最后，采用集对分析对技术方案出现前后的技术领域属性集的相似性进行判断，从而识别该技术的颠覆性强度。

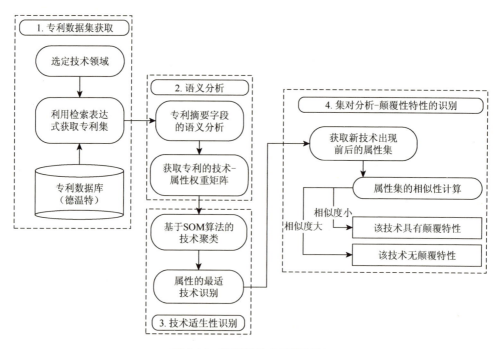

图 3-28　颠覆性技术识别框架

以德温特专利数据库中"电动汽车/混合动力汽车所用锂电池技术"领域的全时段专利文献为数据源,对模型的实现进行同步验证。

(一)专利信息的语义分析

专利信息的语义分析采用基于自然语言处理(natural language processing,NLP)的分词方法,目的是准确提取专利文本中的"属性"与"技术方案"关键词。专利文本信息中最能够体现专利核心技术与实践意义的字段为"Abstract"(摘要),其中所包括的"Use"(用途)和"Advantage"(优势)字段是所需关键词的重要来源。因此,采用电动汽车/混合动力汽车所用锂电池技术领域的全时段专利文献为数据源,对专利信息中的"摘要"字段进行语义分析,如图 3-29 所示。为了更好地提炼语义信息,在技术功效(property-function)矩阵和动/名词语义分析的基础上[68],实施两个方面的改进:其一,在语料库的设计上,添加能够反映技术领域特征的技术领域词表,即在技术属性词的抽取过程中,通过对该技术领域所涉及产品的用户体验信息进行分析,筛选出能够表征技术属性的词或词组,对技术领域词表进行完善,确保抽取过程的查全率和查准率;其二,经过自然语言处理处理后,采用词性标注的方法,对特征词进行划分,相应的特征词实例如表 3-31 所示(n 为名词,v 为动词,a 为形容词或副词,p 为过去分词,d 为限定词,c 为介词),并进一步使用 TF-IDF 算法区分"方案"对"属性"的适用性强度,通过形成 *P-T* 权重矩阵更好地评估词或词组在文本中的重要程度。锂电池技术领域的 *P-T* 权重矩阵如图 3-30 所示。

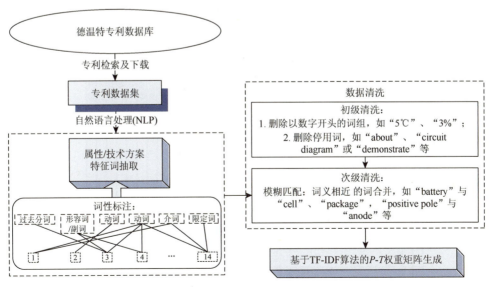

图 3-29 专利信息的语义分析过程

Abstract : NLP/Phrases(Cleaned)

Show Values >=0.00 and <=31.65 TFIDF(sqrt)

Abstract : NLP/Phrases(Cleaned)	#Records	1 electrolyte (1055)	2 electrode (832)	3 mixture (825)	4 material (813)	5 surface (797)	6 cathode (709)	7 anode (695)	8 solvent (593)	9 negative electrode (566)	10 secondary battery (550)	11 positive electrode (519)	12 nickel-hydrogen battery (507)	13 separator (477)	14 carbon (452)	15 anode material (446)	16 cathode material (398)	17 active material (361)	18 cooling (334)	19 nickel (326)	20 aluminum (317)
1 temperature	871	12.25	13.75	18.53	16.72	13.14	12.92	13.70	14.58	10.36	12.58	11.83	9.22	10.00	10.40	11.93	13.05	8.83	7.21	10.89	9.58
2 heating	567	13.48	12.65	17.63	13.92	12.93	11.57	13.37	14.08	9.35	11.25	10.00	8.39	9.70	9.98	12.52	11.99	11.34	9.06	10.62	8.45
3 voltage	433	14.74	30.42	11.82	10.62	7.74	16.98	17.58	6.30	15.63	16.06	13.77	9.75	10.93	7.46	6.17	8.65	7.39	4.71	5.34	5.98
4 thickness	326	16.10	14.45	13.45	13.99	13.03	16.41	17.45	11.10	14.83	7.79	14.35	6.15	14.14	9.54	9.34	9.53	9.15	6.28	7.00	8.38
5 safety	310	12.91	10.94	8.56	9.16	9.66	11.53	11.50	6.64	10.72	8.28	8.86	5.10	8.88	4.97	7.66	7.61	8.16	4.28	6.24	6.20
6 capacitor	278	13.89	13.12	10.44	11.57	10.72	11.70	13.17	7.46	10.87	9.76	10.22	7.70	10.26	5.97	6.21	7.84	5.97	2.52	3.13	5.30
7 charge	270	15.12	9.71	12.73	6.66	9.14	12.38	13.10	8.36	12.88	15.37	13.01	8.27	7.50	6.79	0.00	5.70	4.65	2.52	4.86	4.40
8 low cost	243	11.68	11.58	11.26	12.41	8.84	9.02	9.41	8.86	7.23	5.40	7.47	5.39	5.03	7.29	9.19	8.50	6.62	6.25	6.02	4.53
9 high capacity	230	12.72	11.23	11.67	12.02	9.97	10.55	12.13	9.73	12.03	6.87	10.43	4.21	7.66	6.75	8.82	8.80	8.50	7.86	6.62	6.00
10 high temperature	229	15.32	10.31	13.23	11.53	11.05	11.57	11.42	8.58	9.81	7.58	9.94	3.40	9.18	10.02	9.83	8.09	7.54	7.19	6.64	6.19
11 stability	215	12.70	11.21	11.87	11.46	7.24	10.43	10.28	9.33	8.89	5.99	9.70	5.26	7.67	5.82	7.83	6.86	7.17	6.47	5.53	5.97
12 cost	207	9.39	8.51	8.81	9.16	7.02	8.69	9.41	7.74	5.59	8.57	4.48	6.19	6.22	6.19	7.95	9.73	5.90	5.04	5.75	5.13
13 protection	207	12.47	12.76	15.83	12.66	11.77	11.54	15.37	12.49	14.24	7.16	9.88	4.21	7.94	7.41	9.20	9.31	5.97	10.02	4.25	4.96
14 efficiency	206	11.52	9.41	8.13	9.38	7.95	8.61	8.49	8.40	8.34	8.47	8.63	5.25	8.56	5.23	6.47	8.04	7.12	4.47	5.28	4.68
15 conductivity	185	14.43	13.15	11.34	11.24	11.98	9.30	9.78	7.14	11.38	5.40	10.18	6.02	8.67	5.81	8.27	6.79	12.58	7.08	6.64	6.20
16 service life	182	7.42	8.30	9.23	8.49	7.24	6.75	7.08	5.49	8.03	6.45	6.74	4.72	6.57	7.67	3.76	6.63	5.88	4.75	4.27	5.24
17 weight	180	14.63	13.11	7.90	9.23	12.29	10.59	11.85	10.02	7.85	5.36	5.29	5.65	11.51	5.81	9.72	9.47	6.41	5.24	5.41	5.58
18 reliability	178	9.82	10.82	4.12	6.74	8.82	8.48	9.21	5.74	9.41	8.93	6.42	6.26	8.28	8.37	4.07	5.03	4.36	2.52	3.55	4.25
19 safe	174	12.24	9.72	8.11	8.64	8.35	8.87	9.27	7.82	6.73	5.54	7.30	4.21	7.51	3.77	7.65	5.93	6.89	4.58	4.59	4.77
20 durability	168	11.54	10.70	9.83	7.41	8.95	9.07	11.01	5.91	8.19	6.80	8.13	6.54	8.22	5.53	8.04	6.30	8.87	7.60	6.04	5.26

图 3-30　锂电池技术领域的 P-T 权重矩阵图（部分）

表 3-31　*P-T* 词性标注及示例（部分）

词集	词性及结构	示例	词集	词性及结构	示例
P 词集	nvap	performance is highly improved	*T* 词集	vcdn	cool down the module
	pn	extended lifecycle		vdn	recharge the battery
	an/aan	cost-effective manner		v	cooling
	nn	energy density		n	electrolyte

（二）颠覆性技术适应性判断

利用生物研究领域中的物种入侵模型判断"*T*"对"*P*"的适应性，即技术适生性的判断，从而挑选出能够支撑属性性能提升的高效技术方案。

依据图 3-31 所示，首先，以 *P-T* 权重矩阵作为初始数据集构成样本向量，其

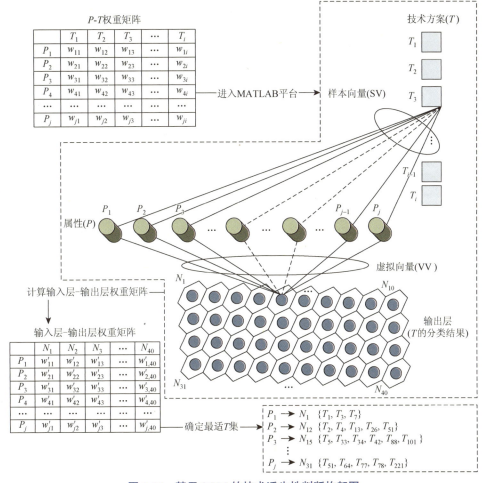

图 3-31　基于 SOM 的技术适生性判断构架图

中，i 项技术方案构成技术集合 $\{T_1,T_2,T_3,\cdots,T_i\}$，进而通过属性集 $\{P_1,P_2,P_3,\cdots,P_j\}$ 映射在网格结构为 4×10 的输出层中，通过基于 SOM 模型的训练，技术方案集被分为 40 个类别，分别由 40 个获胜神经元表示，即 $\{N_1,N_2,N_3,\cdots,N_{40}\}$。其次，对输入层到输出层间的权重矩阵（$I\text{-}O$ 矩阵）进行计算，并逐个筛选出与属性连接权重最大的神经元，假设与 P_1 连接权重最大的神经元为 N_1，该神经元中的技术方案为 T_1、T_3 和 T_7，说明上述三个技术方案是提升 P_1 性能的最适技术集合，以此类推，能够获取 j 个属性的最适技术集合，反之，这些技术集合对于相应的属性来说具有最强适生性。最后，获得新属性集 P_a 及其最适技术集 T_a。

锂电池技术的 SOM 分类结果（7×7 网络结构）如图 3-32 所示，属性关键词可划分为"耐热性"、"耐压性"、"体积"、"安全性"、"充放电性能"、"稳定性"、"寿命"、"循环性能"、"能耗特性"、"成本"、"量产能力"，进而可得到关键属性与最适技术的连接权重，如图 3-33 所示。

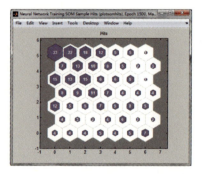

图 3-32　锂电池技术的 SOM 分类

A	电池耐热性	C	电池耐压性	E	电池体积
cooling	28.182	secondary battery	15.778	surface	17.000
surface	16.818	nickel-hydrogen battery	13.444	electrode	14.571
electrolyte	14.818	electrolyte	7.556	electrolyte	14.000
anode material	14.636	circuit	7.333	cathode	12.714
nickel-hydrogen battery	11.909	controller	6.889	anode	11.571
carbon	11.364	nickel-cadmium battery	6.556	negative electrode	10.000
electrode	11.273	ckel aetal hydride batte	4.889	positive electrode	9.429
anode	10.727	electrode	4.556	carbon	9.143
cathode	10.636	anode	4.222	separator	9.000
secondary battery	10.636	electric current	4.222	coating	7.429
vacuum	10.545	cathode	4.000	active material	7.143
deionized water	10.364	internal resistance	3.889	current collector	6.857
cathode material	9.818	electrochemical cell	3.778	graphite	5.286
separator	9.727	negative electrode	3.444	binder	5.286
ball mill	8.364	control apparatus	3.444	fila	5.286
nickel	8.091	separator	3.333	aluminum	5.000
cobalt	7.909	positive electrode	3.111	electrode material	5.000
iron	7.909	high precision	2.889	polymer	5.000
inert gas	7.909	control unit	2.778	nickel-hydrogen battery	4.857

图 3-33　锂电池技术新属性集及最适技术集（部分）

（三）属性集的集对分析

利用技术适生性判断中筛选出的属性方案构成集合 P_a，技术方案词集构成集合 T_a。上述集合的表达式为

$$P_a=\{P_k\}, \quad k=1,2,\cdots,j \tag{3-12}$$

$$T_a=\{P_s\}, \quad s=1,2,\cdots,j \tag{3-13}$$

锂电池技术专利数据集中的专利申请年份大多分布在 2000~2014 年，以技术方案集"石墨烯"{石墨烯，氧化石墨烯，表面活性剂，超声，二氧化钛，无水乙醇，聚乙烯醇，蔗糖，氩气，草酸，酚醛树脂，沥青，氢氧化钠，碳源化合物，磷酸铁锂，氮气}为例，依据 $I\text{-}O$ 矩阵（图 3-34）获取与其相对应的最适属性集 P_{a1}，可以看出，以石墨烯为原材料的锂电池在耐热性方面具有突出的优势，另外，在安全性、体积和成本方面也显示出其竞争力。

A	B 电池耐热性	C 电池耐压性	D 电池体积	E 安全性	F 充放电性能	G 稳定性	H 寿命	I 循环性能	J 能耗特性	K 其他	L 成本低	M 量产能力
2 graphene	2.636	0.444	2.571	1.333	1.128	0.813	0.750	1.167	0.250	0.647	1.600	1.048
3 argon	4.182	0.111	0.286	1.667	0.681	0.813	0.167	0.833	0.750	0.647	0.300	0.762
4 absolute ethyl alcohol	2.818	0.000	0.571	0.667	0.617	0.563	0.167	0.417	1.250	0.353	0.800	0.476
5 ultrasonically	2.091	0.111	0.714	0.667	0.745	0.563	0.500	0.750	0.000	0.471	0.300	0.429
6 argon gas	1.727	0.000	0.571	1.778	0.362	0.375	0.333	0.167	0.500	0.412	0.500	0.381
7 polyvinyl alcohol	2.000	0.111	0.714	0.778	0.404	0.375	0.500	0.583	0.000	0.235	0.700	0.571
8 surfactant	2.091	0.000	1.143	0.667	0.553	0.500	0.500	0.333	0.000	0.235	0.400	0.381
9 Titanium dioxide	1.909	0.000	0.429	1.111	0.553	0.625	0.250	0.417	0.000	0.294	0.500	0.476
10 phenolic resin	1.364	0.222	0.571	0.889	0.489	0.313	0.250	0.583	0.250	0.294	0.800	0.238
11 sucrose	2.636	0.222	0.571	0.444	0.319	0.313	0.417	0.417	0.000	0.176	0.400	0.333
12 asphalt	1.636	0.111	0.286	0.778	0.489	0.250	0.250	0.583	0.500	0.235	0.400	0.190
13 nitrogen atmosphere	1.636	0.111	0.571	0.556	0.340	0.313	0.250	0.333	0.250	0.176	0.400	0.190
14 sodium hydroxide	1.545	0.111	0.286	0.222	0.574	0.250	0.083	0.500	0.000	0.294	0.600	0.286
15 lithium iron phosphate anode material	1.091	0.111	0.429	0.778	0.298	0.188	0.000	0.167	0.250	0.353	0.400	0.476
16 carbon source compound	0.909	0.111	0.571	0.889	0.213	0.313	0.250	0.167	0.250	0.235	0.200	0.286
17 argon atmosphere	1.091	0.222	0.571	0.333	0.298	0.375	0.167	0.250	0.500	0.176	0.200	0.190
18 oxalic acid	1.455	0.000	0.143	0.444	0.277	0.500	0.167	0.333	0.250	0.000	0.200	0.286
19 graphene oxide	0.636	0.000	0.429	0.333	0.400	0.500	0.083	0.250	0.250	0.235	0.300	0.476

图 3-34　石墨烯电池技术的 *I-O* 矩阵

逐年的关键词数量显示，石墨烯电池技术于 2007 年首次出现，即可将专利文档按申请年份分为集合 1（2000～2006 年）与集合 2（2007～2014 年），文档中的"摘要"字段构成文本集合 d_1（2000～2006 年）与 d_2（2007～2014 年），文本集合共包含 35 个属性关键词，其最适属性可分为 6 个类别，部分属性关键词如表 3-32 所示。

表 3-32　石墨烯锂电池最适属性集及关键词（部分）

编号	属性集名称	关键词	编号	属性集名称	关键词
1	电池耐热性	温度，加热，高温	4	成本	低成本，成本有效方式
2	安全性	防护，安全	5	量产化能力	操作简单，工业生产
3	体积	体积比，厚度，尺寸	6	可循环性	循环性能，循环稳定性

分别计算集合 d_1 与 d_2 中各属性向量的平均权重，构成范化特征向量 $V_1(d)$ 与 $V_2(d)$，结果如下：

$$V_1(d) = [5.172, 4.877, 3.860, 4.534, \cdots, 1.202]$$

$$V_2(d) = [54.302, 4.069, 2.839, 3.531, \cdots, 0.931]$$

采用式（3-14）对集对 $H = [V_1(d), V_2(d)]$ 进行计算，并对各数值的范围进行划分。

$$H(d) = |V_1(d) - V_2(d)| = \left[|W_{11} - W_{21}|, |W_{12} - W_{22}|, |W_{13} - W_{23}|, \cdots, |W_{1,35} - W_{2,35}| \right]$$

（3-14）

将分布于 0～0.2，0.2～0.8，0.8～1 的数值的个数分别计为式（3-11）中的参数 s、p 和 f。

$$H(d) = \left| V_1(d) - V_2(d) \right| = \left[\left| W_{11} - W_{21} \right|, \left| W_{12} - W_{22} \right|, \left| W_{13} - W_{23} \right|, \cdots, \left| W_{1,50} - W_{2,50} \right| \right]$$

据此，可计算出 2000 年前后技术属性集合间的相似度：

$$\mu[V_1(d), V_2(d)] = \frac{3}{35} + \frac{13}{35}i + \frac{19}{35}j = 0.086 + 0.371i + 0.543j$$

得到系数 $a(0.086)$，$b(0.371)$，$c(0.543)$，可对该技术的颠覆性进行识别，若 $c > a$，$bc > a,b$，则可说明该技术具有潜在的颠覆性；若 $a > b,c$，则说明该技术不具有颠覆性技术的特性；而当 $b > a,c$ 时，该技术目前的特性不明朗，仍无法确定其是否具有颠覆特性。因此，可以判断，石墨烯技术有望成为汽车锂电池领域中的颠覆性技术。

第四章

新兴技术应用领域演化规律与跨领域评价

如图 1-4 所示，新兴技术应用领域演化规律与新兴技术跨领域评价是第二个二级研究主题新兴技术应用及效应研究中的重要内容，其研究内容"伞"包括新兴技术应用领域演化规律和新兴技术跨领域评价。

第一节　新兴技术应用领域演化规律

一项新技术除了在所产生的领域得到应用，是否还有可能在其他领域得到应用，对于后续研发工作布局，充分有效地提高技术研发效率具有重要指导性。一是对具有多应用领域的技术研发应当给予更多的重视，提高研发资金使用效率，达到事半功倍的效果；二是当新技术在本领域得到应用时，要及时判断未来在其他领域应用的潜力，并向"其他领域"安排资源，开展新领域应用的前期和基础研究；三是对于有多领域应用潜力的新技术，要做好知识产权的战略安排。

为此，提出从集合论、SAO 结构分析、专利权人角度研究新技术应用领域演化的规律性方法，实现新兴技术从一个领域向另一个领域变化的预判和跟踪。

一、基于集合论的应用领域转移分析

跨学科研究虽然是针对知识在学科间交叉转移特征的分析，但其共类分析的思想也可用于技术应用领域的转移研究。共类分析的前提是给出清晰的类边界，Leydesdorff 和 Rafols 以 Web of Science 提供的 JCR 中以期刊-期刊引用关系为依据将 Web of Science 中的 172 个学科归类为 14 个大学科，这些学科大类既是知识领域的边界，也可视为技术的应用领域类别，而领域的概念又可以采用集合的术语来定义。某一技术应用领域被定义为由该领域研究文献构成的集合。通过集合随时间的变化，可分析技术应用领域的转移。

（一）最大、最小集合与技术应用领域转移分析

集合论作为数学中最富创造性的伟大成果之一，在 19 世纪末由德国的康托尔（1845—1918）创立。它是数学中最原始的概念之一，通常是指按照某种特征或规律结合起来的事物的总体。图 4-1 是借助文氏图表示的 A、B、C、D、E 五个集合之间的关系，其中每个椭圆形区域代表一个集合，可表示某一技术不同应用领域的文献集。A、B、C、D、E 五个集合构成的全集 I 由某技术全年段的文献集组成。当确定要研究的技术后，通过检索下载该技术在研究时段内的所有文献，将由这些文献组成的集合定义为全集 I，然后，可以根据不同技术领域所含学科分别定义由相关学科文献构成的领域集合。

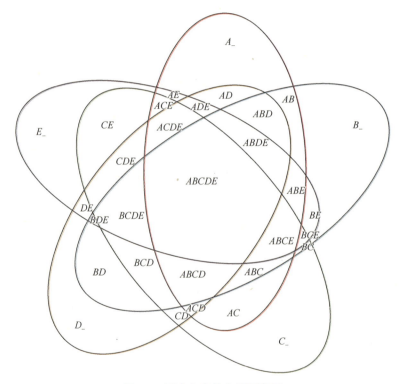

图 4-1　五个集合的文氏图表示

1. 最大、最小集合定义

某技术相关研究文献按其所属学科归类为应用领域后，如果该文献仅对应于一个技术领域，则称由所有这些只属于一个技术领域文献构成的集合为该技术领域的最小集合，记作集合 A_-。在图 4-1 中集合 A_- 的定义是

$$A_- = \{x \mid x \in A \text{且} x \notin B、C、D、E\} = A \cap \sim B \cap \sim C \cap \sim D \cap E \qquad (4\text{-}1)$$

　　如果该文献对应于不同的技术领域，则称由所有仅对应于一个技术领域和不排除还对应其他技术领域的文献构成该技术领域的最大集合，记作集合 A_+。在图 4-1 中集合 A_+ 的定义是

$$A_+ = \{x | x \in A\} = A_- \cup AB \cup AC \cup AD \cup AE \cup ABC \cup ABD \cup ABE \cup ACD \cup ACE$$
$$\cup ADE \cup ABCD \cup ABCE \cup ABDE \cup ACDE \cup ABCDE$$

$$(4\text{-}2)$$

2. 基于最大、最小集合的技术应用领域转移分析

　　根据最大、最小集合的定义可知，最小集合表示技术在某一领域的研究进展，反映了技术研究的特殊性和专业性；最大集合则反映了技术应用的多领域性。通过对技术应用领域最大、最小集合之间关系的分析，可以判断技术应用领域转移的时间阶段特征。根据集合理论，可以推断出技术应用领域最大、最小集合之间的关系有以下四种情况。

　　情况一：最大、最小集合重合。这种情况仅可能出现在技术应用领域转移的初始阶段，说明技术仅在某一领域有研究和应用，还未发生应用领域的转移。技术在发展的最初阶段，可以只涉及一个应用领域的研究，也可能刚开始就涉及 $N(N \geqslant 2)$ 个应用领域（对于那些初始阶段最大、最小集合包含文献量相对特别多的应用领域，可以认为其是该技术的初始应用领域，而将那些初始最大、最小集合包含文献量相对很少的应用领域，视为新兴应用领域），但是只要该技术在某一应用领域的研究文献最大、最小集合重合，在该应用领域的研究并未涉及其他应用领域，所以该技术在此领域的应用没有发生转移。例如，图 4-2 中 A_+ 与 A_- 重合，技术在 A 应用领域并未向 B、C 应用领域转移。

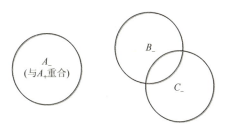

图 4-2　情况一示例

　　情况二：最大集合增大，最小集合同时增大。这种情况出现于技术应用领域转移的成长阶段。当技术在某一领域迅速发展时，研究人员会将该技术更多地在其他应用领域进行试探性的研究，目的是为其他领域的旧问题寻找新解决方案。说明该技术不仅在初始应用领域的研究增加，同时该技术向其他应用领域转移的趋势也在增加。图 4-3 给出了当技术在初始阶段就涉及三个应用领域时，从 A 应用领域向 B、C 领域转移后，A 应用领域最大、最小集合的变化情况（为了清晰地观察集合大小变化，假定 B、C 领域没有变化，以下情况同理）。

　　情况三：最大集合增大，但最小集合减小（图 4-4）。这种情况出现在技术应用领域转移的成熟阶段，说明技术在初始应用领域的应用已经成熟，向其他应用领域转移的趋势减小，技术在其他领域的应用格局已形成。

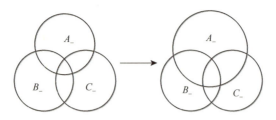

图 4-3 情况二示例

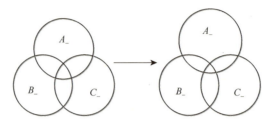

图 4-4 情况三示例

情况四：最大集合减小，最小集合增大（图 4-5）。这种情况相对复杂，可能出现在技术应用领域转移的初始阶段，也有可能出现在技术应用领域转移的成熟阶段。

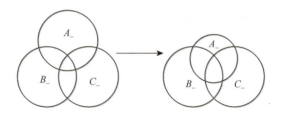

图 4-5 情况四示例

如果出现在初始阶段，则说明技术从某一应用领域向其他应用领域转移的过程中，其初始应用领域的研究对新应用领域问题的实现方式提出了有潜力的解决方案，于是研究人员加大对新兴领域的研究，同时减少对初始领域的研究；如果出现在成熟阶段，则说明该技术在基础领域的研究趋于饱和，更多的研究者将精力放在了新兴领域，但是新兴领域需要基础领域知识的支撑，所以出现了这种情况。

情况五：最大集合减小，同时最小集合减小（图 4-6）。这种情况出现在技术应用领域转移的衰落阶段，说明技术从初始应用领域向其他领域的转移探索没有被接受，在该领域的相关研究也在减少。

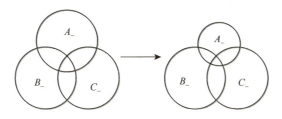

图 4-6　情况五示例

最大、最小集合解决了技术应用领域转移问题中关于应用领域转移趋势的定性问题，对该领域的变化情况分析有助于了解技术应用领域随时间的转移情况，但是并不能告诉我们哪些领域之间发生了转移，为了进一步了解技术在不同领域间的转移情况，还需要借助交叉集合的计算分析实现。

（二）交叉集合与技术应用领域转移分析

对下载得到的文献按照学科归类后进行领域对照，同一领域文献构成一个集合，将既属于集合 A 又属于集合 B 的文献构成的集合定义为集合 A、B 的交叉集合，记为 $A\bigcap B$，见式（4-3）：

$$A\bigcap B = \{X \in A且x \in B\} \qquad (4\text{-}3)$$

同理，在图 4-1 中集合 A_+、B_+、C_+、D_+、E_+ 两两相交形成的区域 AB、AC、BC 等均为交叉集合。

交叉集合由同时涉及两个领域的文献构成，反映了技术在某两个确定领域应用的现象。随着时间的增加，如果交叉集合内的文献数量也在增加，说明交叉的两个领域随着时间变化转移趋势增加；如果交叉集合内的文献数量在减少，说明交叉的两个领域随着时间变化转移趋势减小。在判定技术应用的初始领域后，根据交叉集合内文献数量的变化，就可以判定技术具体从哪些领域向哪些领域转移，并判断应用前景较好的新兴领域。对交叉集合的分析是对最大、最小集合进行技术应用领域转移分析的补充。具体实施步骤如下。

（1）确定检索数据库和检索表达式；

（2）数据获取和清洗；

（3）提取文献学科类别，根据学科分类确定技术应用领域；

（4）定义最大、最小集合和交叉集合；

（5）基于集合的分析；

（6）技术应用领域转移分析结果。

图 4-7 为以无线电力传输技术为例，说明基于集合论的技术应用领域转移分析流程。

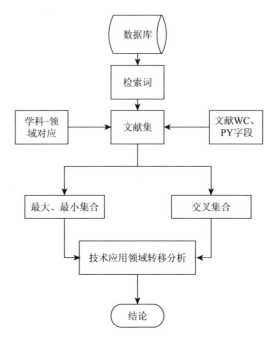

图 4-7 基于集合论的技术应用领域转移分析流程

（三）以无线电力传输技术为例的分析

无线电力传输（wireless power transfer，WPT）技术被认为是新兴技术的方向之一，目前该技术已经被应用到汽车领域为电动汽车进行无线充电[69]；在医疗领域，该技术被用来为植入式医学器件进行充电；在生活领域，该技术被用来实现为家用电器无线供电；在太空领域，该技术还可以用来为人造卫星、航天器进行能量传输，等等[70]。由于无线电力传输技术研究的迅速增加及其在不同产业部门的应用，越来越多的研究人员重视无线电力传输技术的多领域应用。以该技术为例既可说明基于集合论的技术应用分析方法，也可了解相关技术的应用情况。

1. WPT 相关研究数据获取

选择 Web of Science 数据库作为分析数据来源，以"wireless power transf*"为检索词进行主题检索，时间为 1974～2012 年，共得到相关文献 16 353 篇（检索日期为 2013 年 5 月 12 日）。

由于 1992 年以前相关文献数量极少，故分析数据限定为 1992～2012 年。各年的文献数量见图 4-8。由图 4-8 可知，2003 年后文献数量明显增加，因此，将 1992～2002 年作为一个时间阶段，2003 年后按 5 年一个阶段划分，共形成 3 个时间阶段，分阶段研究可以了解技术应用领域的动态变化过程。

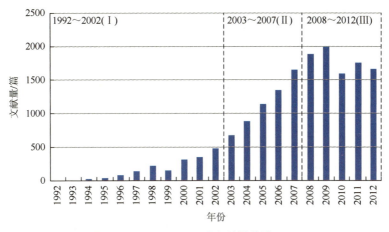

图 4-8　WPT 研究文献量统计

2. 基于集合论的 WPT 应用分析

1) 基于最大、最小集合的 WPT 应用领域转移过程分析

提取所下载文献的学科领域字段，按照式（4-1）和式（4-2）分别计算最大集合和最小集合，各时间阶段内最大、最小集合中的元素数量分布见表4-1。其中 A、B 应用领域的文献量远远高于 C、D、E 应用领域，因此认为 A 领域为 WPT 技术的初始应用领域，C、D、E 领域为其新兴应用领域。

表 4-1　各应用领域 WPT 分时间段最大、最小集合研究文献量　（单位：篇）

时间阶段	电子电器（A）		计算机与信息（B）		生物医药（C）		环境地理（D）		材料与工程（E）	
	最大	最小	最大	最小	最大	最小	最大	最小	最大	最小
I	1440	257	1308	184	184	24	58	2	394	55
II	3622	607	4457	1442	472	74	477	15	952	166
III	6285	1088	6074	1414	852	206	303	34	1676	487

WPT 技术在第一个时间阶段已经同时出现两个以上的应用领域，说明其在初始阶段就具有交叉学科的特征，这为该技术的多领域应用奠定了基础。由表 4-1 可以看出，每个时间段内各领域最小集合内的研究文献量均在增加，这说明随着时间的发展，WPT 技术在五个应用领域内的研究都在不断增长。如果认为时间阶段 I 是 WPT 技术发展的初始阶段，那么 II、III 两个时间阶段均为其迅速成长阶段。

按照集合论思想建立 WPT 各领域分时间段文献集后，区分 WPT 技术不同应用领域各时间阶段内的最大集合和最小集合（图4-9～图4-13）。图中纵坐标代表各领域各年最大、最小集合中的文献量，横坐标代表年份，图中的虚线用来表示所划分的三个时间阶段。

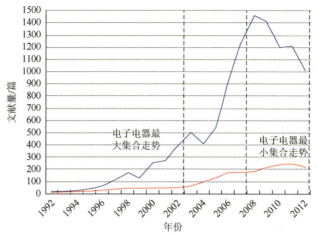

图 4-9　电子电器领域最大、最小集合文献量走势

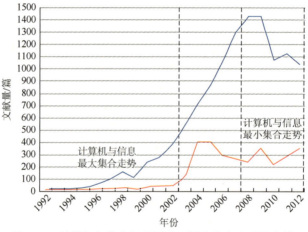

图 4-10　计算机与信息领域最大、最小集合文献量走势

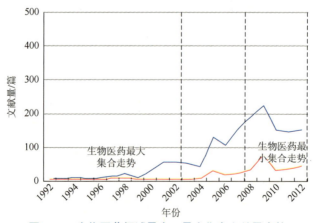

图 4-11　生物医药领域最大、最小集合文献量走势

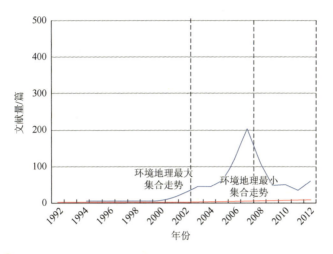

图 4-12　环境地理领域最大、最小集合文献量走势

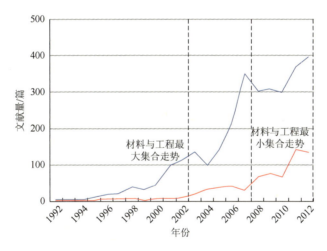

图 4-13　材料与工程领域最大、最小集合文献量走势

由图 4-9～图 4-13 来看 WPT 技术在不同时间内的转移应用情况如下。

时间阶段Ⅰ，五个领域最大、最小集合之间差值整体呈现缓慢扩大的趋势（图 4-9、图 4-10 的纵坐标取值范围为 0～1500 篇，图 4-11～图 4-13 纵坐标的取值为 0～500 篇），对应方法说明中所列情况二。该技术最大集合所代表的跨领域研究的文献量缓慢增长的同时，其最小集合所代表的专门化研究的文献量也在逐渐增长，WPT 技术在研究初期就具有多领域应用的特点，所以没有出现情况一。但随着技术发展，不同阶段各应用领域的研究热度存在差异，研究热度从侧面反映了技术在该领域的应用前景。

时间阶段Ⅱ，WPT 技术的应用迅速发展。特别是图 4-9 中，电子电器领域的技术转移趋势最为明显,其专门化领域的研究平缓增长,而跨领域研究的论文量却在该时间段内激增,说明作为基础知识领域的电子电器领域为 WPT 技术在其他领域的应用提供支撑,虽然本领域的研究文献量并没有突破性增长,但其应用领域的知识在向其他领域转移。注意到图 4-10 中,计算机与信息领域出现了情况三,说明 WPT 技术在计算机与信息领域的研究达到一定程度后也开始向其他领域进行转移。

时间阶段III,图 4-9 电子电器领域在向其他领域转移的过程中出现了情况四,因为电子电器领域是 WPT 技术的初始领域,所以可以判定 WPT 在电子电器领域的研究处于时间阶段III时已经趋于成熟。图 4-12 中环境地理领域的最大集合迅速减少,最小集合基本不变,但研究量基本为零,类似讨论的情况五,说明 WPT 技术向该领域的转移趋势开始减小,人们更多地把眼光放在其他领域的研究中。注意在图 4-13 中,材料与工程领域最大、最小集合内的文献量在这 20 年间一直呈现增加的趋势,说明 WPT 技术应用和材料与工程领域关联逐渐密切,这也成为新兴的研究领域。

时间阶段 I、II,WPT 技术在五个应用领域的研究均呈现增长趋势,这是因为在研究初期技术在不同的应用领域均有涉及,不同应用领域的学者均对该技术产生兴趣,对其未来的应用前景持乐观态度,而到了研究越来越成熟的时候,相对基础的领域的技术转移减少,人们开始关注那些新兴领域,技术向生物医药、环境地理、材料与工程领域进行转移,当各新兴领域的专家进行一定的研究后,会发现该技术在哪些领域更具有应用前景,所以出现了时间阶段III图 4-13 中材料与工程领域的研究文献继续增长,其研究热度增加,而图 4-12 中环境地理领域研究热度减少的情况,因此,材料与工程领域是 WPT 技术应用前景较好的新兴领域。

2)基于交叉集合的 WPT 技术应用领域变化研究

按照式(4-3)计算 WPT 技术五个领域、三个时间阶段的交叉集合后,为了更直观地感受各交叉集合内文献量在不同时间阶段的变化,同样将数据转化成折线图。由图 4-14 可知,交叉集合 $A \cap B$、$A \cap E$ 内的文献量要远远高于图 4-15 中其他交叉集合的文献数量(图 4-14 的纵坐标取值范围为 0~4000 篇,图 4-15 纵坐标的取值为 0~180 篇),且随时间增长,交叉集合 $A \cap B$、$A \cap E$ 均呈现增长的趋势,因此,可以认为 WPT 技术是从初始应用领域 A 向应用领域 B、E 变化的。

因为除了 $A \cap B$、$A \cap E$ 以外的两两交叉集合的文献量均很少,所以将这些交叉集合单列出来,以便更清晰地观察其变化。

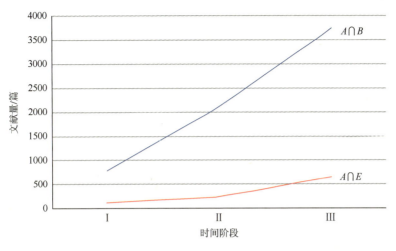

图 4-14　两两领域交叉集合不同时间阶段内文献量的变化

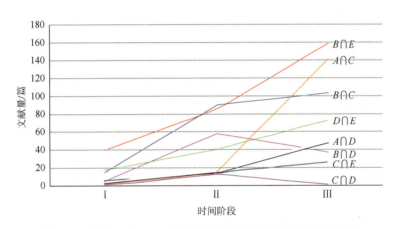

图 4-15　排除 $A \cap B$ 、$A \cap E$ 的两两领域交叉集合文献量变化

由图 4-15 可知，交叉集合 $A \cap C$ 、$A \cap D$ 文献量仍呈现显著的增加趋势，因此可得出 WPT 技术从 A 领域同时向 B、C、D、E 领域转移。对于 $B \cap E$、$C \cap E$、$D \cap E$ 同样呈现增长的趋势，由此 WPT 技术在 B、C、D 领域与 E 领域存在转移，根据文献量来看，极有可能是从 B 领域向 E 领域进行了转移，但由于 C、D、E 均为新兴的领域，$C \cap E$、$D \cap E$ 之间还不能确定到底从哪个领域转向了哪个领域。另外，只有交叉集合 $B \cap C$、$B \cap D$、$C \cap D$ 中的文献量呈现下降的趋势，因此 WPT 技术在从 B 领域向 C、D 领域转移后没有得到更多响应。因为研究者有限，所以转移慢慢减少，特别是 WPT 技术在 C 领域与 D 领域之间转移的过程中，最终出现了交叉集合内文献量为零的情况，说明该技术在 C、D 领域之间的转移基本停止，即 WPT 技术在生物医药领域和环境地理领域之间的转移消失。

以 WPT 技术为例的实证研究，不仅详细描述了基于集合论的技术应用领域变化分析的步骤和过程，也从研究结果掌握了该技术的应用变化过程和未来成长趋势。

二、基于专利 SAO 结构的应用领域识别

基于专利 SAO 结构的技术应用领域识别的步骤：第一步，通过提取德温特专利数据库中的专利摘要的 USE 字段（描述该族专利的用途——应用领域），然后进行基于 SAO 结构的语义处理，实现根据语义聚类的技术应用领域识别。第二步，通过比较不同时间阶段的专利应用领域，把握技术应用领域的变化过程，进而预测技术未来的应用领域前景。

（一）SAO 结构和提取手段

SAO 结构全称为 Subject-Action-Object 结构，也就是主（S）谓（A）宾（O）结构，这个按语法结构组织的句子能清晰地描述专利组成部分之间的关系[71]。SAO 结构可以使用自然语言处理工具提取。目前常用的几种可以提取 SAO 结构的软件如下。

（1）Knowledgist。Knowledgist 是 Innovation Machine 公司开发的产品，现在已经并入 Goldfire innovator。Knowledgist 并入 Goldfire 之后，该项功能成为后台功能。

（2）Stanford Parser 是斯坦福大学自然语言处理组开发的一个句法分析器，可识别中文、英文和阿拉伯文。可对文本内容进行词性标记并得到词语的依赖关系。可通过 Java 或.net 开发环境调用，提取 SAO 结构。

（3）AlchemyAPI 是一个基于云计算的文本挖掘平台，它可提供任何文本挖掘平台最全面的自然语言处理能力，包括命名实体抽取、情感分析、概念标签、作者提取、关系提取、网页清洗、语言检测、关键词提取、价目提取、意图挖掘和主题分类。其中关系提取功能可以借助 Java 或.net 开发环境提取 SAO 结构。

（二）识别技术应用领域的过程

识别技术应用领域的思路是：技术应用领域信息采集—基于应用领域信息的 SAO 结构判断专利相似性—利用专利相似性进行专利聚类—识别技术应用领域，技术路线见图 4-16。

（1）专利检索获取数据。根据确定的检索表达式在德温特专利数据库中检索并下载相关专利摘要。

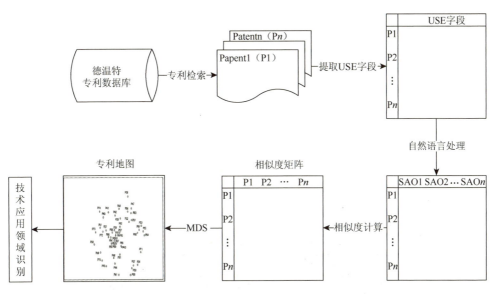

图 4-16 基于 SAO 结构的技术应用领域变化识别路线图

（2）利用 SAO 结构实现语义识别。通过自然语言处理工具从下载的专利摘要的 USE 字段中提取 SAO 结构。

（3）语义相似度计算。对提取出的 SAO 结构利用 JWS（Java WordNet Similarity）开源项目及 Java 语言开发工具 Eclipse 进行语义相似度计算，得到专利的相似度矩阵。

（4）绘制专利地图。利用步骤（3）得到的专利相似度矩阵，借助 SPSS 的多维尺度分析绘制专利地图。通过专利聚类和语义解读实现技术应用领域识别。

SAO 结构识别能够利用语义挖掘的方法，从语言逻辑判断专利文本的技术内涵和技术方案，有助于更准确地把握技术，了解技术的应用领域信息。当然，文本挖掘的过程需要分析人员通过编写相关程序，实现大量专利信息的语义结构自动准确获取。批量处理专利文本 SAO 结构的程序要实现自动实施且保证准确是具有挑战性的工作。专利信息中有许多可以利用的信息，如专利权人信息。专利权人是专利的拥有者，专利权人（专利申请人、专利受让人）是专利权的所有人及持有人的统称。专利申请被批准时，被授予专利权的专利申请人即专利权人。其所属的主要业务领域可以用于判断技术的主要应用领域。而专利权人信息可获得性强，便于信息的获取和检索跟踪。

（三）以石墨烯传感器为例的应用领域识别

为了更好地说明基于 SAO 结构的技术应用领域变化识别方法，以新兴技术石墨烯传感器为例，说明方法实施的过程和结果。

1. 石墨烯传感器专利检索及 SAO 结构提取

在德温特专利数据库中检索与石墨烯传感器相关的中国专利，检索表达式为 TS = ((sensor* or transducer* or(sensing same(element* or devic*or unit* or organ* or apparatus* or system*))or(sense same organ*)or Photosensor* or microsensor* or chemosensor* or multisensor* or hypersensor*)and(graphene*))and (PN = CN*)[72]，检索时间截至 2012 年，共得到 75 个专利族。按专利申请时间将 75 个专利编号为 P1 到 P75，其中 P1 为最新申请的专利，P75 为最早申请的专利。

将上述检索结果保存到 Excel 表格里，并按编号排列。利用查找替换功能，将摘要字段中的 USE 字段提取出来，提取结果（部分）如图 4-17 所示。

	PN	TI	USE
P1	CN1026029	Producing	The graphene is useful as an energy storage active
P2	CN1026211	Graphene	Graphene thin film sensitivity D-type optical fiber
P3	CN1025646	Graphene	Graphene array-type flexible pressure distribution
P4	CN1025394	Method f	Method for preparing molecule imprinted film electr
P5	CN1025833	Transferr	Method for transferring and cleaning graphene film
P6	CN1025448	Preparing	The method is useful for preparing nano polypyrrole
P7	CN1025040	Preparati	Method of preparing a hydrogel for sensors, fluid
P8	CN1025200	Detecting	The method is useful for detecting corn red and al
P9	CN1021929	Use of re	Reduced graphene modified glassy carbon electrode
P10	CN1025130	Controlla	The composite material is useful for dye sensitiza
P11	CN1025048	Biomolecu	Biomolecule functionalized graphene/gold nanoparti
P12	CN1025066	Graphene	Graphene strain inductive measurement and movement
P13	CN1025200	Ruthenium	Ruthenium-graphene film adhered electrochemical lu
P14	CN1025007	Preparati	Method for the preparation of graphene load metal n
P15	CN1021747	Preparing	The metal nano particle-graphene composition is use
P16	US2012194	Sensor ch	The sensor chip is useful for biomedical and micro-
P17	CN1025079	Preparing	The method is useful for preparing an electrochemi
P18	US2012181	Making gr	The method is useful for making graphene on a nano
P19	US2012168	New pyren	As organic semiconductor compound used as transist
P20	US2012141	Graphene	The graphene structure is useful for producing a t
P21	1023722	Preparati	Method of preparation of carbon material graphite

图 4-17　石墨烯传感器中国专利的 USE 字段提取结果（部分）

利用自然语言处理工具，如 Stanford Parser 或 AlchemyAPI 等提取 SAO 结构（本案例利用后者提取 SAO 结构），并过滤掉跟研究没有关系的 SAO 结构，专利摘要中 USE 字段的 SAO 结构提取结果（部分）如图 4-18 所示。

2. 石墨烯传感器技术应用领域变化分析

以 Java 开发工具 Eclipse 为开发环境，借助 JWS 开源项目，实现句子语义相似度的计算，从而得到了专利之间的相似度计算结果，专利相似度矩阵（部分）如图 4-19 所示。

利用得到的相似度矩阵，通过 SPSS 软件的 MDS 分析功能，采用 PROXSCAL 算法，绘制专利聚类散点图（图 4-20）。图中的点代表检索得到的专利，点与点之间的距离代表了专利之间的相似程度，距离越近，表示专利之间的相似程度越高；距离越远，表示专利之间的差异性越大。

	S	A	O
P1	energy storage active	store	hydrogen
P2	graphene thin film	sense in	biology chemistry medicine detection
P3	graphene array type film	measure	tooth occlude pressure distribution s
P4	molecule imprint film	detect	complex matrix environment estrogen
P5	method	transfer and c	graphene film
P6	nanometer polypyrrole	prepare for	fuel cell super capacitor lithium bat
P7	hydrogel	prepare for	sensor fluid control or intelligent m
P8	method	detect	corn red and alcohol in animal derive
P9	composite material	use for	dye sensitization solar cell catalyst
P10	biology molecule funct	use in	electronics catalysis sensor and subs
P11	graphene movement sens	measure	strain inductive
P12	method	manufacture	ruthenium graphene film adhered elect
P13	graphene load metal n	use for	sensor photovoltaic cell and organic
P14	sensor chip	use for	biomedical and micro nanometer struct
P15	electrochemical immun	measure	fetoprotein
P16	making graphene on a r	use in	diamond graphene device such as molec
P17	organic semiconductor	use as	transistor of electronic device fabri
P18	graphene structure	produce	three dimensional shape of electronic
P19	carbon material graphi	use in	electronic device conductive material
P20	polypyrrole graphene c	utilized as	corrosion protection material
P21	graphite alkene starch	use for	iodine analysis test system and mass

图 4-18 USE 字段的 SAO 结构提取结果（部分）

	P1	P2	P3	P4	P5	P6	P7	P8	P9	P10	P11
P1	1										
P2	0.130543	1									
P3	0.205697	0.197119	1								
P4	0.140816	0.092315	0.097298	1							
P5	0.107447	0.134485	0.151327	0.099582	1						
P6	0.106215	0.057407	0.097241	0.094656	0.103621	1					
P7	0.161979	0.077402	0.126488	0.115746	0.111197	0.154583	1				
P8	0.13215	0.072173	0.081099	0.298014	0.076717	0.063465	0.095145	1			
P9	0.130764	0.114301	0.106814	0.108442	0.09001	0.094721	0.104114	0.078698	1		
P10	0.112248	0.178584	0.160175	0.079089	0.092564	0.053317	0.070404	0.067722	0.115564	1	
P11	0.207857	0.193084	0.337583	0.087906	0.149215	0.106569	0.126405	0.074174	0.113397	0.14984	1
P12	0.092545	0.106331	0.131847	0.071962	0.134624	0.131727	0.149511	0.047891	0.087493	0.082193	0.128846
P13	0.154945	0.116824	0.11326	0.1098	0.078718	0.007512	0.102688	0.100524	0.160479	0.123616	0.099251
P14	0.064853	0.100184	0.110423	0.07744	0.071892	0.057604	0.074061	0.0577	0.113051	0.095056	0.094195
P15	0.088018	0.094159	0.2	0	0.046697	0.035341	0.035341	0	0.044974	0.094159	0.2
P16	0.094825	0.146809	0.144006	0.051974	0.064366	0.037996	0.050794	0.049662	0.096484	0.144415	0.145085
P17	0.149512	0.133643	0.133386	0.100011	0.109793	0.103137	0.120859	0.076105	0.156938	0.124141	0.144292
P18	0.104524	0.07334	0.093074	0.071369	0.067308	0.106922	0.132706	0.058486	0.069879	0.065957	0.087035
P19	0.239461	0.210881	0.198701	0.15064	0.140066	0.118748	0.156628	0.121986	0.184452	0.202789	0.208268
P20	0.170994	0.106147	0.111539	0.138908	0.146813	0.099442	0.120562	0.098976	0.11527	0.097778	0.12021
P21	0.117672	0.130033	0.142	0.090607	0.107884	0.067888	0.089067	0.080326	0.121743	0.116879	0.145732
P22	0.158921	0.133708	0.13313	0.105507	0.09544	0.077662	0.106937	0.085724	0.140717	0.131393	0.126501
P23	0.107263	0.068755	0.083513	0.302927	0.067742	0.087169	0.10658	0.285349	0.092063	0.053171	0.083942
P24	0.101341	0.152212	0.134703	0.054528	0.0733	0.042652	0.055934	0.048193	0.101134	0.145738	0.135677
P25	0.128215	0.062589	0.064606	0.110128	0.12042	0.164288	0.200992	0.054559	0.111272	0.053348	0.067824
P26	0.162541	0.154888	0.272543	0.086637	0.089556	0.089021	0.128801	0.036667	0.095745	0.127042	0.265838
P27	0.106556	0.143331	0.136056	0.061302	0.064699	0.057923	0.074101	0.051218	0.112204	0.144377	0.139561
P28	0.152376	0.165183	0.164524	0.097744	0.088297	0.099213	0.112696	0.078505	0.154971	0.166711	0.169824

图 4-19 专利相似度矩阵（部分）

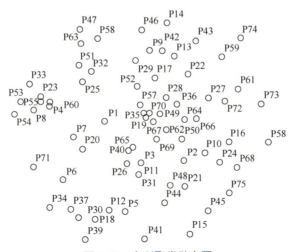

图 4-20 专利聚类散点图

为了更好地对图 4-20 中的点进行归类，除直观观察，还可以应用 SPSS 软件的系统聚类分析，聚类计算中采用欧氏距离作为统计距离，聚类方法采用组间连接法，得到聚类树状图（图 4-21）。

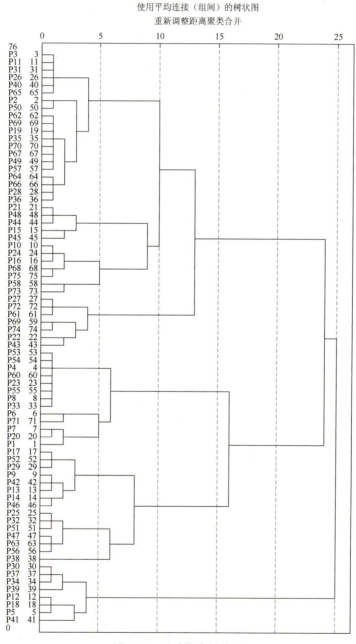

图 4-21　系统聚类树状图

　　通过对图 4-20 中点的距离的直观判断，75 个专利至少可以分 5 类（图 4-22（a））。为了准确识别技术应用领域，借助聚类树状图发现，当划分为 10 类（图 4-22（b））时聚类图比较清晰。当然，这 10 个应用领域不是同时出现的，而是一个随时间动态变化的过程。暂且将应用领域划分为 10 类，以进行下面的分析。

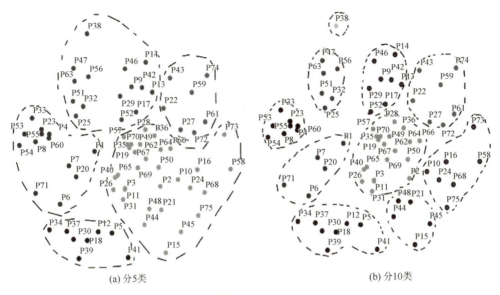

(a) 分5类　　　　　　　　　　　(b) 分10类

图 4-22　聚类图

　　为了更好地识别技术应用领域的变化过程，可分时段绘制专利地图。因为 2006 年和 2007 年都只有一个专利，且 2008 年没有专利数据，所以将 2006～2009 年作为一个时段，2009～2010 年、2010～2011 年、2011～2012 年分别作为一个时段绘制专利地图（图 4-23）。

　　从结果中可以看到，2006～2009 年专利较少，地图中专利比较分散，可认为石墨烯传感器的应用在中国还处于探索阶段；2009～2010 年，专利有所增加，其中增长比较明显的是图中的 A 区域（P70、P69、P62、P64、P65、P66、P67），通过专利 USE 字段的 SAO 结构进行语义解读，可知 P69 为一种复合塑料接触元件材料，P70 为一种半导体材料，P64 为一种用于电子产品的涂料，P66 为一种电极材料，P67 为一种用于电子部件的涂层材料。它们均可应用于电子产品领域，如打印机、手机等，因此被归到一类；2010～2011 年，专利大量增加，A 区域专利数量仍在增加，同时 B、C 区域增长明显。B 区域（P63、P56、P51、P47、P32），通过对 USE 字段的 SAO 结构的语义解读，发现 B 区域均属于检测装置的相关专利，如 P63 是用于环境监测的装置，P51 是用于医学检测的装置，P32 是用于检

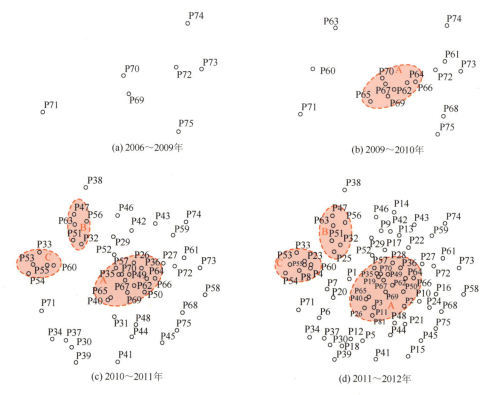

图 4-23　动态专利地图（分时段）

测生物分子的装置。C 区域（P60、P55、P54、P53、P33）属于生物医学领域，P55 用于检测农药残留，P54 用于检测 DNA，P53 用于检测兽药残留物，P33 用于检测己烯雌酚；2011～2012 年，A 区域专利数量较 2010～2011 年仍有增长但增长不大，B、C 区域无明显增加，B 区域只增加了一个专利 P25（用于检测1-羟基芘），C 区域增加了三个专利 P23（用于诊断卵巢癌 SKOV-3 细胞）、P8（用于检测玉米赤霉醇）和 P4（用于检测雌激素）。

　　针对目前石墨烯传感器的中国专利可以识别出三个应用领域：电子产品领域、检测装置领域、生物医学领域，而这几个领域的划分符合之前划分 10 类的推断，证明了方法的有效性和可行性。为了更好地了解以上三个应用领域，通过其成长态势（图 4-24）作进一步分析。

　　从图 4-24 中可以看到，2009 年之前 A、B、C 领域的专利都很少，因此石墨烯传感器的应用处于摸索阶段，到 2010 年三个领域的专利略有发展，2010 年后 A（电子产品）领域快速增长，而 B（检测装置）、C（生物医学）领域为零增长，到 2012 年 A 领域增长有所减慢，但仍远远超过 B、C 领域。说明 A 领域已从萌芽、成长趋于成熟，但 B、C 领域的应用仍处于成长阶段。

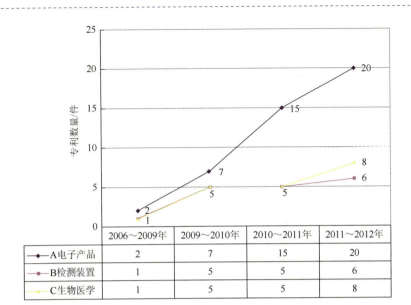

	2006～2009年	2009～2010年	2010～2011年	2011～2012年
A电子产品	2	7	15	20
B检测装置	1	5	5	6
C生物医学	1	5	5	8

图 4-24　专利成长态势图

三、基于专利权人的应用领域变化识别

（一）基本方法

新兴技术应用领域也可以借助承载新技术知识的产业部门来定义，当新技术知识在不同产业部门之间转移扩散时，可以认为新兴技术应用领域在发生变化。

借鉴文献[73]将企业所属行业确定为"产业领域"，不同的企业代表"不同产业领域"。不同企业拥有某领域专利的先后及数量大小，可用于分析技术应用领域的变化。当专利权人所属产业领域发生变化时，可以据此判断技术应用领域发生改变。由于高校、研究机构和个人专利的产业化应用需要成果转移过程，且不能明确具体应用的产业领域，故暂从研究对象中剔除。

为了更准确地获取技术应用领域转移的信息，以德温特专利数据库作为检索数据源。德温特专利数据库按照专利族记录专利信息，较好地避免了专利数量统计中可能出现的重复计算；该数据库还为掌握较多专利的公司分配了 4 位代码表示的专利权人，并称为标准公司。因标准公司代码是唯一的，检索时既避免了因同一公司的不同名称或公司间拆分合并等因素导致的名称差异造成的检索不全或不准，也为利用专利权人的产业归属分析技术应用领域的转移创造了条件，提供了便利。

（二）过程步骤

基于专利权人的技术应用领域研究通过检索、归类、跟踪、解析等步骤实现，具体见图 4-25。首先，确定表示技术的德温特手工代码，追溯该技术的最早专利权人（根据德温特专利数据库入藏时间），按照专利权人主营业务划分其所属产业，即确定该技术的初始应用领域。其次，根据该技术的特点和发展趋势确定检索的时间阶段划分，最后，按确定的时间阶段继续检索或跟踪专利的主要专利权人，判断其所属的产业领域，当发现可能或已经出现的应用领域变化时，记录新出现的应用领域和产业，以便确定自身的创新方向和发展战略。这一研究过程是动态追踪的过程，随着技术的发展，其应用不断发生领域变化，孕育着新产业出现的机会，追踪过程既可掌握技术应用领域的变化轨迹，也可为主动培育新兴产业奠定基础。

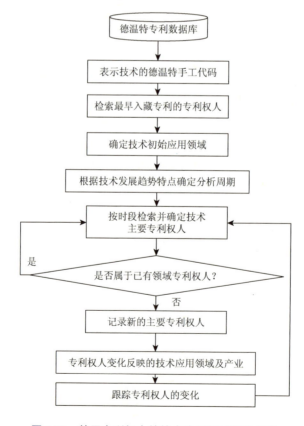

图 4-25 基于专利权人的技术应用领域研究步骤

（三）以燃料电池技术为例的分析

1. 燃料电池技术专利数据获取

为在浩瀚的专利数据库中获取特定的专利数据，首先必须确定检索表达式。德温特专利数据库检索允许采用通配符"？"代表一个任意字符，"*"代表 0 到多个任意字符。燃料电池技术涉及多个德温特手工代码，于是以德温特专利数据库为数据源，检索表达式定为德温特手工代码 =（H08-E04）或德温特手工代码 =（L03-E04）或德温特手工代码 =（L03-E04？）或德温特手工代码 =（X16-C）或德温特手工代码 =（X16-C*），检索时间截至 2010 年，下载时间为 2011 年 8 月 19 日。

2. 燃料电池技术专利族数量变化及阶段性

检索得到的逐年专利族数量变化结果见表 4-2，专利族数量及专利权人数量（按照专利权人代码统计）变化趋势见图 4-26（按德温特专利数据库入藏时间统计）。

表 4-2　燃料电池技术专利族数量

年份 X	数量 Y/个	年份 X	数量 Y/个	年份 X	数量 Y/个	年份 X	数量 Y/个
1970	195	1981	132	1992	933	2003	4538
1971	245	1982	230	1993	830	2004	5832
1972	191	1983	442	1994	966	2005	6424
1973	129	1984	373	1995	924	2006	6049
1974	123	1985	669	1996	1066	2007	6765
1975	101	1986	749	1997	907	2008	8693
1976	122	1987	818	1998	917	2009	8427
1977	98	1988	940	1999	1013	2010	7113
1978	104	1989	771	2000	1392		
1979	94	1990	687	2001	1696		
1980	90	1991	672	2002	2820		

表 4-2 和图 4-26 显示燃料电池技术专利族数量变化分三个阶段，1970～1981 年处于低数量徘徊阶段，1982～1998 年出现小幅度增长，1999～2009 年专利族数量显著增加。为了更准确地把握这三个阶段的特性，采用式（4-4）计算三个时间段趋势线的斜率：

$$m = \frac{n\left(\sum xy\right) - \left(\sum x\right)\left(\sum y\right)}{n\left[\sum (x^2)\right] - \left(\sum x\right)^2} \tag{4-4}$$

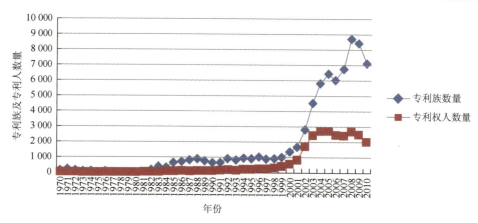

图 4-26　燃料电池专利族数量及专利权人数量变化

计算得到 1970～1981 年的曲线斜率为-0.1，1982～1998 年曲线斜率为 0.37，1999～2009 年的曲线斜率为 7.14。显然燃料电池技术专利族数量变化具有明显的阶段性。

3. 燃料电池技术专利变化阶段性成因分析

从图 4-26 可知，专利数量的变化与专利权人数量的变化之间存在相关关系。利用 SPSS 软件对两个变量之间的相关性进行分析，结果如表 4-3 所示，两变量之间存在正相关关系，标准化回归系数（此处即相关系数）为 0.962（Sig. = 0.000＜0.05）。决定系数 R^2 = 0.926（表 4-4），说明专利族数量的变化绝大部分能由专利权人数量解释。因此，可以通过专利权人数量变化判断技术发展的阶段性。

表 4-3　专利权人数量与专利族数量回归分析的结果 1：系数[1]

模型		非标准化系数		标准系数	t	Sig.
		B	标准误差	试用版		
1	（常量）	98.542	135.247		0.729	0.471
	专利权人数量	2.559	0.116	0.962	22.099	0.000

[1]因变量：专利族数量

表 4-4　专利权人数量与专利族数量回归分析的结果 2：模型汇总

模型	R	R^2	调整 R^2	标准估计的误差
1	0.962[1]	0.926	0.924	704.627 47

[1]预测变量：（常量），专利权人数量

4. 基于专利权人的燃料电池技术应用领域分析

如前所述，获得燃料电池技术专利的企业就是专利权人，而企业是归属于不同产业领域的，因而燃料电池技术主要专利权人的变化，就预示着燃料电池技术应用领域的变化（之所以用"专利权人"的概念，而不是用"企业"概念，是因为使用专利数据库的要求）。依据表4-5可作如下分析。

表4-5　专利拥有量排名前5的企业

1970 年			1971~1981 年		
代码	公司名称	专利族数量	代码	公司名称	专利族数量
NIST-C	日本电池株式会社	28	UNAC-C	联合飞机公司	121
MATU-C	松下电器有限公司	19	MATU-C	松下电器有限公司	114
SIEI-C	德国西门子公司	14	SIEI-C	德国西门子公司	61
VART-C	德国 Varta 电池公司	13	GENE-C	通用电气公司	51
GENE-C	通用电气公司	12	HITA-C	日立公司	49
1982~1998 年			1999~2009 年		
代码	公司名称	专利族数量	代码	公司名称	专利族数量
TOKE-C	东芝公司	1570	TOYT-C	丰田公司	5817
FJIE-C	富士电器	1283	NSMO-C	尼桑公司	3297
HITA-C	日立公司	998	HOND-C	本田公司	2678
MITQ-C	三菱电器	669	MATU-C	松下电器有限公司	1648
SAOL-C	三洋电器	597	SMSU-C	三星电器	1351

1970年为初始期，由于从事燃料电池技术研发的企业比较少，且研发积累也比较少，专利族数量十分有限，主要专利权人为电池公司和电气公司。因为这些公司属于电子电气产业领域，所以，燃料电池技术初始应用领域为电子电气产业领域。

1971~1981年：此阶段专利权人数在低水平徘徊，说明进入该研发领域的企业数量不够多，所以该技术领域的专利增长缓慢，当时的专利权人仍以电气公司为主，但联合飞机公司成为最大的专利权人，说明燃料电池技术被应用于航空航天领域。因此，此阶段技术应用领域仍以早期的电子电气产业为主，但航空航天产业领域应用也较突出。

1982~1998年：由于各大电器公司的加盟且逐渐形成技术优势，促成燃料电池技术专利数量的增长。但技术应用领域仍属于电子电气产业领域。

1999~2009年：尽管电器公司仍在前5之列，但是从专利数量的增长量看，并不是带动2000年后专利族数量迅猛提高的最主要力量，而日本三大汽车公司的专利数量大幅增加，燃料电池技术专利的主要拥有者发生了大的变化。日本三大汽车公司成为燃料电池技术专利的主要专利权人，跃居前三名，这表明燃料电池技术应用领域发生了转移，即从电子产品为主转移到汽车产业领域为主。

燃料电池技术始于电池产业，继而在航空航天及电子电气产业领域得到广泛应用，到 20 世纪 90 年代后期，燃料电池技术的主要应用领域转向汽车产业。

（四）新兴技术应用领域变化规律分析

根据对燃料电池技术应用领域演化的研究，可以初步得到新兴技术应用领域的演化具有如下规律：第一，从数量上看，新兴技术专利族数量的变化具有显著的阶段性，不同阶段专利数量增长的程度，主要取决于进入这一技术领域的企业数量，而不是最早在这一技术领域从事研发活动的企业。第二，当所考查技术领域专利数量持续增长，且增长速度超过前阶段增长速度的 50%时，预示着这一新兴技术在其他产业领域得到关注和应用。

规律分析的重要意义是：第一，对于一直在该技术领域的企业来说，其意义是适应技术应用领域变化提出的新功能需求，进行适应性研发，借助已有优势和专利布局，拓展技术应用领域；第二，对于刚刚进入该技术领域的企业来说，其意义是针对自身特殊的应用需求，避开早期进入者的专利限制，通过持续的研发投入形成新兴产业的发展机会；第三，对准备进入该技术领域的企业来说，利用技术功能的可转移性，通过已有应用的经验降低新产业领域应用研发的风险，并通过与原应用领域厂商的合作，获得技术溢出的效应。

新兴技术领域的专利数量变化具有阶段性；不同阶段专利数量的规模取决于进入该新兴技术领域的研发机构数量；进入该新兴技术领域的企业数量和类型，可用于判断该新兴技术应用领域的变化趋势。

第二节　新兴技术跨领域评价

一、跨领域技术的基本特征

技术跨领域是应用领域转移的基础，具有跨领域特性的技术称为跨领域技术。随着科学技术的发展以及人们面临的问题日益复杂，现实中许多问题不能用单一领域技术知识解决，于是跨领域技术的研究应运而生。重大的科学技术突破往往是跨领域技术研究的结果，跨领域技术影响面广，其研发成果可以带动相关技术的发展，且对促进经济增长及满足社会需要具有重大意义，但某技术或项目是否具有跨领域特征以及跨领域程度的评价，必须有科学有效的测度方法，才能避免跨领域技术项目激励政策的失误，进而促进新兴产业的形成与发展。

　　跨领域技术有四个基本特征：一是技术基础的多样性——以多种技术知识结构为基础；二是技术功能的新颖性——具有单一技术无法实现的新技术功能；三是技术构成的复杂性——需要不同技术领域专家协同攻关；四是技术实施的高效性——能有效解决社会、经济、科技发展中面临的重大问题。

二、新兴技术跨领域评价过程

　　新兴技术跨领域的特征可以从多样性、均匀性、差异性和一致性[74]把握。多样性是指跨领域技术所涉及的领域种类的数量，种类越多则多样性水平越高，跨领域程度也越高；反之则越低。均匀性是指跨领域所涉及的各种技术所占的分量，各技术所占分量越接近，均匀性越强，跨领域程度也越高；反之，跨领域程度越低（技术分量可用研发投入经费数量或研发人员数量表示）。差异性是指不同技术领域在理论、方法、数据、工具等方面的差别，差异性越大，所涉及的技术的相似性越低，则跨领域程度越高；反之，跨领域程度越低。一致性是指所涉及的各技术领域之间联系的紧密程度，各技术领域之间联系紧密程度越强，说明该技术越接近取得跨领域研究成果；反之，说明该技术跨领域研究过程正在进行。根据新兴技术跨领域的特征分析，新兴技术跨领域评价就是对上述"四性"的评价，根据"四性"特征的满足程度测度跨领域的程度。

　　新兴技术的发展是以科学研究为基础的，科学研究是新兴技术的引领者和推动者，重大创新性技术的出现或应用，无不是以科学上的重大发现为前提。因此，跨领域评价数据可以从科技文献获取。利用美国科学情报研究所（Institute for Scientific Information，ISI）出版的网络版期刊引用报告（Journal Citations Reports，JCR）数据库对学科的分类，将文献和学科领域联系起来，测度跨领域的多样性和均匀性。因为每篇文献对应一个期刊，一个期刊对应一个或多个学科领域，可借助 JCR 中统计的期刊引用关系得到学科领域之间的引用关系，进而实现差异性的评价。具体评价过程见图 4-27。

三、新兴技术跨领域评价实施

（一）集成性评价

　　根据 Stirling 度量方程[75]，集成性评价可以映射出新兴技术集成各学科领域的多样性、均匀性和差异性情况，解决跨领域中多样性、均匀性和差异性的评价问题。

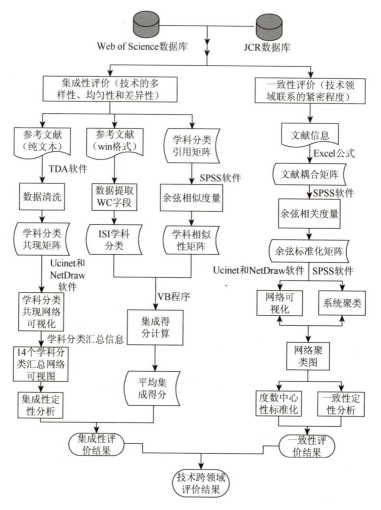

图 4-27　新兴技术跨领域评价过程

多样性可以用科技文献集合中引用的学科数量表示；均匀性可以通过参考文献归属于不同学科的概率分布的均匀程度测度；差异性可以通过所引用学科分类之间的距离表示，距离度量可采用如欧氏距离进行测度，也可以从其反面即相似性间接表征差异性，相似性可以用皮尔逊或余弦等相似性度量方法进行测度。由此得到集成性评价值 I（式（4-5）[76]）：

$$I = 1 - \sum_{i,j} s_{ij} p_i p_j \tag{4-5}$$

其中，i、j 为第 $i(j)$ 个学科类别，反映了多样性；p_i、p_j 为学科 $i(j)$ 中参考文献的数量占所有参考文献数量的比例，代表了均匀性；s_{ij} 为学科相似性矩阵，与其前面的负号一起表征了差异性。由式（4-5）可知，集成评价值 I 得分介于 0 和 1 之间。多篇文献的集成评价值可取各文献集成评价值的平均值。

首先，学科相似性矩阵 s_{ij} 可从 JCR 数据库中自然科学版 176 个学科分类之间的相互引用关系获取。对该矩阵计算余弦相关系数得到相似矩阵，再利用 SPSS 软件得到向量间的余弦。其次，p_i、p_j 的计算依据参考文献所对应的 Web of Science 数据库中的 JCR 学科分类，具体计算方法可参考文献[77]和文献[78]。最后，创建一个 p_i 乘以 p_j 的矩阵，记为 $\boldsymbol{p}_{ij}$。一个文献集合的集成得分为集合中每篇文献得分的均值。上述计算过程可通过 Excel 中编写的 VB 程序得以简化。

（二）一致性评价

一致性的概念源于分布式系统，指随时间的无限演化，以及在某种规则或者算法的控制下，智能群体合作网络中所有智能个体的某个被控制的参量的状态都趋于一致[79]。如前所述，将一致性概念用于评价新兴技术，是指所涉及技术之间联系的紧密程度。

一致性的评价指标是平均连接强度和平均路径长度[80]。平均连接强度指文献共引耦合矩阵中除对角线之外值的平均值，相当于二进制网络的网络密度。平均路径长度是网络中任意两节点间最短路径的平均长度，其度量了网络中信息传达的效率。上述两个指标可以由网络中心性指标表示：平均连接强度由网络大小标准化的平均度数中心性（degree centrality）表示，平均路径长度用接近中心性（closeness centrality）表示。网络中节点 i 的度数中心性表示与节点 i 直接相连的连线数，其计算如下：

$$D_{(i)} = \sum_j \boldsymbol{A}_{ij} \tag{4-6}$$

其中，$\boldsymbol{A}_{ij}$ 为该网络的邻接矩阵。网络中节点 i 的接近中心性表示该点与网络中其他所有点的最短路径之和，其计算公式为

$$C_{(i)} = \sum_{j=1}^{n} d_{ij} \tag{4-7}$$

其中，d_{ij} 为节点 i 和 j 之间最短路径上的线数。从数值上看，路径越短，接近中心性的值越小，为了更加直观地表述接近中心性含义，取接近中心性的倒数即 $1/C_{(i)}$ 作为表征量。

一致性评价的具体过程如下：第一，创建文献间的共引耦合矩阵。第二，计算矩阵的余弦相关系数得到相似矩阵，余弦相似性度量公式为

$$\mathrm{cosine}(x_i, y_i) = \frac{\sum_i (x_i y_i)}{\sqrt{\sum_i x_i^2 \sum_i y_i^2}} \tag{4-8}$$

将上述矩阵导入 SPSS 统计软件，进行变量间余弦相关性分析，便得到余弦相似性矩阵。在相似性矩阵的基础上，采用系统聚类的方法，选择欧氏距离平方和测度变量距离，采用组间连接法计算类间距离。第三，将上述得到的文献余弦相似性矩阵导入 Ucinet 软件中，根据第二步中的聚类结果，将不同的类别标上不同的颜色以示区别，进而得到该领域知识结构的可视化图。第四，在第三步的基础上，使用 Ucinet 软件计算上述可视化网络图每个节点的度数中心性 $D_{(i)}$ 和接近中心性 $C_{(i)}$，对 $D_{(i)}$ 除以 $N-1$（N 为网络中节点的数量）进行标准化，对 $C_{(i)}$ 求倒数进行标准化。最后分别求出平均值。

（三）集成性与一致性的综合

上述分析和计算结果产生了两个维度的指标得分。若将两个维度的指标结合起来呈现在二维图中，需要完成以下三个步骤：第一，设定坐标轴，不妨将一致性指标设为横轴，集成得分指标设为纵轴。第二，限制两个坐标轴的最大值和最小值，由集成得分的计算过程可知，集成得分是介于 0 和 1 之间的数值。第三，将一致性指标中的度数中心度均除以网络中节点数减 1 即（$N-1$）进行标准化，则一致性方向上标准度数中心性的值也限定在 0 和 1 之间。结合两个维度的得分情况，即可得到技术在跨领域评价中的评价结果。所得跨领域程度二维分布示意图如图 4-28 所示。

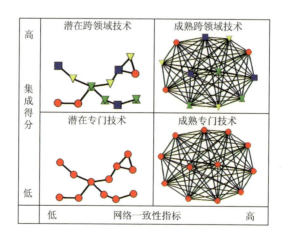

图 4-28　技术跨领域程度二维分布示意图

因为集成得分和一致性指标的数值均在 0～1 变化，暂且使用中值 0.5 将图 4-28 分为四个区域，并命名为潜在跨领域技术、成熟跨领域技术、潜在专门技术和成熟专门技术。成熟跨领域技术意味着该技术的集成得分和一致性指标值都比较高，至少大于 0.5。潜在跨领域技术的一致性水平较低（低于 0.5），而集成水平比较高（大于 0.5）。若一项技术的集成程度和一致性水平都较低，则为潜在专门技术。当潜在专门技术的一致性水平慢慢增加，达到一定水平（大于 0.5）后即演变为比较成熟的专门技术。当然，用 0.5 作为分界线可能不是很准确，但是在一定程度上便于分析，事实上也很难用具体的数字作为是否跨领域的分界点。

四、以 3D 打印技术为例的技术跨领域评价

（一）数据来源与处理

文献及其参考文献数据均来自 Web of Science 数据库，鉴于该数据库中包含 38 种文献类型，只选择全文型研究论文，特别是期刊文章（journal article），而排除其他类型的文献，尤其是引用大量期刊文章而可能使共引参考文献量失真的综述型文献[77]。检索表达式为 "TS = (('3D Print*')OR('print* in three dimensions')OR('Additive Manufactur*')OR('Rapid Prototyp*')OR('Rapid Manufactur*')OR('Rapid Prototyp* Manufactur*')OR('3D manufactur*'))"，文献类型限定为 "article"，时间跨度为所有年份，检索时间为 2014 年 5 月 14 日，共得到 5485 篇文献。为了便于分析，将共引参考文献数量低于 4 的去掉，共得到 327 个成分（子网），其中最大的子网包含 801 个节点，其余子网节点的数量均小于 25 个，仅选取最大的子网作为跨领域评价方法使用的分析对象。

（二）3D 打印技术的集成性评价

1. 3D 打印技术跨领域的学科特性

从 Web of Science 数据库中检索最大子网中的 801 篇文献对应的参考文献信息，共下载得到 16 468 项参考文献全记录，该全记录信息包含参考文献所属期刊对应的 Web of Science 学科分类，清洗后得到 8489 篇参考文献。基于余弦相似性矩阵（cosine≥0.1）和 Loet Leydesdorff、Ismael Rafols 在科学地图中对学科的 14 个分类[81, 82]，使用 Ucinet 和 NetDraw 软件进行可视化，得到参考文献学科分类关系网络图，见图 4-29。上述学科分类与参考文献所属期刊对应，其在参考文献中的共现次数同时对应于被引次数，利用总体被引方向的 14 个学科分类因子将图 4-29 中的学科进行汇总，结果见图 4-30。

图 4-29 所示网络中的节点表示 Web of Science 学科分类，节点的大小表示学科分类在参考文献中出现的次数，连线表示两个学科分类之间有共现关系，连线的粗细表示共现次数的多少。该网络包含 146 个学科分类，其中有 140 个是自然科学分类，占全部自然学科分类的 79.5%；有 6 个是社会学科分类，占全部社会学科分类的 10.7%。可见，3D 打印技术大多涉及自然学科，较少涉及社会学科。

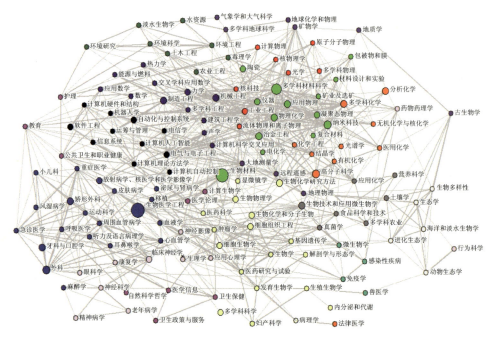

图 4-29　3D 打印技术跨领域的学科分布

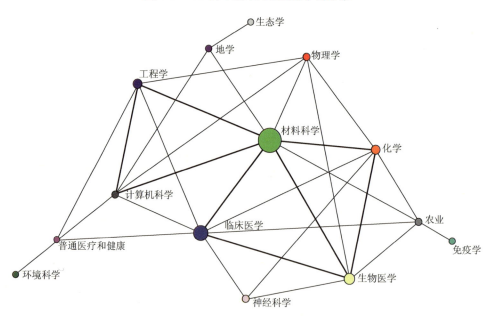

图 4-30　3D 打印技术 14 个学科因子汇总

显然，网络中生物材料和生物医学工程两个节点最大，其次是多学科材料科学及高分子科学、机械工程等。说明 3D 打印技术比较多的在生物材料、生物医学工程两个学科中获取知识。3D 打印技术涉及的 14 个学科因子见图 4-30。

14 个学科因子中，材料科学的节点最大，其核心地位说明了材料科学是 3D 打印技术关注的关键问题。与材料科学联系比较紧密的 6 个学科因子中，只有临床医学的节点稍大，其余都较小。说明这 6 个学科因子及材料科学都是 3D 打印技术重要的知识集成来源，但除了材料科学和临床医学，对其余 5 个学科的知识利用还不充分，未完全达到与材料科学利用程度相当的水平。此外，还有三个三角强连接关系值得注意：第一，材料科学、工程学、计算机科学联系紧密，说明 3D 打印技术的三个关键技术支撑是材料、机械和信息技术。第二，材料科学、临床医学和生物医学联系比较紧密，说明材料在 3D 打印技术医学领域中的应用占据着举足轻重的地位。第三，材料科学、生物医学和化学联系紧密，说明化学的高分子材料是 3D 打印在生物医学应用过程中不可或缺的。

针对材料科学及与材料科学联系紧密程度从大到小的临床医学、化学、工程学、计算机科学、生物医学和物理学，结合这些节点与图 4-30 中节点的对应关系可以看出，3D 打印技术材料科学中主要关注的是生物、纳米、化学、金属和陶瓷材料；3D 打印在临床医学上的主要应用问题是材料问题，主要应用范围侧重于生物医学工程中的组织结构体制造、外科中支架的制造、矫形外科及牙科与口腔学中假肢的制造等；3D 打印技术材料科学研究的主要支撑学科是化学，具体细化为高分子化学、分析化学、多学科化学；工程不仅是 3D 打印技术的应用领域，还是 3D 打印技术中除材料科学外第二个关键支持学科；计算机科学是第三个支撑 3D 打印技术的关键学科，而软件工程主要是 3D 打印技术原理中建模和切片所需要的；此外，3D 打印技术还从工业工程、物理学其他细化学科中获取知识。

2. 3D 打印技术集成得分

3D 打印技术的集成得分要通过计算 3D 打印文献共引最大子网中所有的文献对学科领域的集成程度来获得。首先，计算 3D 打印技术的多样性。根据 3D 打印技术关键词及检索表达式，下载每篇文献的参考文献，提取每篇文献的参考文献中的 WC 字段即学科类别，得到 n 个学科类别，则 $i(j)$ 为 $1 \sim n$ 的值，且多样性为 n。其次，计算 3D 打印技术的均匀性。p_i、p_j 是各学科类别 $i(j)$ 在参考文献中出现的次数占所有学科类别出现次数的比例，则均匀性分别为学科 i 到学科 n 的 $p_1, p_2, \cdots, p_n$。此外，创建 $p_i \times p_j$ 的矩阵，即 $\boldsymbol{p}_{ij}$。最后，计算 3D 打印技术的差异性，此处的差异性通过其反面即相似性间接表示。基于 JCR 数据库中所有学科之间的引用关系，通过余弦相似性计算出学科相似矩阵，从中挑出上述 3D 打印技术所涉及的学科类别 i 到 n，创建 3D 打印技术的相似性矩阵 $\boldsymbol{s}_{ij}$。至此，集成得分计算公式中的变量都得以解决，3D 打印技术集成得分的计算就演变为均匀性相乘矩阵 $\boldsymbol{p}_{ij}$ 和相似性矩阵 $\boldsymbol{s}_{ij}$ 在多样性 n 的范围内对应相乘求和，用 1 减去该和值则得到 3D 打印技术每篇文献的集成得分。可以使用 VB 程序实现计算，通过计算平均值可得到 3D 打印技术的集成得分。

为了便于比较 3D 打印技术集成得分的相对大小，借助其他文献中使用相同算法计算出来的组织工程和 DNA 芯片集成得分结果[83]进行比较，使用分位数将集成得分排序，去掉其中得分最高和最低的两个集成得分，结果如图 4-31 所示。

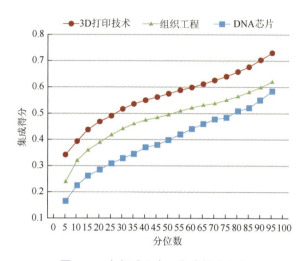

图 4-31　各领域文章层集成得分分布

由图 4-31 所示的集成得分对比结果可以看出，无论是最低分、最高分，还是整体趋势，3D 打印技术的集成得分分布线明显比组织工程及 DNA 芯片高，说明 3D 打印技术相关文献集成的知识来源比组织工程及 DNA 芯片相关文献集成的知识来源更具学科丰富性。单从 3D 打印技术的集成得分分布来看，只有 25%的文献集成得分小于 0.5，而其他 75%的文献集成得分在 0.5 以上，说明 3D 打印技术中大多数文献都具有较高的集成程度。

（三）3D 打印技术的一致性评价

1. 3D 打印技术的知识结构

对下载得到的 801×801 篇文献耦合矩阵进行余弦相关系数标准化，在余弦相似性矩阵的基础上进行聚类。聚类采用 SPSS 中的系统聚类方法，共得到 9 个类别，使用 NetDraw 软件进行可视化，见图 4-32。

图 4-32 中 9 种不同的颜色分别代表了 3D 打印技术 9 个研究要点。经过研读各节点表示的文献，发现红色节点文献主要是 3D 打印技术的各种工艺、材料等技术基础，命名为 3D 打印技术基础；其他类别分别如图 4-32 所示命名为支架 3D 打印技术、支架 3D 打印材料、支架机械性能设计、切片技术、假体 3D 打印、3D

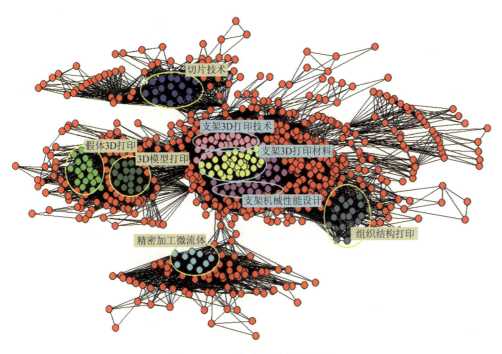

图 4-32 3D 打印技术知识要点

模型打印、精密加工微流体及组织结构打印。可以看出，3D 打印技术认知网络是非常广泛的，边缘区域红色节点及切片技术、精密加工微流体、3D 模型打印等所在群簇与节点比较密集的核心区域的联系不是很紧密，可以说 3D 打印技术网络还未达到紧密相连的一致性状态。

2. 3D 打印技术的网络一致性指标

除了直观地从 3D 打印技术认知网络上辨别一致性程度，还可以利用 Ucinet 软件计算网络一致性的两个指标：平均连接强度（度数中心性）和平均路径长度（1/接近中心性）。为了了解这两个指标的相关性，将度数中心性和1/接近中心性导入 SPSS 软件中计算皮尔逊（Pearson）相关系数，结果见表 4-6。

表 4-6 皮尔逊相关系数表

指标		1/接近中心性	度数中心性
1/接近中心性	皮尔逊相关系数 Sig.（2-tailed） N	1 801	0.795[**] 0.000 801
度数中心性	皮尔逊相关系数 Sig.（2-tailed） N	0.795[**] 0.000 801	1 801

**表示在 0.01 水平（2-tailed）处相关系数显著

由表 4-6 可见，1/接近中心性和度数中心性是显著相关的，因此可以只选取度数中心性作为二维图的横坐标，将该指标除以网络节点数减 1 即($N - 1$)进行标准化。

计算可知，3D 打印技术网络中标准化的度数中心性最大不足 0.45，远未达到网络连接一致性的理想状态，一致性程度较低。其次，分位数为 75 时的标准化中心性为 0.1，说明网络中 75% 的节点标准度数中心性在 0.1 之内，即网络中存在大量联系比较稀松的节点。而只有 5% 的节点标准度数中心性在 0.25 之上，即网络中少数节点之间联系相对紧密。因此，3D 打印技术网络中文献间认知相似性程度不高，即整个领域还处于各自研究阶段，未形成成熟的、统一的知识基础。

（四）3D 打印技术的跨领域评价结果

综合一致性和集成性这两方面的指标，将一致性指标即标准化的度数中心性作为横轴，集成性指标即集成得分作为纵轴，简单使用二者的中值作为分界线，将二维视图分为四个象限：左下角为潜在专门技术，右下角为成熟专门技术，左上角为潜在跨领域技术，右上角为成熟跨领域技术。而 3D 打印技术的落点如图 4-33 所示。

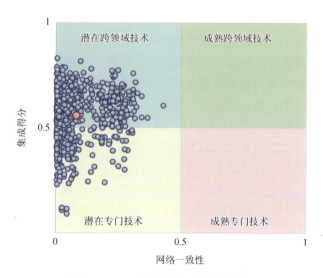

图 4-33　3D 打印技术二维视图落点

图 4-33 中蓝色点表示每篇文献在两个指标上的落点，红色节点表示 3D 打印技术相关文献两个指标的平均值落点，即红色节点表示 3D 打印技术跨领域的综合程度。红色节点落在左上角象限的潜在跨领域技术区域内，说明 3D 打印技术还是潜在的跨领域研究。导致 3D 打印技术落在潜在跨领域技术区域而不是成熟

跨领域技术区域的主要因素是一致性指标普遍较低，这也说明 3D 打印技术若想成为比较成熟的跨领域技术，需要增加一致性。一致性的增加表示网络中的节点需要增加联系，网络节点间的联系是指文献作者之间具有认知相似性，作者的认知相似性是通过相同参考文献的数量表示的。因此，若想增加网络一致性指标，需要促进研究者之间的相互学习及合作，鼓励研究者在前人研究的基础上，加强对已有研究成果的借鉴，形成密集的研究网络。

第五章

新兴技术应用效应评价

新兴技术应用效应评价是第二个二级研究主题新兴技术应用及效应研究中的重要内容，其研究内容"伞"包括环境效应、安全效应、经济效应、社会效应。由于经济效应受到更广泛的关注并对其他效应具有影响，仅研究评价经济效应的新思路和新方法。

第一节　新兴技术经济效应的相关概念

一、新兴技术应用经济效应的含义和分类

（一）新兴技术应用经济效应的含义

技术对区域经济活动的影响可以用以下指标进行综合分析：①商业产出（或销售额）；②价值的增加（产出减去投入或是国内生产总值（gross domestic product，GDP））；③财富（包括财产的价值）；④增加的工资和薪金；⑤就业水平。这些指标中的任何一个都可以作为改善当地居民生活水平的指标，这通常也是经济发展的目标[84]。据此，可以把新兴技术经济效应理解为，因使用新兴技术而对国家（地区）经济活动造成的影响。

（二）新兴技术经济效应的类型

1. 按照经济价值的性质分类

按照经济价值的性质划分，新兴技术的经济效应可以分为正面的积极经济效应和负面的消极经济效应。一般说来，新兴技术的正效应指促进经济增长、加快技术进步、优化产业结构等作用。新兴技术可以促进投资，拉动 GDP 增长，新兴技术中包含的技术含量比传统技术相对要高，这些优势通过外溢效应传递给传统技术企业，从而促进国内经济增长方式的转变，加速产业结构调整。新兴技术也给经济和社会发展带来了不容忽视的负效应，主要有资金挤出、技术挤出、市场

挤出等挤出效应，并对传统技术行业产生冲击。以生物技术为例，人们关注的焦点问题主要是食品安全问题、生态环境问题、社会经济问题和伦理道德问题[85]，以及知识产权和贸易壁垒等[86,87]。它给社会和经济发展带来广泛收益的同时，也存在着潜在的风险，如转基因植物和食品对人类健康与环境存在潜在的危害。

2. 按照表现形式分类

按照新兴技术经济效应的表现形式划分，经济效应可以分为隐性经济效应和显性经济效应。新兴技术的显性经济效应是指那些外在化的，具有明显数量结构或物质形态的经济效应形式，通常也可以称为直接的经济效应。例如，由于新兴技术的发展而增加的就业机会、引进新兴技术导致的收入等，都属于这一类。新兴技术隐性的经济效应是指因新兴技术的发展而产生的，但在形态上无法直接观察到的经济效应，它主要包括间接的经济效应及诱导的经济效应。间接的经济效应指的是最初新兴技术利益在经济系统中流动，使所在地区的产出水平的增加、就业的增加及个人收入的增加等。

3. 按照产生的时间分类

按照新兴技术经济效应产生的时间划分，可以分为即时的经济效应和滞后的经济效应。即时的经济效应是指新兴技术的生产经营活动发生时就立刻随之产生的经济效应。例如，随着新兴技术的使用而直接向当地经济注入的货币收入。

滞后的经济效应一般是指新兴技术即时效应从量变到质变过程的结果，也包括一些暂时潜在而不发生、要在以后某个时间才显露出来的某些经济效应形式。

二、新兴技术经济效应评价内容

OECD（Organisation for Economic Cooperation and Development）的一项研究报告中使用历史数据对有代表性的几个 OECD 国家的 ICT（information and communication technology）技术进行了详细的研究，其中第四章和第五章着重对其经济效应进行了分析。在大部分的经济增长分析中，ICT 在生产率和经济增长方面有三种效果比较显著：①作为一项资本，ICT 投资贡献率的加大能够促进劳动生产率的提高。②在 ICT 产品和服务的生产过程中，技术的快速进步促使多要素生产率更快的增长。③对于 ICT 的应用产业，更多地使用 ICT 技术可以提高公司的效率，进而提高多要素生产率，也可以产生网络效应，如更低的交易成本和更快的创新，能够提高整个经济的效率。可以测量和检验这些影响在不同层次上的聚合效果，如在部门、公司或产业层次上[88]。

Access Economics Pty Limited 为 IBM 提供的一份研究报告中，通过使用一般均衡模型分析了智能技术和系统分别在电力、灌溉、健康、交通、宽带五个部门应用后产生的潜在经济效应。报告提出在充分就业和非充分就业两种情况下，对未来近十年采用技术需求费用成本估计的基础上，分析了在不同折现率下对 GDP 产生的净现值和就业上的影响，提供了智能技术产生的经济影响量的大小[89]。但是这对未来费用和潜在的经济利益估计的准确性上存在一定的局限性。

Ayhan[90]分别从政治、经济、环境效应三个方面对生物燃料的使用优势进行了分析。其中带来的经济影响包括原材料价值增加、农村制造工厂带来的劳动机会的增加、收入的增加、减少国家依靠原油进口量、通过提供新的劳力和市场支持农业的增长。主要以乙醇和生物柴油作为研究对象，从投入产出的角度对不同国家在生产成本、原材料价格上分析比较节约成本，并比较同一交通工具使用不同燃料有害气体排放量的减少，总结使用生物燃料代替化学燃料的优势以及各国在生物燃料技术上的应用效果。

国内学者分析了转基因作物产生的经济效应[91]、煤制油技术产生的区域经济效应[92]、跨国公司专利与技术标准融合的经济效应[93]、大成组技术的范围经济效应、规模经济效应、经验经济效应、联合经济效应和集成经济效应[94]。

三、新兴技术经济效应评价方法

（一）利用指标体系分析新兴技术经济效应

加拿大的两个研究组织着重对生物技术的经济效应指标及衡量效应的数据需求进行了分析。他们提出经济效应分为宏观和微观经济效应。宏观经济效应指标包括生产率、经济增长（GDP 或是部门水平）、产业结构的变化、贸易变化、劳动力市场的变化；微观经济效应指标包括公司的变化、价格和成本结构的变化、竞争力（以市场份额衡量）、竞争条件的变化、投入替代（生化产品、能源、劳动力替代）。这些指标制定适用于新兴及变革技术、生物技术某些领域，但它们也可能适用其他共性技术，如纳米技术[95]。

Rai 等[96]在研究报告中根据技术特性分别从经济、环境和健康、社会三个方面对新兴技术进行分析，并给出了评价指标，试图得出一个可持续评价新兴技术的科学方法。研究报告选取了 19 个新兴技术进行案例分析，经济指标分别从微观经济成本、生命周期成本、对部门的经济增长或 GDP 的贡献、能源安全、财务风险几个角度进行阐述。这些评价大部分通过经济指标描述，仅部分根据各自的特点进行分析。因此，针对新兴技术经济效应制定统一的指标评价体系仍需完善。

（二）利用评价模型分析新兴技术经济效应

Katz[97]在对拉丁美洲地区宽带技术需求估计的基础上，提出其潜在经济效应，主要从就业和生产率的宏观经济效应进行量化评价。他指出宽带技术的经济效应文献研究分为三种类型，即全球、国家、地区层次的分析。方法主要有两种：投入产出模型和多元线性回归。这篇文章从地区层次对就业的直接、间接和诱导经济效应综合分析，并考虑其乘数效应，得出 2006 年拉丁美洲各地区宽带普及率及产生的经济增长及就业增加数的分析比较结果，为宽带技术的政策制定提供了指导。

Malanowski 等[98]主要研究使用集成的方法评价纳米技术的潜在经济效应；Atzeni[99]采用线性回归的方法从公司层面探讨了信息技术的经济效应，并对意大利国家南北两个地区产生的经济效应进行了分析、比较；Whitacre 等[100]分析了农村社区远程医疗的经济效应；Fowler 等[101]对增加移植中心的器官捐赠进行经济效应评价；Ozbay 等[102]提出通过国家最先进的信息技术解决方案更有效地使用智能交通系统（intelligent traffic system，ITS），使用全边际成本法和微观仿真工具来评价 ITS 技术。Juan 等[103]采用成本效益分析和数据包络分析，对 ITS 的社会经济效应进行了研究。

对于经济效应的研究大多从对某种技术微观经济效益的计算或是经济效应类型的定义，主要针对具体新兴技术和原有技术，或不同区域同一技术经济发展状况，或采用新兴技术与未采用新兴技术产生的经济利益进行优势比较，进而判断该技术的经济效益大小和价值。但对于哪种新兴技术能产生更大的经济影响，并没有一种清晰的认识。技术评价没有专属和通用的方法，多是把其他学科的成熟、有效的方法借鉴过来使用，因此需要关注其他学科对评价方法的研究成果[97]。

第二节　基于震级法的新兴技术经济效应评价框架

通过研究发现，新兴技术产生的破坏性是存在差异的。创新强度不同，对社会经济的影响也会不同；创新的持续性和创新成果间的关联性等对经济的影响也不同。而等级是人们用以描述客观事物量级特征的最简单、最形象的语言，具有易于理解、便于新兴技术经济效应震级法的分析、设想、记忆等优点，自然灾害用语包括地震等级、风力等级、海啸等级、风浪等级等。Souder 等[104]指出，只有能测量评价技术才能更好地理解它，而只有理解了技术才可以对技术做出正确的决策。因此，只要人们了解到地震或风力的等级，便能很快地联想到会不会成灾，或可能造成多大的灾害，从而采取相应的防灾抗灾措施。由此可见，用等级定义强度或影响是容易被接受的。可以利用等级界定技术创新的强弱，并作为预告新兴技术经济影响的用语，这对企业预警和决策有很大的帮助。

新兴技术都会对经济产生影响，但影响的程度不同，通常的描述是很大、较大影响，难以据此进行比较评价，如果能用震级给出清晰的概念，且不同数量级产生影响的情景也有对应的阐述，就更有利于决策。因此，提出一种评价新兴技术经济影响的方法——震级法。

一、震级法的设想

早在 19 世纪末和 20 世纪初，意大利和瑞士的科学家都曾提出过划分震级的方法。1939 年，美国人里克特和古登堡在分析加州发生过的地震时，试图建立一种能直接反映地震实际强度的分级法，分成大、中、小三类。但这样的分类很模糊，难以相互比较。里克特在研究时发现：越是强的地震，留下的曲线振幅就越大。后来古登堡建议，如果某次地震使距离震中 100 千米处标准地震仪的指针摆动 1 微米，即记录下的曲线振幅宽 1 微米，这次地震就定义为一级，以此类推，曲线振幅每扩大到前一级的 10 倍，就说明震级高了一级。这就是现在国际上惯用的里氏震级的由来。里氏震级的出现，第一次把地震大小变成了可测量、可相互比较的量，为地震学的定量化发展奠定了基础。

地震是地球内部发生的急剧破裂产生的震波，在一定范围内引起地面振动的现象。地震震级是衡量地震大小的一种度量。每一次地震只有一个震级。它是根据地震时释放能量的多少来划分的，震级可以通过地震仪器的记录计算出来，震级越高，释放的能量也越多。Coccia[105]指出，一些创新有更高的技术强度和能量，释放出来的能量即经济影响。而经济影响可以从增加的就业人数、总产值、利润角度衡量。新兴技术的产生很像地震。早在 1981 年，Sahal[106]就提出技术创新的产生和扩散与地震很相似，常常会产生一些随机事件。尽管技术创新在系统演化的生理性范围之内，但是仍然很难预测它。一些经济学家，如 Kleinknecht[107]、Schumpeter[108]和 Mensch[109]就认为，经济体系通过他们的演化被创新波所影响。新兴技术的出现与地震的相似性如图 5-1 所示。

震级法可以对地震等级进行测量，估计出地震对建筑物等的破坏程度。技术的经济影响则可以根据对消费者、企业、市场、就业等的影响进行衡量。

首先，制定技术经济影响等级量表，每一级对应的影响因素以消费者、企业、市场、就业等反映为标准。其次，通过对各新兴技术扩散变化和经济指标变化的量化分析，最终以更精确的数值表示出各技术经济效应的等级值。以每年增加的企业数作为扩散变量，以采用某项技术后的总产值、利润、从业人员数量等作为经济指标。最后，将不同技术按照计算值的大小归类到相应级别，并进行分析比较。在此基础上分析这些影响等级大的技术的特征和规律，如从专利、文献数量、技术成熟度等角度分析，以期总结这些技术的特点，从而为投资者和政策制定者做出正确的投资和战略调整决策提供指导建议。

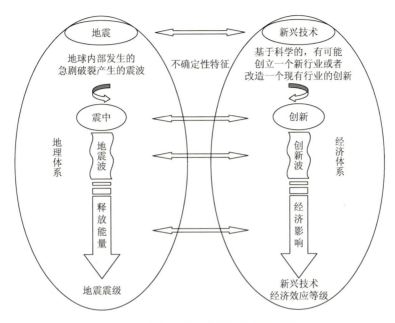

图 5-1　新兴技术的出现与地震的对比

二、震级法评价新兴技术经济效应的可行性

基于震级法评价技术经济效应具有可行性，原因主要有三个。

其一，技术创新的发生、扩散、经济影响与地理中的震源、地震动（地震波传播中）、地震释放能量大小的现象和过程有相似性。以 ICT 技术为例，当出现 ICT 技术时，随着采用 ICT 个人、企业、机构等数量增加，技术不断扩散，促进企业的生产率提高、就业机会增加、各种成本降低等经济影响能量就会释放出来，释放的能量越多，证明技术经济效应等级越高。从而可以比较不同技术经济效应等级，为研发和决策提供指导。

其二，新兴技术本身的不确定性是研究的难点。引发新兴技术变化的相关性因素很多，其产生机理的复杂性和认识问题的困难性使得人们很难建立比较完善的理论模型。新兴技术的高不确定性特征与地震有相似之处，目前地理上有相对比较成熟的震级预测方法和理论模型，研究的也比较多，而对于技术对经济的影响强度等级的测量还缺乏理论及量化模型，因此借助度量地理现象的方法来度量相对比较抽象的经济现象问题。

其三，之前也有一些研究技术经济效应的文献，确切地说，更多偏向于微观分析其产生的经济利益，而震级法分析可以在分析经济利益的基础上进一步判断各新兴技术对经济产生的不同影响，并能以更加明确可比的数值来表达经济影响程度，从而对各新兴技术做出比较排序。

三、基于震级法的新兴技术经济效应评价步骤

技术创新起源和技术创新扩散，与地震很相似，往往是随机事件的结果。虽然它属于系统演化的生理性质，但是很难预测。事前很难知道在已经扩散的各个领域是哪些时空效应引起的创新。震级法试图衡量创新技术扩散后对经济的影响（事后）。借鉴 Coccia[105]用震级法对技术变化进行的测量，这里用等级衡量新兴技术的经济效应。不管新兴技术产生了哪方面的具体影响，都可以转变为经济效应等级，从而解决可比性问题。震级法评价新兴技术经济效应的步骤如图 5-2 所示。

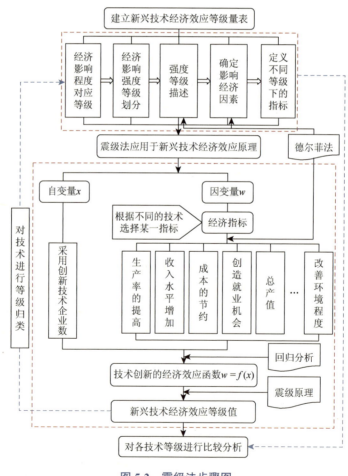

图 5-2　震级法步骤图

第三节　新兴技术经济效应评价的震级模型

一、新兴技术经济效应评价模型的等级量表

技术创新波传播的主要影响因素可以归纳为：①内源性，创新、扩散、结构和功能的变化[110]。②环境，创新传播的经济条件（用户离资源的距离、沟通方式、技术基础设施等）。③社会，依赖于采用创新的人们的文化水平。下面重点针对内源性，即新兴技术的扩散对经济产生的影响进行分析。

根据新兴技术在经济体系中产生的效果，将新兴技术经济影响强度分为 7 个等级，如表 5-1 所示。这个量表主要有两个目的：一是，对新兴技术产生的经济影响等级及强度进行分类，在对各等级的经济影响指标解释的基础上，使人们对新兴技术的经济影响程度的界定有一个更清晰的认识和理解。二是，通过将地理体系中的震级原理应用到新兴技术经济效应的评价上，能够对新兴技术的经济影响进行量化，得出经济效应等级值能更好地分析比较各技术的经济影响水平。表 5-1 中具体的经济指标及定义是通过德尔菲法确定的，也可通过调查问卷和访谈的方法确定。

表 5-1　新兴技术经济效应等级量表

新兴技术经济效应等级及强度	强度描述	影响效果指标		
		消费者	企业	市场
I 极弱	与整个系统（产品、流程、组织等）相关的只有边际变化	增加商品的使用	企业的生产率和销售没有增加	影响是潜移默化的
II 微弱	在产品和工艺上的主要影响有微小变化。这些创新在经济体系中几乎持续发生。影响促进它们的企业	提高了消费者对产品的兴趣、舒适和满意度。在效用函数中，商品效用产生了轻微的增加	实证研究表明，有可能提高生产效率	竞争的重点是成本，完成质量及战略差异。处在创新扩散曲线的爬坡阶段
III 较强	在技术、产品和工艺上有稍微的调整，一些小的创新效果开始显现	顾客的满意度、舒适度、商品的优势都开始缓慢增长	企业改变其生产流程，伴随着组织的效率、效能温和改善，并在利润上有缓慢的增长	在市场份额的层次上有所变化。创新在扩散曲线的拐点处（如 logistic 函数）
IV 中强	这一创新可以打开新链接的市场。积累在以前主导技术周围的技术只有一部分将被销毁。不止一个新技术轨道诞生	创新更好地满足了消费者的不同品味/需求	公司增加了营业额	这些创新产生许多市场利基

续表

新兴技术经济效应等级及强度	强度描述	影响效果指标		
		消费者	企业	市场
V 强	随着时间的推移发生根本、间断创新。一个新产品诞生。该产品的基本构造被重新定义。一种新的技术范式诞生，从根本上满足一个新的市场诞生的需要	满足了之前尚未实现的一个需求，和/或创建一个新的需求。创新提高了采用者/消费者的生活方式，提高了福利水平	随着新企业的进入，企业市场份额发生变化。这些公司具有侵略性，属于以科学为基础的部门	创建一个新的部门
VI 非常强烈	形成一个创新集群。部门间竞争不断变化。它改善了现有通信手段，延长了生命预期，并改变了一些市场结构。旧的技术范式被边缘化，新技术范式诞生	新客户一系列需求大大改善，生活一般标准和福祉都增加了	它影响了既定部门和与之相关联的一些部门的所有公司。此外，公司改变了其生产过程及其组织结构	它具有普遍影响性，不仅在生产和使用它的行业/市场，而且在与之相关的行业内生产工艺都发生了改变
VII 毁灭性	对经济体制的深刻影响，并从根本上改变了生产和管理风格。如电力、蒸汽动力或计算机的普及，这些变化都是典型例子	生活方式、购买习惯、储备和投资倾向等改变。生活标准和福利有较大提高	涉及所有经济体系内的企业、组织结构和生产工艺发生变化。新服务产品产生。生产、组织和管理方式变革	创新彻底改变了现有市场，新的市场出现。该市场变得越来越动荡

二、新兴技术经济效应评价模型的震级计算

（一）含有一个自变量的新兴技术经济效应函数

影响创新力度的因素，也就是经济体系内新兴技术的经济影响因素可以归结为两个变量：自变量 x，即创新采用者（个人、企业数、机构数等）和因变量 w，即经济效应（福利和效用）。

新兴技术的影响是在新兴技术的采用过程中表现出来的，一般情况下采用者越多可能带来的影响越大，因此可以将采用者数作为衡量新兴技术经济影响的唯一自变量。因变量 w 衡的是新兴技术的经济影响。这种影响可以通过总产值的提高、就业的增加、减少的空气污染、降低的平均劳动成本、增加的生产率等衡量。

不同新兴技术带来的福利和效用的描述不同，有的表示为收益增加，有的表示为成本低，要具体技术具体选择，如表 5-2 所示。

表 5-2　模型变量举例

新兴技术	解释变量	独立变量
转基因农作物	采用者	每亩产量 节约的劳动成本
生物燃料	采用者	减少温室气体的排放 增加村民就业机会
ICT	采用者	减少沟通或搜索信息的时间 增加 ICT 产业的就业率

对新兴技术经济效应函数定义为 w(经济效应) $= f$(采用者)；即 $w = f(x)$，使得 $w: R \to R$，且连续。因变量 w 衡量的是新兴技术的经济影响，这些影响可以通过减少空气污染、减少劳动平均成本、增加生产率、增加公司利润等衡量。一般来说，这些指标会使用不同的计量单位。因此，为了比较不同技术的影响，需要将描述技术福利和效用的数值标准化。经标准化后的新兴技术经济效应函数为 $zw = w$，使得 $zw: R \to R$，且连续。

新兴技术经济效应函数为 $zw = f(x)$。虽然采用者是自变量，但是事实上新兴技术的扩散也是时间 t 的函数，并呈 S 型曲线扩散，因为采用者数值间隔都是一年，这里为简化采用常数。通过回归分析得出新兴技术经济影响的标准化函数（普通最小二乘法），且该函数为 n 阶多项式函数（式（5-1））。

$$f(x) = a_n x^n + a_{n-1} x^{n-1} + \cdots + a_0, \quad a_n \neq 0; \quad 常数 a_\tau \in \mathbf{R} \tag{5-1}$$

如果 $n = 1$，即 $f(x) = a_1 x + a_0$，则 $f(x)$ 为线性函数。（n 可以取 1, 2, 3, $\cdots$）

令 $zw = f(x) =$ 新兴技术经济影响的标准化函数，使得 zw 在 $[\alpha, \xi]$ 上连续，且有界，令 $\alpha =$ 在 t 时刻的采用者数，$\xi =$ 在 $t + n$ 时刻的采用者数。在经济体系中，$zw = f(x)$ 表示新兴技术的经济效应函数，对 $f(x)$ 在 $[\alpha, \xi]$ 区间积分，得 $\int_\alpha^\xi f(x)\mathrm{d}x$，即一段时间内新兴技术的经济影响。参照地理体系中的震级公式，里氏震级是地震波最大振幅以 10 为底的对数，则 τ 被定义为

$$\tau = \log_{10} \left| \int_\alpha^\xi f(x)\mathrm{d}x \right|, \quad \tau \in \mathbf{R}^+ \tag{5-2}$$

得出的数值即新兴技术的经济效应等级值。

（二）含有 n 个自变量的新兴技术经济效应函数

如果一个函数考虑 n 个自变量（实际中会有很多变量影响新兴技术的经济效果），则新兴技术经济效应函数定义为 $zw: A \subseteq \mathbf{R}^n \to \mathbf{R}$，在 A 处连续，且有界。A 代表集合，即 $A\{\delta < x_1 < \gamma, \eta < x_2 < \lambda, \cdots\}$。在 n 维空间中，这个函数是一种超平面，τ 被定义为

$$\tau = \log_{10} \left| \int \cdots \int_A f(x_1, x_2, \cdots, x_n)\mathrm{d}x_1 \mathrm{d}x_2 \cdots \mathrm{d}x_n \right|, \quad \tau \in \mathbf{R}^+ \tag{5-3}$$

这个函数可以是二维平面或 n 维超平面，n 是自变量的个数，即因创新引起的正面影响。从中可以发现当 τ 增加时，新兴技术的正面经济影响和新兴技术经济效应强度都会随之增加。

震级法的计算，对新兴技术经济效应函数 $zw = f(x)$ 积分，再取对数得到经济效应等级 τ。这个函数可以是二维平面或 n 维超平面，n 是自变量的个数，即因创新引起的正面影响。从中可以发现当 τ 增加时，新兴技术的正面经济影响和新兴技术经济效应等级量表中的经济效应强度都会随之增加。

第四节　震级法评价新兴技术经济效应的应用

　　震级模型评价的对象可以是技术大类，也可以是具体技术或产品。以支撑战略性新兴产业发展的生物医药、航空航天、通信传输技术为例进行应用说明。考虑数据易得和操作简便，采用新兴技术的企业数作为自变量，用总产值做因变量进行分析。新兴技术对经济的影响依赖于它在潜在采用者中的扩散速度和范围。因变量选取经济指标中的总产值，能够反映对经济影响的总体水平。首先用线性回归得出新兴技术经济效应函数，再应用震级法得出新兴技术的经济效应等级值。

一、生物医药技术领域经济效应分析

　　生物医药技术领域经济效应分析数据（表 5-3）及过程。

表 5-3　中国生物医药技术领域的扩散和总产值

年份	企业数	当年价总产值/亿元
1999	257	96.72
2000	271	135.65
2001	305	170.87
2002	335	193.44
2003	352	246.87
2004	435	209.60
2005	478	353.70
2006	527	438.80
2007	622	601.00
2008	746	776.90
2009	815	980.70

注：在搜集的数据中，因经济指标一致，不需要标准化，在下列求得的数值 zw 即实际求得的 w

资料来源：《中国高技术产业发展年鉴 2005》《中国高技术产业发展年鉴 2010》

　　在 SPSS 18.0 中选择用进入回归的方式，即根据 F 检验统计量的概率标准进入回归，得到的最终结果（表 5-4～表 5-6）及分析如下。

表 5-4　回归分析的统计结果一：模型汇总

模型	R	R^2	调整 R^2	标准估计的误差
1	0.981[①]	0.963	0.959	58.435 89

①预测变量：（常量），企业数

表 5-5　回归分析的统计结果二：方差分析[①]

模型		平方和	df	均方	F	Sig.
1	回归	805 828.219	1	805 828.219	235.984	0.000[②]
	残差	30 732.779	9	3 414.753		
	总计	836 560.998	10			

①因变量：当年价总产值
②预测变量：（常量），企业数

表 5-6　回归分析的统计结果三：系数估计[①]

模型		非标准化系数		标准系数	t	Sig.
		B	标准误差	试用版		
1	（常量）	−310.488	48.412		−6.413	0.000
	企业数	1.482	0.096	0.981	15.362	0.000

①因变量：当年价总产值

由表 5-4 可见，$R^2 = 0.963$，拟合效果很好，从表 5-5 中可以看出回归方程的显著性水平小于 0.05，证明了模型的有效性。

概念模型如下：

$$w(标准化) = f(采用者数)$$
$$zw = f(x)$$
$$zw = 总产值的标准化（当年价总产值，亿元）$$
$$x = 采用生物医药技术的企业数$$

回归分析的结果如下：$zw = -310.488 + 1.482x$（系数来自于表 5-6）是新兴技术经济效应的标准化函数，在 $[257_{t=1999}, 815_{t+n=2009}]$ 上连续，且有界（表 5-3）。积分下限和上限分别为 $257 = \alpha = 1999$ 年的企业数和 $815 = \xi = 2009$ 年的企业数。

根据新兴技术的经济效应等级公式（5-4）得出 τ 的值为

$$\tau = \log_{10}\left|\int_{257}^{815}(-310.488 + 1.482x)dx\right| = \log_{10}\left|\left[-310.488x + \frac{1.482x^2}{2}\right]_{257}^{815}\right| \quad (5-4)$$

$$= 5.4314$$

二、航空航天技术领域总产值经济效应分析

航空航天技术领域经济效应分析数据及过程（表 5-7～表 5-10）。

表 5-7　中国航空航天技术领域的扩散和总产值

年份	企业数	当年价总产值/亿元
1999	183	333.07
2000	176	387.58
2001	169	469.31
2002	173	535.18
2003	148	550.80
2004	177	501.60
2005	167	797.23
2006	173	828.01
2007	181	1024.44
2008	217	1199.12
2009	220	1353.01

资料来源：《中国高技术产业发展年鉴 2005》，《中国高技术产业发展年鉴 2010》

表 5-8　回归分析的统计结果一：模型汇总[①]

模型	R	R^2	调整 R^2	标准估计的误差	Durbin-Watson
1	0.720[②]	0.519	0.466	250.458 06	0.978

①因变量：当年总产值
②预测变量：（常量），企业数

表 5-9　回归分析的统计结果二：方差分析[①]

模型		平方和	df	均方	F	Sig.
1	回归	609 237.610	1	609 237.610	9.712	0.012[②]
	残差	564 563.140	9	62 729.238		
	总计	1 173 800.751	10			

①因变量：当年总产值
②预测变量：（常量），企业数

表 5-10　回归分析的统计结果三：系数估计[1]

模型		非标准化系数		标准系数	t	Sig.
		B	标准误差	试用版		
1	（常量）	−1393.450	684.075		−2.037	0.042
	企业数	11.748	3.770	0.720	3.116	0.012

①因变量：当年总产值

由表 5-8 可知，$R^2 = 0.519$，拟合效果一般，从表 5-9 可以看出回归方程的显著性水平小于 0.05，证明了该模型的有效性。

概念模型如下：

$$w(\text{标准化}) = f(\text{采用者数})$$
$$zw = f(x)$$
$$zw = \text{总产值的标准化（当年价总产值，亿元）}$$
$$x = \text{采用航空航天技术的企业数}$$

回归分析的结果如下：$zw = -1393.45 + 11.748x$（系数来自于表 5-10）是新兴技术经济效应的标准化函数，在$[183_{t=1999}, 220_{t+n=2009}]$上连续，且有界（表 5-7）。积分下限和上限分别为 $183 = \alpha = 1999$ 年的企业数和 $220 = \xi = 2009$ 年的企业数。

根据新兴技术的经济效应等级公式（5-5）得出 τ 的值为

$$\tau = \log_{10}\left|\int_{183}^{220}(-1393.45 + 11.748x)\mathrm{d}x\right| = \log_{10}\left|\left[-1393.45x + \frac{11.748x^2}{2}\right]_{183}^{220}\right| \quad (5\text{-}5)$$

$$= 4.5567$$

三、通信传输设备技术领域总产值经济效应分析

通信传输设备技术领域经济效应分析数据及过程（表 5-11～表 5-14）。

表 5-11　中国通信传输设备技术领域的扩散和总产值

年份	企业数	当年价总产值/亿元
1999	147	197.81
2000	145	251.68
2001	155	329.80
2002	166	300.86
2003	156	184.73
2004	295	295.70
2005	263	277.40

续表

年份	企业数	当年价总产值/亿元
2006	255	272.6
2007	285	368.9
2008	385	546.4
2009	401	661.3

资料来源：《中国高技术产业发展年鉴 2005》，《中国高技术产业发展年鉴 2010》

表 5-12　回归分析的统计结果一：模型汇总[①]

模型	R	R^2	调整 R^2	标准估计的误差	Durbin-Watson
1	0.846[②]	0.715	0.684	81.609 22	0.663

①因变量：当年价总产值
②预测变量：（常量），企业数

表 5-13　回归分析的统计结果二：方差分析[①]

模型		平方和	df	均方	F	Sig.
1	回归	150 662.827	1	150 662.827	22.622	0.001[②]
	残差	59 940.582	9	6 660.065		
	总计	210 603.409	10			

①因变量：当年价总产值
②预测变量：（常量），企业数

表 5-14　回归分析的统计结果三：系数估计[①]

模型		非标准化系数		标准系数	t	Sig.
		B	标准误差	试用版		
1	（常量）	23.433	70.015		0.335	0.046
	企业数	1.293	0.272	0.846	4.756	0.001

①因变量：当年价总产值

　　由表 5-12 可知，$R^2 = 0.715$，拟合效果较好，表 5-13 中回归方程的显著性水平小于 0.05，证明了该模型的有效性。

　　概念模型如下：

$$w(标准化) = f(采用者数)$$

$$zw = f(x)$$

$$zw = 总产值的标准化（当年价总产值，亿元）$$

$$x = 采用通信传输设备技术的企业数$$

回归分析的结果如下：$zw = 23.433 + 1.293x$（系数来自于表 5-14）是新兴技术经济效应的标准化函数，在$[147_{t=1999}, 401_{t+n=2009}]$上连续，且有界（表 5-11）。积分下限和上限分别为 $147 = \alpha = 1999$ 年的企业数和 $401 = \xi = 2009$ 年的企业数。

根据新兴技术的经济效应等级公式（5-6）得出 τ 的值为

$$\tau = \log_{10}\left|\int_{147}^{401}(23.433 + 1.293x)\mathrm{d}x\right| = 4.9820 \tag{5-6}$$

将产值效应结果放入新兴技术经济效应等级量表中进行比较，如表5-15所示。

表 5-15 新兴技术的经济效应等级量表分析

新兴技术的经济影响等级	影响程度	强度	经济效应等级值 τ	例子
I	低	极弱	[0, 4.5]	
II		微弱		
III		较强		
IV	中	中强	[4.5, 7.9]	航空航天 通信传输设备 生物医药
V		强		
VI	高	非常强烈	[7.9, +∞]	
VII		毁灭性		

这个量表对各创新技术的经济效应进行了分类和量化，是评价经济体系中创新技术经济影响的一种重要的方法，它能为研发人员及政策制定者提供第一手的信息。根据这个量表，航空航天和通信传输设备技术领域的影响程度较生物医药技术领域较小，而我国的生物医药技术领域则处于几近强度水平。但总体上来说，这几种技术领域都处于中度影响集合内，这表明这几种技术领域对于中国经济的影响还是比较明显的。

等级量表可以将新兴技术的影响分级描述；震级计算实现了新兴技术经济效应的量化评价；用企业数与产值的关系计算出的震级对应影响程度表明，当前生物医药技术领域的经济效应为 5.4314，大于通信传输设备技术领域的经济效应 4.9820，大于航空航天技术领域的经济效应 4.5567。尽管从影响程度看，三个技术领域都位于中强的位置，但根据产值大小以及增长率不能简单地比较不同技术领域的经济效应（数字上看航空航天产值很大），各领域纵向比较容易，但横向比较就困难了，利用震级法可以对同一位置的技术做出具体的影响大小判断，使人们有一个更加清晰的认识和感知，为决策提供了依据。

第六章

新兴技术应用对策研究

新兴技术应用对策是第二个二级研究主题新兴技术应用及效应研究中的重要内容，其研究内容"伞"包括新兴技术的竞争态势分析方法研究；围绕新兴技术应用问题展开研究给出对策建议。

第一节　新兴技术竞争态势分析

新兴技术的竞争态势分析是对技术竞争主体特征差异、竞争地位、相互间差距的比较分析。技术领域的竞争态势通常是技术预见和企业研发决策的重要基础性工作，它不仅对于把握本国（企业）在所分析技术领域的地位及与竞争对手的差距，掌握竞争对手技术研发特征、战略布局和确立自己的研发发展战略具有十分重要的意义，而且对于研究新兴技术的应用对策提供了分析基础。

一、分析思路与分析框架

首先，确立分析层面及视角。从竞争主体看，技术领域的竞争态势可以从国家层面、企业（机构）层面、科学家层面进行比较分析；从分析内容看，可以依据技术领域研发投入、研发产出（包括专利活动）进行分析。

其次，确立竞争态势分析内容与分析方法的依据。由于任何技术主体的活动都是由其技术活动基础和结果构成的，技术竞争态势的分析内容应当从其技术活动基础和技术活动结果方面阐述；就分析方法而言，技术活动基础可依据"量"进行专利分析，技术活动结果可依据"质"进行专利分析，即两类分析方法。

最后，确立技术竞争态势分析内容的构成。技术竞争态势分析由三个侧面分析和一个综合竞争态势分析构成，即四项分析内容。第一个侧面分析是基础竞争态势分析，是对技术活动基础的对比分析，目的在于识别技术竞争主体的持续发展能力。该分析主要采用专利数量分析，主要内容包括专利总量趋势、专利所属国家分布、主要研发机构、研发机构实力与关注焦点。第二个侧面分析是核心专利竞争态势分析，是对技术活动结果的对比分析，可以识别技术领域的主导者和决定技术发展方向的领先者。该分析主要依据专利质量进行，主要内容包括核心专利增长趋势与分布、核心专利关注焦点。第三个侧面分析是原创性与普遍性专利竞争态势分析，该分析也属于对技术活动结果的对比分析，可以识别拥有高潜在应用价值技术的竞争主体。该分析也是依据专利质量进行的，分析内容包括原创性专利比较和普遍性专利比较。一个综合竞争态势分析是技术活动基础和技术活动结果的综合分析，综合竞争态势分析既与三个侧面分析有关，又不是对这三个侧面分析的线性综合（见图6-1，图中用虚线表示综合分析与侧面分析既相关又独立的关系）。

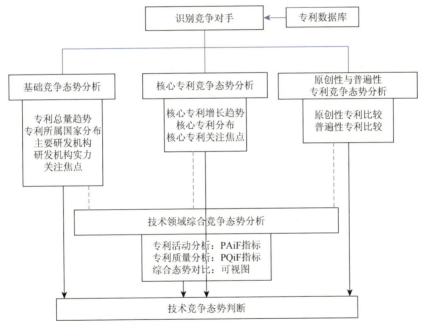

图 6-1　基于专利的技术领域竞争态势分析框架

根据上述分析，提出了一个包括四项分析内容、两类专利分析方法及逻辑关系的技术竞争态势分析框架。

二、数据来源与分析工具

以德温特专利数据库和 USPTO 数据库作为技术领域检索数据源，为了保证分析数据的完整有效，必须确定正确的专利检索表达式，该环节的质量直接影响分析结论。专利检索表达式的确定可分为三步：第一步，根据专家提供的技术关键词，在 CNKI 和 WoS 中依据技术主题词检索出相关文献，以保证检索的准确性；第二步，通过相关技术的研究文献对技术关键词进行整理归纳、补充和搭配，以保证检索的全面性；第三步，按照德温特专利数据库的检索式表达要求，确定技术领域的检索表达式。

采用的分析工具主要有：专利数量统计分析工具；h 指数用于分析研发机构实力对比；IPC 分析用于阐述技术领域关注焦点；专利引用分析阐述核心专利态势；赫氏指数（Herfindahl-Hirschman index，HHI）阐述专利的原创性与普遍性；用 PAiF 和 PQiF 指标评价技术领域综合态势。

三、以智能材料技术领域为例的竞争态势分析

（一）智能材料技术领域相关技术专利检索

利用所设计的数据获取三步骤，将智能材料领域技术的检索表达式确定为 TS = (((smart material) OR (Intelligent material) OR (smart structure) OR (Adaptive Structure) OR (Intelligent Structure)) OR ((smart OR Intelligent) AND (((shape memory alloy) OR SMA OR marmem) OR ((shape memory ceramic*) OR SMC) OR ((Shape memory polymer) OR SMP*) OR ((shape memory composite*) OR (shape memory composite material*)) OR (ERF OR (Electro rheological fluid*)) OR (MRF OR (Magnetorheological fluid*)) OR ((electrostriction material) OR (electrostrictive material*)) OR ((piezoelectric material*) OR (piezoelectric crystal) OR PZT OR (Piezoelectric actuator) OR (piezocrystal)) OR ((piezoelectric ceramic*) OR (piezoelectric AND (BT OR (barium titanate)) OR (Lead Zirconate Titanate) OR (Modified lead zirconate titanate) OR (lead metaniobate) OR (Lead barium lithium niobate) OR (Modified lead titanate) OR (lead lanthanum zirconate titanate)) OR ((PVDF) OR (PVDFP) OR (VDF2) OR (Piezoelectric Polymeric)) OR (piezoelectric composites) OR ((Magnetostrictive materials) OR (Magnetostrictive AND (Ni OR NiCo OR FeCo))) OR ((fiber optic*) OR (optical fiber)) OR ((smart fiber) OR (Intelligent Fabric)) OR ((Function gel*) OR (gel* AND ((Poly ethylene acid emulsion) OR (Polychloroprene Phenolic) OR (polyvinyl acetal)))) OR (Self-healing material*) OR (strain electrical resistance alloy) OR (intelligent high polymer material*) OR (Magnetorheological fluid material*) OR (Electrorheological fluid) OR ((Smart gel) OR (Intelligent gel)) OR ((Polymer Matrix artificial muscle) OR (IPMC)) OR (self assembly material*) OR (Electrochromic))) AND material))

在德温特专利数据库中利用上述检索表达式进行专利检索，检索时间为 2013 年 7 月 20 日，检索年限为 1965～2013 年。

（二）智能材料技术领域基础竞争态势分析

1. 专利族数量的逐年变化情况

将检索表达式输入德温特专利数据库中，检索得到智能材料技术领域 19 729 个专利族，逐年分布情况如图 6-2 所示。

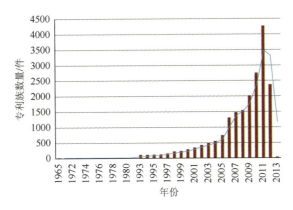

图 6-2　智能材料技术领域专利族逐年变化情况

从图 6-2 可以看到，1965～2011 年智能材料技术领域专利族数量整体呈快速增长态势（因为专利存在 18 个月左右的滞后期，2012 年、2013 年专利族数量不用于分析）。1965～1980 年，每年的专利族数量均少于 10 件，表明智能材料技术处于萌芽阶段，人们刚开始探索智能材料技术，还未掌握核心技术。从 1981 年开始，到 2005 年，申请的专利族数量呈现小幅增长式发展，表明一些国家和企业开始意识到智能材料技术的发展潜力，并着手研发工作。2006～2011 年，在智能材料技术领域申请的专利族数量呈现快速增长态势，由此可见，智能材料技术的重要性已经被广泛认可，许多国家及企业加大了该领域的研发投入，智能材料技术处于快速成长期。

2. 专利所属国家分布

专利申请的专利权人国家所占专利数量，反映了各个国家的专利研发情况。利用 USPTO 数据库分析五个主要竞争国的专利权人的专利申请情况，把检索表达式按照 USPTO 数据库中的格式要求进行修改，然后输入 USPTO 对专利进行检索，检索到 1965～2013 年智能材料技术专利 4419 件，按专利权人国家进行分类，可以得到各主要竞争国家所占份额，如图 6-3 所示。

图 6-3　智能材料技术专利所属国家分布情况

从图 6-3 可以看出，主要竞争国家共占智能材料技术领域专利数量的 81%，其中美国占最多，达到 43%，其次是韩国和日本，特别要注意的是：德国和中国专利数量所占比例与其他三个国家相比，有较大的差距，总共占 5%，说明这两个国家在美国市场的智能材料技术领域专利拥有量较少，研发布局不全面。

　3. 智能材料技术领域的主要研发机构

专利所属的机构信息，反映了各机构组织专利数量的差异，以及各机构参与智能材料技术领域研究活动的积极程度。一般认为在智能材料技术领域中专利数量排名前十的机构是该领域的主要研发机构。将德温特专利数据库检索到的专利族数据导入 TDA 工具，可以得到各研发机构专利数量，统计主要研发机构的专利数量，如表 6-1 所示。

表 6-1　专利所属主要机构分布数量

排名	机构名称	专利数量
1	三星电子有限公司（韩国）	293
2	LG 电子公司（韩国）	184
3	国际商业机器公司（美国）	115
4	浙江大学（中国）	110
5	微软公司（美国）	95
6	松下电器产业株式会社（日本）	90
7	上海大学（中国）	86
8	索尼公司（日本）	83
9	夏普公司（日本）	79
10	西门子公司（德国）	73

在智能材料技术领域内专利最多的前 10 个机构组织中，韩国占 2 项，分别排名第 1、第 2；美国占 2 项，分别排名第 3、第 5；中国占 2 项，分别排名第 4、第 7；日本占 3 项，分别排名第 6、第 8、第 9；德国占 1 项，排名第 10。

4. 主要研发机构的竞争实力

可以用专利 h 指数来表示研发机构的专利影响力，从而反映其竞争实力。将德温特专利数据库检索到的专利族数据，按照专利权人专利数量的多少排列，分别计算各专利权人的 h 指数，具体的前 10 个专利权人的 h 指数如表 6-2 所示。

表 6-2　专利所属专利权人的 h 指数

排名	专利权人名称	h 指数
1	国际商业机器公司（美国）	17
2	三星电子有限公司（韩国）	16
3	微软公司（美国）	14
4	英特尔公司（美国）	9
5	RIM 公司（加拿大）	8
6	松下电器产业株式会社（日本）	8
7	东芝公司（日本）	8
8	西门子公司（德国）	8
9	索尼公司（日本）	7
10	飞利浦电子公司（荷兰）	7

h 指数排名前十的机构中，美国占 3 项，分别排名第 1、第 3、第 4；日本占 3 项，分别排名第 6、第 7、第 9；韩国占 1 项，排名第 2；德国占 1 项，排名第 8；中国占 0 项。以上数据充分说明在 5 个主要竞争国家中，美国智能材料技术领域主要机构的竞争实力远远高于其他国家，而日本仅次于美国，韩国仅有 1 项，但其 h 指数高，竞争力较强，德国仅有 1 项，h 指数较低，竞争力稍弱，而相比于其他主要竞争国家，中国在智能材料技术领域的主要研发机构的竞争实力非常弱。

5. 主要竞争国家关注焦点

在德温特专利数据库中检索到的专利，按照仪器及设备和材料科学进行学科分类，得到智能材料技术的主要研究领域，即拥有最多专利数量的 IPC 所代表的技术领域，具体内容如表 6-3 所示。

表 6-3　智能材料技术领域前 10 个 IPC 技术

排名	IPC	数量	技术内容
1	G06F19/00	196	专门适用于特定应用的数字计算或数据处理的设备或方法
2	G06K19/07	195	集成电路芯片
3	G06B-019/418	195	全面工厂控制，即集中控制许多机器，如直接或分布数字控制
4	H05B-037/02	194	控制
5	H04L29/08	180	传输控制过程，如数据连接控制过程
6	H04B01/38	141	收发两用机，即发射机和接收机形成一个结构整体，并且其中至少有一部分用作发射和接收功能的装置
7	H02J-007/00	134	用于电池组的充电或去极化或用于由电池组向负载供电的装置
8	H01L-021/02	130	半导体器件或其部件的制造或处理
9	G06K-019/077	127	结构的细节，例如，在该载体中电路的装配
10	G06K-019/07	116	带有集成电路芯片

智能材料技术重点研究内容集中在：设备、机器的数字化控制管理，数据的传输控制，以及半导体和集成电路的结构器件的制造或处理。

（三）智能材料技术领域核心专利竞争态势分析

专利被引频次从技术影响力和法律权利垄断地位两个方面反映了专利技术的重要性，那些被引次数高的专利往往就是质量高的专利。因此，专利被引频次可以用作核心专利的遴选指标。以智能材料技术领域为例的研究，将被引频次大于等于 3 次的专利定义为核心专利。

1. 核心专利族数量的增长趋势

在德温特专利数据库中，检索到核心专利族 1856 件，逐年变化情况如图 6-4 所示。

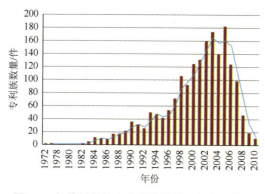

图 6-4　智能材料核心专利族数量逐年变化情况

被引的核心专利族数量从 1980～2003 年经历了一个快速增长时期,这段时期专利逐年被引用的越来越多,可见这一时期是智能材料技术快速发展的重要时期,核心技术在这一时期不断发展出现和完善。2003～2005 年,被引专利数量达到峰值,之后,专利族数量开始下降,表明这段时期核心技术已基本成熟,这些专利族为后来智能材料技术的发展奠定了良好的基础。

2. 核心专利所属主要竞争国家分布

将核心专利族按照专利权人国家进行归类,得到各主要竞争国专利族分布情况如图 6-5 所示。

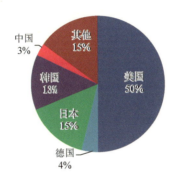

图 6-5　智能材料核心专利所属国家分布情况

拥有核心专利最多的是美国,其专利数量占 1/2 以上,日本排第 2,但所占比例不到美国的 1/3,紧随其后的是韩国,占到 13%,德国和中国最少,总共占 7%。

将检索到的各国申请的核心专利与申请专利对比,计算其专利占比,结果如图 6-6 所示。

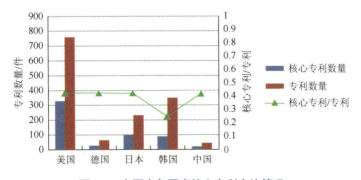

图 6-6　主要竞争国家核心专利占比情况

各主要竞争国家在核心专利方面的申请数量与其总的专利申请数量的排名基本保持一致,各国核心专利与专利的比值也基本相同,仅韩国核心专利所占比例较低，主要是因为其专利申请数量多但核心专利申请量较少。值得注意的是：中国申请的专利和核心专利数量均最低。

3. 主要竞争国家核心专利的关注焦点

在德温特专利数据库中检索到的专利，按照仪器及设备和材料科学进行学科分类，得到智能材料核心专利的主要研究领域，即拥有最多专利数量的 IPC 所代表的技术领域，具体内容如表 6-4 所示。

表 6-4　智能材料技术领域核心专利前 10 个 IPC 技术

排名	IPC	数量	技术内容
1	G06K19/00	86	专门适用于特定应用数字计算或数据处理的设备或方法
2	G06K19/07	79	集成电路芯片
3	G06B-019/418	63	全面工厂控制，即集中控制许多机器，如直接或分布数字控制
4	G06F15/16	54	两个或多个数字计算机的组合，其中每台至少具有一个运算器、一个程序器及一个寄存器，如用于数个程序的同时处理
5	H01L21/02	46	半导体器件或其他部件的制造或处理
6	G06F13/00	46	信息或其他信号在存储器、输入/输出设备或者中央处理机之间的互连或传送
7	H05B-037/02	45	控制
8	H04L29/08	44	传输控制过程，如数据连接控制过程
9	G06F12/00	43	在存储器系统或体系结构内的存取、寻址或分配
10	G06K-019/07	42	带有集成电路芯片

智能材料核心专利关注焦点主要集中于：设备、机器和系统程序的数字化控制管理，数据或数据信号的传输控制，以及半导体和集成电路的结构器件的制造或处理。

（四）原创性与普遍性专利竞争态势分析

原创性与普遍性专利竞争态势分析，可以掌握主要竞争国家间拥有高潜力价值技术的情况，在计算专利原创性和普遍性[111]时，可以选取五个国家被引频次最多的前两项专利作为分析比较对象。

1. 主要竞争国家专利原创性比较

与引证相同领域的专利相比，原创性越高的专利，其创意性越强，未来越可能成为有价值的专利，并且根据其他引证专利的领域可知，该企业研发人员是否有向其他领域进行延伸的布局。

专利原创性是目标专利 i 的每条被引专利的 IPC 总量与目标专利 i 的所有被引专利的 IPC 总量的比值的平方和与 1 的差值。计算如式（6-1）所示：

$$Orininality_i = 1 - \sum_{j}^{n_i} S_{ij}^2 \qquad (6-1)$$

其中，i = 目标专利；j = 被目标专利 i 引证的专利归类于国际分类的数量总数；n_i = 所有被目标专利 i 引证的专利归类于国际专利分类的总数；s_{ij}^2 = 为目标专利 i 引证的专利之中，归类于国际分类的数量总数 j 除以所有向前引证的专利总数；采用赫氏指数统计计算方式。

首先，在 USPTO 数据库检索的专利数据中，收集中国、美国、日本、韩国以及德国的被引频次前两项的专利信息，并对其专利原创性指标进行计算，计算结果如表 6-5 所示。

表 6-5　专利原创性指标值

国家	专利号	专利权人	国际专利分类数	被引专利数	专利原创性	排名（国内）	排名（国际）
中国	US6358651-B1	陈 M	6	16	0.21	1	7
	US2003097520-A1	太和科技公司	2	18	0.16	2	8
美国	US4821292-A	美国通用电气公司	34	920	0.42	1	4
	US6101477-A	美国运通公司	6	51	0.30	2	5
日本	US4723129-A	佳能公司	5	114	0.02	2	10
	US5228100-A	日立公司	8	19	0.24	1	6
韩国	US5903608-A	三星电子有限公司	8	15	0.74	1	1
	US2005201295-A1	三星电子有限公司	16	34	0.45	2	3
德国	US5888624-A	德国捷德公司	10	47	0.56	1	2
	US6049461-A	德国捷德公司	7	36	0.13	2	9

原创性指标的前五名分别为韩国 2 项、德国 1 项、美国 2 项，中国 0 项。总的来说，各国专利原创性指标值均比较小，相比较而言，韩国专利原创性最高，中国和日本专利原创性最低，美国和德国专利原创性处于中等位置。国际上专利原创性最高的专利是韩国三星电子有限公司申请的一项专利号为 US5903608-A 的专利，该专利主要研究"自适应控制系统"，专利原创性指标值为 0.74。

2. 主要竞争国家专利普遍性比较

专利普遍性是通过每条施引专利所涉及的技术领域范围的大小来判定的。专利普遍性指数越高的专利，其具有的价值也越高。

专利普遍性是目标专利 i 的每条施引专利的 IPC 总量与目标专利 i 的所有施引专利的 IPC 总量的比值的平方和与 1 的差值（式（6-2））。

$$Generality_i = 1 - \sum_{j}^{n_i} S_{ij}^2 \qquad (6-2)$$

其中，i = 目标专利；j = 引证目标专利 i 归类于国际分类的数量总数；n_i = 所有引证目标专利 i 归类于国际分类的总数；s_{ij}^2 = 为目标专利 i 被引证的专利之中，其归类于国际分类的数量总数 j 除以所有被引证的专利总数；采用赫氏指数统计计算方式。

在 USPTO 数据库检索到的专利中，收集中国、美国、日本、韩国以及德国的被引频次前两项的专利信息，并对其专利普遍性指标进行计算，计算结果如表 6-6 所示。

表 6-6 专利普遍性指标值

国家	专利号	专利权人	国际专利分类数	施引专利数	专利普遍性	排名（国内）	排名（国际）
中国	US6358651-B1	陈 M	25	39	0.78	1	7
	US2003097520-A1	太和科技公司	2	18	0.57	2	10
美国	US4821292-A	美国通用电气公司	34	443	0.94	1	2
	US6101477-A	美国运通公司	6	207	0.83	2	4
日本	US4723129-A	佳能公司	5	2068	0.95	1	1
	US5228100-A	日立公司	8	96	0.81	2	6
韩国	US5903608-A	三星电子有限公司	8	70	0.76	1	8
	US2005201295-A1	三星电子有限公司	16	68	0.62	2	9
德国	US5888624-A	德国捷德公司	10	65	0.88	1	3
	US6049461-A	德国捷德公司	7	47	0.83	2	4

专利普遍性值排名前 5 项专利中，美国占 2 项、日本占 1 项，德国占 2 项，可见美国和德国的专利普遍性较高，但专利普遍性值最高的专利是专利号为 US4723129-A 的日本专利，该专利研究"带有喷嘴室内加热器的喷墨打印机——提供了高质量的印刷免于背景标记和斑点"，专利普遍性指标值为 0.95。中国和韩国专利普遍性排名均在第 5 之后，由此可见其专利普遍性较低，专利价值必然受到影响。

（五）智能材料领域综合竞争态势分析

1. 综合竞争态势判别方法

技术综合竞争态势分析由专利组合分析和评价指标构成。在专利组合分析二维矩阵图中（图 6-7），横坐标代表的是国家的专利活动（专利活动是用每个国家专利申请的数量与五个国家平均专利申请数量的比值来表示的），纵坐标代表的是国家的平均专利质量。根据国家在这两个维度中的位置，共分为 4 个区域：技术领导者——专利活动多且专利质量高，潜在竞争者——专利活动不多但专利质量高，技术活跃者——专利活动多但专利质量不高，技术落后者——专利活动少且专利质量不高。

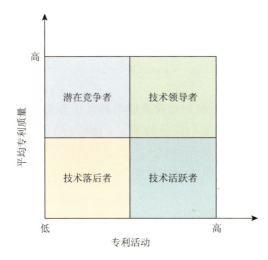

图 6-7　国家层面的专利组合分析矩阵

利用 USPTO 数据库检索到的专利数据，按照表 6-7 的专利组合指标计算方法，计算出纵、横坐标数值，确立主要竞争者在二维矩阵中的位置。

表 6-7　专利组合指标计算方法

指标名称		数值获取
专利活动（PAiF）		PAiF = 每个国家专利申请数量/五个国家平均专利申请数量
专利质量（PQiF）	技术范围（Q_1）	首先确定各国家在某领域申请专利的 IPC 总量，将总量最大的国家的值定为 1，其他国家 IPC 数量分别与对应领域最大值比较，即可得该领域各国家的技术范围值
	国际范围（Q_2）	首先确定各国家在某领域同族专利的平均数量，将同族专利最多的国家初始值设定为 1，其他国家的同族专利数量与最大值相比，即得其在这一领域的国际范围值
	引用频次（Q_3）	首先计算各国家在特定领域申请专利的平均被引频次，将总被引频次最大的国家值定为 1，其他国家专利被引频次分别与最大值相比，即得到引用频次相对指标值
	平均专利质量（PQiF）	PQiF = $Q_1 + Q_2 + Q_3$

专利的技术范围（Q_1）：IPC 是目前国际上通用的专利技术分类系统。Lerner[112]提出用专利文件中国际专利分类号的数量考察其技术覆盖范围，他证明了专利被引用次数与其分类号的数量高度正相关，美国生物技术公司的市值随其专利技术覆盖范围的增大而提高。因此，技术范围是衡量专利质量的一项重要的指标，取 IPC 前六位计算专利技术覆盖范围。

专利的国际范围（Q_2）：专利族数量增加，专利成本也在增加，申请人更加愿意为具有经济价值的高技术质量的发明努力。同时，向其他国家申请专利意味着申请人判读发明可能具有国际竞争力，如果最终被多国授予专利权，说明发明经得起多方考验，具有较高的技术价值。因此，专利族大小同时反映了发明的经济重要性和技术重要性[113]。因此，可以选择专利族的大小作为衡量专利质量的一个指标。

专利的引用频次（Q_3）：被引频次高的专利被认为是质量高的专利。因此，选择专利的被引频次作为评价专利质量的第三个指标。

因为各项指标的计算结果差异较大，需要利用标准化方法，即让每个指标中的值，与最大的数值相比，将所有值转化为 0～1，这样更容易且清晰地看出竞争对手间的差距。

2. 技术综合竞争态势可视图

对智能材料五个主要竞争国家的专利数据进行整理后，得到专利组合指标值，如表 6-8 所示。

表 6-8　各国专利组合指标值

指标		中国（CN）	美国（US）	日本（JP）	韩国（KR）	德国（DE）
专利活动		0.15	2.64	0.79	1.21	0.21
专利质量	技术范围	0.11	1	0.52	0.52	0.22
	国际范围	0.43	1	0.43	0.36	0.92
	引用频次	0.02	0.68	0.10	0.03	1
	平均专利质量	0.56	2.68	1.05	0.91	2.14

对各国数据标准化处理之后，国家层面专利组合横、纵坐标值如表 6-9 所示。

表 6-9　国家层面专利组合指标值（标准化后）

指标	中国（CN）	美国（US）	日本（JP）	韩国（KR）	德国（DE）
专利活动	0.06	1	0.30	0.46	0.08
专利质量	0.21	1	0.39	0.34	0.80

将专利组合指标值绘制成气泡图，如图 6-8 所示。

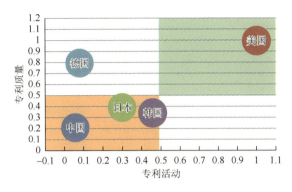

图 6-8　智能材料领域专利组合

智能材料五个主要竞争国家分别位于三个不同区域。美国属于技术领导者范围，意味着美国在智能材料研究领域研究力度大，专利质量也非常高；德国属于潜在竞争者行列，这个位置的国家，虽然目前专利数量不够高，但因为其专利质量很高，且专利质量仅次于美国专利，所以其仍然具有竞争能力；中国、日本和韩国均属于技术落后者，其拥有较少的专利活动，且专利的质量也处于较低水平。综合比较而言，中国与其他四个国家还存在较大差距。

第二节　会聚技术的应用对策

由于纳米、生物、信息、认知（nano-bio-info-cogno，NBIC）构成的会聚技术具有很强的渗透性，针对会聚技术发展趋势得到的会聚技术应用对策研究具有重要的价值。

通过专利交叉影响分析可以了解纳米、生物、信息和认知技术之间的相互影响，以及会聚趋势，并通过会聚的深度和广度分析，获得会聚技术的应用对策。具体分析步骤见图 6-9。

一、会聚技术类型及趋势

纳米、生物、信息、认知四大技术具有较强的互补性："如果认知科学家能够想到它，纳米科学家就能制造它，生物科学家就能使用它，信息科学家就能监视和控制它。"[114]

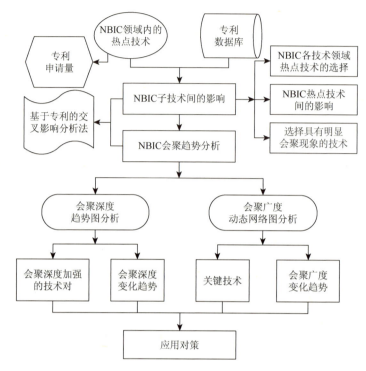

图 6-9 　基于专利交叉影响法的 NBIC 会聚技术步骤

（一）会聚技术类型

按照不同的划分标准，NBIC 间的会聚可分为不同类型。汤文仙[115]根据技术融合的结构与程度、融合效果等将融合分为完全融合、部分融合两种类型，并且首次提出了完全融合及部分融合的概念。Choi[116]提出应依据不同的核心技术划分会聚类型，并将信息技术领域内的会聚分为基于纳米技术、生物技术、信息技术、环境技术和认知技术的几种会聚类型。

会聚技术在纳米技术、生物技术、信息技术和认知技术两两会聚领域已取得一些进展并被应用到医药学领域，3 个或 3 个以上的技术会聚也已初步展开，会聚技术正朝着多技术会聚的方向发展。

（1）纳米技术与生物技术已在很多领域发生会聚，并且已经应用于生命科学、生物医学等领域。

（2）生物技术与信息技术的会聚是当前的研究热点，许多会聚成果已被应用于生物医学。

（3）目前，整体上研究纳米技术、信息技术会聚热点的文献较少，但就其子技术领域会聚成果的研究仍可看出这两大技术已经发生了会聚。

（二）基于专利影响法的会聚技术趋势分析

NBIC 中任意两个或多个子技术间都会发生会聚，因此这些子技术之间可以形成复杂的会聚关系网络，且它们之间的会聚深度及会聚广度会随时间的变化而改变。应用专利数据，采用交叉影响法定量分析会聚技术的会聚趋势，既可以弥补已有研究定性论述的不足，也可以弥补现有研究仅限于分析两两技术间会聚状况的不足。

1. 分析步骤

（1）由于专利数据代表一种与技术发展相关的有价值的信息资源，且在技术发展的不同阶段，其专利数量会有很大变化，专利数量的多少在很大程度上反映了技术研发活动的强弱。通过分析近年来生物技术、纳米技术、信息技术各子技术领域包含的专利数量来确定 NBIC 各热点子技术领域。

（2）应用式（6-3）计算 NBIC 领域间任意两个热点子技术间的交叉影响值。

$$\text{Impact}(A,B) = P(B/A) = N(A \cap B)/N(A) \qquad (6\text{-}3)$$

（3）分析各"技术对"的影响关系，并选择出已经发生会聚的"技术对"。首先，根据上一步得出的数据，绘制所有"技术对"的影响关系分布图，进而分析其交叉影响关系；其次，设定会聚度阈值，选出发生会聚的"技术对"，并规定当技术间的影响值大于该阈值时，"技术对"间发生会聚现象。对该阈值的选择可应用标杆比较法，通过分析当前已发生会聚技术的交叉影响值来设定会聚度阈值。

（4）分析选定"技术对"的会聚深度变化趋势。通过计算选定"技术对"间的历年交叉影响值，得出其会聚深度变化趋势，从而找出会聚深度不断加强的"技术对"。

（5）分析选定技术间的会聚广度变化趋势。首先，计算步骤（3）中选定的所有技术中任意两"技术对"的历年交叉影响值；其次，分析所有技术间历年的会聚关系网络；最后，分析会聚关系网络的动态变化，从中找出会聚广度不断增加的关键技术及其变化规律。

2. 分析结果

会聚深度变化趋势：大多数"技术对"间的会聚深度呈现出先加强后减弱或者一直减弱的趋势；少数"技术对"呈现出一直加强的趋势；个别"技术对"呈现出比较平稳的趋势或不规律的变化。其中，纳米技术与生物技术的会聚深度最强。

会聚广度变化趋势：纳米技术与生物技术构成的会聚技术网络比较稳定；信息技术的加入，增加了会聚技术网络的广度；纳米与信息技术的会聚广度较大。

二、会聚技术应用对策建议

会聚技术发展很快，各技术子类自身发展和应用领域广泛，会聚的深度和广度趋势表明：技术间的会聚将会突破原有技术的发展瓶颈，实现技术的跨越式发展，并能产生新兴技术。因此，实力强大的企业可以考虑将研发重点转移到会聚深度不断加深的"技术对"上，以强化资源的合理配置，提高资源的利用率，开发新的技术。此外，由于会聚技术及各个子技术间具有较强的影响，企业可以凭借其在某技术领域的突出技术优势，加强与其会聚的相关技术的研发，提高研发绩效。技术实力较弱的企业可将研发投入集中于会聚技术网络中会聚深度大，且会聚趋势稳定上升的技术领域，以规避技术投资风险。政府应考虑提供充足的科技资源及技术支持以鼓励企业在会聚技术关键领域进行自主创新；引导企业加强同科研院所和高等院校的联系与合作，切实增强其自主创新能力；加大科研经费和人才资源投入，支持会聚技术的优先研发。

第三节　碳捕获与封存技术的应用对策

一、碳捕获与封存技术发展

碳捕获与封存（carbon capture and storage，CCS）技术是一项新兴的低碳技术，能有效减少温室气体的排放。中国作为近年来节能减排力度最大的国家，提出到 2020 年单位 GDP 二氧化碳排放比 2005 年下降 40%～45%，在如此长时间内这样大规模降低二氧化碳排放，需要不断关注有效的 CCS 减排技术。

利用专利引用网络可识别和了解技术发展路径。通过德温特专利数据库检索下载 CCS 技术的相关专利 1498 个专利族，再构建 1498×1498 的专利引用矩阵，可以发现 5 条 CCS 技术的发展路径。按这些路径包含专利数量的多少可将技术划分为 5 类。通过统计分析发现，这 5 类技术主要为低温蒸馏技术，主要用于富氧燃烧捕获和燃烧前捕获系统。通过一系列的加压、冷却和扩散步骤可以把气体液化。在液态形式下，可以在精馏塔对气体成分进行分离。第一、三、四、五类主要是有关碳氢化合物的分离方法及装置。其中，第一类是通过一系列的加压、冷却和扩散步骤进行碳氢化合物的分离；第二类主要是低温精馏技术，有关氧气的生产；第三类是使用溶剂、化学吸收法回收碳氢化合物；第四类是低温、分离、精馏法回收碳氢化合物；第五类是氮、甲烷、氢的分离。第二类的低温精馏技术，最新趋势是有关纯氧的生产。专利 US5463871 是生产低纯氧的低温蒸馏方法，US5546767 是生产双纯氧的低温精馏系统。由于使用富氧燃烧和燃烧前技术捕获二氧化碳需要大量的氧气，目前唯一可以经济地生产氧气的规定工艺是通过低温蒸馏技术从空气中分离[117]。分析第三类的发展路径可以看出新的技术趋势是有关化学吸收方法的改进。从技术链上看，专利 US4022597-US4336046-US4897098-US5114450-US5253479-US5421167-US5859304 构成的技术链主要是气液分离技术。专利 US4022597 是一种从天然气中生产甲烷（CH_4）和高沸点碳氢化合物液态天然气的方法。专利 US4336046 是气液分离装置。专利 US5114450 是一种从一组气体中回收液态碳氢化合物的方法，该气体包含少于三个碳原子的轻烃和三个或三个以上碳原子的重烃。专利 US5859304 是一种从裂化气流（包括乙烯、丙烯、氢、甲烷、乙烷、乙炔、二烯烃和重烃）中回收烯烃的工艺。专利 US6339182 使用离子液体解决方案从煤油中分离烯烃，是一种提取纯烯烃的方法，使用金属盐在离子液体的溶解、扩散、悬浮，去除其他碳氢化合物，回收烯烃。专利 US4832718-US5220097-US5452581-US5859304 这条技术链分支主要是有关吸收技术的。从面上看，专利 US5859304 引用了 8 个专利，其中有 5 个是有关吸收技术的，而专利 US5859304 是通过化学吸收工艺提供回收高纯度烯烃的改进方法。第四类与燃烧后捕获和富氧燃烧捕获相关。燃烧后捕获系统是从空气燃烧产生的烟气中分离二氧化碳，该烟气的主要成分是氮[117]。富氧燃烧捕获过程是通过燃烧碳氢化合物或含碳燃料的燃烧从烟气中去除氮[117]。而第四类 US4701200-US4948405-US5051120-US5421165-US5992175 正是有关脱氮装置（nitrogen rejection unit，NRU）的。专利 US4701200 是从 NRU 中利用冷却增加氦气的回收，专利 US4948405 是 NRU 方法和装置的改进，专利 US5051120 是使用 NRU 进行气体处理，专利 US5421165 是从碳氢液态混合物的裂解原料中进行脱氮的工艺，专利 US5992175 是增强液态天然气回收的方法。为从微观层面详细了解 CCS 技术情况，在碳捕获与封存专利发展路径分析基础上，可进一步分析、识别出会聚专利，专利 US5275005（碳氢化合物气体处理）和 US5265429（生产气态氧的低温空气分离系统）位于技术发展路径的会聚位置，可以被认为是更有价值的专利。

二、碳捕获与封存技术应用对策建议

　　碳捕获技术发展较早，主要以低温蒸馏和混合气体分离方法及装置为主。从 CCS 关键路径中可以识别出一些重要的会聚专利，如 US5275005、US4854955、US5035732 和 US5859304 等，它们在技术上和经济上具有很高的价值。基于专利分析得到的五类技术主要是低温蒸馏技术。各类技术在不同发展阶段的发展情况受到研发机构和国家政策的影响而呈现出不同的发展态势。未来 CCS 的发展趋势为富氧燃烧捕获系统和燃烧前捕获系统，具体技术为化学吸收方法的改进和有关纯氧的制备。结合研究得到的结果，根据清洁发展机制（clean development mechanism，CDM）的基本准则以及中国国民经济发展规划的优先领域和技术政策，通过实际调查和技术经济评价，可筛选出中国 CCS 项目技术选择清单，对于我国在未来的后京都议程或非京都机制中占领先机有很大裨益。

　　尽管清华大学、台湾大学等对于吸收、吸附、光触媒转化等的前瞻技术都有相关研究，但尚无进行包括捕获、运输及封存的完整计划[118]，未来我国对 CCS 的规划制定仍需要进一步研究。通过监测 CCS 技术的发展路径可以理解该技术的发展趋势，识别对特定技术有合法权利的公司，从而帮助公司确定商业运行所需的许可机会，了解新技术发展的客观信息。发展路径代表技术的发展历史，因此，可以识别特定技术的发展。例如，如果一个公司致力于低温蒸馏技术的改进及氧气的制备，那么研发管理者可以跟踪相关技术的发展路径，了解技术的详细结构，及技术之间的复杂引用关系；通过不同时间段的技术发展情况信息，更准确地把握公司行为和国家政策对技术的重大影响。

第四节　石墨烯传感器技术应用对策

一、中国石墨烯传感器技术应用发展

2004 年英国曼彻斯特大学的物理学家 Geim 和 Novoselov 在实验室成功地从石墨中剥离出石墨烯，证明了石墨烯可以单独存在，凭此他们荣获 2010 年诺贝尔物理学奖，从而掀起了石墨烯制备、改性和应用的全球研究热潮。仅 10 年左右，石墨烯技术就在多个领域形成了有产业化发展前景的研究成果。石墨烯独特的二维结构使得它在传感器领域具有光明的应用前景。近几年，中国在石墨烯领域的论文发表数量和专利申请量都居世界第一[119]。这说明，中国在石墨烯领域的科技基础积累、研发以及高技术发展方面已具有一定实力。为了更好地把握中国石墨烯技术的发展态势，选取石墨烯技术中的核心技术——石墨烯传感器技术作为研究对象，通过对石墨烯传感器相关技术的扫描、跟踪和分析，掌握中国在石墨烯传感器相关技术领域的发展。

在德温特专利数据库中检索石墨烯传感器技术的中国专利，经过数据清洗，得到 75 个专利族信息，记作 P1-P75，将专利文本中的"USE"字段提取出来作为分析的主要依据，通过语义挖掘得到石墨烯传感器技术的 9 个技术应用领域，见表 6-10。

表 6-10　石墨烯传感器技术专利应用领域分类

聚类	专利编号	专利数量	应用领域	涉及的 IPC
A	P70、P69、P67、P66、P65、P64、P62、P57、P50、P49、P40、P36、P35、P31、P28、P26、P19、P11、P3、P2	20	电子产品	G01N、G01B、G01L、H01B、H01L、C01B、C08L、C08F、C25B、C25D、B28B、B82B
B	P63、P56、P51、P47、P32、P25	6	检测装置	G01N、C12M、A61N
C	P60、P55、P54、P53、P33、P23、P8、P4	8	生物医学监测	C01N、H01L
D	P71、P20、P7、P6、P1	5	新型电池	C01B、C08F、H01M、H05K

续表

聚类	专利编号	专利数量	应用领域	涉及的 IPC
E	P41、P39、P37、P34、P30、P18、P12、P5	8	半导体材料	C01N、C01B、C08L、C23C、B82Y、B22F
F	P48、P45、P44、P21、P15	5	电化学分析	C01N、C01B、B32B
G	P75、P73、P68、P58、P24、P16、P10	7	结构材料	C01B、C08L、A61K
H	P74、P72、P61、P59、P43、P27、P22	7	电极	G01N、H01L、H01M、C01B、C03C
I	P52、P46、P42、P29、P17、P14、P13、P9	8	电子装置	G01N、C01B、H01L、C07D、C25B、B01J、B22F

通过对专利信息的进一步分析可初步了解石墨烯传感器技术应用的发展态势：电子产品领域的研究已趋于成熟；新型电池领域的相关专利数量少，但从 2011 年开始呈回升趋势；石墨烯传感器技术在半导体材料领域和电化学分析领域不是研究热点；较早出现相关专利的结构材料领域的相关专利数量发展平稳；电极领域的相关专利数量在稳步发展中有所突破。通过对相关专利权人的分析，可以了解中国石墨烯传感器技术发展状态的原因。

中国科学院、浙江大学和东南大学是石墨烯传感器技术公开专利数量较多的重要专利权人。中国科学院苏州纳米技术与纳米仿生研究所器件部刘立伟团队与中国科学院物理研究所的科研人员合作，在基于石墨烯的高灵敏一氧化氮气体传感器制作方面取得了进展，能够实现对污染环境气体的高灵敏度检测，随后又致力于氧化石墨烯（graphene oxide，GO）在药物输运、生物传感以及成像等生物医学领域的应用研究，近期制备出还原氧化石墨烯/二氧化锡片层结构来提升电极导电性、电极机械强度，力求突破锂电池推广应用的瓶颈；中国科学院金属研究所沈阳材料科学国家（联合）实验室先进碳材料研究部设计并制备出基于碳纳米管/石墨烯的柔性能量存储与转换器件，并与天津大学杨全红教授、中国科学院物理研究所孟庆波研究员密切合作，研制出可作为高性能锂离子电池的负极材料和染料敏化太阳能电池的电极材料。可见，中国科学院全面拓展了石墨烯传感器技术的应用空间，将技术发展重点放在生物医学领域和检测装置领域，努力突破电极材料对锂电池应用的束缚。浙江大学的石墨烯传感器技术专利分布较为集中，主要在领域 A、B 和 C。从时间上看，浙江大学对石墨烯传感器技术的应用研究最早是在生物医学领域和检测装置领域，最近比较关注电子产品领域。东南大学的石墨烯传感器技术专利分布在领域 D、F 和 H。从时间上看，东南大学对石墨烯传感器技术的研究起步较晚，但其研究顺应热点，集中在电极材料领域和新型电池领域。

从美国、欧盟的相关政策看，它们对石墨烯相关技术的研究给予了大力支持，尤其在石墨烯电极领域和新型电池领域。从它们在中国的专利布局看，德国拜耳材料科技有限公司和美国沃尔贝克材料有限公司都是主要专利权人，且它们是石墨烯传感器相关技术在中国电极领域中仅有的两个主要专利权人。

纵观国内外石墨烯技术发展的现状，可以有针对性地提出我国石墨烯技术的应用对策。

二、石墨烯传感器技术应用对策建议

（1）电子产品领域应用。这是一个石墨烯技术应用趋于成熟的领域。从专利申请时间看，国外专利申请时间较早，属于该领域的基础专利；从公开专利数量和申请人数看，国内申请人相比国外申请人有明显优势。但在该领域的技术应用需要关注国外占先专利的布局，避免知识产权风险。

（2）检测装置领域。国内申请人的申请时间较早，且在公开专利数量和申请人数量上具有明显优势。因此，在该领域的技术应用，应该突出自身优势，通过合作、许可等知识产权策略，形成更强的竞争实力。

（3）电化学分析领域。国外在华申请的专利中还没有石墨烯传感器技术相关领域的专利，但在该领域的技术应用，也要考虑由于专利公开的时滞带来的风险，不能掉以轻心。

（4）结构材料领域。国外申请人的申请时间较早，在公开专利数量和申请人数方面也具有一定优势。这说明国外申请人对该领域很重视，一方面要了解和跟踪国际先进技术的发展轨迹，另一方面要寻找技术空白点，跟进技术发展的步伐。

（5）电极领域。电极领域的状况与结构材料领域的状况相同，且电极领域中国外申请人的优势明显，因此，该领域的技术应用更加强调规避知识产权风险意识。

从国家和各级政府部门的宏观角度看，建议相关部门加大政策扶持力度，设立更多应用导向型研发项目，进一步加强中国石墨烯传感器技术在上述应用领域的领先地位；相关技术咨询、知识产权保护等部门，应加大对石墨烯传感器技术研究组织和机构的侵权预警，避免研发资源的无效配置，加强风险防范意识，在重点和有市场前景的领域加大专利布局，形成以企业为主体、以市场为导向、产学研相结合的国家技术创新体系，发掘石墨烯传感器技术潜在的巨大商业价值，从而推动中国在石墨烯传感器产业领域的快速健康发展。

第五节　智能材料技术应用对策

一、智能材料技术的发展

智能材料是一种能感知外部刺激，能够判断并适当处理且本身可执行的新型功能材料。其已列入国家中长期科学和技术发展规划纲要。科学家预言，智能材料的研制和大规模应用将导致材料科学发展的重大革命[120]。在德温特专利数据库中检索下载 1969～2013 年智能材料技术专利，共得到 4419 个专利族。通过专利 h 指数、专利组合分析，以及 CHI 提出的指标，可以了解智能材料技术的发展。

按照检索得到的专利族数量看，美国是智能材料技术领域专利的第一大国，专利数量占到总量的 1/2，其次是韩国和日本，德国、中国占有较少的部分，剩下其他国家合计占有 1/5。按照专利 h 指数[121]排序有助于了解智能材料技术领域研究实力最强的机构和企业，h 指数排序见表 6-2。

智能材料技术专利的主要技术领域可以通过 IPC 的分布了解，见表 6-3。

CHI 指标可以分为两类：首先是数量方面的指标，能够直接反映我国研发活动活跃程度，包括 3 个指标：专利数量、专利成长率、专利占有率。从这 3 个指标的极端结构可以看出，我国智能材料专利数量明显高于其他国家，专利占有率高达 63%，占该类专利总数量的一半以上。并且从专利成长率指标可以看出，近 5 年来，我国此类专利增长率高达 5.72，领先第二名韩国的 1.32 约 4 个点，较前一时期在快速增长。这充分表明我国十分重视该领域的研究，与其他国家相比，技术研发活动十分活跃。其次是质量方面的指标，包括平均被引用次数、即时影响指数、技术强度、技术生命周期四个指标。在专利被引次数方面，德国排名第一，高达 6.51 次，即时影响指数为 1.33，位于第二名。美国专利平均被引频次排名第二，为 4.4 次，即时影响指数为 3.13，位于第一名，而中国专利被引频次仅排名第五，即时影响指数仅位于第四名。专利强度是专利数量与即时影响指数的乘积，中国专利数量约为美国专利数量的 4 倍，但质量还有待提高。

二、智能材料技术应用对策建议

通过对拥有专利数量最多的前 5 个国家的专利信息的分析得出，我国智能材料技术专利相比美国、韩国、日本、德国的专利而言质量最低，属于该领域的技术落后者。同时，相比于其他 4 个国家，专利的平均被引用次数最小，即时影响指数较低，机构竞争实力较弱，并且申请专利的普遍性和原创性都比较低，这些问题其实是由于我国各组织机构在智能材料领域研究力度小，缺少高质量的核心专利，从而导致我国专利价值偏低，实用性不强。

面对上述问题，我国智能材料技术的应用对策要考虑以下两点建议：①尽管目前我国各组织机构正积极参与各项智能材料的研究活动，并且在智能材料领域内专利最多的前 10 个机构组织中，中国也占到了 1/5，但缺少核心专利，应该加强在设备、机器的数字化控制管理，数据的传输控制，以及半导体和集成电路的结构器件的制造或处理方面的核心专利的掌控。因为核心专利相比其他专利，专利影响力更大，对技术创新贡献也更大，同时也具有更重要的经济价值。因此，以核心专利为技术保障的应用更具可持续性。②突出企业在智能材料技术领域开发和利用的重要地位。因为目前国内智能材料技术专利的主体仍集中在科研机构与高校，来自企业的申请数量有限，在获得智能材料领域内专利最多的前 10 个机构组织中，中国仅有两所高校在列，与国外（尤其是日本）以企业为申请主体的现象差别很大，说明智能材料技术的应用还面临许多需要进一步解决的问题，从研发到市场化应用离不开企业的关注和投入，如何增强中国企业技术创新的动力和能力也是智能材料技术应用中面临的关键问题，只有企业愿意参与、勇于投入，才可能期待智能材料技术的大规模应用。

第六节　新兴技术跨领域应用的对策

为了促进新兴技术的跨领域应用，通过对影响新兴技术跨领域应用的因素及相互作用的分析，可得到新兴技术跨领域应用的不同情境，进而可提出相应的应用对策。

一、新兴技术跨领域应用的情境

通过定义和判断关注度与认可度两个指标，构建新兴技术跨领域应用情境。如果某影响因素受到高度关注，即学术文献中频繁讨论，则说明该因素在现实中的表现不尽如人意——具有进一步完善的潜力和优化空间；如果某项因素关注度不高，或者说明该因素在现实中表现尚好，或者说明其重要性还没有得到普遍关注，需要进一步观察实践，加强原因分析。如果某项因素认可度高，即讨论相关影响因素的文献被不断引用和认可，则说明对相关因素分析的一致性较强，对策较为收敛，反之，说明对相关因素分析的一致性较弱，对策较为分散。具体情境如下。

情境一：低关注、低认可。通过调查可知，新兴技术的跨领域应用需要交叉科学的知识基础，无论识别还是挖掘，都要具备从不同技术领域获取技术成果和判断其可用性的能力，面对科学技术的飞速发展，技术成果不断涌现，大数据背景下的挖掘和识别既需要有方法，也需要有工具，但相关工具的开发使用时间并不长，所以低关注度的原因主要是人们的重视程度和认识能力有待提高，目前较低的辨识和挖掘能力已成为制约新兴技术跨领域应用的最大障碍。

情境二：低关注、高认可。通过调查可知，新兴技术的接受意愿对技术跨领域应用的重要作用已得到共识,例如,Davis 的技术接受模型(technology acceptance model,TAM)自提出后就被充分验证,广泛应用[122],因此,招募吸引更多技术利益相关者参与成为解决问题的关键。

情境三:高关注、低认可。通过调查可知,政策的激励作用毋庸置疑,但政策的实施效果参差不齐,尚未形成被普遍认可的政策措施,围绕政策激励还有许多问题需要研究和探讨。

情境四:高关注、高认可。通过调查可知,围绕新兴技术吸收能力的研究存在多种视角,可以从个体角度分析,也可以从组织、国家的视角讨论;研究内容既包括影响因素分析,也包括吸收能力测度;吸收能力的提高可以通过增加研发投入,也可以靠组织机制和学习方法的改进。众多的研究视角使吸收能力具有可不断提高的潜力和空间,从技术应用领域转移的问题出发,关键是如何提高创新者从不同技术领域吸收技术成果的能力。

二、新兴技术跨领域应用对策建议

针对情境一,首先要鼓励技术创新成果的公开发表和技术专利的申请。使创新知识成果显性化和易理解是提高技术成果辨识度,发现可转移应用技术和知识的基础,技术在不断推广过程中才能被更多领域的人员了解和掌握,也才可能被用于解决不同于其初始形成技术领域的问题。其次,开发利用和掌握多种技术识别工具和方法。按照 TRIZ 理论,世界上绝大多数问题都已在其他领域遇到并被解决,如果能够快速辨识其他领域解决相似问题的方法,无疑会提高解决问题的效率,减少创新成本和创新风险。最后,降低挖掘工具的使用成本,提供更多、更好的数据库平台,强化信息分析方法的培训,提高知识挖掘的能力。

针对情境二,应该鼓励用户参与的创新活动。新兴技术仅具有功能的可用性还不足以使跨领域应用成为现实,接受者的态度决定技术应用的前景,使用者的早期介入将有助于提高技术接受的意愿,从而加速新兴技术跨领域应用的步伐。另外,关注与领先用户的交流,建立用户体验平台和交流渠道。领先用户的引导作用和带动性,有助于缩短创新产品被接受的时间,激励企业的创新欲望,触发多视角搜寻创新成果的动力。

针对情境三,强化政策研究,提高政策问题研究质量。从政策问题相关研究文献数量上已经反映出人们对其重要性的认识,但目前研究文献的篇均被引频次不高,说明针对政策问题的研究得到共识的结论或成果有限。然而,政策的影响度很高,影响新兴技术跨领域应用的诸多因素都可能因政策的引导和促进得以改善、提高或加强。因此,制定什么样的政策更有效,取决于对政策影响力的分析，高质量的政策研究成果，无疑会有助于相关政策制定部门的决策，激励更多的行动者加入技术创新网络中，促使新兴技术的跨领域应用实现。另外，突出政策的针对性，加强法律法规建设。政策对技术知识成果的公开化，例如，促进论文和专利的产出作用明显，而技术知识的公开又是促进新兴技术跨领域应用实现的基础。鼓励合作开发、人员交流，以及跨领域的团队共同研究，将有利于不同领域知识的碰撞和交融。创新成果的使用存在不确定性和风险性，需要法规先行。因此，政策的针对性研究以及相关法律完善的研究十分重要。

针对情境四，首先要提高技术人员的技术融合能力。新兴技术的跨领域应用一定要与组织中的技术基础、人员知识构成等相结合，技术人员的跨学科知识掌握和运用能力直接影响对新兴技术的理解和判断。团队合作、创新思维训练、集成创新能力培养等都被实践证明是有效的方法。其次，跨学科人才的培养。新兴技术跨领域应用的出现有科学家的偶然性探索和试验，但更多的是全方位解决方案的搜索，这一切都需要研究者多学科的知识积累，交叉学科人才培养，无疑会促进研究者的创新灵感，提高其吸收新知识的水平，进而提高企业和组织的多学科知识吸收能力。

第七节　基于团队识别的技术应用对策

一、团队识别方法提出

针对技术发展的分析，可以从技术性能的视角预见技术未来的发展方向[123]；也可以总结技术发展过程的阶段性特点和影响因素，进而分析和判断技术未来的前景[124]；还可以利用情报学的方法和手段发现技术机会[19, 125, 126]和研究热点[127-129]，但基于技术性能的分析对分析者的技术知识要求较高，从宏观视角总结归纳技术发展阶段又要求分析者具有较强的综合分析能力；而从情报学角度的研究，虽然基于期刊文献，数据来源较为客观，通过关键词、主题词等识别和判断技术的发展能够了解技术的研究现状，但解释其背后的原因和动力还明显不足。鉴于此，提出基于研究团队识别的技术发展分析方法，旨在通过对技术研究团队构成特点的分析，判断和把握技术的发展。

定义和识别研究团队的方法很多，利用文献的作者合著关系识别研究团队已经得到认同。以 3D 打印技术为例，通过该技术领域文献的作者合著关系的分析，将研究团队划分为双核型、三角型、网架型和桥梁型，根据不同类型团队的特点分析技术发展。

二、基于团队识别的技术发展分析——以 3D 打印技术为例

根据团队识别原理,在 Web of Science 数据库中检索下载 3D 打印技术的研究文献,数据下载时间为 2013 年 6 月 29 日。检索共得到 2738 篇文献,经过数据清洗、去重等规范化处理后,得到文献 2723 篇。数据表明 3D 打印技术的研究正处于高速发展的阶段,特别是 2006 年以来 3D 打印技术文献出版量大大增加。经过文献作者信息提取并构建合著网络,可以了解到 3D 打印技术研究团队有 41 个,不同的团队类型分布见表 6-13。

表 6-13 各类型团队分布情况

团队类型	数量/个	所占比例/%
双核型	16	39.03
三角型	11	26.83
网架型	11	26.83
桥梁型	3	7.31
合计	41	100

双核型团队由两两作者的合著关系构成,三角型团队是由三个作者相互合作形成的子网络。尽管双核和三角型团队都可能实现不同学科和知识背景的研究人员之间的合作,但毕竟各团队的规模都很小,因此不利于新知识的快速传播[130]。网架型团队由多作者合著关系构成,成员之间的信息共享程度高,但缺少流动成员新知识的融合[131]。桥梁型团队也由多作者的合著关系构成,但团队成员中存在起桥梁作用的连接型作者,因此,桥梁型团队实际上是团队与团队之间的合作,这种网络结构有利于不同学科领域研究者的结合,实现优势互补、知识交叉及技术跨领域的应用。

通过对下载数据的分析发现,3D 打印技术符合桥梁型特征的团队有 3 个,团队 1 的成员来自美国,Thomas 和 Tao 是团队中的桥梁,两人将两个小的子网络连接起来。Thomas 来自美国克莱姆森大学,他所在的子网络主要从事心血管结构、微血管内皮细胞、生物材料等医学方面的 3D 打印技术的应用研究。而 Tao 来自美国维科森林大学,他所在的子网络主要致力于 3D 生物打印细胞的结构完整性及机械强度研究。两个子网络构成的桥梁型团队使 3D 打印技术从工业模具制造到应用于人类心血管再造成为可能,并且目前他们的合作研究已表明可以将 3D 打印技术应用于功能型心脏补丁的分层设计中。

团队 2 的成员主要来自英国的西英格兰大学、布里斯托大学以及克罗地亚的

萨格勒布大学，其中 Peter 是团队中起到桥梁作用的节点，他所在的子网络主要进行 3D 打印中的成像科学以及影像技术研究，其关注图像分析、成像完整性以及3D 彩色打印。而 David 则关注艺术、工艺设计方面的 3D 打印技术应用，其致力于开发一种可供艺术和工艺设计师实际使用的 3D 打印技术方法。两者的合作为艺术设计领域 3D 打印技术的成像、色彩准确性方面提供了基础支持。

团队 3 的成员均来自美国，成员之间的关系较为复杂，Cima 和 Sachs 是该研究团队中起到桥梁作用的连接节点，Cima 与 Sachs 的合作强度也非常强。Cima来自美国麻省理工学院（Massachusetts Institute of Technology，MIT）的材料科学与工程系，他的研究优势在材料科学领域，特别是在化学材料、陶瓷材料、细胞材料和生物医学材料等领域开展了 3D 打印技术相关研究。Sachs 是美国麻省理工学院制造与生产实验室的机械工程教授，他的主要研究方向是 3D 打印模型、算法设计以及塑件铸造、模具制造等。他们两人合作提出了 3D 打印的概念，并开展了一些开创性的研究工作，为 3D 打印技术的应用提供了基础技术保障。该团队的其他成员主要来自芝加哥大学、哈佛大学、加州大学洛杉矶分校、波士顿儿童医院，是 3D 打印研究领域中覆盖面最广的合作网络，研究涉及材料科学、工程机械、高分子科学、计算机建模算法、化学工程、生物医学工程、医药学等诸多领域，成为 3D 打印技术研究领域中一个重要的跨学科研究团队，他们的合作促进了 3D 打印技术向多领域的应用转移。

目前 3D 打印技术的发展主要围绕组织工程支架制造、骨组织修复等方面进行应用研究，骨骼修复已进入实用阶段，支架的多孔结构、材料选择、机械性能、生物相容性等问题也已得到初步解决，未来将以各类工艺、技术的实际制造研究为主，相关研究成果的规模化应用将对传统医学、临床医疗领域产生革命性的影响。

三、基于团队识别的 3D 打印技术应用对策

桥梁型研究团队具有跨学科合作交流的特点，这种团队结构有利于多个小型研究团队间的优势互补，通过连接节点可以实现科研合作中的强强联手，促进知识的跨领域扩散，产出创新性的研究成果，因而其是 3D 打印研究领域创新的源泉，也是推动 3D 打印技术走向成熟应用的重要力量。

3D 打印技术的应用仍有许多需要重点攻克的关键技术难题，这些问题的解决离不开多学科、多知识结构的研究者共同努力。根据目前的研究现状和应用热点，可考虑对如下领域加强投入和重点突破。

领域一：3D 生物细胞打印技术。研究重点是 3D 细胞矩阵结构、多细胞阵列等，目前已发明了喷墨水凝胶成型技术，它可用来进行 3D 生物细胞打印。该领域的应用研究需要材料、工程等技术领域专家的合作。

领域二：化学、临床医学领域 3D 打印技术。可以围绕 3D 打印技术在食品制造、药物制备方面的应用开展研究，突破 3D 打印在这些领域的产业化应用瓶颈。该领域的研究突破需要化学、医学、食品科学、材料科学等领域的研究者形成跨领域研究团队，共同努力开展研究。

领域三：钛、铝等复合材料的 3D 打印技术研究。伴随选择性激光烧结工艺、熔化沉积制造等技术的不断完善，寻找发现性能更高、成本更低的成型材料，以使 3D 打印在更大范围的工程和产品领域的应用受到关注。

由于桥梁型团队的增加，可以加强知识交汇和融合，3D 打印的临床医学应用与细胞打印技术结合，则有可能加速组织工程、再生医学等领域的发展，实现复杂的组织器官定制，使基于 3D 打印技术的人类器官、肢体再生成为可能。此外，如果重点从力学、机械性能角度研究骨骼、支架方面的 3D 打印技术研究团队与在临床医学、材料科学、模具塑件铸造等方面具有优势的 3D 打印研究团队开展跨学科的合作研究，则有可能加速骨骼、支架 3D 打印技术的全面发展，促进其早日应用于临床医学的骨骼移植、支架技术当中，造福人类。

由于 3D 打印涉及化学、医学、材料学、生物学、工艺科学和机械制造等诸多学科，在实际应用中需要结合多方面的技术，要想实现技术的大规模实际应用，大量跨学科的合作研究是必不可少的。未来具有跨学科特点的桥梁型研究团队的组建，将是 3D 打印研究领域的团队的发展趋势，而桥梁型团队的大量出现又会加速 3D 打印技术的多领域应用。

下　篇

产业创新与新兴产业发展研究

第七章

研究主题与内容的"伞"结构

"伞"是自上而下、由中心向外拓展的结构。本章将用"伞"概念对"产业创新与新兴产业发展研究"进行形象概括,用"伞"结构特征,阐述下篇研究内容的系统性、层次性,为研究工作的深入开展奠定基础。

这里"伞"的基本结构由一个一级主题和两个二级主题构成:一级主题——产业创新与新兴产业发展研究;二级主题——研究方法论;另一个二级主题——研究内容体系。

第一节　"伞"的基本结构

用"伞"结构概括本书下篇研究的主题和内容,可以得到图 7-1。

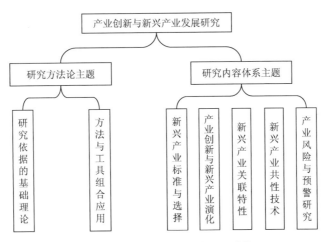

图 7-1　下篇研究主题和内容"伞"

这个"伞"结构图表明了下篇研究工作的体系与结构。其中研究方法论主题的内容"伞"包括研究依据的基础理论、方法与工具组合应用。研究内容体系主题的内容"伞"包括新兴产业标准与选择、产业创新与新兴产业演化、新兴产业关联特性、新兴产业共性技术、产业风险与预警研究。

第二节　研究方法论主题的内容"伞"

如图 7-1 所示，研究方法论主题的内容"伞"由研究依据的基础理论和方法与工具组合应用构成。

根据研究方法论的含义，新兴产业研究的方法论主要包括：一是确立研究什么（内容）——方法论中的主要任务；二是以什么理论为基础开展研究——解决问题的总指引和原理；三是怎样研究，即方法与工具组合应用。主要任务将在后续展开研究，本节阐述后两个问题。

一、依据的基础理论

新兴产业（以下包括战略性新兴产业）是产业创新的结果，产业创新的理论是新兴产业研究的重要基础。"产业创新的历史回顾和研究现状分析说明，关于产业创新理论的研究仍然很薄弱，而且这些文章中真正涉及产业创新内涵的不多，当前对于产业创新的研究仍处于探索阶段"[132]。"新兴产业浮现问题是一个重要且被学者所忽视的问题"[133]。探讨战略性新兴产业的理论基础，应从其本质特性出发。因此产业经济学、技术未来分析、系统科学、生态学、产业创新系统理论、创新理论等是新兴产业研究的重要理论基础。

新兴产业是产业创新的结果，因此，产业经济学必然是研究新兴产业的重要基础。产业组织理论、产业结构理论、产业政策理论在研究接近成熟的战略性新兴产业具有重要的指导意义，产业周期理论在研究战略性新兴产业形成发展过程方面具有重要意义。但是，"传统产业经济学是在均衡的框架下研究市场结构、企业行为和绩效之间的关系，研究集中在企业的成本结构、规模经济、策略行为、需求函数、市场份额、资源配置等问题。但是这些研究都没有涉及产业的变化过程，也不能解释产业的成长与发展过程"[134]。而战略性新兴产业的技术基础——新兴技术通常要对社会经济运行产生巨大冲击，"静态"与"均衡"往往难以持续。因此，仅依据产业经济学理论研究新兴产业显然是不够的。Forbes 等[133]明确指出，新兴产业需要突破传统理论与方法研究新兴产业形成发展机制。Elsbach 等[135]也认为，要提升对新兴产业的理论解释力，不仅要依靠、检验现有理论，也要发展新理论。

创新经济学（innovation economics 或 economics of innovation）是新兴产业研究的又一重要理论基础。创新经济学与传统经济学（新古典主义）有许多不同的观点：前者则关注创新能力（产品、工艺与商业模式），后者关注资源稀缺条件下的市场信号；前者认为知识和技术是经济增长的主要要素，后者认为生产要素的积累（资本和劳动力）是经济增长的主要要素；前者认为经济增长的环境是研究机构、政府和社会，后者认为经济增长的环境是个体和企业行为。创新经济学认为：经济政策的中心目标是通过创新激励经济增长；单纯的资源投入和价格机制并不能有效地激励经济增长；知识经济条件下，驱动经济增长的基本要素不是资本的积累，而是技术、知识外部化条件下的创新能力。在创新经济学看来，经济增长是知识变为有形产品的过程，其中主要的因素包括：对企业家、创新至关重要的机制与政策；企业间技术溢出与外部化；创新系统与创意环境。创新经济学在分析新兴产业（特别在新兴技术基础上形成的产业）成长阶段的机理具有明显的优势，解释了传统经济学难以解释的产业发展规律。例如，在新兴产业成长阶段，即便有充足的资本、人力和土地资源，但并不能保证新兴产业迅速稳定的成长。而创新经济学认为这一阶段的主要决定因素是政策、市场是否接受、技术轨道与主导设计是否确定、创新系统的完善状态等，这些因素可以比较好地解释新兴产业在成长阶段的成败。

　　产业创新系统（sectoral system of innovation）理论。产业创新系统理论的提出者 Malerba[136]认为，所谓产业创新系统，就是在一定的知识与技术基础之上，全部与某种特定产品相关的机构、组织与个人在相关制度规制下，通过各种类型的相互联系构成的网络系统；该系统促进创新的产生、扩散与产品的生产，并最终影响产业的绩效与竞争力。该理论认为，产业创新系统由七大要素构成：①企业，被视为产业创新系统的核心参与者；②其他参与者，除企业外，产业创新系统中还包含其他类型的参与者（组织或个人），如大学、金融机构、政府部门、商业联盟、技术协会、消费者、企业家、科学家等；③网络，大量各类创新主体通过各种市场或非市场的联系，进行正式或非正式的交互作用，形成了网络体系；④需求，在产业创新系统中，需求在影响创新活动和产业转型方面起着重要作用，既可能是促进作用，也可能是阻碍作用；⑤知识基础，决定着主导产业发展的技术范式和创新特点，从根本上界定了产业的边界，在产业创新系统中居于核心地位；⑥制度，产业创新系统中各行为者的创新活动与交互作用都会受到相关制度的规制，包括法律、标准、规则、惯例、风俗习惯、组织文化等；⑦系统运行进程与协同演进。Malerba 等[137]的产业创新系统理论注重从系统的、动态的视角观察问题，既研究需求，也研究供给；既重视企业，也重视其他类型的组织；既关注市场行为，也关注非市场的交互作用。能使人们更好地理解产业的学习和创新过程，更详尽地分析影响创新的因素，更系统地了解产业中的各类行为主体以及它们之间的关系[138]。

　　技术未来分析（technology future analysis）理论。战略性新兴产业是以科学技术为基础的，是新兴科技和新兴产业的深度融合，它通常经历技术发明—技术创新—新技术产业化整个过程。《国务院关于加快培育和发展战略性新兴产业的决定》指出"战略性新兴产业以重大技术突破和重大发展需求为基础"，强调了战略性新兴产业的"重大技术突破"特点。Keller 认为新兴产业的主要要素就是高技术。新兴产业以新兴技术为基础，因此从"基础"入手研究产业创新是具有科学性的。英国国家技术战略委员会所发表的 *Emerging Technologies and Industries Strategy* 2010-2013 将新兴技术与产业紧密关联，并鲜明地提出，他们的目的就是将今天的新兴技术转换为英国企业明天的增长要素；要与合作者共同将今天的新技术和正在应用的技术开发成新的产业，或者为现有产业开辟一个全新的市场。现实中许多新兴产业就是以基础研究为原动力而形成的产业，如生物产业、新材料产业、生物医药产业。Hung 等[139]从公共要素角度研究了"如何激励新兴技术演化为新兴产业"。Funk[140]提出要从技术变革的进化论角度，阐述新产业的浮现问题。技术未来分析理论[141]以新技术未来发展规律为研究对象，阐述技术自身的发展规律（发展趋势、研究前沿与热点、产业化潜力、技术成熟度），研究技术发展效应、技术未来的可能状态与所期望状态以及应对策略。技术未来分析理论对于掌握技术未来、评估与选择具有产业化潜力的新兴技术具有重要的指导意义。因此，技术未来分析是研究战略性新兴产业的重要理论基础。

系统科学理论。战略性新兴产业的形成与发展是一个系统工程，其中有诸多制约因素（技术因素、经济因素、法律因素、社会因素等），要经历多个发展演化阶段。因此，系统科学理论在战略性新兴产业研究中具有重要的指导意义，特别是耗散结构论、协同学、突变论、复杂系统理论、系统动力学的应用。例如，传统产业与新兴产业的协同共进、新兴技术与新兴产业协同发展的研究，耗散结构理论应用与产业创新系统发展过程及方向的研究[142]。基于系统动力学对新兴产业成长潜力的研究[143]。复杂系统理论在经济与管理领域具有很好的应用，特别是在产业风险管理方面的应用[144]。

生态学理论。生态学是研究生命组织体相互关系以及与环境之间关系的科学，它主要的研究内容包括生命体的构成、分布、总量、数量以及在生态环境中的变化状态。"由于产业演化与生物进化之间的基本相似性，借鉴生物进化论的部分理论和方法，结合产业经济系统本身的实际及其特点来研究产业的发展规律还是具有重要意义的"[134]。许多学者认为，生态学同时也是研究人类社会许多问题的方法论，它在生态环境保护、自然资源管理、城市规划、公共卫生、经济学、基础与应用科学研究等领域都有应用。生态学中的许多观点对于分析新兴产业具有重要指导意义：生物有机体的变化可以解释新兴产业主体——新技术型企业的变化；用自然选择理论（natural selection）探讨新兴产业中的竞争行为；用生态位（ecological niche）概念探讨新产品定位；用生态演替（succession）探讨产业成长；

用适应性（adaptation）探讨创新；用食物网（food web）探讨产品生命周期等。毛荐其等[145]认为"技术也具有遗传特性，依照生物遗传与变异法则，产品开发可由现有技术在遗传与变异的基础上迅速得到"，"本文结合遗传学、生物学、进化论的相关理论分析了新产品开发中技术的遗传特性，探讨了新产品开发中技术的演变规律以及新产品开发路径"。宋艳等[146]阐述了新兴技术的物种特性，同时，在进行生物进化与技术演化的相关概念对比的基础上，类比物种形成方式对新兴技术形成路径进行了探讨，并总结了每一条路径下形成的各类新兴技术的特点和发展趋势。McKendrick 等[147]借鉴生态学和制度理论研究了磁盘产业的形成过程。

二、研究方法与工具

关于方法的构成与应用问题，目前的研究存在一些不足：缺少系统、科学的方法论体系；主观方法使用较多，忽略了对客观分析方法的应用；注重对传统经济、科技数据的收集与处理，忽视了对现代数据库资源和历史文档的运用；应用传统分析工具（统计分析、计量模型）较多，采用现代分析工具（数据挖掘、专利分析、信息采集软件、各类分析软件）较少；单独使用一种方法较多，综合使用各类方法或单独使用方法并相互印证较少。

研究方法由特定研究目的和分析工具构成。产业经济学认为，规范分析方法和实证分析方法是产业经济学的基本研究方法，而案例分析方法、比较研究方法、计量分析方法和对策论方法是其特殊研究方法[148]。但新兴产业的新兴性、技术性、成长性、全局性和不确定性，决定了相关研究具有很大程度的探索性，因此，从研究工作的"目的性"和"证据特性"两方面对研究方法进行区分更有意义。根据研究的目的性，研究方法可分为：发现问题、解释现象、阐释规律的分析方法；评估、识别与选择新兴产业的决策方法；资料、数据、信息收集处理的数据方法。根据研究的"证据"特性，研究方法可分为主观方法、客观方法和主客观特性兼有的主客观方法，主观方法的"证据"是专家的知识和经验；客观方法的"证据"是产业及技术变化的数据信息；主客观特性兼有的方法体现在分析问题的过程中，专家的知识经验与客观信息同时发挥作用。

分析工具构成了研究方法的基础，研究方法是分析工具的组合及实施过程。同样的工具可以服务于不同的方法，用于解决不同的问题。分析新兴产业的主观方法工具包括德尔菲、深度访谈、焦点小组、头脑风暴、AHP 与 ANP 等；客观方法工具包括环境扫描、技术预测、文献计量工具、专利数据工具、网络数据分析工具、技术挖掘工具、交叉影响分析工具等；主客观方法的工具包括案例分析工具、形态分析工具、情景分析工具、历史文档分析等。数据方法的工具主要包括数据库、数据采集工具、历史文档、统计数据及工具与软件工具。组成评估、识别与选择的决策方法的工具主要包括评价指标工具（选择、检验、筛选工具）、评价模型工具等。

　　由上述分析可以确立新兴产业研究方法论构架，见图 7-2。

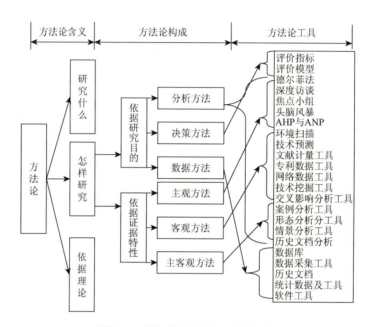

图 7-2　新兴产业研究方法论构架

第三节　研究内容体系主题的内容"伞"

　　研究内容"伞"结构已在图 7-1 阐述了，需要补充阐述的是根据什么原则来确立其构成，其基本原则是研究内容的重要性和紧迫性。

　　2010 年国家提出发展战略性新兴产业，而战略性新兴产业是以新兴产业和产业创新为基础的，新兴产业发展更是以新兴技术为基础的。就一般意义而言，产业创新要研究新兴产业如何浮现及其特征；制约新兴产业浮现的主要因素；产业创新的发展路径及其特点；新兴技术与产业关系及新兴技术产业化潜力研究；主导技术与设计的确立；新兴产业的评价与识别研究（战略性识别、技术性识别、潜在成长性识别、效益性识别）。新兴产业成长发展要研究技术创新与产业动态演化的机理（创新对产业变化的影响）；新兴产业发展的非技术因素（公共政策因素、金融因素、社会因素）分析；新兴产业演化过程机理（动态模型分析、过程仿真）；新兴产业发展的阶段性及转换；新兴产业与支撑产业（信息、网络）、传统产业的关系；新兴产业共性技术研究；新兴产业技术风险评估及预警；新兴产业重点领域与培育模式研究。

从我国当时战略性新兴产业发展的实际需要看，以下研究内容具有重要性和紧迫性，首先是研究战略性新兴产业评价指标、标准与选择，以保证相关政策的针对性和有效性；其次是研究产业创新与新兴产业演化规律，为产业创新研究和政策制定奠定理论基础；再次是新兴产业关联特征及发展研究，这是发挥新兴产业带动作用的基础；然后是研究新兴产业共性技术识别与发展，这既是产业创新的重点，也是新兴产业持续发展的基础；最后是新兴产业风险评估与预警研究，这是产业创新与新兴产业发展的保证。

第八章

战略性新兴产业评价标准与选择

产业创新是新兴产业持续发展的前提，新兴产业的健康可持续发展是产业创新的目的。战略性新兴产业作为产业创新的结果，为保持其健康发展，一方面，要界定该新兴产业的内涵、基本特征，提出战略性新兴产业评价指标与标准。另一方面，要正确评价和选择新兴产业，以便为"规划"和"政策"确立对象。

第一节　战略性新兴产业评价指标与标准

发展战略性新兴产业已成为我国经济可持续发展的重大战略选择，为此《国务院关于加快培育和发展战略性新兴产业的决定》（以下简称《决定》）明确提出，"加大政策扶持力度"，"设立战略性新兴产业发展专项资金，建立稳定的财政投入增长机制，增加中央财政投入"。同时《决定》也指出，"加强财政政策绩效考评，创新财政资金管理机制，提高资金使用效率"，"推动战略性新兴产业快速健康发展"。而这些措施实施的前提是，有明确的战略性新兴产业评价指标与标准。没有指标与标准、财政政策和倾斜力度就没有方向，绩效考评就缺乏基础。因此，制定指标与标准是十分必要的。

一、确定评价指标与标准的基本原则

评价指标与标准的确定要坚持以下原则。

第一，借鉴原则。考虑到新兴产业是高技术产业的前端，除高技术产业中的成熟技术，新兴产业与高技术产业在技术及经济特性上十分相似。因此，可以借鉴国内外高技术产业的相关数据，同时考虑我国战略性新兴产业处于发展起步阶段，提出战略性新兴产业评价指标与标准的参考值。

第二，属性与特征原则。战略性新兴产业的评价指标与标准的根据是，战略性新兴产业具有的基本属性与根本特征。战略性新兴产业的基本属性是：它以新

（兴）技术为基础和先导，是科学技术与产业的深度融合；它以追求良好综合效益为目标。因此，评价指标与标准应包括产业技术性评价指标与标准、产业先导性评价指标与标准、产业效益性评价指标与标准。战略性新兴产业的根本特征在于，战略性新兴产业的发展是一个动态过程，在这个过程中，它具有一些"内在要求"：成长性要求——从新兴产业逐渐成长为支柱产业；全局性要求——能对整个经济产生广阔与深远的影响。因此，评价指标与标准还应包括产业成长性评价指标与标准、产业全局性评价指标与标准。

　　第三，从实际出发原则。考虑到产业发展的差异性和动态变化，战略性新兴产业评价标准不应该是一个确定值，而应该是一个区间或范围。评价标准太低不能反映战略性特征，过高又不利于新兴产业的发展。本书以上下限的方式给出标准值。下限表示该指标的标准不低于该值，上限表示该指标的标准不要高于该值。

二、确定评价指标与标准的主要依据

　　确定的评价指标及标准应该有利于保证战略性新兴产业健康、稳定、持续、协调的发展，且各项要求缺一不可。

　　第一，产业技术性评价指标与标准是战略性新兴产业的"新兴"要求，反映了战略性新兴产业的技术基础状态，决定着产业竞争力的持续性。

　　第二，产业先导性评价指标与标准是战略性新兴产业技术领先性的要求，体现了科学技术的导向作用与产业的应用前景。

　　第三，产业成长性评价指标与标准是战略性新兴产业内部协调性的要求，反映了战略性新兴产业体量扩张和机能完善的程度。

　　第四，产业全局性评价指标与标准是战略性新兴产业之"战略"的要求，反映了战略性新兴产业对经济的实际推动作用。

　　第五，产业效益性评价指标与标准是资源约束和环境约束的要求，反映了战略性新兴产业发展的最终效果。

三、新兴产业评价指标的含义与标准体系

（一）产业技术性评价指标与标准

1. 产业技术性评价指标的含义与评价指标体系

　　战略性新兴产业处于高新技术产业的高端或前沿，是新兴科技和新兴产业的深度融合，在产业核心技术上有革命性突破，具有知识密集、技术密集和资本密集的特点。由于技术创新是战略性新兴产业的灵魂，技术性也就成为战略性新兴产业的重要特性之一。战略性新兴产业的技术性是指产业内的研发能力，它决定

着产业的竞争力和持续发展能力。因此，确立战略性新兴产业技术性的评价指标与标准，对于区别战略性新兴产业，提高政策支持的针对性和有效性，提高产业竞争力具有重要意义。

战略性新兴产业的核心和基础是 R&D 活动，因此可以考虑将 R&D 活动作为其技术性的重要体现。据此提出，从 R&D 投入和产出两个方面，选取 R&D 人员比例、R&D 投入强度和每百名 R&D 人员发明专利申请数作为技术性的评价指标，建立战略性新兴产业技术性的评价指标体系（表 8-1）。在此基础上，以国内外高技术产业统计数据、国家 R&D 统计数据以及相关规划标准等为依据，计算此指标体系的各项标准。然后，参考所计算出的各项标准，根据战略性新兴产业的技术性，给出战略性新兴产业技术性标准区间。

表 8-1　战略性新兴产业技术性的评价指标体系

战略性新兴产业技术性	R&D 投入角度	R&D 人员比例
		R&D 投入强度
	R&D 产出角度	百名 R&D 人员发明专利申请数

2. 基于 R&D 投入的评价指标与标准

R&D 人员是战略性新兴产业发展的智力基础，R&D 经费投入是产业技术创新的重要保障。这两个指标分别从人才和经费两个方面体现了战略性新兴产业的 R&D 投入强度。战略性新兴产业处于产业形成和发展的初始阶段，其技术性特点体现为 R&D 人员和经费投入强度高。

1）R&D 人员比例

（1）指标含义：R&D 人员所占从业人员的比例，是国际上通行的反映国家（地区）研发人员投入总量规模的重要评价指标。R&D 人员是科技活动人员中从事创新活动的核心力量，其数量和素质是国际上衡量科技投入和科技实力的主要指标。R&D 人员比例可充分反映产业中 R&D 人员的投入力度。该指标的计算见式（8-1）：

产业 R&D 人员比例 = 产业 R&D 人员数/产业从业人员总数×100%　（8-1）

其中，产业 R&D 人员包括参与企业研发活动的科学家、工程师等技术人员及高级管理人员。产业 R&D 人员数指当年 R&D 人员全时当量，即当年在该产业中按人数统计参加 R&D 活动并领取报酬的 R&D 活动人员人数，其中不包括全年从事 R&D 活动工作量不到 0.1 年的人员，在我国由国家统计局进行统计。

（2）确立评价标准的数据来源：因为战略性新兴产业具有新兴性以及高技术性，实际上就是高新技术产业当中的更具成长性的产业部分。为确定我国战略性新兴产业的 R&D 人员比例标准（以下称标准 A），可参考我国高技术产业的相关数据。这是因为高技术产业与战略性新兴产业存在较大的交集，所以我国高技术产业数据可以作为确立战略性新兴产业标准的重要来源。同时，由于中关村科技园区作为我国第一个国家级高新技术产业开发区，始终保持着较高的经济增长速度，有很强的代表性，中关村科技园的数据也成为重要来源。此外，美国在高科技领域居于世界领先地位，因此，以美国为样本，作为可参考的国外相同标准数据来源，最终综合确立我国标准的区间范围。

（3）评价标准的确立：标准 A 的下限应高于我国高技术产业平均水平。从高技术产业的角度来看，我国高技术产业 R&D 人员比例的平均值为 4.23%，其中航空航天器制造业的比例最高，达到了 5.56%，电子计算机及办公室设备制造业比例最低，为 2.64%，详细数据见表 8-2。

表 8-2　中国高技术产业 R&D 从业人员比例

产业分类	从业人员总数/人	R&D 人员数/人	R&D 人员比例/%
合计	9 575 428	405 063	4.23
医药制造业	1 604 792	68 211	4.25
航空航天器制造业	325 270	17 977	5.56
电子及通信设备制造业	5 100 040	228 336	4.48
电子计算机及办公设备制造业	1 632 703	43 025	2.64
医疗设备及仪器仪表制造业	912 623	47 514	5.21

资料来源：根据《中国高技术产业统计年鉴 2010》数据计算

标准 A 的上限应与美国高技术产业 R&D 人员最高比例相近。根据美国最新 *Science and Engineering Indicators* 统计，美国 2008 年的高技术产业 R&D 人员比例为 11.03%，其中各产业中比例最高的为医药制造业，达到 14.06%，比例最低的为医疗设备及仪器仪表制造业 7.23%，详细数据见表 8-3。

表 8-3　美国高技术产业 R&D 人员比例

产业分类	从业人员总数/千人	R&D 人员数/千人	R&D 人员比例/%
所有产业	27 066	1 909	7.05
高技术产业	6 661	735	11.03
医药制造业	1 053	148	14.06
航空航天器制造业	1 210	105	8.68
电子及通信设备制造业	1 633	257	15.74
电子计算机及办公设备制造业	538	64	11.90
医疗设备及仪器仪表制造业	2 227	161	7.23

资料来源：根据美国 *Science and Engineering Indicators* 2010 统计数据计算

由中美高技术产业数据比较可知，我国 R&D 人员整体比例还较低，平均水平在 4.5%左右，但中关村科技园区的相关数据显示，在国家政策扶持和企业的重视下，各产业的 R&D 从业人员比例达到了很高的水平，截至 2008 年已经达到 12.8%。基于上述分析，我国战略性新兴产业的 R&D 人员比例有进一步提高的可能性，所以，在考虑我国战略性新兴产业发展现状的前提下，确立标准 A 的区间为 5%～15%。

2）R&D 投入强度

（1）指标含义：在国家层面，R&D 投入强度（R&D 经费/GDP）是一个国家具备较高创新能力的重要表现，是国际上最主要的衡量国家或地区研发规模、水平以及技术能力的指标。对于一个产业而言，其 R&D 投入强度是指产业的 R&D 经费内部支出与该产业生产总值的比值。R&D 投入强度是测度产业研发经费投入力度的重要指标，同时也反映出产业的科技实力和创新能力。具体计算见式（8-2）：

产业 R&D 投入强度(%) = 产业 R&D 经费内部支出/产业生产总值×100%

（8-2）

其中，产业 R&D 经费内部支出是该产业在报告年度用于内部开展 R&D 活动的实际支出，包括直接用于 R&D 项目（课题）活动的支出，以及间接用于 R&D 活动的支出。

在对战略性新兴产业评价时，引入企业层面指标，对于具体指导产业发展具有更实际的意义。因此，针对企业层面的 R&D 投入强度，以产业内部企业的研发活动为基础，选取企业销售收入作为比值分母，确立指标"企业 R&D 投入强度"，用以衡量战略性新兴产业中企业创新活动的活跃程度。其计算见式（8-3）：

企业 R&D 投入强度(%) = 企业 R&D 经费支出/企业销售收入×100% （8-3）

（2）评价标准的确定：为了科学地确定我国战略性新兴产业 R&D 投入强度的标准（以下称标准 B），需要综合考虑我国产业 R&D 投入强度的平均水平、我国高技术产业的 R&D 情况以及国家层面的 R&D 投入强度，在此基础上参照部分国家的产业 R&D 投入强度，加以比较，最终确定标准 B 的区间范围。在确定过程中需要遵循如下原则。

原则 1：标准 B 的下限应高于我国所有产业 R&D 投入强度的平均值。这是由战略性新兴产业的高技术性和先导性决定的。第二次全国 R&D 资源清查主要数据公报显示，2009 年全国各行业 R&D 经费投入强度的平均值为 0.7%。据《中国高技术产业统计年鉴 2010》统计，2008 年我国制造业的 R&D 经费投入强度为 0.9%。

原则 2：标准 B 的区间应包含我国高技术产业的 R&D 投入强度的分布区间。根据《中国科技统计年鉴 2010》，可以获得 2009 年我国各高技术产业的 R&D 经费投入额和 R&D 人员数。由此可计算出我国高技术产业的 R&D 投入强度的平均值为 1.48%,在各个高技术产业中航空航天器制造业的 R&D 经费投入强度最高,达到 4.9%;电子计算机及办公设备制造业最低,为 0.64%。

原则 3:基于动态发展的原则,标准 B 应向国外高技术产业 R&D 投入强度标准靠拢。这是我国发展战略性新兴产业的初衷,在新一轮竞争中抢占制高点,必须缩小与发达国家的差距。根据 *OECD Factbook* 2010 的相关统计数据,可以计算出部分国家近年(2007~2009 年)高技术产业的 R&D 投入强度。OECD 成员国中高技术产业 R&D 投入强度排名前十的国家是美国、芬兰、英国、日本、德国、法国、韩国、挪威、西班牙、意大利。高技术产业 R&D 投入强度的最高值为 16.41%,R&D 投入强度的平均值为 9%左右。

原则 4:标准 B 应高于我国 R&D 的投入强度(国家 R&D 总经费/GDP)。战略性新兴产业肩负着拉动国家科研和技术发展的重任,因此其评价指标原则上应高于国家平均值。在全球 R&D 经费投入最多的 6 个国家中,美国的 R&D 总经费占 GDP 的比例为 2.79%,德国为 2.82%,日本为 3.44%,法国为 2.11%,英国为 1.87%,中国为 1.70%处于全球中等水平。但是美国、日本、德国等发达国家的高技术产业 R&D 投入强度均远高于国家整体 R&D 投入强度,而中国却相反,这说明中国高技术产业 R&D 投入强度还远远不够。《国家中长期科学和技术发展规划纲要(2006—2020 年)》明确规定,到 2010 年,全社会 R&D 投入占 GDP 的比例提高到 2%,到 2020 年,这一比例将提高到 2.5%以上。

原则 5:战略性新兴产业中企业的 R&D 投入强度标准(以下称标准 B^*)应符合国家相关规划和规定。新《高新技术企业认定管理办法》对企业研发费用占销售收入的最低比例规定为 3%。《国家高新技术产业开发区"十一五"发展规划纲要》指出,2010 年底国家高新区内高新技术企业 R&D 经费占产品销售额比例达到 4%(其中高新技术企业为 5%以上)。2010 年中国制造业中企业研发投入强度最高的是中国航天科工集团有限公司,达到 12.68%。2007 年美国高技术产业中企业的平均 R&D/销售收入比例为 7.1%,最高的是软件行业的企业,达到 19.6%。

结合我国高技术产业 R&D 投入强度和世界各国 R&D 投入情况,确定我国战略性新兴产业 R&D 投入强度(标准 B)的下限为 2%,最终要达到 9%。战略性新兴产业中企业 R&D 投入强度标准(标准 B^*)的区间范围为 5%~20%。由于战略性新兴产业处于产业发展的初始阶段,R&D 人员和经费投入强度标准(标准 A、标准 B、标准 B^*)区间具有确定的下限,并考虑到其成长性提出了区间范围。另外,不同的战略性新兴产业具有不同的技术特性,在研发投入方面存在一定差异。所以只是给出一个建议性的一般性标准,便于战略性新兴产业技术特性的一般性评价。

3. 基于 R&D 产出的评价指标与标准

《国家知识产权战略纲要》明确指出要以国家战略需求为导向,在生物和医药、信息、新材料、先进制造、先进能源、海洋、资源环境、现代农业、现代交通、航空航天等技术领域超前部署,掌握一批核心专利技术,支撑我国高技术产业与新兴产业发展。专利是衡量产业研发产出的重要指标,它反映了产业研发具备的技术基础和技术能力。在专利中,发明专利的科技含量高,能够在较大程度上反映产业的技术开发能力和竞争力,从而成为衡量产业研发产出和进行技术特性比较的重要指标。据此,从研发产出的角度,提出用每百名 R&D 人员发明专利申请数作为战略性新兴产业技术特性指标。战略性新兴产业在发展中新兴技术大量出现并快速成长,发明专利产出量也必然高。

1)指标含义

百名 R&D 人员发明专利申请数作为相对指标,能够体现产业的发明专利申请密集度,并且能够增加指标的可比性,更易于评价。具体计算见式(8-4):

$$百名 R\&D 人员发明专利申请数 = 产业发明专利申请数/(产业 R\&D 人员数/100)$$

$$(8\text{-}4)$$

在计算时,产业发明专利申请数采用当年产业发明专利申请数,包含国内和国外申请的合计。计算中涉及国外发明专利申请数据时,采用相同口径,以按国籍统计该国在世界知识产权组织所列发明专利申请总数为准。产业 R&D 人员数同样采用产业当年 R&D 人员全时当量。

2)评价标准的确定

确定我国战略性新兴产业每百名 R&D 人员发明专利标准(标准 C),主要参考我国高技术产业和科技园区的发明专利申请情况,同时考虑采取相同口径统计国外部分国家数据。确定标准 C 的原则有以下几点。

原则 1:标准 C 的下限应高于我国高技术产业以及高新园区每百人发明专利申请数的平均值。基于《中国高技术产业发展年鉴 2010》中关于我国高技术产业发明专利申请数和 R&D 人员数的统计数据,根据式(8-4)可以计算出 2009 年我国高技术产业每百名 R&D 人员发明专利申请数为 9.9 件。同理根据《中关村国家自主创新示范区年鉴 2010》相关统计数据,可以计算出 2009 年中关村科技园区每百名 R&D 人员发明专利申请数为 6.7 件。中关村园区的每百名 R&D 人员发明专利申请数低于高技术产业,是由于中关村科技园区的专利申请主体是企业,而高技术产业中统计的专利申请主体还包括高校等科研机构。标准 C 应至少高于我国高技术产业每百名 R&D 人员发明专利申请数 9.9 件,因此确定标准 C 的下限为 10 件。图 8-1 为中关村科技园区中涉及战略性新兴产业的相关技术领域每百名 R&D 人员发明专利申请情况。

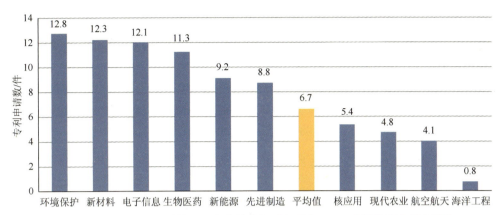

图 8-1　2009 年中关村科技园区十大技术领域每百名 R&D 人员发明专利申请数

资料来源：根据《中关村国家自主创新示范区年鉴 2010》相关数据计算

原则 2：标准 C 的区间上限应向发达国家每百名 R&D 人员发明专利申请数靠拢。根据 *World Intellectual Property Indicators* 2010 的统计数据，可以获得世界主要国家近年发明专利申请数。从中选取发明专利申请数排名前十的国家（日、美、中、韩、德、法、英、俄、意、加），从 UNESCO Statistics Database 中分别查询其 R&D 人员数（当年 R&D 人员全时当量），可依据式（8-4）计算出 2008 年这 10 个国家每百名 R&D 人员发明专利申请数，具体见图 8-2。在所列十国中，我国每百名 R&D 人员发明专利申请数（8.9 件）名列倒数第二，仅超过俄罗斯（6.6 件）。由于我国的 R&D 人员投入与 R&D 产出专利（发明专利申请）的结构比例与美国相似，标准 C 的确定可以美国每百名 R&D 人员发明专利申请数为参考。

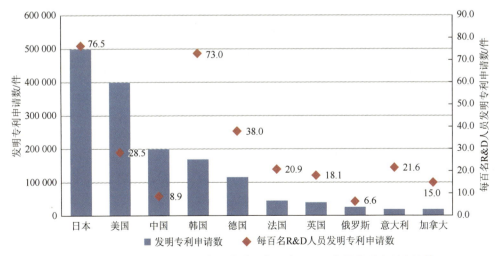

图 8-2　2008 年部分国家发明专利申请及每百名 R&D 人员发明专利申请情况

资料来源：根据 *World Intellectual Property Indicators* 2010 和 UNESCO 最新相关数据计算

综上所述，我国战略性新兴产业每百名 R&D 人员发明专利申请标准（标准 C）的下限为 10 件；随着战略性新兴产业的不断发展，专利产出效率不断增长，应该达到美国每百名 R&D 人员发明专利申请标准（约 30 件）。因此，标准 C 的区间范围为 10～30 件。战略性新兴产业具有快速成长性，在产业发展的初期阶段，新兴技术处于快速增长期，因此，技术产出特别是专利申请量存在较大增长空间。鉴于此，在确定标准 C 时提出的也是建议性的区间范围。

（二）产业先导性评价指标与标准

1. 先导性指标含义与评价指标体系

先导性是指产业技术领先性和导向性，体现了科学技术的导向作用与产业的应用前景。战略性新兴产业的技术是新兴技术，其产品技术含量高，应用前景广，具有先导性突出的特点。科技文献数量与专利数量之比能够反映产业技术是否来自研发前沿，它是先导性的技术基础；科研经费投入是技术先导性的资金保障，没有资金保障，新兴产业就不可能具有引领性。把握技术前沿，增加研发经费投入，是战略性新兴产业动态发展的基本条件。据此提出，先导性可用前沿性和引领性作为评价指标。

2. 研发前沿性评价指标与标准

科技文献与专利是分析发现技术产业发展规律的基本研究元素。Godin 等学者分析了学科与产业间的知识产品流动，认为科技文献、专利与技术产业的发展具有紧密的关系。已有研究表明，当技术发展处于基础研究阶段时，主要以 SCI 文献形式为主，当技术处于应用研究阶段时，主要以 EI 文献形式为主；当技术发展处于试验发展阶段时，主要以专利形式为主；当技术发展处于应用阶段时，主要以商业报刊形式为主。显然，科技文献数量主要包括基础研究阶段的 SCI 文献以及应用研究阶段的 EI 文献，可以作为衡量某领域科学研究活跃性的重要指标；而专利数量更多可以作为衡量某领域应用研究活跃性的指标。战略性新兴产业是以科学知识和新技术应用为支撑的产业，科技文献与专利是推动产业发展的主要因素。为此提出，用产业领域的科技文献数量与专利数量的比，判断该产业技术是否来自研发前沿。其中科技文献的数据来自 ISTP、SCI、EI 数据库，专利数据来自德温特专利数据库。

判断产业技术先导性的准则是：①当科技文献数大于专利数，且均在快速增长时，表明新兴产业的科学与技术基础还不成熟，需要不断完善和改进，此时的科学与技术研究具有先导性。②当科技文献数趋于下降，而专利数持续上升时，表明科学研究或出现新的方向，或原有的科学研究领域已缺少"未解决的问题"，而此时的技术试验发展正在突飞猛进，特别是工艺性、标准性技术的快速发展，表明新兴产业技术接近成熟阶段，此时的科学与技术研究就不具有先导性。因此，通过比较科技文献数量与专利数量，可以判断新兴产业的技术先导性。

采用 Web of Science 文摘索引数据库、Ei Compendex Web 综合性文摘数据库以及 ISI-德温特专利数据库中的数据，可以确定科技文献数量与专利数量比标准。

根据前述产业先导性准则，建议该评价指标的标准下限为科技文献数量与专利数量比大于 1。当科技文献数量与专利数量比大于 1 时，该产业领域内科学研究成果数大于应用研究成果，产业领域处于初步发展阶段即新兴状态，新兴产业具有技术先导性；当科技文献数与专利数量比小于或者等于 1 时，该产业领域内科学研究成果数小于应用研究成果，则表示该产业已不具有技术先导性了。

3. 研发引领性评价指标与标准

新兴产业技术发展迅速，变化多端，能否使产业技术居于先导地位，重要物质保障条件是，研发经费稳定持续的增长，所以研发经费年增长率是重要的研发引领性指标。研发经费内部支出既包括研发项目活动的直接支出，也包括间接用于研发活动的相关费用支出，能够较全面地反映研发活动的经费支出情况。因此，采用研发经费内部支出数据进行计算。研发经费增长率计算方法采用首末项法，即式（8-5）：

$$\alpha = \left(\frac{\alpha_n}{\alpha_0}\right)^{\frac{1}{n}} - 1 \qquad\qquad (8\text{-}5)$$

其中，α 为研发经费增长率；α_0、α_n 分别为首年和末年的研发经费投入；n 为统计年数的差值。

式（8-5）中末年与首年研发经费投入的比代表 n 年间研发经费总增长，对其开 n 次方表示进行指数平均化。由于增长率关注增量部分，最后要减去基期值 1，得到研发经费增长率。

根据 OECD 数据报告中 2006～2008 年的数据并按照高技术产业归类，计算得到，美国高技术产业研发经费平均增长率为 11.68%，其中，电子及通信设备制造业为 8.45%，电子计算机及办公设备制造业为 9.24%，航空航天器制造业为 29.79%，医药制造业为 7.70%，医疗设备及仪器仪表制造业为 12.84%。

根据 2007～2009 年的中国高技术产业年鉴数据以及结合式（8-5），可计算出中国高技术产业研发经费平均增长率（2006～2008 年）为 19.81%。其中，医药制造业为 22.64%，航空航天器制造业为 24.87%，电子及通信设备制造业为 20.63%，电子计算机及办公设备制造业为 5.32%，医疗设备及仪器仪表制造业为 39.52%。

参考上述数据，建议该指标的评价标准下限为战略性新兴产业的研发经费增长率平均达到 20%。因为，战略性新兴产业的技术发展迅速，研发经费的稳定持续增长是产业居于先导地位的重要的物质保障条件。

（三）产业成长性评价指标与标准

1. 成长性指标含义与评价指标体系

产业成长性是指产业发展过程中，经济体量不断扩张，产业质量不断提升，最终成为国民经济发展中的支柱产业。战略性新兴产业作为引导未来经济社会发展的重要力量，在国家相关政策的大力支持与社会生产需求下，具有明显的产业成长性高的特点。

设置成长性评价指标，要考虑战略性新兴产业技术特性、经济体量扩张特性和产业质量提升特性。技术特性是产业成长的基础，体量和质量是产业成长的目标。据此提出，用产值增长率、产业增加值增长率和产值比重增长率作为衡量成长性体量方面的指标；用专利申请数量年增长率和新产品销售收入增长率作为衡量成长性质量方面的指标，见表8-4。

表8-4　战略性新兴产业成长性指标体系

战略性新兴产业成长性	体量评价	产值与产值增长率
		产值占 GDP 比重增长率
	质量评价	发明专利申请增长率
		新产品销售收入增长率

2. 成长性体量评价指标与标准

1）产值与产值增长率

产值是指一定时期内生产的产业最终产品或提供产业活动的总价值量的年增加值，能够反映产业的财富创造能力。产值增长率反映了战略性新兴产业自身的成长速度和幅度，其计算采用首末项计算法，见式（8-6）：

$$\beta = \left(\frac{\beta_n}{\beta_0}\right)^{\frac{1}{n}} - 1 \qquad (8-6)$$

其中，β 为产值增长率；β_0、β_n 分别为首年和末年的产业增加值；n 为统计年数的差值。

因为战略性新兴产业的产值没有相关统计数据，所以将工业和信息化部总经济师周子学提出的建议作为评价标准下限：战略性新兴产业在 2011～2015 年要实现 24.1%的年均增长速度，2016～2020 年要实现 21.3%的年均增长速度。

2）产值占 GDP 比重增长率

产值占 GDP 比重增长率是战略性新兴产业增加值占 GDP 的比值增长率，该指标反映了战略性新兴产业从"先导性"向"支柱性"过渡的速度。产值占 GDP 比重增长率的计算采用首末项计算法，见式（8-7）：

$$\gamma = \left(\frac{\gamma_n}{\gamma_0} \right)^{\frac{1}{n}} - 1 \qquad （8-7）$$

其中，γ 为产值占 GDP 比重增长率；γ_0、γ_n 分别为首年和末年的战略性新兴产业增加值占 GDP 的比值；n 为统计年数的差值。

根据国务院颁布的《国务院关于加快培育和发展战略性新兴产业的决定》（国发〔2010〕32 号）文件中所提出的，到 2015 年，战略性新兴产业增加值占 GDP 8% 左右，到 2020 年，战略性新兴产业增加值占 GDP 的比重力争达到 15% 左右两个指标，以及结合式（8-7），建议该指标的评价标准下限为 13%。

3. 成长性质量评价指标与标准

1）专利申请数量增长率

专利是技术研发最重要的成果表现形式，它可以作为研究技术发展的重要数据。产业的专利申请数则表征了该产业主要的技术研发产出水平，代表着产业的质量（竞争实力）水平。专利申请数量的年增长率能够反映产业质量水平提升的速度，不仅体现了技术创新活动活跃程度的持续增长性，同时也显示了知识产权制度对战略性新兴产业发展的重要作用。

专利申请数量增长率采用首末项计算法，见式（8-8）：

$$x = \left(\frac{x_n}{x_0} \right)^{\frac{1}{n}} - 1 \qquad （8-8）$$

其中，x 为专利申请数量增长率；x_0、x_n 分别为某产业首年和末年的专利申请数量；n 为统计年数的差值。

参考 2006～2009 年中国高技术产业专利申请数据和中关村科技园区专利申请数据，以及结合式（8-8），建议该指标的评价标准下限为下一代信息技术产业为 42%、高端制造业为 9%、新能源产业为 22%、新材料产业为 14%、节能环保产业为 22%、生物医药产业为 54%。因为高技术产业领域还有一些比较成熟的技术，而新兴产业的主要技术都是新兴的，申请专利的空间比较大。

2）新产品销售收入增长率

新产品是技术研发的又一重要成果表现形式，指采用新技术原理或新构思研制生产的全新产品，或是在结构、材质、工艺等某方面比原有产品明显改进，从而显著提高了产品性能或扩大了使用功能的产品。新产品销售收入能够反映研发产出及对经济增长的直接贡献，包括尚未申请专利的新产品的销售收入，克服了地区差异而导致的估计偏差及专利申请的滞后性。新产品销售收入增长率从另一个侧面反映了产业的质量（竞争实力）水平。该指标从创新产出方面，反映了战略性新兴产业竞争力的提升速度。新产品销售收入增长率采用首末项计算法，见式（8-9）：

$$v = \left(\frac{v_n}{v_0}\right)^{\frac{1}{n}} - 1 \qquad\qquad （8-9）$$

其中，v 为新产品销售收入增长率；v_0、v_n 分别为某产业首年和末年的新产品销售收入；n 为统计年数的差值。

参考 2006～2009 年中国高技术产业新产品销售收入数据和中关村科技园区新产品销售收入数据，以及结合式（8-9），建议战略性新兴产业指标的评价标准下限是下一代信息技术产业为 28%、高端制造业为 5%、新能源产业为 22%、生物医药为 52%。

（四）产业全局性评价指标与标准

1. 全局性指标含义与评价指标体系

全局性是战略性新兴产业的一个首要特性，对于把握、评价战略性新兴产业具有重要意义。阐述战略性新兴产业全局性的含义，首先要把握全局性的基本含义。从一般意义上来说，全局性包括三个方面的特性：一是影响面广阔，即在很大范围内产生影响；二是影响内容丰富，即对多方面产生影响；三是影响力深远，即产生的影响效应很大，持续时间很长。

战略性新兴产业全局性包括三方面含义：一是对整个相关产业具有广阔的影响，波及的产业面很大；二是影响内容很丰富，即对企业数量、就业、市场需求等均产生影响；三是对社会经济的影响深远，能够持续提升就业水平和扩张市场需求。

根据战略性新兴产业全局性三个方面的含义，提出反映"影响面"的波及效应指标、反映"影响内容"和"影响深远"的就业带动指标和市场潜力指标，并对全局性进行定量分析，计算相关系数，给出这三个指标的界定标准，以此作为评价和选择一个产业能否成为战略性新兴产业的参考。

计算波及效应指标时，基于国家对战略性新兴产业的相关解释及我国《2007 年投入产出表》中 135 个部门分类解释，合并投入产出表中的相关部门，并形成战略性新兴产业所依托的 9 个部门，通过这 9 个部门说明战略性新兴产业对整个国民经济的影响。但同时也存在着分类合并是否合理的问题，所以最终给出的界定标准仅供参考。

在计算就业带动指标和市场潜力指标时，由于现有国民经济行业分类中没有战略性新兴产业，而高技术产业具有与战略性新兴产业基本相同的特征（除某些技术已经比较成熟、不具有高增长性的领域），国外有的学者甚至认为，新兴产业就是高技术产业（emerging industry：high technology），他们采用部分高技术产业的相关数据，提出就业带动指标和市场潜力指标的计算方法，并给出界定标准。

新兴产业形成发展为支柱产业是一个过程，在不同的发展阶段上界定标准会有差异：产业发展初期，界定标准可能较低；随着产业的不断发展壮大，界定标准可能会有所提升。而且，对于不同的产业领域，上述三个界定指标也会有所差异。在评价某一产业是否符合战略性新兴产业标准时，应该具体情况具体分析，这里所给出的标准仅供参考。评价指标体系如表 8-5 所示。

表 8-5　战略性新兴产业全局性评价指标体系

战略性新兴产业全局性	波及效应	影响力系数
		感应度系数
	就业带动	从业人员增长率
	市场潜力	主营业务收入增长率

2. 波及效应评价指标与标准

产业波及效应指在国民经济产业体系中，其中某一产业部门发生的最终需求或附加价值等的变化会沿着不同的既定产业关联方式即波及路径引起与其直接相关的产业部门发生变化，随之这些变化又会导致其他相关产业部门发生变化。通常，把某一产业对其他产业的波及作用称为影响力，把某一产业受其他产业的波及作用称为感应度。对产业波及效应进行动态分析的最佳方法是影响力系数和感应度系数的分析。因此，选取感应度系数、影响力系数作为研究全局性的指标之一。

1）波及效应评价指标计算方法

（1）直接消耗系数：指在生产经营过程中第 j 种产品（或产业）部门的单位总产出直接消耗的第 i 种产品部门货物或服务的价值量。其计算方法为：用第 j 种产品（或产业）部门的总投入 x_j 去除该产品（或产业）部门生产经营中直接消耗的第 i 种产品部门的货物或服务的价值量 x_{ij}，用式（8-10）表示为

$$a_{ij} = \frac{x_{ij}}{x_j}, \quad i, j = 1, 2, \cdots, n \qquad (8-10)$$

将各产品（或产业）部门的直接消耗系数用表的形式表现就是直接消耗系数表或直接消耗系数矩阵，通常用字母 A 表示（式（8-11））。

$$A = \begin{vmatrix} a_{21} & a_{22} & \cdots & a_{2n} \\ \vdots & \vdots & & \vdots \end{vmatrix} \qquad (8-11)$$

（2）影响力系数：反映国民经济某一部门增加一个单位最终使用时，对国民经济各部门所产生的生产需求波及程度。影响力系数的计算见式（8-12）、式（8-13）：

$$F_j = \frac{\sum_{i=1}^{n} \overline{b_{ij}}}{\frac{1}{n}\sum_{i=1}^{n}\sum_{j=1}^{n} \overline{b_{ij}}}, \quad j=1,2,\cdots,n \qquad (8\text{-}12)$$

$$B = (I - A)^{-1} \qquad (8\text{-}13)$$

其中，$\sum_{i=1}^{n} \overline{b_{ij}}$ 为里昂惕夫逆矩阵的第 j 列之和，表示 j 部门增加一个单位最终产品，对国民经济各部门产品的完全需要量；$\frac{1}{n}\sum_{i=1}^{n}\sum_{j=1}^{n} \overline{b_{ij}}$ 为里昂惕夫逆矩阵的列和的平均值，反映当国民经济各部门均增加一个单位最终使用时，对全体经济部门产品的完全需求的均值；I 为单位矩阵。一个产业的影响力系数越大，该产业对国民经济发展的拉动作用就越大，发展这些产业对经济增长的作用强于其他影响力系数相对较小的产业，因而影响力系数较大的产业应成为国民经济发展的主导产业。

（3）感应度系数：反映国民经济各部门均增加一个单位最终使用时，某一部门由此而受到的需求感应程度。感应度系数 E_i 的计算见式（8-14）：

$$E_i = \frac{\sum_{j=1}^{n} \overline{b_{ij}}}{\frac{1}{n}\sum_{i=1}^{n}\sum_{j=1}^{n} \overline{b_{ij}}}, \quad i=1,2,\cdots,n \qquad (8\text{-}14)$$

其中，$\sum_{j=1}^{n} \overline{b_{ij}}$ 为里昂惕夫逆矩阵的第 i 行之和，反映当国民经济各部门均增加一个单位最终使用时，对 i 部门的产品的完全需求；$\frac{1}{n}\sum_{i=1}^{n}\sum_{j=1}^{n} \overline{b_{ij}}$ 为里昂惕夫逆矩阵的行和的平均值。感应度系数越大，说明该部门对国民经济的推动作用就越大。感应度系数越小的产业，其对国民经济拉动作用也越小。

2）数据来源与波及指标计算结果

（1）数据来源。根据《2007 年投入产出表》中部门分类解释，将 2007 年我国 135 个部门投入产出表进行归并整合，得到 37×37 部门的投入产出简表，据此进行波及效应指标计算。37 个部门中包括整合出的战略性新兴产业所依托的 9 个部门（能源产业、医药制造业、高端装备制造业、电气机械及器材制造业、节能环保业、信息技术业、新材料产业、汽车制造业、R&D 产业），通过这 9 个部门说明战略性新兴产业对整个国民经济的影响。

（2）影响力系数及分析。经过对整合的投入产出表进行计算，得到 2007 年相关部门的影响力系数，其中战略性新兴产业依托部门的影响力系数及排序结果如表 8-6 所示。

表 8-6 战略性新兴产业依托部门影响力系数及排序

部门	影响力系数	
	系数	排名
能源产业	1.055 591 794	17
医药制造业	1.023 974 333	19
高端装备制造业	1.243 469 104	3
电气机械及器材制造业	1.309 659 309	2
节能环保业	0.533 424 871	36
信息技术业	1.196 856 827	8
新材料产业	1.203 256 374	7
汽车制造业	1.337 290 209	1
R&D 产业	0.840 561 035	29

从表 8-6 中可以看出：战略性新兴产业的依托部门中，影响力系数大多大于 1，9 个部门的平均影响力系数为 1.082 675 984，说明其整体对经济的拉动作用高于社会平均水平。其中，汽车制造业的影响力系数以 1.337 290 209 位于第一位，可见汽车制造业在我国国民经济中扮演着重要的角色，对其他部门产品需求较大，新能源汽车的开发与应用，将继续推动国民经济各部门的快速发展，且更好地推动我国实现经济、环境的可持续发展。9 个部门中影响力系数小于 1 的部门是节能环保业与 R&D 产业，说明这两个部门对经济的拉动作用低于社会平均水平，应加大资助力度，主动发展相关产业，充分发挥其拉动作用。

（3）感应度系数及分析。经过对整合的投入产出表进行计算，得到 2007 年各部门的感应度系数，其中战略性新兴产业依托部门的感应度系数及排序结果如表 8-7 所示。

表 8-7 战略性新兴产业依托部门感应度系数及排序

部门	感应度系数	
	系数	排名
能源产业	5.010 990 893	1
医药制造业	0.593 488 884	22
高端装备制造业	0.551 025 270	24
电气机械及器材制造业	1.041 378 510	13
节能环保业	0.687 078 156	20
信息技术业	1.798 415 618	5
新材料产业	2.416 487 147	3
汽车制造业	0.994 966 062	14
R&D 产业	0.534 432 148	26

从表 8-7 可以看出：能源产业感应度系数为 5.010 990 893，远大于其他产业，感应度系数大，表明其需求压力大，我国提出的新能源开发计划对满足国民经济中其他部门快速发展所产生的大量需求，是十分必要的。其次，新材料产业、电气机械及器材制造业、信息技术业也具有相对较高的感应度系数，汽车制造业感应度系数接近 1，这说明在我国工业化和信息化进程不断加快的同时，全社会对汽车制造业的需求也在不断增加。而医药制造业、高端装备制造业、节能环保业以及 R&D 产业感应度系数均小于 1，表明这些部门对国民经济的拉动作用比较小。

3）波及效应指标界定标准

钱纳里和渡边经彦分析关联系数时，以感应度系数为横轴，影响力系数为纵轴，将各产业进行排序，发现那些感应度系数和影响力系数都较大的产业，在经济发展中具有举足轻重的地位，同样，这也是制定产业政策时确定支柱产业的主要参数之一。也就是说，如果某产业的影响力系数和感应度系数都大于 1，表明该产业在经济发展中处于全局地位。因此，战略性新兴产业作为引导未来经济社会发展的重要力量，必然要具有较高的影响力系数及感应度系数。

如前所述，由于不同产业在不同的发展阶段有不同的发展特点，一些产业已经相对成熟，其影响力系数及感应度系数应该达到一个较高的标准；而一些处于起始阶段的产业，其影响力系数及感应度系数会处于一个较低水平。结合表 8-6 和表 8-7，可以得出各个战略性新兴产业波及指标界定标准参考值（表 8-8）。

表 8-8　战略性新兴产业波及指标界定标准

部门	界定标准	
	感应度系数	影响力系数
能源产业	5.01	1.05
医药制造业	0.59	1.02
高端装备制造业	0.55	1.24
电气机械及器材制造业	1.31	1.04
节能环保业	0.68	0.53
信息技术业	1.8	1.2
新材料产业	2.42	1.2
汽车制造业	0.99	1.34
R&D 产业	0.53	0.84

表 8-8 说明，能源产业的产业波及指标的界定标准参考值是：感应度系数不小于 5.01；影响力系数不小于 1.05。依次类推，可以得到其他产业的界定标准参考值。

两个系数都大于 1 的产业领域属于敏感型战略性新兴产业，应当得到优先发展；影响力系数大于 1 但感应度系数小于 1 的产业属于影响型战略性新兴产业，应当得到支持发展。

3. 就业带动指标与标准

将就业带动指标作为"全局性"的重要内容，是因为我国是劳动力资源最丰富的国家之一，同时也是就业压力较大的国家之一。劳动就业问题是关系到国计民生的大事，也是今后社会经济发展过程中的突出问题。《国务院关于加快培育和发展战略性新兴产业的决定》中明确表示，在未来发展中，战略性新兴产业吸纳、带动就业的能力要显著提高。

1）就业带动指标含义与计算方法

就业带动指标反映的是产业发展对就业水平的提升能力，这一指标可用产业内从业人员数量年平均增长率表示。具体计算方法如下。

新兴产业的从业人员数量年平均增长率等于相邻两年从业人员平均人数的差除以上一年的从业人员平均人数，用式（8-15）表示为

$$从业人员数量年平均增长率 = \frac{本年从业人员平均人数 - 上年从业人员平均人数}{上年从业人员平均人数}$$

$$(8-15)$$

以高技术产业 2005～2009 年的数据为依据，根据式（8-15）可计算出每相邻两年间的增长率，最后以平均值的方法，计算新兴产业从业人员数量年平均增长率。

2）就业带动指标界定标准

以《中国高技术产业统计年鉴 2010》中的 2005～2009 年高技术产业从业人员年平均数为参考，计算高技术产业的从业人员数在最近 5 年的平均增长率（表 8-9）。

表 8-9　高技术从业人员数量年平均增长率

行业	各年从业人员年平均人数/人					平均增长率/%
	2005 年	2006 年	2007 年	2008 年	2009 年	
医药制造业	1 234 389	1 302 750	1 373 407	1 507 512	1 604 792	7
航空航天器制造业	304 691	297 826	301 418	314 070	325 270	2
电子及通信设备制造业	3 466 681	3 933 366	4 554 095	5 232 248	5 100 040	10
电子计算机及办公设备制造业	1 011 417	1 215 585	1 429 836	1 650 041	1 632 703	13
医疗设备及仪器仪表制造业	616 244	695 367	770 826	743 829	912 623	11
合计	6 633 422	7 444 894	8 429 582	9 447 700	9 575 428	10

从表 8-9 中可以看出，除航空航天器制造业增幅较小，其他行业从业人员数每年都以较大幅度增长，说明这些高技术产业的发展吸引了大量劳动力，且较好地带动了我国就业水平的提升。经计算得出高技术产业 5 个部门从业人员数量年平均增长率为 9%，而整个高技术产业合计的此项平均值为 10%。出于对不同产业不同状况的分析，在进行战略性新兴产业选择评价中，对发展已经成熟的产业，其所要达到的平均增长率系数应该较高；对于那些处于初级阶段的产业，其所要达到的平均增长率系数较低，随着产业的发展，该系数要不断地提高。战略性新兴产业中从业人员数量年平均增长率以高技术产业各部门从业人员数量平均增长率作为参考。据此确定，满足战略性新兴产业的领域从业人员数量年平均增长率最低界定标准为 10%。

4. 市场潜力评价指标与标准

战略性新兴产业，作为一个国家未来抢占经济制高点的重要产业，必然要具有发展潜力大、市场前景好的特点。市场潜力指标是衡量产业未来经营状况和市场占有能力，及预测产业经营业务拓展趋势的重要标志。

1）市场潜力指标含义与计算方法

市场潜力指标可以用产业主营业务收入增长率来表示，该指标主营业务收入增长率指数反映了年内主营业务收入的增减变动情况，不断增加的主营业务收入，是产业生存的基础和发展的条件。该指标若大于 0，表示产业本年的主营业务收入有所增长，指标值越高，表明增长速度越快，产业市场前景越好；若该指标小于 0，则说明存在产品或服务不适销对路、质次价高等方面的问题，市场份额萎缩。

某一产业的主营业务收入增长率等于相邻两年主营业务收入的差除以上一年的主营业务收入，用式（8-16）表示为

$$\text{主营业务收入增长率} = \frac{\text{本年主营业务收入} - \text{上年主营业务收入}}{\text{上年主营业务收入}} \qquad (8\text{-}16)$$

以高技术产业 2005～2009 年的数据为研究依据，根据式（8-16）可计算出每相邻两年间的增长率，最后以平均值的方法，计算出该产业主营业务收入的平均增长率。

2）市场潜力指标的界定标准

以《中国高技术产业统计年鉴 2010》中的高技术产业 2005～2009 年主营业务收入数据为参考，计算高技术产业的主营业务收入在最近 5 年的平均增长率（表 8-10）。

表 8-10　高技术产业主营业务收入年平均增长率

行业	主营业务收入/亿元					平均增长率/%
	2005 年	2006 年	2007 年	2008 年	2009 年	
医药制造业	4 019.8	4 718.8	5 967.1	7 402.3	9 087.0	23
航空航天器制造业	781.4	798.9	1 006.4	1 162.0	1 322.8	14
电子及通信设备制造业	16 646.3	21 068.9	24 823.6	27 409.9	28 465.5	15
电子计算机及办公设备制造业	10 722.2	12 634.2	14 887.3	16 499.0	16 432.0	12
医疗设备及仪器仪表制造业	1 752.2	2 363.8	3 029.8	3 255.6	4 259.4	25
合计	33 921.8	41 584.6	49 714.1	55 728.9	59 566.7	15

从表 8-10 中可以看出，各产业主营业收入都在以较高的水平增长。经计算得出高技术产业 5 个部门主营业务收入平均增长率为 17.8%，而整个高技术产业合计的此项平均值为 15%。在确定战略性新兴产业市场潜力指标界定标准时，对于处于初级阶段的产业，该指标值一般比较低；对于处于成长阶段的产业，该指标值比较高。据此建议，战略性新兴产业主营业务收入平均增长率应大于 15%。

（五）产业效益性评价指标与标准

1. 效益性指标含义与评价指标体系

战略性新兴产业由先导产业最终成为支柱产业，最重要的原因是它具有比现有产业更好的效益性。效益性是指，新兴产业发展要追求经济高效、环境友好与资源集约。战略性新兴产业的效益性具体体现在经济效益、环境效应和资源效应三个方面，据此建立效益性评价指标体系如表 8-11 所示。

表 8-11　战略性新兴产业效益性评价指标体系

战略性新兴产业效益性	经济效益	全员劳动生产率
		产业增加值率
	环境效应	单位工业增加值三废排放量
		固体废弃物综合利用率
		工业用水重复利用率
		生命周期性
	资源效应	单位产值能耗
		节能率

2. 经济效益评价指标与标准

经济效益是指,与传统产业相比,战略性新兴产业能够吸收先进的科技成果,更有效地利用资源,实现更高的生产率和更多的附加值,能够在更大程度上满足需求。可选取全员劳动生产率和产业增加值率作为战略性新兴产业经济效益评价指标。

全员劳动生产率是根据产品价值量计算的每个从业人员单位时间内的产品生产量,是企业生产技术水平、经营管理水平、职工技术熟练程度和劳动积极性的综合表现。目前,我国的全员劳动生产率是将工业企业的工业增加值除以同一时期全部从业人员的平均数计算的。其计算见式(8-17):

$$P = G / W \tag{8-17}$$

根据《中关村科技园区 1988-2007 年主要统计数据》计算,2008 年中关村科技园区全员劳动生产率为 18.98 万元/人。2006 年部分国家的高技术产业的全员劳动生产率分别是(单位:千美元/人年):中国 16.9、美国 143.4、日本 106.8、德国 101.8、法国 124.2、意大利 77.9。综合上述分析,建议战略性新兴产业的全员劳动生产率评价标准的下限为 18.98 万元/人年,上限确定为 62.2 万元/人年。

产业增加值率是指产业增加值占产业总产值的比重。产业增加值率的大小直接反映投入产出的效果。产业增加值率越高,产业附加值越高、盈利水平越高,投入产出效果越佳。其计算见式(8-18):

$$R = G / Y \times 100\% \tag{8-18}$$

其中,R 为产业增加值率;G 为产业增加值;Y 为产值。

根据科技部火炬高技术产业开发中心提供的数据,2002~2009 年我国高新区工业增加值率的最大值为 25.4%(2002 年)。OECD 提供的《结构分析数据库 2009》中给出的部分国家 2009 年高技术产业增加值率分别为韩国 28%、意大利 31.3%、法国 22.4%、德国 38%、美国 43%。综合以上数据,建议将战略性新兴产业的产业增加值率评价标准的下限确定为 25.4%,上限确定为 43%。

3. 环境效应评价指标与标准

环境效应是指战略性新兴产业要能够使用比现有产业更清洁、更有效的技术,更接近"零排放",对生态环境的不利影响低于现有类似产业。可将生命周期指数(考虑了环境污染、职业健康、生命安全因素)作为环境友好的评价指标。建议该指标的标准为:战略性新兴产业的生命周期指数高于已有相关产业(技术、产品)的生命周期指数。

另外,也可采用"废气排放量"、"固体废弃物综合利用率"、"产业用水重复利用率"、"产业生命周期"指标进行评价。

选取单位产业增加值化学需氧量(chemical oxygen demand,COD)排放量和单位产业增加值 SO_2 排放量作为战略性新兴产业废气排放量的评价指标。

单位产业增加值 COD 排放量是指万元产业增加值排放的污水中污染物所需 COD 排放量，单位工业增加值 SO_2 排放量是指万元产业增加值向大气中排放的 SO_2 量，计算见式（8-19）：

$$单位工业增加值COD(SO_2)排放量 = COD(SO_2)排放量 / G \qquad (8\text{-}19)$$

环境保护部 2009 年发布的《综合类生态工业园区标准》中将单位工业增加值 COD 和 SO_2 排放量均确定为小于等于 1kg/万元。《北京市"十二五"时期环境保护和建设规划》提出，在"十二五"期间，我国二氧化硫（SO_2）和 COD 排放量分别削减 13.4% 和 8.7%。据此估算，"十二五"末，我国单位产业增加值 COD（SO_2）将分别达到 3.38kg/万元和 2.09kg/万元。综合以上数据，建议将战略性新兴产业单位工业增加值 COD 排放量评价标准的下限确定为 3.38kg/万元，上限确定为 1kg/万元；建议将战略性新兴产业单位工业增加值 SO_2 排放量评价标准的下限确定为 2.09kg/万元，上限确定为 1kg/万元。

固体废物综合利用率指产业固体废物综合利用量占产业固体废物产生量（包括综合利用往年储存量）的百分率，其计算见式（8-20）：

$$U = q / (Q + p) \times 100\% \qquad (8\text{-}20)$$

其中，U 为固体废物综合利用率；q 为产业固体废物综合利用量；Q 为产业固体废物产生量；P 为综合利用往年储存量。

《国民经济和社会发展第十二个五年规划纲要》指出："十二五"期间，工业固体废物综合利用率将达到 72%。环境保护部 2009 年发布的《综合类生态工业园区标准》将固体废弃物综合利用率确定为大于等于 85%。综合以上数据，建议将战略性新兴产业固体废弃物综合利用率评价指标的下限确定为 72%，上限确定为 85%。

产业用水重复利用率是产业重复用水量占产业用水总量的百分比，计算见式（8-21）：

$$r = w / W \times 100\% \qquad (8\text{-}21)$$

其中，r 为产业用水重复利用率；w 为产业重复用水量；W 为产业用水总量。

环境保护部 2009 年发布的《综合类生态工业园区标准》中将工业用水重复利用率确定为大于等于 75%。《中国历年各地区工业企业"三废"治理效率统计（2005-2009）》显示：我国工业用水重复利用率逐年上升（图 8-3），北京工业用水重复利用率 2009 年已达 96.1%。综合以上数据，建议将战略性新兴产业用水重复利用率评价标准的下限确定为 75%，上限确定为 96%。

通过对"生命周期性评价法"进行改进，可以对战略性新兴产业环境效应的"职业健康"和"生命安全"两个指标进行定性评价。基本思路是：以传统产业或者被替代产业为参照对象，由专家对战略性新兴产业生命周期各个阶段的"职业健康"和"生命安全"进行打分，战略性新兴产业的综合评分应高于传统产业或者被替代产业综合评分的 50%。

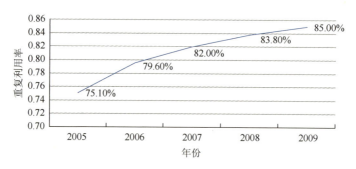

图 8-3　中国历年工业用水重复利用率

4. 资源效应评价指标与标准

资源效应是指战略性新兴产业生产过程中，资源、能源消耗少，资源综合利用程度更高。建议将单位产值与其所消耗资源价值比（资源集约指数）作为资源集约的评价指标。建议该指标的标准为战略性新兴产业的资源集约指数大于已有类似产业资源集约指数。

考虑到资源的通用性和数据的可获性，也可选取单位产值能耗和节能率作为战略性新兴产业资源效应的评价指标。

单位产值能耗是指一定时期内产业每生产一个单位的产值（一般为万元）所消耗的能源（一般为吨标准煤），即该产业能源消费总量与产业产值之比（式（8-22））。

$$h_i = \sum_{j=1}^{n} e_{ij} / y_i \qquad (8\text{-}22)$$

其中，h_i 为产业 i 的单位产值能耗；y_i 为 i 产业部门产值；e_{ij} 为 i 产业利用的 j 能源总量；n 为划分的能源种类，主要包括煤炭、焦炭、原油、汽油、煤油、柴油、燃料油、天然气和电力消费等。战略性新兴产业应该是低耗能、科技含量高的产业，单位产值能耗反映了产业部门的耗能能力，该指标值越低越好。

单位产值能耗的评价标准可以参考《北京工业能耗水耗指导指标》（第一批和第二批）来确定，建议将生产运行企业降低消耗指标作为战略性新兴产业单位产值能耗评价标准的下限，将新上项目准入指标作为战略性新兴产业单位产值能耗评价标准的上限（表 8-12）。

表 8-12　北京工业能耗指导指标   （单位：吨标准煤/万元）

产业名称	新上项目准入指标	生产运行企业降低消耗指标	淘汰退出指标
	产值能耗	产值能耗	产值能耗
节能环保	0.34	0.56	0.74
新一代信息技术	0.04	0.05	0.07

续表

产业名称	新上项目准入指标	生产运行企业降低消耗指标	淘汰退出指标
	产值能耗	产值能耗	产值能耗
生物	0.05	0.06	0.09
高端装备制造	0.04	0.06	0.07
新能源	0.04	0.05	0.06
新材料	0.24	0.65	0.86
新能源汽车	0.03	0.04	0.07

节能率即单位产值能耗下降率，它是反映能源节约程度的综合指标，是衡量节能效果的重要标志。节能率有以下两种算法。

其一，累计节能率，是衡量单位产值能耗在一定时期内总体变化的指标，其计算见式（8-23）：

$$S = (e_t - e_{t+x}) / e_t \times 100\% \qquad (8\text{-}23)$$

其中，e_t 为基期 t 年的单位产值能耗；e_{t+x} 为目标期 $t+x$ 年的单位产值能耗，且该单位产值能耗为基期可比价单位产值能耗。

其二，年均节能率，是衡量单位产值能耗年平均变化的指标，其值并非累计节能率的简单数学平均，其计算见式（8-24）：

$$\Delta S = 1 - \sqrt[x]{1 - S} \qquad (8\text{-}24)$$

在已知时间段 x 的情况下，累计节能率与年均节能率可相互推算（下面年均节能率均按此公式计算）。根据国民经济和社会发展要求，"十二五"期间我国单位 GDP 能耗将下降 17.3%，"十三五"期间将下降 16.6%，2020 年要实现单位 GDP 能耗比 2010 年降低 31%。据此计算：2011～2015 年均节能率为 3.73%，2016～2020 年均节能率为 3.57%。《中关村指数 2009 分析报告》指出，2006～2009 年中关村示范区万元 GDP 能耗约下降 37.5%，年均节能率为 14.5%（计算所得）。综合上述分析，建议将战略性新兴产业节能率评价标准的下限确定为 3.73%，上限确定为 14.5%。

四、战略性新兴产业评价指标体系与应用

（一）战略性新兴产业评价指标体系

战略性新兴产业评价指标体系由三级指标构成：一级指标反映了战略性新兴

产业的本质特征，二级指标是一级指标的具体化，三级指标是各具体化指标的观察值。三级指标体系保证了战略性新兴产业的界定和选择的可操作性与可比较性。战略性新兴产业评价指标体系见表 8-13。

表 8-13　战略性新兴产业评价指标体系

	一级指标	二级指标	三级指标
战略性新兴产业评价指标体系	技术性	技术投入	产业 R&D 投入强度
			产业 R&D 人员比例
		技术产出	产业百名 R&D 人员申请发明专利数
	先导性	前沿性	科学文献数量与专利数量之比
		引领性	研发经费增长率
	成长性	体量指标	产值与产值增长率
			产值占 GDP 比重增长率
		质量指标	发明专利申请增长率
			新产品销售收入增长率
	全局性	波及效应	影响力系数
			感应度系数
		就业带动	从业人员增长率
		市场潜力	主营业务收入增长率
	效益性	经济效益	全员劳动生产率
			产业增加值率
		环境效应	单位工业增加值三废排放量
			固体废弃物综合利用率
			工业用水重复利用率
			生命周期性
		资源效应	单位产值能耗
			节能率

（二）战略性新兴产业评价指标与标准的适用范围及建议

如前所述，战略性新兴产业具有不同的发展阶段，不同战略性新兴产业发展阶段上，其产业活动的主体和内容具有很大差异性，因此，指标与标准也就具有不同的适用范围。

当产业处于先导期至孕育期时，新兴技术及其应用基本不具有产业特性，但如果开发了具有产业化潜力的新兴技术（项目），那么新兴技术产业化就可能导致新兴产业的出现。上述指标和标准，就可以用来评价立项项目或验收项目，可以辅助确定哪些项目属于战略性新兴产业项目，并给予一定支持。此时，成长性指标、全局性指标和效应指标就难以应用。

当产业处于孕育期时，新兴技术应用及市场活动突显，该领域企业开始增加，上述指标和标准就可以用来评价企业，可以辅助确定哪些新兴企业属于战略性新兴产业领域内的企业，并给予一定支持。此时，影响力系数、感应度系数尚无法使用。

当产业处于成长期时，该领域企业增加迅速，新兴产业初步形成，上述指标和标准，可以用来评价产业是否属于战略性新兴产业，可以辅助确定哪些新兴产业属于战略性新兴产业，并给予一定支持。此时，所有评价指标与标准均可使用。

上述评价指标与标准仅是初步构想，真正确立并实施评价指标与标准，需要政府有关部门、研究机构和产业界深入细致地研究。为将评价指标与标准落实到战略性新兴产业发展实践中，提出如下建议。

（1）应当改变目前多头立指标、指标出自多门的现象，因为这不利于专项资金和扩大政府新兴产业创业投资规模有针对性的实施，不利于财政政策绩效考评，更不利于加快建立行业标准和重要产品技术标准体系。并有可能导致"有些所谓的'战略性新兴产业'其实既不'战略'，更不'新兴'，甚至可能是没落的，即将被淘汰的。……大家争先恐后地给自己扣上'战略性新兴产业'的帽子"。建议由国家有关部门和研究机构共同研究制定统一的"战略性新兴产业基本评价指标与标准"，各地方和部门可以在统一的基本指标与标准指导约束下，根据自己的环境资源特点，选择重点发展的战略性新兴产业。这对国家确立专项资金投入和绩效考评统一尺度，减少部门和地方的随意性、盲目性，具有重要意义。

（2）制定战略性新兴产业统计数据构成体系和相关统计制度，为战略性新兴产业的评价提供基础条件；研发"战略性新兴产业统计监测与评价系统"，实现战略性新兴产业评价的实时化、可视化。

（3）在上述工作尚未完成的情况下，所提出的评价指标与标准可先用于"战略性新兴产业项目库"的建设；另外用于对已支持项目的评估——考量所支持的产业是否具有战略性新兴产业特性，并能发展为支柱产业，进而保证资金的使用效率。

（4）在项目库建设和对已支持项目的评估中，应当坚持主客观评价相结合，互相印证。完全依据相关数据进行的评估是客观评价，而完全依据专家判断进行的评估是主观评估。当难以实施客观评价时，专家（产业领域、技术领域、管理部门的专家）评价就是重要选择。另外，在实际工作中，不能简单用其中某一个标准作为决策依据，而应以上述指标体系及相应标准为基础，对被评估新兴产业（项目）进行综合评价。当然，如果被评估的新产业（项目）的若干评价指标远离评价标准，则不能将此作为重点支持的新兴产业（项目）。

第二节　战略性新兴产业领域选择

目前战略性新兴产业的评价与选择，大都采用一套评价指标体系，一次选择，缺乏层层把关筛选并排序的过程，准确性和科学性需要进一步提高。基于阈值评价法的战略性新兴产业范围界定，基于属性综合评价方法的战略性新兴产业聚类，基于灰色关联的战略性新兴产业排序，旨在提升战略性新兴产业领域评价与选择的科学性、准确性和可行性。以北京战略性新兴产业为例，阐述综合评价与选择的方法和过程。

一、阈值评价法及范围界定

（一）确定战略性新兴产业阈值的原则

阈值是界定产业是否属于战略性新兴产业的量化指标，即产业评价标准，如果达不到评价标准，则该产业不属于战略性新兴产业的范畴。首先，阈值应具有可计算与可衡量性。由于战略性新兴产业之"新"，尚未在现有产业分类目录中被单独列出，其缺乏明确的统计数据。可以考虑的解决办法有两种：一是依托产业数据。因为新兴产业是依托很多现有产业（或在现有产业基础上）发展起来的，如新能源汽车是在汽车产业基础上发展起来的，而物联网产业也离不开信息技术和计算机产业等，因而依托产业的科技发展状况是可以为新兴产业提供参考的。二是以高技术产业数据为参考。新兴产业一般是高新技术企业，处于高技术产业的前端。除高技术产业中的成熟技术，新兴产业与高技术产业在技术及经济特性上十分相似。因此，高新技术企业、高技术产业等统计数据可以作为研究战略性新兴产业的参考。战略性新兴产业初期，有些评价指标的阈值会低于高技术产业，而当战略性新兴产业迅速发展时，其各阈值会高于高技术产业。

其次，阈值应具有国际比较性。国际理论与产业界对新兴产业和高技术产业具有大致相同的认识。因此，评价指标的阈值应具有国际可比性，这便于发现我们的差距，确立发展的目标。最后，阈值应具有可行性。阈值不能太高，否则，所有扶持对象和资金投入对象都被排除在外，发展战略性新兴产业就成了空话；阈值也不能过低，否则，就会失去重点，资金使用效率就会降低。因此提出战略性新兴产业的评价标准可具有上下限的区间，不同领域的阈值也有所差别。

　　根据确定战略性新兴产业阈值的原则，以及战略性新兴产业的评价指标与标准，得到战略性新兴产业评价指标体系和阈值范围（表 8-14）。

表 8-14　战略性新兴产业评价指标体系与阈值范围

一级指标	二级指标	三级指标	阈值范围
技术性指标	R&D 投入	产业 R&D 投入强度	>5%
		产业 R&D 人员比例	>3%
	R&D 产出	产业百名 R&D 人员申请发明专利数	>15 件
全局性指标	波及效应	影响力系数	>1
		感应度系数	>1
	就业带动	从业人员增长率	>10%
	市场潜力	主营业务收入增长率	>15%
动态性指标	先导性	科学文献数量与专利数量之比	>1
		研发经费增长率	>15%
	成长性	产值增长率	>25%
		产值占 GDP 比重增长率	>13%
		发明专利申请增长率	>27%
		新产品销售收入增长率	>20%
效应性指标	经济效应	全员劳动生产率	>25%
		产业增加值率	>25 万元/人年
	资源效应	单位产值能耗	节能环保、新材料<29%；信息技术、生物、高端制造业、新能源<4%
		节能率	5%
	环境效应	废气排放量	不低于现有标准
		固体废弃物综合利用率	不低于现有标准
		产业用水重复利用率	不低于现有标准
		生命周期指数	>现有产业

一级指标纵向文字：战略性新兴产业评价指标体系

（二）基于阈值法的战略性新兴产业范围

　　战略性新兴产业评价标准不是固定的、绝对的，尽管采用上下限值来体现弹性，但战略性新兴产业的新兴性，以及不同产业所处生命周期的不同阶段差异性，使我们不能简单地采用客观指标机械地判断战略性新兴产业的范围。特别是产业处于萌芽阶段或成长初期时，还需要借助专家的智慧。此时的专家调查不是针对某产业是否是战略性新兴产业的简单判断，而是根据给出的各指标阈值，对所评价产业满足该阈值的可能性进行判断，这样既避免了简单专家判断依据不可知，也考虑了产业发展的动态性特征。基于阈值法的战略性新兴产业范围确定过程如下。

首先，根据确定的战略性新兴产业的阈值，设计战略性新兴产业调查问卷（问卷内容从略）。其次，确定调查对象。然后，发放与回收问卷。最后，分析问卷。

调查对象为公众和专家。因为 20 世纪 80 年代开始出现了公众理解科学技术，参与到科学技术评价中的思想和行动。由于战略性新兴产业的基础是新兴技术，对战略性新兴产业形成过程来讲，公众更关心技术合理性以及社会合意性。技术合理性是人根据理性的本性和人的本质力量，对人类科技实践的方面、过程、结果、价值和意义进行评价和反思而产生的，它依据合理性概念建立起反思和评价体系，其根本意旨是要以主体理性自觉的形式来解决科技实践的价值、目的、要素、结构、功能和结果等方面出现的种种问题，促进技术实践在价值上更加丰富、目的上更加合理、结构和功能上更加完善，以此来实现实践的合理性。社会合意性表现在：一是不违背社会整体利益；二是使社会整体价值取向得到最大化的实现。在现代技术发展中，关键问题就是寻求技术价值和人的价值之间的平衡。因此，公众可以指向三个维度：一是直接承担技术风险并受到技术后果影响的人，如受到技术所带来的环境污染侵害的人；二是相关技术研究的直接接受者，例如，需要心理治疗与药物治疗的患者，他们直接受到可用的新药物、新医疗技术和医疗技术应用前景的影响；三是使用技术产品的用户，这是更为宽泛的公众界定。许多技术领域的研究可能具有潜在危害，这些危害的承担者是社会和公众，因此，公众对这些技术领域决策的参与具有合法性。专家因具备雄厚的技术知识和丰富的产业发展规律认知，可以从技术、市场、环境、资源等多角度把握技术的未来。当然，这里的专家指的是专家群体，是来自不同领域的专业人员构成的专家组。新兴产业的持续发展必须得到用户的认可，即新技术、新产品的功能可能被消费者接受，因此，调查分为两轮（阶段）。

第一轮（阶段）公众初步判断战略性新兴产业的目的，就是通过公众的直接参与，借助大众的知识和经验快速去掉比较明显的未来不能产业化的新兴技术和未来难以形成战略性新兴产业的（新兴）产业。

第二轮（阶段）进行专家问卷调查。根据以往成功的经验，选取的专家由三方面构成：科研院所的专家学者、企业界技术专家、政府有关专家。科研院所的专家学者更侧重于新技术研发、技术趋势研究以及战略性新兴产业形成机理和规律研究，对新兴技术、新兴产业的形成和发展有理论积淀；企业界技术专家更关心新兴技术商业化、产业化潜力以及效益性；政府有关专家更关心战略性新兴产业的有关国家战略（全局性）、政策、环境和效应。因此，三类专家的构成符合战略性新兴产业指标体系的"四性"要求。

经过两轮判断，可以得到备选的战略性新兴产业清单，以保证大多数备选的"评价对象"能够通过进入下一轮。

通过对北京市生物、信息网络、高端装备制造、R&D产业、航空航天、新材料、新能源、新能源汽车、节能环保、文化创意10个产业的专家问卷调查，利用阈值法可知这10个都属于战略性新兴产业。

二、属性综合评价的战略性新兴产业聚类

对于同属于战略性新兴产业的评价对象，由于他们满足评价指标的具体情况不同，其属性特征也不同，应该在促进其发展的政策上区别对待，为此，提出采用属性综合评价方法对战略性新兴产业进行聚类分析。属性综合评价方法是一种定量方法，基于新兴产业的内涵和特征，结合属性综合评价系统的特点，提出采用属性综合评价方法识别聚类战略性新兴产业。对通过了前两轮得到的备选战略性新兴产业清单，运用属性综合评价方法聚类战略性新兴产业。

选取北京市生物、信息网络、高端装备制造、节能环保、R&D、航空航天、新材料、新能源、新能源汽车、文化创意产业作为研究对象，采用属性综合评价方法对通过了阈值的战略性新兴产业群的"四性"进行聚类识别。

把战略性新兴产业分为4个等级：C_1 = {具有效应性的新兴产业}，C_2 = {具有动态性的新兴产业}，C_3 = {具有全局性的新兴产业}，C_4 = {具有技术性的新兴产业}。指标分级标准如表 8-14 所示。属性集 = {C_1，C_2，C_3，C_4}构成了属性空间 F = {具有战略性的产业评价}的有序分割。

根据战略性新兴产业评价指标体系（表8-13），再根据专家问卷调查统计，各产业指标数据如表8-15所示。采用属性评价理论对10个战略性新兴产业进行评价聚类。

表 8-15　产业指标数据

指标	新兴产业									
	C_1	C_2	C_3	C_4	C_5	C_6	C_7	C_8	C_9	C_{10}
Z_1	0.659	1.068	0.932	1.065	1.024	0.871	2.627	0.312	1.169	0.959
Z_2	0.919	0.324	0.397	0.153	1.045	0.246	6.747	0.110	0.229	0.720
Z_3	1.660	1.487	1.022	0.835	0.598	0.824	0.643	0.683	0.634	0.905
Z_4	0.995	0.995	0.995	0.995	0.995	0.995	0.995	0.995	1.054	0.995
Z_5	0.045	0.707	0.064	0.311	0.422	0.371	0.245	0.245	6.140	1.226
Z_6	0.022	1.235	0.012	1.645	0.686	2.366	1.489	1.489	0.750	0.689
Z_7	0.844	0.844	0.844	0.844	0.844	0.844	0.844	0.844	1.856	1.222

续表

指标	新兴产业									
	C_1	C_2	C_3	C_4	C_5	C_6	C_7	C_8	C_9	C_{10}
Z_8	1.466	1.480	0.167	0.265	1.867	0.966	0.535	0.535	1.239	1.239
Z_9	3.061	1.662	−0.001	0.521	1.480	2.385	0.453	0.453	0.620	−0.122
Z_{10}	1.612	1.150	1.228	1.510	1.127	1.364	1.228	1.059	0.372	0.078
Z_{11}	1.606	0.483	2.294	0.811	0.819	1.843	0.885	0.467	1.079	0.605
Z_{12}	0.091	0.365	0.182	0.456	0.053	0.958	1.232	0.365	1.866	3.462
Z_{13}	0.393	1.227	1.424	0.884	0.540	2.406	0.687	1.031	1.152	0.346
Z_{14}	1.634	1.856	0.483	0.826	0.761	1.340	0.949	0.695	1.374	0.065
Z_{15}	1.575	1.495	0.921	0.728	1.868	1.246	0.472	1.555	0.008	0.003
Z_{16}	1.339	1.045	0.510	1.639	1.639	1.448	0.510	0.064	1.594	0.000
Z_{17}	1.089	1.166	0.684	0.902	0.678	0.918	1.586	1.244	0.896	0.918

其中，C_1：信息网络产业；C_2：生物医药产业；C_3：新材料产业；C_4：新能源汽车产业；C_5：航空航天产业；C_6：高端装备制造产业；C_7：R&D 产业；C_8：文化创意产业；C_9 新能源产业；C_{10}：节能产业。

指标分级标准见表 8-16。

表 8-16　指标分级标准

指标	效应	动态	全局	技术
R&D 人员比例	1.069	0.806	0.544	0.281
R&D 投入强度	1.089	0.759	0.429	0.099
百名 R&D 人员发明专利申请数	0.929	0.799	0.669	0.539
科学文献数量与专利数量之比	1.001	0.965	0.930	0.895
研发经费增长率	0.977	0.665	0.353	0.040
产值增长率	1.038	0.696	0.353	0.011
产值比重增长率	0.983	0.909	0.834	0.760
专利申请量增长率	0.976	0.701	0.426	0.151
新产品销售收入增长率	1.051	0.655	0.260	−0.136
影响力系数	1.073	0.739	0.404	0.070
感应度系数	1.089	0.762	0.434	0.107
从业人员增长率	0.903	0.618	0.333	0.048
主营业务收入增长率	1.009	0.777	0.544	0.312
全员劳动生产率/(万元/人)	0.998	0.685	0.372	0.058
产业增加值率/%	0.987	0.659	0.331	0.003
单位产值能耗/(吨标准煤/万元)	0.979	0.653	0.326	0.000
节能率/%	1.008	0.876	0.743	0.610

（一）建立单指标属性测度函数

每一个指标值对应一个属性测度函数，以反映该指标属于 C_1、C_2、C_3、C_4 的程度。设定 4 个临界点，分别对应 4 个类。其属性测度函数曲线如图 8-4 所示。

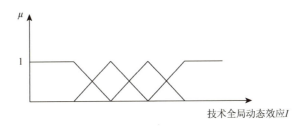

图 8-4　属性测度函数曲线

把表 8-16 中的数据，对照图 8-4 求单指标属性测度矩阵 $(\mu_{ijk})_{17\times4}$，$i=1,2,\cdots,10$。

以 $X_1=(0.659, 0.919, 1.660, 0.995, 0.045, 0.022, 0.844, 1.466, 3.061, 1.612, 1.606,$ $0.091, 0.393, 1.634, 1.575, 1.339, 1.089)$为例，可以计算出 10 个单指标属性测度矩阵：

$$
x_1 : \mu_{1jk} =
\begin{pmatrix}
0 & 0.439 & 0.561 & 0 \\
0.485 & 0.515 & 0 & 0 \\
1 & 0 & 0 & 0 \\
0.830 & 0.170 & 0 & 0 \\
0 & 0 & 0.014 & 0.986 \\
0 & 0 & 0.031 & 0.969 \\
0 & 0.134 & 0.866 & 0 \\
1 & 0 & 0 & 0 \\
1 & 0 & 0 & 0 \\
1 & 0 & 0 & 0 \\
1 & 0 & 0 & 0 \\
0 & 0 & 0.152 & 0.848 \\
0 & 0 & 0.349 & 0.651 \\
1 & 0 & 0 & 0 \\
1 & 0 & 0 & 0 \\
1 & 0 & 0 & 0 \\
1 & 0 & 0 & 0
\end{pmatrix}
$$

以此类推，可以分别计算出其他 9 个单指标属性测度矩阵。

（二）求相似权与综合属性测度评价矩阵

初始赋权：假定 17 个评价指标同权重，即

$$(w_1, w_2, \cdots, w_{17}) = (0.059, 0.059, \cdots, 0.059)$$

由式（8-25）、式（8-26）：

$$\mu_{ijk} = \frac{1}{m}(\mu_{i1k} + \mu_{i2k} + \cdots + \mu_{imk}) \tag{8-25}$$

$$r_j = \frac{1}{n}\sum_{i=1}^{n}(\mu_{ij1}, \mu_{ij2}, \cdots, \mu_{ijk})(\mu_{i1}, \mu_{i2}, \cdots, \mu_{ik})^{\mathrm{T}} \tag{8-26}$$

得相似权：

$$w_1, w_2, \cdots, w_{17} = (0.056, 0.040, 0.058, 0.070, 0.035, 0.061, 0.036, 0.066, 0.065, 0.077,$$
$$0.060, 0.050, 0.061, 0.067, 0.069, 0.068, 0.061）$$

以求得的相似权作为权重，按式（8-27）：

$$\mu_{ik} = \mu(x_i \in c_k) = \sum_{j=1}^{m} w_j \mu_{ijk}, \quad 1 \leqslant k \leqslant K \tag{8-27}$$

求得综合属性测度评价矩阵：

$$(\mu_{ik})_{10 \times 4} = \begin{pmatrix} 0.669 & 0.062 & 0.094 & 0.176 \\ 0.772 & 0.062 & 0.154 & 0.013 \\ 0.396 & 0.122 & 0.226 & 0.256 \\ 0.429 & 0.348 & 0.146 & 0.076 \\ 0.511 & 0.199 & 0.179 & 0.111 \\ 0.744 & 0.152 & 0.082 & 0.022 \\ 0.481 & 0.228 & 0.267 & 0.024 \\ 0.386 & 0.161 & 0.299 & 0.155 \\ 0.585 & 0.164 & 0.135 & 0.115 \\ 0.345 & 0.213 & 0.049 & 0.325 \end{pmatrix}$$

（三）聚类及特征分析

置信度 $\lambda = 0.6$ 时，由综合属性测度评价矩阵及置信度准则式可以得到信息网络、生物、高端装备制造产业是"效应性"明显的产业；新能源汽车、航空航天、文化创意、新能源产业是"动态性"明显的产业；新材料、R&D、节能环保产业是"全局性"明显的产业。不同聚类的战略性新兴产业其属性特征不同，应该采取不同的政策措施培育、扶持并激励其发展。

三、灰色关联分析的战略性新兴产业排序

针对筛选出的 10 个战略性新兴产业，采用灰色关联度分析方法对其进行排序优选。根据战略性新兴产业评价指标体系（表8-14）和指标权重（表8-17），以及10个战略性新兴产业的相关数据，运用灰色关联度法对10个战略性新兴产业进行排序优选。

表 8-17 指标权重

项目	指标 1	指标 2	指标 3	指标 4	指标 5	指标 6	指标 7	指标 8	指标 9
权重	0.097	0.075	0.156	0.053	0.048	0.071	0.077	0.072	0.046
项目	指标 10	指标 11	指标 12	指标 13	指标 14	指标 15	指标 16	指标 17	
权重	0.035	0.034	0.026	0.029	0.040	0.050	0.043	0.046	

（一）构建初始评价矩阵

根据 10 个战略性新兴产业的相关数据，得到初始评价矩阵：

$$
S = \begin{pmatrix}
0.659 & 0.919 & 1.660 & 0.995 & 0.045 & 0.022 & 0.844 & 1.466 & 3.061 & 1.612 & 1.606 & 0.091 & 0.393 & 1.634 & 1.575 & 1.339 & 1.089 \\
1.068 & 0.324 & 1.487 & 0.995 & 0.707 & 1.235 & 0.844 & 1.480 & 1.662 & 1.150 & 0.483 & 0.365 & 1.227 & 1.856 & 1.495 & 1.045 & 1.166 \\
0.932 & 0.397 & 1.022 & 0.995 & 0.064 & 0.012 & 0.844 & 0.167 & -0.001 & 1.228 & 2.294 & 0.182 & 1.424 & 0.483 & 0.921 & 0.510 & 0.684 \\
1.065 & 0.153 & 0.835 & 0.995 & 0.311 & 1.645 & 0.844 & 0.265 & 0.521 & 1.510 & 0.811 & 0.456 & 0.884 & 0.826 & 0.728 & 1.639 & 0.902 \\
1.024 & 1.045 & 0.598 & 0.995 & 0.422 & 0.686 & 0.844 & 1.867 & 1.480 & 1.127 & 0.819 & 0.053 & 0.540 & 0.761 & 1.868 & 1.639 & 0.678 \\
0.871 & 0.246 & 0.824 & 0.995 & 0.371 & 2.366 & 0.844 & 0.966 & 2.385 & 1.364 & 1.843 & 0.958 & 2.406 & 1.340 & 1.246 & 1.448 & 0.918 \\
2.627 & 6.747 & 0.643 & 0.995 & 0.245 & 1.489 & 0.844 & 0.535 & 0.453 & 1.228 & 0.885 & 1.232 & 0.687 & 0.949 & 0.472 & 0.510 & 1.586 \\
0.312 & 0.110 & 0.683 & 0.995 & 0.245 & 1.489 & 0.844 & 0.535 & 0.453 & 1.059 & 0.467 & 0.365 & 1.031 & 0.695 & 1.555 & 0.064 & 1.244 \\
1.169 & 0.229 & 0.634 & 1.054 & 6.140 & 0.750 & 1.856 & 1.239 & 0.620 & 0.372 & 1.079 & 1.866 & 1.152 & 1.374 & 0.008 & 1.594 & 0.896 \\
0.959 & 0.720 & 0.905 & 0.995 & 1.226 & 0.689 & 1.222 & 1.239 & -0.122 & 0.078 & 0.605 & 3.462 & 0.346 & 0.065 & 0.003 & 0.000 & 0.918
\end{pmatrix}^{\mathrm{T}}
$$

由式（8-28）、式（8-29），计算评价矩阵 R。

对于效益型属性：

$$r_{ij} = R_{f_i}(k_j) = \frac{s_{ij} - \min_i s_{ij}}{\max_i s_{ij} - \min_i s_{ij}} \tag{8-28}$$

对于成本型属性：

$$r_{ij} = R_{f_i}(k_j) = \frac{\max_i s_{ij} - s_{ij}}{\max_i s_{ij} - \min_i s_{ij}} \tag{8-29}$$

$$
R = \begin{pmatrix}
0.150 & 0.122 & 1 & 0 & 0 & 0.004 & 0 & 0.764 & 1 & 1 & 0.623 & 0.011 & 0.023 & 0.876 & 0.843 & 0.817 & 0.452 \\
0.326 & 0.032 & 0.837 & 0 & 0.109 & 0.520 & 0 & 0.772 & 0.560 & 0.699 & 0.009 & 0.091 & 0.428 & 1 & 0.800 & 0.638 & 0.538 \\
0.268 & 0.043 & 0.399 & 0 & 0.003 & 0 & 0 & 0 & 0.038 & 0.750 & 1 & 0.038 & 0.523 & 0.234 & 0.492 & 0.311 & 0.007 \\
0.325 & 0.007 & 0.223 & 0 & 0.044 & 0.694 & 0 & 0.058 & 0.202 & 0.934 & 0.188 & 0.118 & 0.261 & 0.425 & 0.389 & 1 & 0.247 \\
0.307 & 0.141 & 0 & 0 & 0.062 & 0.286 & 0 & 1 & 0.503 & 0.684 & 0.193 & 0 & 0.094 & 0.389 & 1 & 1 & 0.264 \\
0.241 & 0.020 & 0.213 & 0 & 0.053 & 1 & 0 & 0.470 & 0.788 & 0.838 & 0.753 & 0.265 & 1 & 0.712 & 0.666 & 0.883 & 0.264 \\
1 & 1 & 0.042 & 0 & 0.033 & 0.627 & 0 & 0.216 & 0.181 & 0.750 & 0.229 & 0.346 & 0.166 & 0.493 & 0.251 & 0.311 & 1 \\
0 & 0 & 0.080 & 0 & 0.033 & 0.627 & 0 & 0.216 & 0.181 & 0.640 & 0 & 0.091 & 0.333 & 0.352 & 0.832 & 0.039 & 0.623 \\
0.370 & 0.018 & 0.033 & 1 & 1 & 0.313 & 1 & 0.631 & 0.233 & 0.192 & 0.335 & 0.532 & 0.391 & 0.730 & 0.003 & 0.973 & 0.240 \\
0.279 & 0.092 & 0.289 & 0 & 0.194 & 0.288 & 0.374 & 0.631 & 0 & 0 & 0.075 & 1 & 0 & 0 & 0 & 0 & 0.265
\end{pmatrix}
$$

（二）计算模糊多属性决策矩阵 F

由式（8-30）：

$$v_{ij} = w_i \times r_{ij} \qquad\qquad (8\text{-}30)$$

计算模糊多属性决策矩阵 F：

$$F_{ij} = \begin{pmatrix} 0.015 & 0.009 & 0.156 & 0 & 0 & 0.000 & 0 & 0.055 & 0.046 & 0.035 & 0.021 & 0.000 & 0.001 & 0.035 & 0.042 & 0.036 & 0.021 \\ 0.032 & 0.002 & 0.131 & 0 & 0.005 & 0.037 & 0 & 0.056 & 0.026 & 0.024 & 0.000 & 0.002 & 0.012 & 0.040 & 0.040 & 0.028 & 0.025 \\ 0.026 & 0.003 & 0.062 & 0 & 0.000 & 0 & 0 & 0.002 & 0.026 & 0.034 & 0.001 & 0.015 & 0.009 & 0.024 & 0.014 & 0.000 \\ 0.032 & 0.000 & 0.035 & 0 & 0.002 & 0.049 & 0 & 0.004 & 0.009 & 0.032 & 0.006 & 0.003 & 0.008 & 0.017 & 0.019 & 0.043 & 0.011 \\ 0.030 & 0.011 & 0 & 0 & 0.003 & 0.020 & 0 & 0.072 & 0.023 & 0.024 & 0.007 & 0 & 0.003 & 0.016 & 0.050 & 0.043 & 0 \\ 0.023 & 0.002 & 0.033 & 0 & 0.003 & 0.071 & 0 & 0.034 & 0.036 & 0.029 & 0.026 & 0.007 & 0.029 & 0.029 & 0.033 & 0.038 & 0.012 \\ 0.097 & 0.075 & 0.007 & 0 & 0.002 & 0.045 & 0 & 0.016 & 0.008 & 0.026 & 0.008 & 0.009 & 0.005 & 0.020 & 0.012 & 0.014 & 0.046 \\ 0 & 0 & 0.013 & 0 & 0.002 & 0.045 & 0 & 0.016 & 0.008 & 0.022 & 0 & 0.002 & 0.010 & 0.014 & 0.041 & 0.002 & 0.029 \\ 0.036 & 0.001 & 0.005 & 0.053 & 0.048 & 0.022 & 0.077 & 0.046 & 0.011 & 0.007 & 0.012 & 0.014 & 0.011 & 0.029 & 0.000 & 0.042 & 0.011 \\ 0.027 & 0.007 & 0.045 & 0 & 0.009 & 0.021 & 0.029 & 0.046 & 0 & 0 & 0.003 & 0.026 & 0 & 0 & 0 & 0 & 0.012 \end{pmatrix}^{\mathrm{T}}$$

则理想点为

$$F^* = (0.097, 0.075, 0.156, 0.053, 0.048, 0.071, 0.077, 0.072, 0.046, 0.035, 0.034,$$
$$0.014, 0.029, 0.040, 0.050, 0.043, 0.046)$$

得到极差矩阵 V：

$$V = \begin{pmatrix} 0.083 & 0.066 & 0 & 0.053 & 0.048 & 0.071 & 0.077 & 0.017 & 0 & 0 & 0.013 & 0.014 & 0.028 & 0.005 & 0.008 & 0.008 & 0.025 \\ 0.066 & 0.073 & 0.025 & 0.053 & 0.043 & 0.034 & 0.077 & 0.016 & 0.020 & 0.010 & 0.034 & 0.012 & 0.016 & 0 & 0.010 & 0.016 & 0.021 \\ 0.071 & 0.072 & 0.094 & 0.053 & 0.048 & 0.071 & 0.077 & 0.072 & 0.044 & 0.009 & 0 & 0.013 & 0.014 & 0.031 & 0.025 & 0.030 & 0.046 \\ 0.066 & 0.075 & 0.121 & 0.053 & 0.046 & 0.022 & 0.077 & 0.068 & 0.036 & 0.002 & 0.028 & 0.011 & 0.021 & 0.023 & 0.030 & 0 & 0.035 \\ 0.067 & 0.065 & 0.156 & 0.053 & 0.045 & 0.051 & 0.077 & 0 & 0.023 & 0.011 & 0.028 & 0.014 & 0.026 & 0.025 & 0 & 0 & 0.046 \\ 0.074 & 0.074 & 0.123 & 0.053 & 0.046 & 0 & 0.077 & 0.038 & 0.010 & 0.006 & 0.008 & 0.007 & 0 & 0.012 & 0.017 & 0.005 & 0.034 \\ 0 & 0 & 0.150 & 0.053 & 0.047 & 0.027 & 0.077 & 0.057 & 0.037 & 0.009 & 0.026 & 0.005 & 0.024 & 0.020 & 0.037 & 0.030 & 0 \\ 0.097 & 0.075 & 0.144 & 0.053 & 0.047 & 0.027 & 0.077 & 0.057 & 0.037 & 0.012 & 0.034 & 0.012 & 0.019 & 0.026 & 0.008 & 0.042 & 0.017 \\ 0.061 & 0.074 & 0.151 & 0 & 0 & 0.049 & 0 & 0.027 & 0.035 & 0.028 & 0.023 & 0 & 0.018 & 0.011 & 0.049 & 0.001 & 0.035 \\ 0.070 & 0.068 & 0.111 & 0.053 & 0.039 & 0.051 & 0.048 & 0.027 & 0.046 & 0.035 & 0.032 & 0.012 & 0.029 & 0.040 & 0.050 & 0.043 & 0.034 \end{pmatrix}^{\mathrm{T}}$$

得最小极差 $\min_{i,j}\left|v_{ij} - v_i^*\right| = 0$，最大极差 $\max_{i,j}\left|v_{ij} - v_i^*\right| = 0.156$。

由式（8-31）：

$$\gamma_j = \gamma[F(k_j), F^*] = \frac{1}{m}\sum_{i=1}^{m} \frac{\min\limits_{i,j}\left|v_{ij} - v_i^*\right| + \zeta \max\limits_{i,j}\left|v_{ij} - v_i^*\right|}{\left|v_{ij} - v_i^*\right| + \zeta \max\limits_{i,j}\left|v_{ij} - v_i^*\right|} \qquad (8\text{-}31)$$

可得方案 k_j 至理想解 k^* 的灰色关联度为

$$\Sigma = (0.767, 0.744, 0.666, 0.690, 0.713, 0.752, 0.742, 0.670, 0.762, 0.644)$$

（三）战略性新兴产业排序

根据方案 k_j 至理想解 k^* 的灰色关联度，可以得到战略性新兴产业排序（表8-18）。

表 **8-18**　战略性新兴产业排序

排序	产业
1	信息网络
2	新能源
3	高端装备制造
4	生物
5	R&D
6	航空航天
7	新能源汽车
8	文化创意
9	新材料
10	节能环保

通过以上计算结果可知：应优先发展信息网络、生物、高端装备制造、新能源产业，重点发展 R&D、新能源汽车和航空航天产业，大力推动新材料、节能环保和文化创意产业。

上述过程可总结如下（图8-5～图8-7）。

（1）战略性新兴产业识别。

（2）对识别出的战略性新兴产业进行聚类。

（3）对所选战略性新兴产业进行排序。

图 **8-5**　战略性新兴产业识别

图 8-6　战略性新兴产业聚类过程

图 8-7　战略性新兴产业排序

第九章
产业创新与新兴产业演化规律研究

产业创新是以新兴产业发展演化规律为基础的，是一个产业从无到有、由小变大、从弱至强的过程。新兴产业的演化经历着不同阶段，产业演化的不同阶段又与新兴技术的协同演化相伴随。产业创新与新兴产业演化规律是产业创新与发展的理论基础。

第一节　产业创新与新兴产业演化阶段与转化特征

新兴技术的不断涌现，催生了新兴产业的形成，也加速了产业创新发展阶段、转换和路径选择变化的可能性和复杂性。新兴产业是产业创新发展的初级阶段，其演化的基础是产业生命周期理论。然而，传统产业生命周期理论是否能完整与全面地解释新兴产业的演化特征？新兴产业演化的阶段特征与传统产业生命周期是否存在不同？新兴产业演化过程如何进行阶段划分与识别？这些都是促进新兴产业发展，把握产业创新发展规律需要研究和解决的问题。

把握影响产业创新的各种因素，是研究产业创新发展阶段、转换的基础。

一、产业创新的影响因素构成

产业是复杂社会经济系统中的一个子系统，技术的持续创新是产业创新的内在动力，产业创新是连续、复杂、长期的过程。影响产业创新的因素可以分为两类：一类是创新系统的构成要素，包括市场、资金、人力资源和技术发展等，这些因素的特点是影响稳定且持久；另一类属于创新环境因素，如政策、法律法规、相关支撑产业、宏观经济环境等，这些因素的突出特点是不稳定。两类因素之间相互作用、相互影响，促进或阻碍着产业创新的进程和结果。利用系统动力学将技术、市场、政府等因素间的因果循环作用可视化展示如图9-1所示。

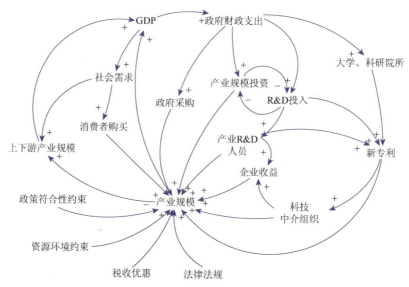

图 9-1　产业创新影响因素的因果循环图

二、新兴产业演化的阶段性

学术界关于产业整体发展演化阶段的划分尚未统一，一般是依据产业生命周期理论从产业规模、产业技术、产业组织等方面进行定性划分。在借鉴产业生命周期理论与 Phaal 等[149]、李欣的研究基础上，将新兴产业演化的核心问题归纳为萌芽期、形成期、成长期、成熟期 4 个阶段和技术-产品、产品-市场、市场-集群 3 个阶段转化点（图 9-2），在此基础上研究阶段性和转化特征。

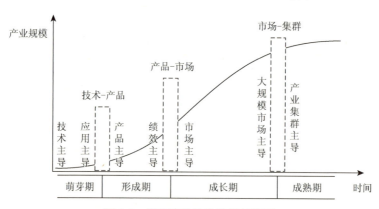

图 9-2　新兴产业演化阶段示意图

（一）新兴产业演化的阶段特征

产业演化的前期阶段，即从产业形成开始至发展成熟为止，研究对象为产业萌芽期、形成期、成长期、成熟期，以及与这 4 个阶段相关的 3 个阶段转化点。完整产业生命周期中，萌芽期之前有先导期，成熟期之后有新生/衰退期，因此，图 9-2 展示的并非传统意义上完整的产业生命周期，而是其中的最重要部分。

（1）萌芽期（技术主导，低位波动）。萌芽期的主要活动集中在由于需求的驱动，将科学的潜在能力转化为技术，表明技术有足够的能力成为满足需求的功能系统中的一部分；并通过持续的改进技术的性能和可靠性，直到形成满足需求的产品雏形。技术活动在这一阶段占主导地位。

（2）形成期（产品主导，缓慢增长）。因考虑到技术、风险、市场价值等诸多不确定性因素，再加之相关配套设施尚未较好地发挥协同效应，从而导致新兴产业发展相对缓慢。个别具有创新能力的企业，通过对市场需求的准确把握，凭借企业自身的研发经验和资源禀赋，将研发活动集中在开发技术和新产品上，直至形成的技术产品可以展示给消费者，促成第一次商业销售；然后通过持续的技术和工艺创新提高产品性能、降低价格和扩大应用领域，直到能够开发大型市场，实现科学技术的产业化，进而形成新的产业。产品活动在这一阶段占主导地位。

（3）成长期（市场主导，快速增长）。在广阔市场需求和潜在需求的驱动下，个别具有创新能力的企业因较早通过采用新技术和新工艺生产出新的产品而获得了超额利润和竞争优势。在市场竞争规律的作用下，该行业中其他企业也竞相开展相应的技术创新，加入生产同类产品或提供相关服务的行列中，同类生产企业数量不断增加，企业间的协作和交易逐渐频繁，专业化的供应商和专业化分工出现，导致产业链的形成和产业结构的不断革命化。市场机会和资源的最佳组合是这一阶段的重点，市场活动在这一阶段占主导地位。

（4）成熟期（集群主导，高位维持）。随着区域内新兴产业的不断诞生和成长，企业间的交往和合作频率加快，关系日趋紧密，资源共享与互动加速，形成新兴产业集群。在产业集群的成长过程中，集群内部的良好协作和交往关系逐渐演化成有利于本区域内产业成长和发展的网络环境。区域网络环境与外部环境互动交换，加快知识、技术、信息的流动速度，促进彼此间的相互学习，推动知识和技术创新进步，促进产业集群与外部环境的协同发展，产业逐渐趋于成熟。集群发展在这一阶段占主导地位。

（二）新兴产业演化阶段转换

新兴产业演化过程中，在萌芽期、形成期、成长期、成熟期之间存在 3 个阶段转化点（图 9-3）。

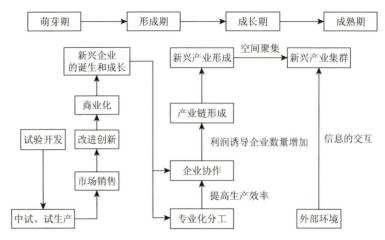

图 9-3　新兴产业阶段转化主要活动[150]

（1）萌芽-形成转化（技术-产品转化）。产业增长速度由波动转化为缓慢增长趋势；产业活动集中在开发技术向产品的转换，直至形成技术产品可以展示给消费者，促成商业销售。

（2）形成-成长转化（产品-市场转化）。产业增长速度开始加速；产业活动集中于将技术产品转化为持续增长的市场潜力。

（3）成长-成熟转化（市场-集群转化）。产业增长速度开始回落；产业活动集中于已经确定的应用、产品工艺和商业模式进行细微的调整，逐步实现新兴产业向主导产业和支柱产业的转换。

（三）新兴产业生命周期曲线

Ford 等[151]最早提出产业生命周期中可能包含若干产品的生命周期。Routley 等[152]与 Menhart 等[153]基于此理论框架，分别以德国保险业、美国汽车业为例研究了产业发展过程中，若干产品生命周期、技术生命周期彼此交替的过程，证实了产业的发展是由创新引起的一波又一波产品（技术）生命周期所积累的结果，如图 9-2 所示。在产业生命周期中，技术创新、产品创新、工艺创新、组织创新等创新活动，造成新的产品（技术）生命周期不断出现发展。在产业发展过程中，尤其是新兴产业初级阶段，往往面临关键技术攻关问题，容易发生技术轨道变革，从而引起产业发展的波动。在新兴产业的发展过程中，由于创新活跃，多个产品（技术）生命周期曲线交替出现的特点尤为明显。

目前研究中，多采用 S 曲线模型描述产业生命周期，虽然 S 曲线可以模拟其大致演进趋势，从整体层面体现产业演化的全过程，但是无法表征整个产业生命周期内含多个产品（技术）生命周期的特点，会遗漏产业发展过程中的重要波动及细节。在产业生命周期研究中，对于图 9-4 所示的理论框架，缺少准确的函数模型可以表征。因此，以 S 曲线中的 Logistic 函数为基础的 Multi-logistic 函数[154]，由多条 logistic 曲线构成，用多条 Logistic 曲线模拟新兴产业的演进过程，不但可以增强拟合效果、增加科学解释性，同时更符合现实中新兴产业发展的情况，能够表征出产业生命周期内含多条产品（技术）生命周期曲线的特征，也有助于发掘更多新兴产业成长过程中的转折细节和规律性特征。

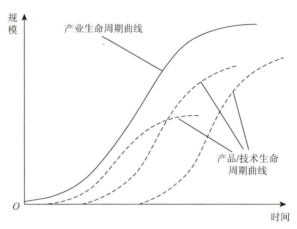

图 9-4　产业生命周期、产品生命周期理论框架

注：根据文献[150]、文献[152]、文献[153]整理绘制

第二节　新兴产业阶段转化模型与实证研究

一、基于 Bi-Logistic 模型的新兴产业阶段转换

（一）Bi-Logistic 模型构建

在 S 曲线中，Logistic 曲线是典型的可定量识别生命体成长阶段的曲线模型。Bi-Logistic 模型的基础原理是 S 曲线中的 Logistic 模型，产业形成发展过程与生命体成长类似，产业发展先后经历成长速度由慢至快再减速的过程，新兴产业演进的轨迹与趋势基本上符合 Logistic 曲线[155]，因此，Logistic 曲线可以用于模拟新兴产业的成长演进过程。单一 Logistic 曲线模型的表达形式为

$$Y(t) = \frac{K}{1 + e^{-a(t-b)}} \tag{9-1}$$

其中，Y 为新兴产业演化的衡量指标，反映产业成长演化状态和发展趋势；K 为新兴产业成长演化的饱和值，反映市场对新兴产业的容量空间，主要与市场需求有关，而市场需求又由人口、收入水平、需求收入弹性、技术创新等因素决定，

K 越大，说明产业的容量越大，成长空间越大；a 为新兴产业的潜力系数，反映的是产业内在的特性，与产业的要素投入结构、生产率和投资相对盈利率等因素相关；b 为新兴产业的反曲系数，其值表示新兴产业达到半饱和值的时间。

产业演化进程是复杂多变的，并不均可由单一 Logistic 曲线所表达描述，产业中包含的多个产品（技术）生命周期曲线可以理解为，由若干个子进程（sub process）或子波（wavelet）组成，即由若干离散的 Logistic 曲线叠加而成。其数学模型可表述为

$$Y(t) = \sum_{i=1}^{n} Y_i(t) = \sum_{i=1}^{n} \frac{K_i}{1 + \exp[-a_i(t - b_i)]} \tag{9-2}$$

称公式（9-2）为 Multi-Logistic 模型。

对于新兴产业，由于其大多处于萌芽期、形成期等演化前期阶段，形成时间较短，产业分化、子进程等情况尚不复杂，结合反复试验结果，一般采用两条子 Logistic 曲线即可表征。即令 $n = 2$，有

$$Y(t) = Y_1(t) + Y_2(t) = \frac{K_1}{1 + \exp[-a_1(t - b_1)]} + \frac{K_2}{1 + \exp[-a_2(t - b_2)]} \tag{9-3}$$

称由式（9-3）所描述的模型为 Bi-Logistic 模型。

Bi-Logistic 曲线模型如图 9-5 所示，实线曲线 $Y(t)$ 为 2 条子 Logistic 曲线 $Y_1(t)$、$Y_2(t)$ 相叠加而成，分别体现了产业生命周期内的不同产品（技术）生命周期曲线。因此，利用 Bi-logisctic 曲线模型，可以表征产业生命周期中包含 2 条产品（技术）生命周期曲线的特点。

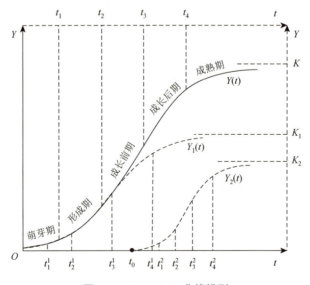

图 9-5　Bi-Logistic 曲线模型

（二）阶段转化的临界值设定

在利用单一 Logistic 曲线划分阶段时，Meyer 等[156]将曲线饱和值 K 的 10%～90%划分为主要成长发展阶段；Ernest[157]根据 S 曲线的特点定义饱和值 K 的 50% 为成长阶段中的重要转折点。此后在利用单一 S 曲线对整个生命周期进行阶段划分研究时，多基于前述二者的研究，采用曲线饱和值 K 的 10%、50%、90%作为阶段转化临界点[158-160]。然而，新兴产业演化的 Bi-Logistic 曲线模型虽然基于单一 S 曲线理论，但是针对的是产业演化的初期阶段，其演化特征与传统产业整个发展阶段必然不同，所以采取新的判别标准，即基于产业的增长速度变化来识别新兴产业的演化阶段，以产业规模增长速度曲线的拐点为分界点。

首先，Logistic 函数本质上体现的是增长速度由慢至快再变慢的过程，Logistic 函数的曲线特征是由速度变化引起的，并且 Logistic 曲线最典型的应用就是描述整个生命周期中速度的变化过程；其次，新兴产业的突出特点是不确定性、高成长性，产业发展演化最直接的体现是产业规模的增长变化，而造成产业规模增长变化的内在原因是产业成长速度的变化和波动。因此，基于 Logistic 曲线利用产业增长速度的变化情况作为划分新兴产业演化阶段的判别指标，是从内在驱动因素入手，不但可以更加科学地划分演化阶段，更有助于深入挖掘新兴产业演化的阶段性规律。

新兴产业的发展并非随机产生，如图 9-6 所示，在产业形成之初会有一个缓慢增长阶段即萌芽期；萌芽期过后，产业的增长速度开始迅速加快，增长加速度增大，此时进入产业形成期；随后，产业增长的加速度开始减小，增长速度保持增加，产业进入成长期前期；之后，产业增长速度逐渐减小，增长逐渐减缓，即成长期后期；进入成熟期后，产业发展逐渐接近饱和值，增长变缓，最终无限接近于饱和值。

需要说明的是，由于选择产业增长速度的变化（即增长加速度）作为阶段识别指标，所划分的萌芽期、形成期、成长期与成熟期与通常出现的这 4 个阶段的含义和特点存在区别。以往研究中这 4 个阶段多是根据产业发展状态经验性的划分，属于定性划分，而从增长速度方面考量得到的 4 个阶段区间可能与定性划分的区间稍有出入，但是更能反映新兴产业演化的本质特征（表 9-1）。

表 9-1　新兴产业演化的阶段特征

演化阶段	时间段	产业规模	增长速度	增长加速度
萌芽期	$0 \to t_1$	小	较慢	正值
形成期	$t_1 \to t_2$	初具规模	加快	最大（正值）
成长期前期	$t_2 \to t_3$	达到饱和值的 1/2	最快	零
成长期后期	$t_3 \to t_4$	继续增长	减速	最小（负值）
成熟期	$t_4 \to \infty$	几近饱和	很慢	负值

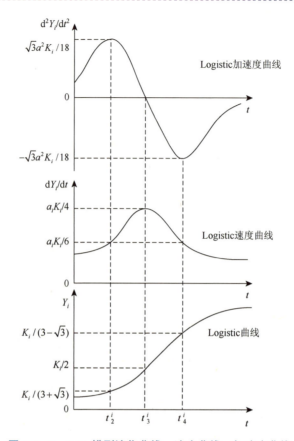

图 9-6　Logistic 模型演化曲线、速度曲线、加速度曲线

（三）阶段转化的临界值推导

Bi-Logistic 曲线模型由两条子 Logistic 曲线叠加而成，对 Bi-logistic 曲线的阶段划分也是基于单一Logistic 曲线进行的。首先对单一Logistic 曲线进行阶段划分，如图 9-6 所示，然后采用加权平均的方式得到 Bi-Logistic 模型的阶段分界点。设定权重因子 α 为

$$\alpha = K_1 / K_2 \tag{9-4}$$

1. 萌芽期与形成期分界点：t_1

根据新兴产业的演化特点，萌芽期的增长速度比较缓慢，产业整体规模非常小，因此设定当演化指标值达到饱和值的 5%时，萌芽期结束，开始进入形成期。令 $Y_i = 5\% K_i$，则有 $t_1^i = b_i - \ln 19 / a_i$，于是

$$t_1 = \frac{\alpha t_1^1 + t_1^2}{\alpha + 1} = \frac{\alpha b_1 + b_2 - \alpha \dfrac{\ln 19}{a_1} - \dfrac{\ln 19}{a_2}}{\alpha + 1} \tag{9-5}$$

2. 形成期与成长前期分界点：t_2

对于单一 Logistic 曲线，演化指数加速度取得最大值时为 $Y_i(t)$ 子曲线形成期与成长前期分界点。对式（9-6）求三阶导：

$$\frac{d^3 Y_i}{dt^3} = \frac{a_i^3}{K_i^3} Y_i (K_i - Y_i) \left[K_i - (3+\sqrt{3}) Y_i \right] \left[K_i - (3-\sqrt{3}) Y_i \right] \tag{9-6}$$

令 $\dfrac{d^3 Y_i}{dt^3} = 0$，可得

$$(t_2^i, Y_2^i) = \left[b_i - \frac{\ln(2+\sqrt{3})}{a_i}, \frac{K_i}{3+\sqrt{3}} \right]$$

于是，可得 Bi-Logistic 曲线模型中形成期与成长前期的分界点为

$$t_2 = \frac{\alpha t_2^1 + t_2^2}{\alpha + 1} = \frac{\alpha b_1 + b_2 - \alpha \dfrac{\ln(2+\sqrt{3})}{a_1} - \dfrac{\ln(2+\sqrt{3})}{a_2}}{\alpha + 1} \tag{9-7}$$

3. 成长前期与成长后期的分界点：t_3

对于单一 Logistic 曲线，演化指数速度取得最大值时为 $Y_i(t)$ 子曲线成长前期与成长后期的分界点，此时子曲线演化指数为饱和值的 50%。对式（9-8）求二阶导：

$$\frac{d^2 Y_i}{dt^2} = \frac{a_i^2}{K_i^2} Y_i (K_i - Y_i)(K_i - 2Y_i) \tag{9-8}$$

令 $\dfrac{d^2 Y}{dt^2} = 0$，可得

$$(t_3^i, Y_3^i) = \left(b_i, \frac{K_i}{2} \right)$$

于是，可得到 Bi-Logistic 模型成长前期与成长后期的分界点为

$$t_3 = \frac{\alpha t_3^1 + t_3^2}{\alpha + 1} = \frac{\alpha b_1 + b_2}{\alpha + 1} \tag{9-9}$$

4. 成长后期与成熟期的分界点：t_4

对于单一 Logistic 曲线，演化指数加速度取得最小值时为 $Y_i(t)$ 子曲线形成期与成长前期分界点类似，根据式（9-6）得

$$(t_4^i, Y_4^i) = \left[b_i + \frac{\ln(2+\sqrt{3})}{a_i}, \frac{K_i}{3-\sqrt{3}} \right]$$

于是，可得 Bi-Logistic 曲线模型中成长后期与成熟期的分界点为

$$t_4 = \frac{\alpha t_4^1 + t_4^2}{\alpha + 1} = \frac{\alpha b_1 + b_2 + \alpha \dfrac{\ln(2+\sqrt{3})}{a_1} + \dfrac{\ln(2+\sqrt{3})}{a_2}}{\alpha + 1} \tag{9-10}$$

（四）新兴产业阶段转换类型

新兴产业演化的 Bi-Logistic 曲线模型中，两条单独 Logistic 曲线（S_1、S_2）各自的发展速度、演化形态可能存在不同，这两条曲线在发展时间上可能是连续的，也可能会重叠，由此造成 S_1 与 S_2 构成的最终曲线 S 的形态也有所不同。因此，基于 Bi-Logistic 曲线模型中两条曲线 S_1 与 S_2 的发展时间与发展速度的不同，可以将 Bi-Logistic 模型划分为不同类型。Meyer 曾根据两条 Logistic 曲线在发展时间上重叠点不同，将 Bi-logistic 模型分为连续型（sequential）、重叠型（superposed）、汇聚型（coverging）与分散型（diverging）四种不同类型。在此基础上，结合新兴产业自身演化的特点，可将产业演化的 Bi-logistic 模型在理论上分为两大类型：连续型与叠加型，图 9-7 展示了这两种类型的 Bi-logistic 曲线以及其对数直线形式。

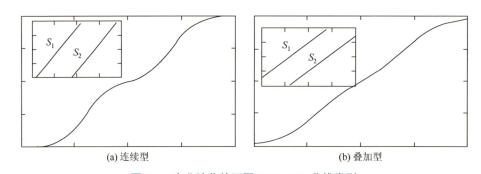

(a) 连续型　　　　　　　　　　　(b) 叠加型

图 9-7　产业演化的不同 Bi-logistic 曲线类型

注：各分图中的左上角内图为该分图中两条 Logistic 曲线的对数线性形式

在连续型中，如图 9-7（a）左上角内图所示，第二条 Logistic 曲线开端于第一条 Logistic 曲线接近饱和时，两条 Logistic 曲线几乎是首尾相接，呈现"连续"发展的形式。这种情况一般发生于产业发展过程中，原有技术或产品逐渐无法满足企业和产业的投资回报，一种新的技术范式或商业模式由此诞生，替代了原有技术，促进了产业的继续发展。

在叠加型中，如图 9-7（b）左上角内图所示，第二条 Logistic 曲线开始出现时，第一条 Logistic 曲线尚未发展到饱和值的 60%，两条 Logistic 曲线在发展时间上出现了长时间的重叠期。这种情况一般发生于产业的原有技术在发展过程中，由于技术扩散等原因引起了其他相关技术的协同创新，从而支撑了产业的新发展。

在产业实际的演化过程中，连续型 Bi-logistic 曲线多发生于产业发展末期，新旧产业交替之时；对于产业发展的前期阶段，在新兴产业演化过程中叠加型 Bi-logistic 较为常见。根据两条 Logistic 曲线发展的速度不同，叠加型 Bi-logistic 曲线又可以细分为融合型、分化型与均衡型 3 种类型，如图 9-8 所示。

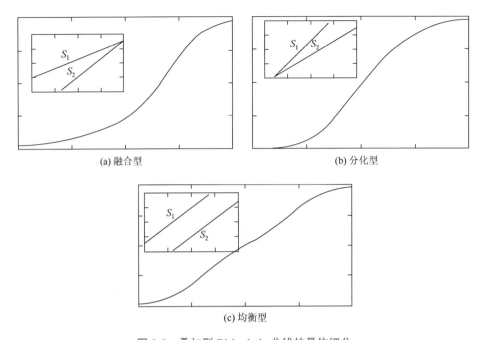

图 9-8   叠加型 Bi-logistic 曲线的具体细分

注：各分图中的左上角内图为该分图中两条 Logistic 曲线的对数线性形式

  在融合型中，两条 Logistic 曲线出现的时间有先后，但是几乎同时发展至饱和阶段，两条 Logistic 曲线的对数直线呈现汇聚趋势。造成这种模式的原因是第二条 Logistic 曲线的演化速度比第一条 Logistic 曲线快，后出现的曲线能够更快发展成熟。这种情况可能发生在产业发展至一定程度时，产业内部出现了新技术或新产品；新技术或产品依托于原产业的资源优势，与产业内原有技术或产品能够优势互补、融合发展，因此新技术（产品）拥有更好的发展基础，更容易获得迅速发展。

  在分化型中，两条 Logistic 曲线几乎同时出现，但是由于发展速度不同，发展至饱和值的时间有先后，两条 Logistic 曲线的对数呈现分散趋势。第一条 Logistic 曲线的演化速度比第二条 Logistic 曲线快，先出现的曲线能够更快发展成熟。此种情况可能发生于产业发展过程中分化出了新技术或新产品，而新技术（产品）与产业内原有技术（产品）存在一定的竞争关系与替代作用时，由于原有技术（产品）的主导地位，新技术（产品）的成长速度受到抑制作用。

  在均衡型中，两条 Logistic 曲线的演化速度比较相近，各自发展至饱和阶段的时间长度相差不大。此种情况可能是由于产业发展过程中存在两种主导技术或产品，出现时间接近，发展能力与潜力相近，二者并存于产业演化过程中。

  产业演化的连续型、融合型、分化型与均衡型是理论上的几种产业演化类型。实际情况中，在产业形成、成长的过程中，可能呈现非常典型的某种类型的特点，也可能是兼具两种类型的特点，在演化的过程中从一种类型逐渐向另一种类型转变。

二、产业创新发展阶段和转换的实证分析

利用生命周期理论和新兴产业演化的 Bi-logistic 模型，对产业创新发展阶段和转换特征及规律的理论分析，在用于我国新兴产业的创新发展阶段判断和转换状态分析时能够得到什么结果和启示，关系着理论的正确性和应用价值。为此，以我国部分新兴产业为研究对象，通过所提出的理论模型，具体考察我国新兴产业的演化阶段及其转化临界条件。

（一）研究对象与数据来源

考虑到产业创新研究的代表性和产业数据的可获得性，选取高技术产业与战略性新兴产业目录中重合的生物医药产业、仪器仪表产业、航空航天产业、电子信息与通信设备制造业、电子计算机产业作为实证研究对象。

以所选产业的工业总产值（当年价）作为 Bi-Logistic 模型的变量，因为产值最能体现产业整体的发展规模和发展水平，是衡量产业规模的最直接和最重要的指标；另外，因为在各类经济数据统计中，产值是相对容易获得的数据，所以以产值作为模型变量，能够增加模型的应用便利性，扩展模型的应用范围。选取上述 5 个产业 1995~2011 年的"当年价总产值"数据进行分析，数据全部来自于《中国高技术产业统计年鉴》（2002~2012 年卷）。

（二）模拟方法与参数估计

采用 Bi-Logistic 模型进行产业演化曲线的拟合预测，其算法复杂度与拟合难度较单一 Logistic 模型增大较多。利用 Loglet Lab 3.0 软件进行 Bi-Logistic 模型拟合。参数估计方法采用迭代法，Bi-Logistic 模型中的基期系数 a、饱和值 K 与反曲点 b 由系统估计而得。因为非线性曲线回归中的各项参数初始值设置会影响参数估计的结果，采用合理设置参数值估计区间，系统多次设定初始值，多次估计参数值并进行曲线拟合的方法，直至最终获得稳定的估计结果。下面给出计算拟合结果以及评测拟合效果的具体过程。

1. 求解拟合曲线 $Y(t)$

假定已知 m 个数据点集为

$$A = \{(t_1, y_1), (t_2, y_2), \cdots, (t_m, y_m)\} \tag{9-11}$$

问题的关键是求解式（9-12）中 2×3 个参数 P：

$$\boldsymbol{P} = \begin{bmatrix} K_1 & a_1 & b_1 \\ K_2 & a_2 & b_2 \end{bmatrix} \tag{9-12}$$

采用非线性最小二乘拟合法（Gauss-Newton 法）进行迭代求解，求解的目标是数据点的残差平方和最小（式（9-13）），即

$$\min r^2 = \sum_{i=1}^{m} r_i^2 = \sum_{i=1}^{m} [y_i - Y(t_i, \boldsymbol{P})]^2 \tag{9-13}$$

拟合的理想结果是残差散乱无序地分布于零点附近，且数值很小；采用可决系数 R^2 判断模型的拟合优度。

2. Fisher-Pry 变换

Bi-Logistic 模型是两个子 Logistic 曲线的叠加。对于单一 Logistic 曲线，为便于计算和观察，常将其进行直线化，即 Fisher-Pry 变换。

以式（9-14）为例，设定 $Q(t) = Y / K$，则 $0 \leqslant Q(t) \leqslant 1$，有

$$\ln \left[\frac{Q(t)}{1 - Q(t)} \right] = a(t - b) \tag{9-14}$$

令 $\mathrm{FP}(t) = \dfrac{Q(t)}{1 - Q(t)}$，有

$$\ln[\mathrm{FP}(t)] = a(t - b) \tag{9-15}$$

则由式（9-15）可知，$\ln = [\mathrm{FP}(t)]$ 与 t 为线性关系，即完成 Fisher-Pry 变换，其示意图如图 9-9 所示。

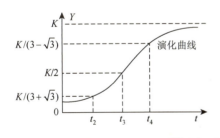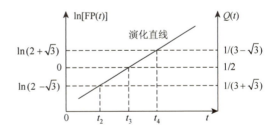

图 9-9 Fisher-Pry 变换示意图

3. 离散数据点集 A 的分割

对于式（9-13）中的 m 个数据点，每个点 $(t_i, y_i)(i = 0, 1, \cdots, m)$ 均被分成两部分，分别在子 Logistic 曲线上，即 $y_i = y_{i,1} + y_{i,2}$。但在实际作图时，$y_{i,1}$ 或 $y_{i,2}$ 的数值极小或接近饱和值时均不再显示，设定 $y_{i,1} < 1\% K_1$ 或 $y_{i,1} > 99\% K_1$ 时不再显示点 $(t_i, y_{i,1})$，$y_{i,2} < 1\% K_2$ 或 $y_{i,2} > 99\% K_2$ 时不再显示点 $(t_i, y_{i,2})$。两点计算方式如式（9-16）、式（9-17）所示：

$$y_{i,1} = y_i - \frac{K_2}{1+\exp[-a_2(t_i - b_2)]} \tag{9-16}$$

$$y_{i,2} = y_i - \frac{K_1}{1+\exp[-a_1(t_i - b_1)]} \tag{9-17}$$

（三）模型拟合结果

对我国生物医药产业、仪器仪表产业、航空航天产业、电子信息与通信设备制造产业、电子计算机产业分别进行 Bi-Logistic 曲线拟合，所得拟合优度的可决系数 R^2 都在 0.98 以上，说明 Bi-Logistic 模型能够较好地描述以上新兴产业的成长演化过程。具体拟合结果如表 9-2 所示。

表 9-2　各新兴产业 Bi-Logistic 曲线拟合参数值

产业	a_1	K_1	b_1	a_2	K_2	b_2	R^2
生物医药	0.160 6	8 525.34	2 026.58	0.405 8	3 503.85	2 013.43	0.996 2
仪器仪表	0.238 6	16 958.03	2 015.46	0.404 3	16 622.25	2 017.42	0.992 8
电子信息与通信设备制造	0.220 4	46 984.04	2 009.12	0.298 3	120 550.69	2 017.78	0.991 5
航天航空	0.119 1	8 942.81	2 026.46	0.326 2	21 602.31	2 021.58	0.989 9
电子计算机	0.592 2	13 972.54	2 004.38	0.271 3	42 925.89	2 016.44	0.992 7

采用 Bootstrap 方法确定置信区间与标准误差。利用蒙特卡罗方法迭代 300 次，通过 300 个拟合值确定置信区间，参数值标准差见表 9-3，参数标准误差在 30% 以内，表明相关参数值在 70% 水平上可信。

表 9-3　各新兴产业 Bi-Logistic 曲线参数值标准误差

产业	a_1/a_2 置信区间	相对误差/%	K_1/K_2 置信区间	相对误差/%	b_1/b_2 置信区间	相对误差/%
生物医药	0.144 6～0.181 3	11.11	7 272.12～9 890.44	15.36	2 024.89～2 027.51	0.06
	0.367 3～0.479 3	13.80	2 885.19～4 273.20	19.80	2 012.96～2 014.02	0.03
仪器仪表	0.213 6～0.271 0	12.02	14 319.49～19 547.41	15.41	2 014.18～2 017.04	0.07
	0.348 2～0.465 0	14.44	12 986.35～19 617.74	19.95	2 016.95～2 018.01	0.03
电子信息与通信设备制造	0.185 3～0.259 0	16.72	42 031.87～51 682.04	10.23	2 007.85～2 010.41	0.06
	0.264 2～0.331 5	11.28	110 984.70～130 192.43	7.97	2 016.29～2 017.05	0.02
航天航空	0.106 6～0.135 0	11.92	8 028.33～9 914.50	10.55	2 025.08～2 027.85	0.07
	0.291 2～0.356 2	9.96	16 817.39～26 490.71	22.40	2 020.04～2 022.83	0.07
电子计算机	0.523 2～0.632 9	9.26	12 664.67～15 243.75	9.23	2 003.70～2 004.84	0.03
	0.233 8～0.306 4	13.38	31 744.31～53 590.45	25.45	2 015.37～2 017.22	0.05

（四）我国新兴产业演化过程分析曲线

我国生物医药产业的演化过程如图 9-10 所示。整个演化过程中，第一条曲线 S_1 的成长时间自 1996 年开始，预计 2040 年左右发展成熟；第二条曲线 S_2 在 2003 年出现，2005 年增速就超过了 S_1，接着 2009 年规模超过了 S_1，预计 2025 年接近

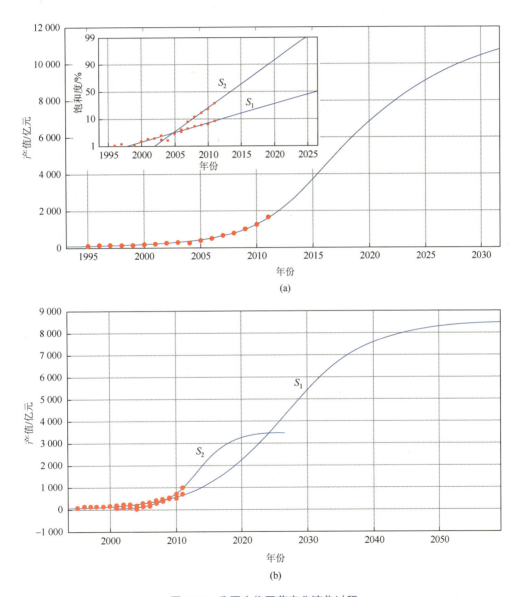

图 9-10　我国生物医药产业演化过程

饱和。S_1、S_2 的成长时间存在重叠，其对数直线形式呈现汇聚趋势，我国生物医药产业属于融合型演化模式。新产品（技术）曲线的产生，可能由于产业中出现的新产品（技术）成长速度更快，技术或产品更先进，也可能由于国家政策和环境的影响，促进了生物医药产业发展中的一个新的阶段性增长。

2003 年我国"非典"爆发，受其影响我国生物医药销售大幅提高；生物技术备受热捧，再次成为企业的投资热点；我国医药研究投入大幅增长，并取得了一系列技术成果。这些可能是造成 2003 年我国生物医药产业分化增长的原因。可以看出 S_2 虽然增长很快，但是整体规模不如 S_1，说明由"非典"引起的短期市场需求虽然可以促进产业短期快速增长，但是难以获得持续动力。

我国仪器仪表产业的演化过程如图 9-11 所示。第一条曲线 S_1 的成长时间自 1995 年开始，预计 2030 年以后进入成熟期；第二条曲线 S_2 在 2005 年出现，成长时间自 2012～2028 年，预计 2020 年增长规模和增长速度超过 S_1。S_1、S_2 虽然开始成长的时间点不同，但是几近达到饱和的时间相差不多，其对数直线形式呈现汇聚趋势，因此我国仪器仪表产业的演化模式为融合型。

我国仪器仪表产业内的两条曲线成长速度与总体规模相差不大，只是出现时间有先后。造成这种情况的原因，可能是由于目前我国仪器仪表产业内部有两种主流产业，水平相近，发展潜力近似。2005 年出现的应该是代表高端装备制造的光学仪器仪表等产业，虽然发展速度较快，但是传统仪器仪表产业仍占据着重要位置。

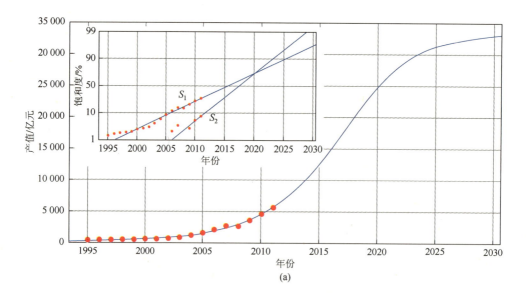

(a)

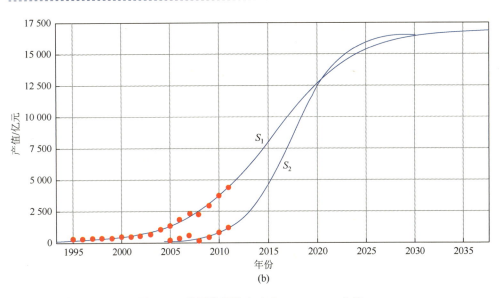

(b)

图 9-11　我国仪器仪表产业 Bi-Logistic 曲线

我国电子信息与通信设备制造产业的演化过程如图 9-12 所示。相比前几个新兴产业，电子信息与通信设备制造产业相对成熟一些，第一条曲线 S_1 的成长时间自 1985 年开始至 2030 年左右达到饱和；第二条曲线 S_2 开端于 2002 年，预计 2033 年几近饱和。两条曲线出现时间有先后，相隔将近 20 年，但最终达到饱和的时间非常接近，其对数直线形式呈现融合趋势，因此我国电子信息与通信设备制造产业的演化模式为融合型；第二条曲线 S_2 虽然出现时间晚，但是发展速度较快，在2015 年前后其规模超过 S_1，逐渐成为此后的支柱和主流。

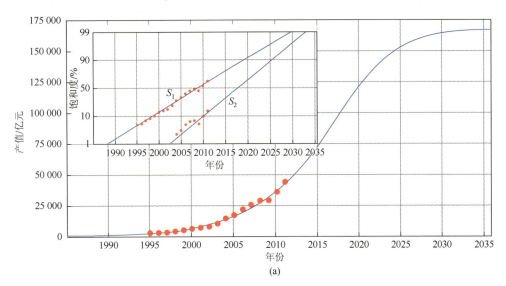

(a)

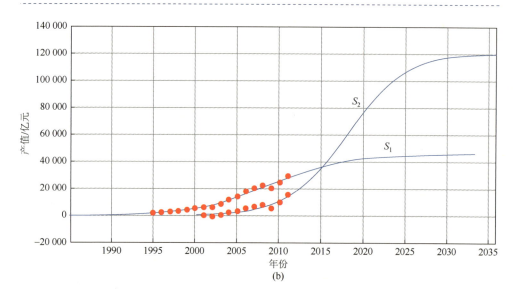

图 9-12　我国电子信息与通信设备制造产业 Bi-Logistic 曲线

我国航空航天产业的演化过程如图 9-13 所示。在演化过程中，第一条曲线 S_1 的成长时间自 1988 年开始，预计在 2045 年之后才完全成熟，发展时间非常长；第二条曲线 S_2 在 2007 年左右出现，发展速度较快，预计 2036 年几近饱和。S_1、S_2 的成长时间存在重叠，其对数直线形式呈现汇聚趋势，因此我国航空航天产业的演化模式为融合型。

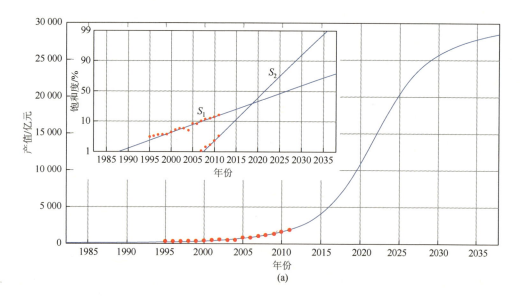

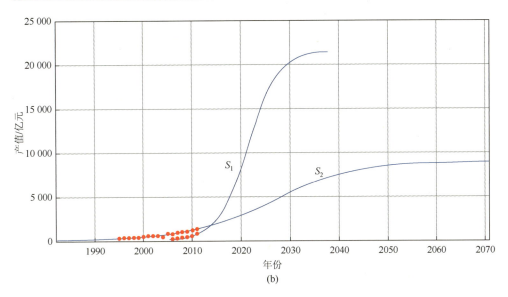

(b)

图 9-13　我国航空航天产业 Bi-Logistic 曲线

2007 年我国"嫦娥一号"卫星准确入轨，发射圆满成功，铸就了继两弹一星、载人航天之后中国航天史上第三个里程碑，极大地推动了卫星应用行业的发展。2007 年是中国航空航天产业在深空探测取得标志性成果，基础能力实现快速发展的一年，自此中国卫星应用行业迅速发展，逐渐成为航空航天产业的支柱行业。

我国电子计算机产业的演化过程如图 9-14 所示。我国电子计算机产业是所选 5 个产业相对发展最成熟的，选择电子计算机产业做样本，也是为了与其他时间更短的新兴产业有所比较。整个演化过程中，第一条曲线 S1 的成长自 1996 年开始，2011 年已发展至完全饱和；第二条曲线 S2 在 1999 年左右出现，预计 2033 年几近饱和。S1、S2 的成长时间存在重叠，其对数直线形式呈现明显的分化趋势，然而两条曲线的重叠时间不长，因此我国电子计算机产业的演化模式属于分化型，但是有一定连续型的特点。

总结我国上述 5 个新兴产业的演化过程的特征，结果如表 9-4 所示。从第二条曲线 S2 出现，即出现新的增长点的原因来看，有技术突破引起的新行业，如航空航天产业中的卫星发射技术、仪器仪表产业中的光学仪器技术；也有环境、政策、事件等引起的市场需求，如生物医药产业中的"非典"事件。可以发现，由技术突破引起的产业增长往往是更持续、规模更大的，由短期市场需求引起的产业增长一般速度很快，但是规模难以超越产业原有增长水平，持续时间也不长。

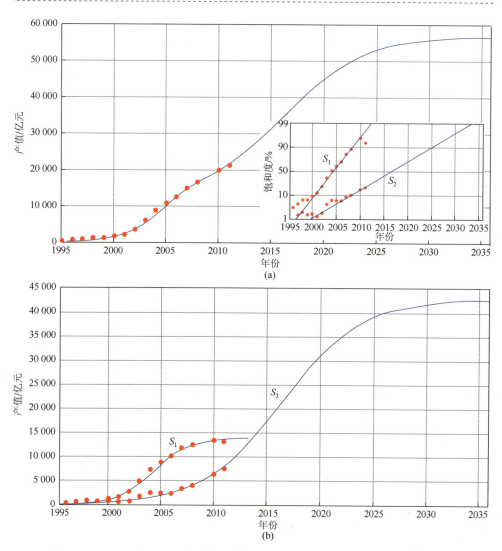

图 9-14　我国电子计算机产业 Bi-Logistic 曲线

表 9-4　我国各新兴产业演化特征

产业	演化类型	第一条曲线 S_1		第二条曲线 S_2	
		饱和值/亿元	成长时间/年	饱和值/亿元	成长时间/年
生物医药	融合型	8 525	27.4	3 503	10.9
仪器仪表	融合型	16 958	18.4	16 622	10.9
电子信息与通信设备制造	融合型	46 984	20.0	120 550	14.7
航天航空	融合型	8 943	36.9	21 602	13.5
电子计算机	分化型	13 972	7.4	42 926	16.2

（五）我国新兴产业演化阶段分析

基于拟合所得的各新兴产业演化的 Bi-logistic 曲线，根据阶段转化临界值计算方法，可计算出所选 5 个新兴产业各自的阶段转化临界值，如表 9-5 所示。所选的 5 个代表性新兴产业，形成期为 2004～2009 年，成熟期基本在 2020 年以后，目前基本处于成长期的前端，说明我国新兴产业已初具规模，仍然具有很大的发展潜力。其中生物医药与航天航空产业成熟期在 2029 年左右，相对更加"新兴"；电子计算机产业成熟期在 2017 年左右，相对更加"成熟"。

表 9-5　各新兴产业阶段转化临界值

产业	形成期	成长前期	成长后期	成熟期
生物医药	2007.6	2016	2022.8	2029.5
仪器仪表	2006.6	2012	2016.4	2020.8
电子信息与通信设备制造	2004.5	2010.5	2015.3	2020.2
航天航空	2009.4	2016.9	2023.0	2029.1
电子计算机	2004.1	2009.3	2013.5	2017.7

需要说明的是，根据 Bi-logistic 模型推导所得的阶段转化时间，可能会与我们平常对产业的认知稍有不同。由模型推导的"形成期"，是指产业增速开始提速的时间，并不是指产业刚刚形成。"成熟期"比我们理解的较晚，这是由于平常我们对产业的认知一般容易固化在它形成初期的主导产品上，认为产业发展演化已久。但是新兴产业在演化过程中不断出现新的产业增长点，出现新技术与新产品，例如，电子计算机产业不断分化出新产品，电信产业由 2G 发展至 4G，技术不断更新。Bi-logistic 模型推导的是新兴产业整体的发展过程，综合考虑了两条曲线的发展阶段，因此模拟所得的电子信息与通信设备制造产业和电子计算机产业的成熟期在 2020 年左右，正是考虑到产业发展过程中的新增长点，促使产业成熟期向后延迟的结果。

我国生物医药产业的阶段性转化点如图 9-15 所示。2007 年进入形成期，2016～2029 年为加速发展的成长期，预计 2029 年左右达到成熟。形成期约 9 年，成长期约 13 年，二者相加的高速成长时间超过 22 年。

我国仪器仪表产业的阶段性转化点如图 9-16 所示。2003 年进入形成期，形成期约 6 年；2012～2020 年为加速发展的成长期，时间约 8 年，预计 2020 年达到成熟。从形成期到成熟期的高速成长时间为 14 年。

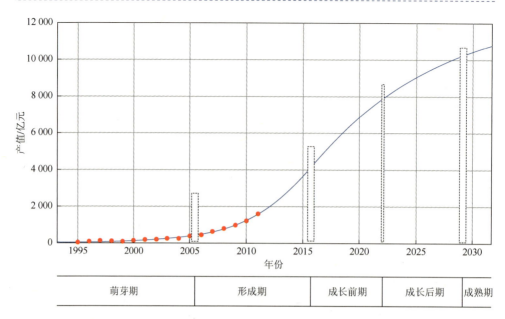

图 9-15　我国生物医药产业演化阶段

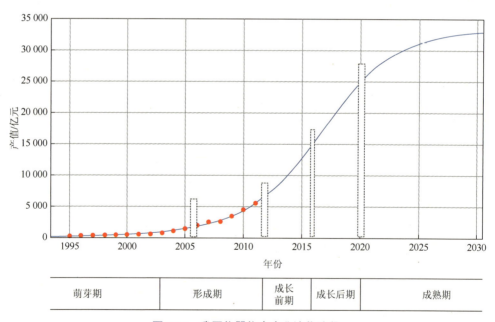

图 9-16　我国仪器仪表产业演化阶段

　　我国电子信息与通信设备制造产业的阶段性转化点如图 9-17 所示。2004 年进入形成期，形成期时间约为 6 年；2010 年开始进入成长期，预计 2020 年达到成熟，成长时间约为 10 年。形成期与成长期构成的高速成长时间约为 16 年。

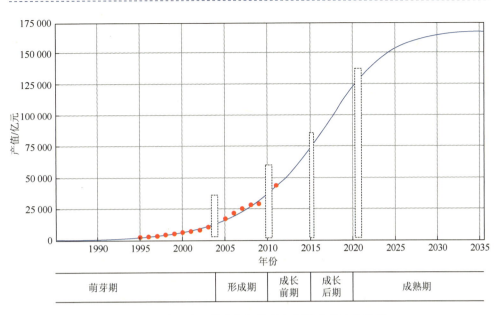

图 9-17　我国电子信息与通信设备制造产业演化阶段

我国航空航天产业的阶段性转化点如图 9-18 所示。2009 年进入形成期，持续时间约为 7 年；预计 2016~2029 年为成长期，2029 年后达到成熟，成长时间约为 13 年。从形成期至成熟期的高速成长时间约为 20 年。

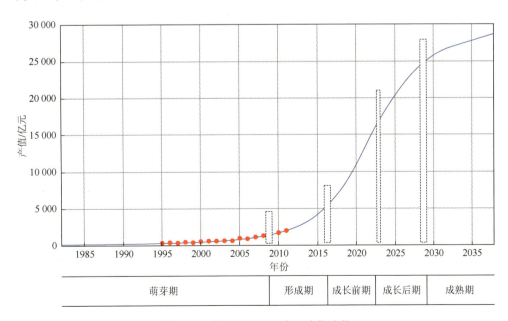

图 9-18　我国航空航天产业演化阶段

我国电子计算机产业的阶段性转化点如图 9-19 所示。2004 年进入形成期，经过将近 5 年的发展，2009 年进入成长期，预计 2017 年达到成熟，高速成长时间约为 13 年。

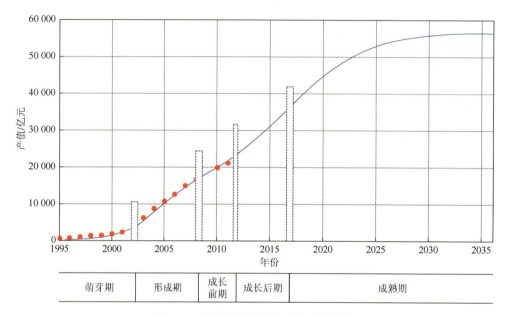

图 9-19　我国电子计算机产业演化阶段

（六）新兴产业演化不同阶段的发展策略

新兴产业不断演化的过程，可以理解为从初级阶段不断向更高一级阶段转化的过程，表现为主导技术越来越成熟、产业规模越来越大，直至产业发展成熟。如何采取有效方法促进新兴产业实现阶段转化，是进行新兴产业阶段研究的最终目的。

在新兴产业演化初期，特别是产业刚刚形成之初，需要对不同技术、产品以及商业模式采取包容的态度，政府以支持各类技术创新为主。因为在新兴产业形成之初，主流的技术和产品尚未定型，主导技术尚未确立，产业技术成熟度较低，技术路径依赖性不强，不宜过早干预确立主流技术、过多鼓励现有的和暂时的强势业务大规模扩张。在新兴产业演化过程中，技术创新活动频繁，后发技术后来居上的情况时有发生。在市场资源与市场空间允许的情况下，不应过早排斥其他技术路线，原因有三：第一，技术和产品的多元化为产业发展方向提供了更多选择和更为广阔的发展空间，能够避免仅仅盲目依赖单一技术，多元化的技术路线可以分担新兴产业的发展风险；第二，多种技术路线并存在一定程度上也可发挥竞争和制约作用，虽然可能会产生一定的重复投资，但可以对创新产生较强的促进作用；第三，不同的技术与产品有着不同的特点和适用领域，经过充分竞争和发展后可能会沿着不同的技术发展方向演化，产生产业分化，促成新的产业增长点。

因此，在制定产业发展政策时，应该根据新兴产业处于不同的演化阶段，而采用不同的发展模式与支持方式。在新兴产业演化的形成期，应对不同技术和产品采取宽容发展的态度，支持多技术路线并存；在新兴产业发展的成长期，采取有针对性的倾斜政策，首先准确识别主流标准、主导技术与优势产品，再针对优势技术路线实施优惠与鼓励政策，加快其发展速度，尽快形成市场竞争力。

第三节　新兴技术与新兴产业协同演化分析

产业创新过程是新兴技术与新兴产业协同演化的过程，在这个过程中，新（兴）技术不仅可以发展成为新兴产业，它还能够显著提高产业生产率，或者引起需求结构的变动，从而导致产业系统结构发生变化，推动新兴产业的有序演化；而新兴产业的演化不仅为新兴技术提供了市场机会，而且新兴演化还能影响新兴技术创新主体所处的环境，影响产业技术体系的发展过程。从动态角度对新兴技术进步与新兴产业发展的关系进行分析，有助于把握经济长远的发展趋势；研究新兴技术与新兴产业间的协同演化规律，对于进一步把握产业创新规律，国家层面的产业创新战略和政策制定以及企业层面的组织模式和项目选择等方面都有现实的指导意义。

从协同演化理论以及知识、需求空间、技术链价值分布和技术轨道等视角，探析新兴技术与新兴产业间的协同演化问题，旨在提供一种对新兴技术与新兴产业演化问题的启发式思考。研究新兴技术与新兴产业的演化规律，其要解决的主要问题和分析过程是：阐释新兴技术演化、新兴产业演化的含义，以及主要理论依据；分析新兴技术与新兴产业协同演化动力机制；具体阐述新兴技术与新兴产业的协同演化阶段；得到演化规律分析的启示。

一、新兴技术与新兴产业演化研究视角

研究新兴技术演化问题的国内外学者基于各自对新兴技术内涵的理解，主要从以下六个理论角度进行了研究：生物学和社会学相结合的角度[10]，以文献和专利等客观数据、指标进行量化分析的角度，多阶段、多层级影响因素的角度，技术与其相关要素协同演化的角度[161, 162]，"架构-元素"的角度，技术哲学的角度[163]。必须指出的是，上述多个视角并非彼此孤立，有些视角也共享某个基本的思想或观

点。例如，Adomavicius 等[164]提出了技术生态系统的概念，此观点不仅源自生物学领域的隐喻，还融合了协同演化的思想，并在一定程度上反映出了"架构-元素"的技术观；技术哲学的视角和"架构-元素"的视角都涉及知识创生与流动的思想；以协同演化的视角研究技术演化问题的学者往往借鉴多层级、多阶段影响因素视角的研究框架，以这一视角研究新兴技术演化的学者很少；以文献、专利等数据、指标对某领域的新兴技术演化情况进行量化分析的研究工作，也必然要以其他视角的定性理论成果为基础。新兴技术演化包含了技术性能的渐进性变化、技术性能的突破性变化、技术功能的不连续性变化以及技术应用领域的非连续性变化[165]。

　　研究新兴产业的演化问题旨在揭示产业动态发展规律，分析其演进动力机制，为制定新兴产业发展政策提供指导。针对单一产业相关问题的现有研究和模型比较多，这些研究工作和模型大体上归于以下理论：技术创新经济学理论，马歇尔的产业演化思想，产业组织的种群生态学理论，产业生命周期理论，纳尔逊和温特的产业演化理论。

　　因为新兴技术与新兴产业的演化行为存在多层级与嵌入性、多向因果关系和正反馈效应等特点，所以进一步研究新兴技术和新兴产业的演化行为，可以结合协同演化理论、产业生命周期理论和技术创新经济学的分析范式，研究新兴技术与新兴产业各自演化过程中的交互影响作用。

二、新兴技术与新兴产业协同演化规律分析

（一）企业在分析技术创新与产业发展问题中的作用

　　现有的研究已表明技术创新活动与新兴产业的演进有密切的关联，而新技术的研发，技术的标准化以及新技术的商业化都离不开企业的参与，企业的发展又受到市场需求、产业环境、政策导向等影响。企业既是新兴技术产业化的重要载体，又是构成产业环境的重要组成部分。因此，分析企业在技术创新与产业发展过程中的地位，有助于进一步认识新兴产业的演化行为，也有利于制定并落实微观层面的政策。

　　企业是处于不断演化之中的，并与产业环境相互影响，企业的异质性为产业的演化提供了基础和条件。生产同质产品的企业和具有上下游产品供应关系的企业构成了产业，企业的各种活动和行为时刻改变着产业的环境，与此同时，企业也会在特定的产业环境内形成一定的认知结构，该认知结构会影响企业的各项决策，因此，企业就与产业处于共同演化之中。根据企业能力理论，企业的本质是能够产生智力资本的"企业能力"，有学者认为，能力是"组织中的积累性学识"，能力是对企业进行分析的基本单位[166]。企业具有搜寻、学习和吸收新知识的能力，

企业通过研发新技术来提高自身在产业环境中的动态适应能力；而且，企业会改变其内部的组织结构，调整企业内外部的认知距离，以主动适应产业环境的变化。同时，企业的上述行为会影响技术的演化，因为企业的组织结构和技术研发活动在不同程度上影响着技术的学习、创新和扩散过程。

由于知识的外部性、扩散性，某个企业很难凭一己之力高效地完成高质量的新技术研发活动，而且新技术商业化所需的资源往往超过了单一企业能够承担的限度，尤其是突破性新兴技术的商业化不仅需要较大规模的初始投资，还面临较大的市场风险，于是，产业内的企业构成了网络式的联盟，对新兴产业内的企业而言，技术层面的因素和产业层面的因素共同促进了企业间网络结构的生成。

企业之间的网络也影响着技术的创新与扩散，不同的企业网络结构对于技术链的形成、技术性能的升级速度、技术体系的演化方向有不同的影响。Watts 等[167]提出了三种网络结构概念：有规则的网络结构，小世界（small world）的网络结构，随机网络结构。这三种网络结构的特点是它们的集聚程度和平均路径距离依次下降，而信息扩散速度依次上升。通过将上述三种网络结构内涵与新兴技术和新兴产业的演化行为相结合，可知"有规则的企业网络结构"往往建立于企业间的社会关系或者地域联系之上，此时的企业网络有很高的集聚程度，该网络中的企业数量较少，但是它们之间有相当稳定的联系与互动，长期的合作创新使这种企业网络可以持续地积累某一技术领域的知识，而技术知识不易扩散到网络之外，一旦有了突破性的技术创新，有规则的网络结构可以迅速构建初步的技术链。技术链是指在产业生产活动过程中，生产主要的终端产品所需的技术按其承接关系形成的链条，可以说，有规则的网络结构有利于技术链的初步形成以及新兴产业的浮现；"小世界的企业网络结构"有较高的集聚程度和较高的扩散速度，网络中的企业较多，每个企业有较低的概率与其他企业进行合作，这种网络结构有助于推动持续的技术创新与扩散，小世界网络结构有助于推动技术标准的形成以及产业的快速发展；"随机企业网络结构"的集聚程度很低，技术知识扩散速度很快，企业数量较大，每个企业随机的与其他企业进行短期合作，这种网络结构可以催生大量的渐进性技术创新，使新兴技术的技术链向周边延伸，并可能与其他技术链交叉，随机网络结构可以促进技术链的延伸与交叉以及产业的成熟。

（二）新兴技术与新兴产业协同演化的动力机制

协同演化是指系统内的两个或多个主体的演化动力相互交织、演化轨迹相互影响的现象。新兴技术与新兴产业协同演化动力问题可以从以下四个视角讨论，在这里没有明确地将政府的直接影响和制度因素考虑在内。

（1）知识的视角。知识是认知过程和认知结果的统一[168]，科学知识在一定程度上规定了产业知识演化的各种可能轨迹的集合和知识增长的边界，也描述了产业的技术特征，是产业演化的技术机会约束。新兴技术的发展建立在技术知识基础之上，随着技术知识的产生与融合，新兴技术得以不断演化，新兴技术成果的商业化拓展了新兴产业的市场空间，推动了新兴产业的形成与发展；而新兴产业的演化又拓展了该产业的知识空间，促进了知识的扩散，为技术创新提供了更多的技术机会。通常来讲，企业的研发活动探索了当前的新技术知识，而企业的生产活动扩散了新的技术知识。新兴产业的产业环境处于不断变迁中，采用新技术成果的企业必须尽可能地提升其动态适应能力，如果企业能够在技术商业化的过程中获取足够的利润以补偿创新活动的成本，企业有能力在积累知识的同时继续搜寻新技术知识，那么这些企业所采用的新技术将得到进一步的发展；反之，如果企业不能在技术商业化的过程中补偿其创新成本，那么该企业的技术创新活动将受到消极的影响，它所掌握的新技术知识无法在第一时间得到有效积累、扩散，甚至很快会被其他技术所取代。这表明，新兴产业的发展受到技术知识的动态制约，而新兴技术在推动产业发展的同时也在接受产业环境的选择与淘汰，如图 9-20 所示。

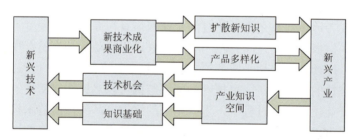

图 9-20　知识视角下的新兴技术与新兴产业协同演化过程

（2）需求空间的视角。新兴技术的演化可以激发产业的需求空间，从而拉动新兴产业的发展；而新兴产业的需求环境也对新兴技术的演化产生影响，市场的需求结构会影响新产品的商业化速度。新兴技术演化进程中的突破性技术创新往往会使终端客户的潜在需求成为当前的现实需求，从而大大拓展新兴产业的需求空间，进一步挖掘了新兴产业的发展潜力，也为新兴产业的形成与发展提供了外部动力；新兴产业市场的终端客户的异质性需求会对新兴技术的演化进程产生影响，客户的收入水平、尝试新产品的意愿、个人选择偏好以及其他因素都会改变他们对新技术成果适用性等方面的认知，某些需求条件甚至会阻碍新技术取代旧技术[168]，而新技术的研发机遇和风险正是建立在市场需求的不确定性之上，在新兴产业的不同发展阶段，其需求空间、需求结构也在发生变化，并且都会对新兴技术的演化产生不同程度的影响，如图 9-21 所示。

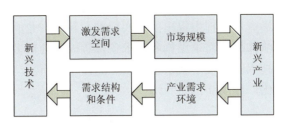

图 9-21　需求空间视角下的新兴技术与新兴产业协同演化过程

（3）技术链价值分布的视角。在新兴技术的演化过程中，会逐渐形成其技术链，技术链上各环节的技术创新活动往往是不太均衡的，这会改变技术链上各环节的价值增值程度，也就是改变了技术链上的价值分布，不同的价值分布状态会影响新兴产业的演化进程。较为均衡的价值分布有利于产业的健康发展，而极不均衡的价值分布可能导致市场竞争的紊乱和病态的企业集群，甚至使产业发展陷入低技术化的"山寨模式"。在新兴产业的发展过程中，市场结构和企业间的竞争行为也会改变技术链上各环节的技术创新速度，从而影响新兴技术的演化过程。缺乏有效技术积累的多个企业也可能通过组建企业联盟来整合技术资源，孕育突破性技术创新，并将其商业化，从而改变技术链的长度和宽度，进而改变技术链上的价值分布，如图 9-22 所示。

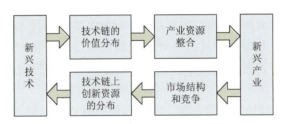

图 9-22　技术链价值分布视角下的新兴技术与新兴产业协同演化过程

（4）技术轨道的视角。随着新兴技术的演进，会或早或晚地形成产业技术轨道，这会影响新兴产业的发展方向和速度；而新兴产业通过选择技术标准，也可以影响新兴技术的演化方向和创新速度。所谓技术轨道是由范式决定的常规的解决问题的活动，而技术范式是一种解决选择技术问题的模型或模式，它决定了技术轨道的边界[169, 170]。新兴技术演化形成的技术轨道可以提升新兴产业的核心竞争力，企业进行顺轨创新的倾向会使产业的发展方向更加明确，并进行更为有效的技术积累，从而推动顺轨方向的技术创新，形成正反馈效应。将技术范式或者轨道进行具象化可以近似地得到技术标准，技术标准是一组得到认可的关于产品、技术和工艺的特性及参数的规范，其目的是要保证产品和系统间的互联与互换，维护市场参与各方之间的正常交流和合理秩序[171]。技术标准中的产品要素类标准往往是由企业在市场竞争过程中提出的事实标准，新兴产业的市场环境对选择技术标准有巨大的影响作用，需求结构和需求条件等因素会对多种技术标准进行选择和淘汰，影响各技术轨道及子轨道上的企业的技术创新活动的决策行为，进而影响新兴技术的演化，如图 9-23 所示。

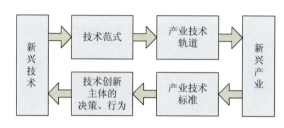

图 9-23   技术轨道视角下的新兴技术与新兴产业协同演化过程

此外，新兴技术体系内的演化行为也可能导致初始技术链的变革，进而导致新兴产业技术轨道的跃迁，图 9-24 表示了新的技术链如何脱胎于传统技术链的交叉、变异，图 9-24 中的连线代表技术间的承接关系。由于路径依赖性和研发主体心智模型的相对稳定性，技术链和产业技术轨道的演进方向较为稳定，但仍有某些环节可能出现交叉，这为进一步的突破性技术创新提供了条件。若是新兴技术的技术链不连续地升级，则在产业层面，就会表现为新兴产业演化周期的往复；若是新兴技术的主要纵向技术链分裂为多条纵向技术链，则新兴产业将会向多个方向分化发展；若是该产业的初始技术链与其他产业的技术链在相对比较广的范围内产生融合，则这一新兴产业也将与其他产业逐渐融合，甚至引起产业结构的变迁。

基于上述四个视角的分析有助于我们理解新兴技术与新兴产业的协同演化动力是如何相互交织的，因为某些动力还存在正反馈效应或负反馈效应，所以这种交织的演化动力使得新兴技术与新兴产业的协同演化过程呈现出相当复杂的状况。某些演化过程可能会由于演化动力的衰竭而迅速停滞，也可能会因演化动力的强化而快速演进，甚至可能会出现演化阶段的倒退、往复。

三、新兴技术与新兴产业协同演化阶段

实际上，因为新兴技术与新兴产业处于不断的协同演化作用中，所以很难单纯地根据技术层面或产业层面的变量来清晰地划分新兴技术与新兴产业协同演化过程的具体阶段。

传统的产业生命周期理论将产业发展历程大体上分为四个阶段，分别是萌芽期、形成期、成熟期和衰退期，学者对于四个阶段有不同的称谓，例如，将"萌

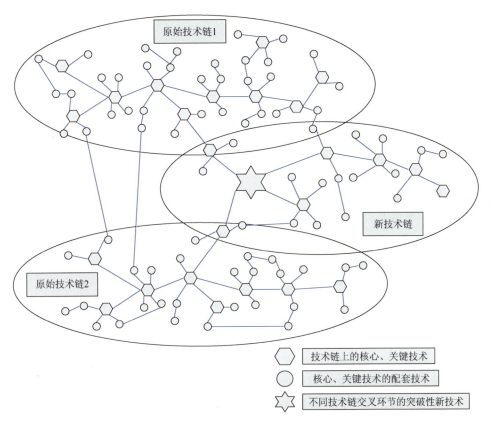

原始技术链1

新技术链

原始技术链2

⬡　技术链上的核心、关键技术
◯　核心、关键技术的配套技术
✡　不同技术链交叉环节的突破性新技术

图 9-24　技术链的交叉及融合示意图

芽期"称为"孕育期",将"形成期"称为"扩张期",也有学者分为五个或六个阶段,即加入了"先导期"等阶段。传统的产业生命周期理论在一定程度上受限于新古典经济学的"静态"、"均衡"框架,只是着重分析了各阶段产业层面的主要宏观变量有何特点,这种划分阶段的方式并不利于分析演化动力问题。

为了便于说明和理解协同演化动力是如何影响新兴技术与新兴产业演化的,依据二者演化动力的交织程度和变化,将新兴技术与新兴产业的协同演化过程具体分为初步协同阶段、强化协同阶段、深度协同阶段和分化协同阶段。在初步协同阶段,新兴技术从突破性技术创新发明逐渐形成简单的技术链,而新兴产业从浮现期向萌芽期过渡。新兴技术与新兴产业的演化动力交织程度较浅,传统产业环境、区域文化、制度、政策等要素发挥的作用较大。在强化协同阶段,新兴技术的初始技术链得到快速的扩展,并存在多种发展方向,而新兴产业此时从萌芽期向快速成长期过渡。这一阶段,新兴技术与新兴产业的演化动力交织程度逐渐加深,相互交织的演化动力使双方对彼此的影响越来越强。在深度协同阶段,新兴技术开始沿着较为明确的技术轨道演进,而新兴产业逐渐步入成熟期。二者演化动力的交织程度达到前所未有的深度和广度，这一阶段持续的时间相对于强化协同阶段较短。在分化协同阶段，新兴技术与其他产业边界的技术发生交叉与融合，孕育新的重大突破性技术创新，新兴产业由成熟期呈现出分化或者融合的趋势。二者演化动力的交织程度逐渐下降，并受到其他领域的技术或其他产业的交叉影响。

必须指出的是，由于新兴技术链在形成与发展过程中始终存在交叉和融合的可能性，如图9-24所示，而这种情况将可能导致新兴产业的提前分化或融合，所以上述四个阶段不严格地存在前后承接关系。在协同演化进程中的不同阶段，主导的演化动力也在发生变化，主导演化动力的更迭会导致新兴技术与新兴产业的协同演化出现前面所述的复杂状况。

（一）初步协同阶段

已有的产业知识基础往往是孕育重大新兴技术的摇篮。在科研院所的基础性研究活动中，就可能因为某项重大的科学发现而开发出突破性的技术发明，在企业等机构的应用性技术研发活动中，可能由于市场需求结构的影响而开发具有巨大商业化潜力的技术发明，这两种情况都会促使传统产业技术链内的某些环节出现分支或升级，而这些技术链环节上的"变异"就可能成为日后的新兴技术。掌握上述重大技术发明的企业需要权衡多方面要素来评估新技术的商业价值，并开发新产品投放市场或者出售新技术的使用权，不同的企业会根据自身的知识空间、可以调用的资源组合以及当前产业环境来具体决策。在企业知识空间和可投入资源不变的条件下，当前市场的饱和程度、消费群体的特征、局域区域的文化、企业所处的网络结构等，都会影响新技术的应用和扩散。细分市场的饱和程度越低，乐于尝试新产品的消费者所占的比例越大，企业所在的区域环境越是鼓励多样化和创新，那么新技术就越容易商业化，反之，新技术的应用就易于搁浅，也就无法立刻被识别为新兴技术，但这项技术的知识基础并未消散，而是继续存在于产业知识空间内，随着研发主体的知识空间不断扩大、交汇，被搁浅的技术也可能与其他技术相融合，并再次焕发出"生机"，获得更大的商业化潜力。若某项突破性技术被成功地商业化，那么它所创造的价值、利润是否能补偿企业的创新投入就关系到这项技术是否能获得进一步的发展，如果企业所获利润足以有效地补偿对新技术、新产品的投入，那么随着新产品逐渐得到市场的认可，采用新技术的企业所获利润会越来越多，由于技术知识的扩散性，会有其他企业相继学习、吸收、采用新技术，而后进入的企业将新技术与自身所积累的技术知识相结合，这有利于催生更多的技术创新，包括原始突破性技术的相关配套技术，从而形成初始的简单的技术链。由于新技术、新产品能够获得市场的认可，少量企业参与了新技术的商业化活动，这在产业层面，即表现为新兴产业的浮现。

新技术刚刚进入原有的产业体系时，企业需要迅速打开需求空间，并降低技术商业化的成本和风险，尤其是当使用新的技术将会挑战原有产业技术轨道的时候，企业往往通过企业间的网络结构，努力扩大新技术的应用范围和价值创造力，此时的新技术相对于原有产业技术轨道内的成熟技术而言，其生存能力相当脆弱，这时它需要集聚相对稳定的资源和技术基础来适应变迁的产业环境，所以，有规则的网络结构和小世界网络结构都有利于提升新技术的竞争力，而随机网络结构将因其集聚程度过低而提高应用新技术的风险。若突破性的新技术能够在产业环境的选择中生存下来，该项技术的知识会得到快速的扩散，并拓展原有的产业知识空间，为越来越多的企业提供新的技术机会。随着同质产品的市场竞争逐渐加剧，后进入这个技术领域的个别企业开始从核心产品的供应链上下游入手开发新技术和新产品，这时新的初始技术链在多个维度上得到扩展，此时新技术领域内的企业还不多，市场规模很小，应用的技术还不够成熟，新兴产业缓慢地步入萌芽期，企业的学习能力还不强。

在这一阶段，新兴技术的演化直接推动了新兴产业的发展，而产业环境对技术创新的反馈作用具有不确定性，新技术的生存能力受到众多不稳定因素的制约，新兴技术与新兴产业的协同作用并不平衡。

（二）强化协同阶段

进入萌芽期的新兴产业，已经有了一部分特有的产业知识空间，新兴产业的初步形成推动了知识的扩散与积累，随着进入新兴产业的企业各自搜索新技术领域的知识边界，传统产业的产业技术链将面临深度变革的压力。由于技术创新活动与技术知识基础之间的正反馈效应，产业内技术创新的速度逐渐加快，对于企业来说，进行技术创新的压力以及控制成本的压力逐渐上升。由于知识的外部性，以及创新活动所存在的各种风险，企业之间形成了正式、非正式的集群或联盟，以提高创新的效率、降低创新活动的风险。根据学术界目前的研究成果，自发形成的企业集群可分为多种类型，不同类型的集群对技术创新活动有着迥异的影响，例如，生产的产品有上下游供应关系的企业所构成的集群会促进新技术链上各环节技术的协调演进，而主要由生产同质产品的企业所构建的集群会导致创新活动的无效均衡状态。企业联盟组织内的企业共享知识边界，而参与联盟的企业所掌握的技术知识有很强的互补性，联盟内的交流有助于各企业打破传统产业的知识环境对它们塑造的心智模型，并破除传统产业的技术锁定效应，孕育新的突破性技术发明，既可以大大加速新兴技术的商业化进程，又可以在很大程度上丰富和完善新兴技术链，进一步推动新兴技术的发展。

这时，新兴产业内的企业数量快速增加，市场规模和需求空间也快速扩展，产业链逐步成形，多个企业集群或者企业联盟组织之间存在不同程度的竞争，往往同时存在多条正在形成的产业技术轨道，由于"顺轨创新"的报酬递增效应，大量企业进入离自身的知识边界较近的技术轨道，进一步加速了新兴技术的创新速度，新兴产业出现了几个顺应技术轨道的发展方向，几个技术轨道激发了各自方向上的市场需求。随着多个技术轨道之间的竞争愈发激烈，各技术轨道上的企业试图提出对自身最有利的技术标准（或称为"协议"）。实际上，技术标准的产生并不简单地出自于技术先进性或技术效率优劣的比较。对于网络效应显著的产业而言，是否已经积累了大量的用户安装基础才是某种技术范式能否上升为产业技术标准的决定因素[172]。在新兴产业快速发展的过程中，用户安装基础最大的技术标准往往是该产业内的主流技术标准，换言之，在一般情况下，新兴产业的市场选择了最终的产品要素类技术标准。

由于新兴技术对于新兴产业的驱动作用较为显著，新兴产业的网络效应和技术锁定效应较强，技术标准的形成与更迭对技术创新活动和产业的发展都更具影响力。当新兴产业确定了其技术标准，技术创新和技术扩散的速度都会提高，各企业的知识空间逐渐相互连接，信息的不对称性所造成的影响变弱，各企业会根据自身的知识积累和创新能力以及其他相关资源，选择最具动态适应性的、更加理性的竞争策略，于是，企业之间开始出现不同程度的分工，此时的市场将有能力自发调整结构和秩序。而随着企业之间出现分工，技术创新活动更加具有针对性，技术创新效率也会得到提高。

在这一阶段，技术创新的速度和效率都逐渐加快，这使新兴产业的知识边界得到快速的拓展，企业的技术机会快速增加，企业间的模仿、学习活动又会催生新的技术成果。企业联盟组织恰似企业之间的小世界网络，这种网络结构不仅有利于孕育突破性技术发明，降低新兴技术商业化的成本和风险，还有利于迅速建立预期的用户安装基础，可以在提出产业技术标准方面抢占先机。新兴产业的各个层面的发展为新兴技术的快速创新提供了基础和条件，新兴技术的演进也推动着新兴产业步入快速成长期，二者的协同作用越来越强。

（三）深度协同阶段

在新兴产业的快速成长期，企业的技术积累和经营能力等方面的差异导致它们对环境的适应力各不相同，在新兴产业环境的选择和淘汰之下，企业选择了最适宜生存的决策。随着市场竞争的加剧，企业间基于价值链的分工日益细致，技术研发能力较强的企业成为企业网络中的核心，并带动新兴产业的核心技术创新活动，技术研发能力较弱的企业以模仿、学习和吸收新技术知识为主；企业间基于价值链的合作也日益紧密，技术研发能力较强的企业主要生产核心的产品模块或负责终端产品的架构环节，而技术研发能力较弱的企业主要生产附加值较低的"外包"产品。此时，新兴产业中的突破性技术创新占全部技术创新成果的比例减少，而渐进性的、技术工艺方面的创新逐渐增多。

新兴产业内的技术轨道通过市场环境的选择，还有少数几条技术轨道"存活"下来，这时的技术轨道的锁定效应已经非常强，所以，对于网络效应较为显著的新兴产业而言，技术标准对于产业的发展和企业的存亡将有更大的影响力。在这一阶段，因为企业对新的技术范式已经比较了解，而且技术标准的存在又加速了技术知识的扩散，所以企业间的网络结构向"随机网络"演变，这种网络结构有利于企业进行渐进性的技术创新。于是，渐进性技术创新取代突破性技术创新，成为驱动产业继续发展的主要动力，而产业的市场、政策等环境对新兴技术演化的影响主要表现在技术轨道和技术标准方面。因为存在信息不对称和市场失灵等问题，所以在这一阶段，市场、企业、政府协同制定产业标准战略对于增强产业技术创新能力和促进新兴产业发展有重要的作用。

在知识经济条件下，知识的分工与合作是产业演化的中心问题。在新兴产业有了技术标准之后，该产业内技术发展的规范程度大大提高，产业发展预期的不确定性会得到进一步降低，企业之间可以更灵活地依据各自的知识边界和综合资源进行分工与合作，这既是企业调整其外部认知距离进而延续创新能力的过程，也是新兴产业逐渐进入成熟期的过程。新兴产业进入成熟期后，市场规模趋于稳定，在相对有限的市场需求下，企业间的竞争更加激烈，产业发展速度放缓。

这一阶段的持续时间受到该新兴产业与其他产业的关联程度所影响。如果新兴产业关联的其他产业较多，关联程度较深，那么该新兴产业的知识边界和需求空间就更广，在新兴产业的快速成长期往往出现更为持续的突破性技术创新，新兴产业的发展潜力就越大，而且此时技术轨道发生变迁的概率也更大。企业的技术空间触及产业知识边界的过程越曲折，新兴技术体系的演进历程会更长，新兴产业由快速成长期进入成熟期的时间也就越漫长。

（四）分化协同阶段

新兴产业进入成熟期之后，生产工艺、设备制造等方面的渐进性技术创新活动较多，市场、需求规模增速放缓，企业间的知识互补性很低，依赖知识产权等制度环境来维护进一步创新的权益。产业环境以企业间的竞争与合作来"选择"或"淘汰"适应能力较弱的企业和新技术成果。

整个产业体系的知识空间是无比庞大的，各个产业的知识基础必然存在交接的知识边界，各产业技术链也存在不同程度的交叉，知识经济条件下，知识扩散的速度越来越快，企业间的随机网络结构进一步为企业寻求外部知识提供了条件，进入成熟期的新兴产业内的企业也可能与其他产业内的企业组成新的价值模块，这种价值模块可以是合作网络或者联盟协议等形式。组成价值模块既是企业探索学习新知识的内在需求，又是产业技术链价值再分布的客观趋势。其他领域的重大技术突破，也可能引起成熟期的产业技术链发生"变异"，这是因为不同产业的主要技术链上的关键节点相互影响，可能会有新的突破性创新——"变异技术"，引发新的"技术链革命"，使原来的技术链分化，或使两条技术链逐渐融合。采用"变异技术"的企业展开合作与竞争，促使成熟期的新兴产业出现分化或与其他产业的融合，当然，这一过程在技术层面，可表现为技术轨道方向的迁移或者产业技术链出现明显的分支，而在产业层面，这是一个非常漫长的过程，本阶段的主要演化趋势甚至有可能从新兴产业的快速成长期就表现出来，却不易被研究人员或政策制定者所察觉。

在这一阶段，新兴技术与新兴产业的协同演化过程更为复杂，更易充分体现二者协同演化进程的往复性与周期性。在形成产业技术轨道之后，新兴技术沿着较为明确的方向快速演化，同时也为与其他产业的技术进行交融创造了条件，在客观上造成了新兴技术演化过程的往复，并引发新兴产业的分化再生或者融合。这一阶段与新产业浮现的"模糊前端"有一定的交集，并可能"开启"新一轮的新兴技术与新兴产业协同演化过程。

政府在制定关于促进新兴技术创新和新兴产业发展的政策时，需要注意新兴技术与新兴产业间的这种交互影响，因为二者演化动力之间的正、负反馈效应有可能削弱政策本应发挥的作用，甚至可能会产生有悖于政策制定者初衷的效果。例如，当政府有关部门在加速构建技术知识交流平台时，还需要密切关注市场集中度和产品多样性等方面的变化，评估企业的技术机会空间，及时调整关于需求条件的政策，以避免出现"创新活动的无效均衡"等情况，才更有利于提高企业的技术创新能力；当政府通过采购来扩大需求空间以拉动新兴产业发展的同时，不能忽视调整需求的结构方面，因为畸形的需求结构可能会导致企业的病态集群，如果需求结构不合理，企业用于生产活动的资源易于出现结构上的失调，那么此时需求空间越大，对新兴产业发展的危害反而越大；当政府在主导整合新兴技术创新资源以推动突破性技术创新的同时，需要及时制定配套政策以调节市场竞争环境，避免新兴技术链上价值分布的过度失衡，并促进新兴技术的协调演进，增强新兴产业长期健康发展的内在驱动力；当政府在与市场和企业共同选择产业技术标准时，也要考虑该新兴产业的网络效应，因为网络效应越强，技术锁定效应往往也越强，此时单一的产业技术标准反而可能会阻碍新兴技术创新，对新兴产业的可持续发展造成不利的影响，最终可能导致社会整体福利的下降。

第十章

新兴产业关联特征性及发展研究

新兴产业关联特征性及发展研究，对于促进产业升级、产业协同发展，提升新兴产业的带动作用，由此确立重点支持的行业领域具有指导意义。传统产业关联关系研究主要是基于经济视角的研究，其主要研究方法是投入产出表，考查的是经济价值流动及影响。这种分析方法对于新兴产业的关联关系研究具有局限性，无法解释或运用技术手段调整新兴产业的关联关系，难以实现"牵新兴技术之手"，调整新兴产业发展之全局。

新兴产业往往是伴随着新科研成果和新兴技术发明的出现而产生的，技术已成为推动新兴产业关联发展中变化最活跃、最积极的因素。当一项或少数几项重要的技术创新出现后，会随之涌现出一系列以此技术为基础或与此技术相关的产业，会改变原有的产业间关联、构建新的产业关联。随着各种新技术的不断涌现，技术对于新兴产业以及新兴产业间关联关系的影响越来越大，因而通过技术将不同新兴产业关联起来成为产业间发生关系的重要方式，特别是产业间的技术流动成为新兴发展中最显著的特征，一个产业的传统技术进步以及新技术的产生越来越依赖于其他产业的技术变化[173, 174]。技术流动能够通过技术间知识的输入或输出创造新发明，并且将新发明投入产业应用中，这一流动的过程为产业创新提供了明确的路径[175, 176]。因而从技术角度对新兴产业间的关联进行研究是十分必要的。

第一节　基于技术视角的新兴产业关联分析

一、分析流程与关键步骤

（一）分析流程

用于分析技术相关产业间关联关系的流程包括四个环节（图 10-1）：①与专家讨论，确定专利检索策略，在德温特专利数据库中进行专利检索以及保存，运用专利数据构建基于专利引用矩阵的技术间关联矩阵；②抽取具有引用关系专利的主 IPC，以该分类号作为技术领域的划分，将专利之间的引用关系通过 IPC 之间的引用关系转换为技术领域之间的引用关系，从而构建技术领域关联矩阵；③通过 IPC 与产业的对应关系，将技术领域间的引用关系转换成产业关联矩阵；④通过评价指标分析产业间的技术流动、产业间的相互关系，构建一个技术角度的产业关联地图。

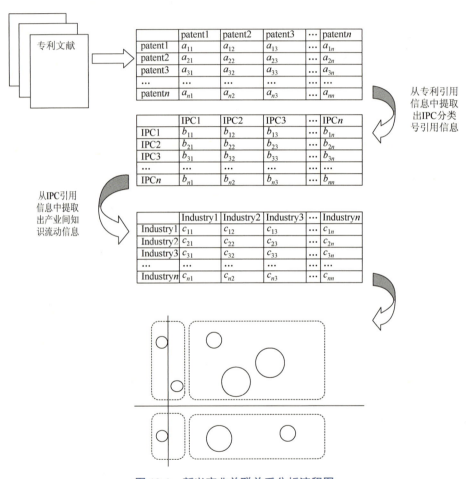

图 10-1　新兴产业关联关系分析流程图

（二）关键步骤

1. 构建技术之间的关联矩阵

专利之间存在的引用关系可以认为是技术的流动。如果一个专利被其他专利引用，那么被引专利中的技术就输出到了施引专利中，同样，如果一个专利引用了其他专利，那么该专利就从其他专利中输入了技术，这样两个技术之间就产生了关联。专利之间的引用关系可以看作单一技术之间的相互关联。该阶段首先需要收集某一个特定技术领域的专利数据，分离获取施引专利与被引专利，寻找专利的引用关系对，构建一个 $n\times n$ 的专利交叉引用矩阵，其中，行为施引专利，列为被引专利，矩阵中具有引用关系的记为"1"，否则记为"0"。

2. 构建技术领域关联矩阵

每个技术都可以归属于一个技术领域，此处，通过运用专利中的 IPC 将专利进行归类，将每个单一技术归为不同的技术种类。虽然每个专利具有多个 IPC，但会将最相关的分类作为主 IPC，因而需要提取专利引用矩阵中具有引用关系专利的主 IPC，将专利之间的引用关系转换为 IPC 之间的引用关系，构建类似于专利交叉引用矩阵的技术领域交叉引用矩阵，矩阵中的引用关系可以表示技术种类之间的知识流动。

3. 构建产业间的关联矩阵

通过知识流动矩阵构建技术间的知识流动图，将每一个 IPC 与产业相对应，构建产业交叉引用矩阵，使得技术领域之间的知识流动转换为产业之间的知识流动。产业间知识流动图的加权网络构建过程如图 10-2 所示。

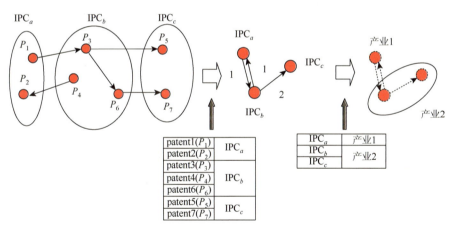

图 10-2　产业间关联关系构建流程图

4. 确立技术相关产业关联关系分析指标与构建关系地图

将技术领域进行产业划分后，出现了两种类型的技术流动：产业间的技术输入以及输出。产业间的技术流动所反映的是技术流动对技术相关产业关联关系的影响。构建用于测量技术相关产业关联关系的一系列指标，依据上述分类制定了产业的技术输入指数、技术输出指数，用于评价各个产业与其他技术相关产业的关联紧密程度。图 10-3 中的节点表示各技术种类，节点之间的连线代表技术流动，箭头方向表示技术流动的方向，连线的权重表示技术流动的强度。技术输入

（technical input，TI）表示该技术从所属不同产业类别的其他技术领域输入技术；技术输出（technical output，TO）表示该技术向所属不同产业类别的其他技术领域输出技术。

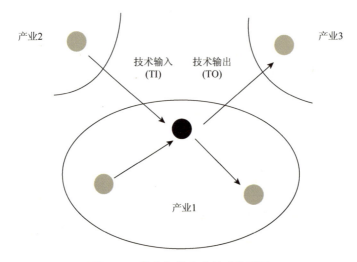

图 10-3　技术相关产业关联类型图

指标的具体计算如式（10-1）、式（10-2）所示：

$$TI_i = \frac{\sum_{ind(i) \neq ind(j)} KF_{j,i}}{\sum_i \sum_j KF_{i,j}} \tag{10-1}$$

$$TO_i = \frac{\sum_{ind(i) \neq ind(j)} KF_{i,j}}{\sum_i \sum_j KF_{i,j}} \tag{10-2}$$

其中，$KF_{i,j}$ 为技术领域 i 与 j 之间的技术流动强度，其值等于两类技术领域之间相互引用的频次之和。通过对两个指标的计算，能够反映技术相关产业间关联关系的情况。为了进一步考察产业间关联关系的强度、某一产业对于其他产业技术发展的影响大小以及其他产业对于该产业技术发展的影响大小，解析两个产业在发生关联时的特征与技术势，制定了外部影响指数与外部因果指数两个计算指标。产业的外部影响指数是指其他产业对于该产业的影响以及该产业对其他产业的影响之和，即计算 TI 与 TO 之和；产业的外部因果指数是指该产业与其他产业的关系中该产业是以技术输入为主还是以技术输出为主，即计算 TI 与 TO 之差。通过以上指标的计算能够帮助解析产业关联，从其中选择技术输入输出能力强的产业，并且进一步找出这些产业中的核心技术领域及核心技术，找到未来技术与产业的发展方向。

二、以 3D 打印技术为例的相关新兴产业关联特征分析

3D 打印包含众多技术种类，具有很高的科技含量，涉及多个产业领域，应用范围广泛。该新技术的出现与发展将撬动新兴产业发展，因而通过分析专利数据获取其相关新兴产业间的关联关系，并且绘制出产业关联地图，能够帮助国家、政府、科研机构以及企业把握其技术发展规律以及未来的产业发展重点。以德温特专利数据库为数据来源，运用相关领域专家的知识和经验，检索方法为高级检索，为尽可能查全、查准，制定的检索表达式如下：TI = (("three dimension* print*")or ("3D print*")or("rapid* prototype*")or(RPM OR "additive* manufact*")or ("digital* manufact*")or("intelligent* manufact*")or("additive* prototype*")or("rapid* prototype* manufact*"))，检索年限设定为所有年份，数据下载时间为 2014 年 9 月 1 日，共检索并下载了专利族 3670 个。

（一）技术发展现状描述

1971～2015 年的专利数量如图 10-4 所示，由图可知，目前 3D 打印技术的专利数量一直处于波浪式增长阶段，特别是 1997 年、2006 年、2008 年以及 2014 年的 3D 打印技术专利数量最为突出，按照目前的发展趋势可以推测出，未来 3D 打印技术的发展会更为迅猛。

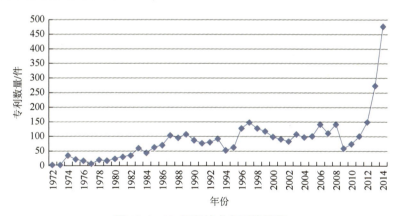

图 10-4　3D 打印技术专利数量图

随着 3D 打印技术的不断发展，所涉及的产业范围越来越广泛，包括航空航天领域、汽车领域、商业产品、牙科、消费品、教育、医疗器械、国防等领域。

（二）技术关联网络分析

为了通过专利引用获得技术相关产业间的关联地图，首先需要构造专利与专

利之间的引用网络，通过对下载的专利数据进行清洗、重组，提取其中的引用关系，得到专利的交叉引用矩阵，运用 Ucinet 软件对矩阵进行处理，运用 NetDraw 软件将专利引用关系进行可视化，从而获得专利引文网络，如图 10-5 所示。

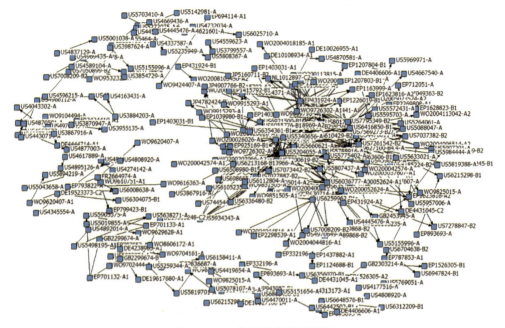

图 10-5　3D 打印专利引用网络

根据专利之间的引用关系，提取具有引用关系的专利的主 IPC，构建技术领域之间的引用矩阵，为了获得 3D 打印技术相关产业间的关联关系，运用 IPC 与产业部门一致性，将技术领域之间的关联矩阵转换为产业间的关联矩阵。一致性将一个技术种类只与一个产业部门相匹配，可以简单地构成一个产业层面的技术流动矩阵，从而获得如图 10-6 所示的技术关联网络图，产业与技术领域之间的对应归属关系参照文献[177]，具体对应产业如表 10-1 所示。

表 10-1　产业明细表

产业类别	产业名称	产业类别	产业名称
1	输配电及控制设备制造业	6	其他化工
2	医疗设备制造业	7	计算机制造业
3	电力、热力的生产和供应业	8	通信设备制造业
4	信息传输、计算机服务和软件业	9	交通运输设备制造业
5	电气机械及器材制造业	10	非特殊机器

续表

产业类别	产业名称	产业类别	产业名称
11	内燃机制造业	18	化学工业
12	通用、专用设备制造业	19	金属冶炼及压延加工业
13	测量设备制造业	20	医药制造业
14	塑料制品业	21	特殊机器制造业
15	金属制品业	22	金属矿采选业
16	木材加工及家具制造业	23	纺织业
17	金属矿采选业	24	光学制造业

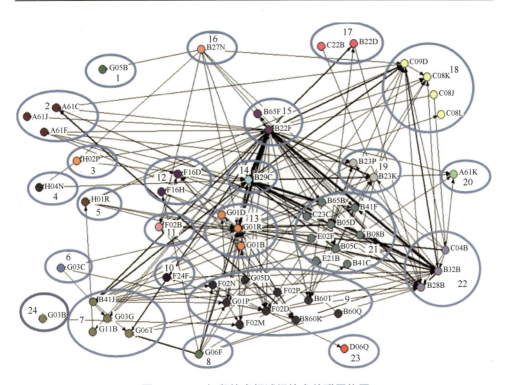

图 10-6　3D 打印技术领域间技术关联网络图

从图 10-6 可以看出，B22F、B29C、B32B、G01R、B05D 五个技术领域所包含的技术与其他技术之间的关联较为广泛与密切。其中，B22F 为金属粉末、金属制品制造技术，属于产业 15（金属制品业）；B29C 为塑料加工技术，成型或加工塑料制品，属于产业 14（塑料制品业）；B32B 为产品组合的平面或非平面阶层，属于产业 22（金属矿采选业）；G01R 为测量电磁变量，属于产业 13（测量设备制造业）；B05D 为在表面应用液体或流体材料进行处理，属于产业 21（特殊机械制造业）。技术领域间技术关联中起到重要作用的主要为基础材料加工、制造技术，相关技术领域的研发为 3D 打印技术的发展重点。通过对技术领域的产业划分并分析每个产业内所包含的技术领域数量可以看出，对 3D 打印技术所涉及的 24 个新兴产业而言，其内部技术构成大都较为单一，从属于同一技术或相似技术领域，但对于少数涉及技术领域较多的产业而言，其内部仍然有占据主导地位的关键技术。

（三）产业关联网络分析

通过进一步对技术领域的产业归类，可以获取 3D 打印技术相关新兴产业关联网络图，如图 10-7 所示。

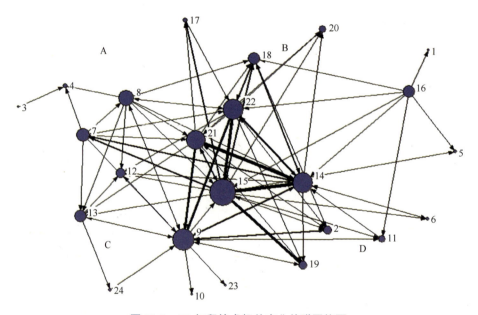

图 10-7　3D 打印技术相关产业关联网络图

从图 10-7 中可以发现 3D 打印技术所涉及的产业关联较少，关联强度较弱，其中产业 9（交通运输设备制造业）、14（塑料制品业）、15（金属制品业）、19（金属冶炼及压延加工业）、21（特殊机器制造业）、22（金属矿采选业）的度数以及中介中心度数都较大，在网络中起到了重要的连接作用，为知识以及技术的传播做出了重要的贡献，并且这 6 个产业之间相对具有较强的产业关联性，在产业关联网络中表现较为突出，这 6 个产业之间相互作用为 3D 打印技术以及其他相关产业的发展奠定了基础，是该技术发展中的主导产业。产业间关联网络表现出主导产业关联紧密，周边产业发展分散，大都围绕主导产业形成关联，主导产业占据了较强的产业优势以及技术发展优势。在主导产业的关联中起到重要作用的技术领域包括 B22F、B29C。其中 B22F 中包含重要技术子类 B22F-003/105，即利用电流、激光辐射和等离子体加工金属制品；B29C 中包含重要技术子类 B29C-067/00，即除浇筑成型技术、预制件或装置连接技术以外的其他成型技术。

（四）产业关联地图分析

通过产业关联地图可以获得产业在关联网络中的地位与作用，通过进一步计算产业的外部因果、外部影响指数，可以将 26 个产业绘制在技术相关产业关联地图中并进行产业分类，反映关联关系中各个产业的发展特点。图 10-8 为 3D 打印技术相关产业关联地图。

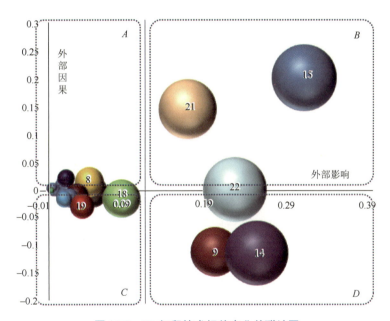

图 10-8　3D 打印技术相关产业关联地图

由图 10-8 可知，可以按照产业外部因果、外部影响两个指标将 24 个产业分为 4 类。其中 A 区域中的产业为通信设备制造业，电力、热力的生产和供应业，木材加工及家具制造业、纺织品产业，该区域内的产业特点为低外部冲击性，主要影响来自少数相近的外部产业部门，很少涉及与其他部门之间的技术交流，对其他产业的技术发展影响较低，从其他产业的技术中吸收知识的能力较弱。B 区域中的产业类别为金属制品业、特殊机器制造业以及金属矿采选业，该区域内的产业技术特点为具有高外部影响性，能够较大地影响其他外部产业部门的技术发展，该区域内的产业主要通过提供基础技术参与涉及多种与其他产业间的技术交流，相对于吸收性，该产业内部的技术渗透性更强，能够广泛地被其他产业采用。其中产业15，即金属制品业是一个重要的基础产业，包括基本组件技术的解决。C 区域中的产业类别为输配电及控制设备制造业、医疗设备制造业、信息传输、计算机服务和软件业、其他化学工业（摄影业感光制品）、内燃机制造业、通用、专用设备制造业、测量设备制造业、医药制造业，该区域内产业的技术特点为具有低外部影响性，与少数其他外部部门具有技术交流，所涉及 3D 打印技术的产业应用范围较窄。D 区域中的产业类别为机动车、塑料制品产业，该区域内的产业特点为高外部影响性和负外部因果关系，该产业涉及多种技术交流，能够灵活地将外部吸收的技术应用于产业发展。A、B 区域中金属制品、特殊机器等产业在产业关联中的主要作用是技术的外部输出，属于外部输出型产业，其自身 3D 打印技术的发展会拉动其他产业技术的发展，在产业关联中起到引导与支撑的作用，其所处的技术势较高；C、D 区域中产业在产业关联中的主要作用是从外部输入技术，属于外部输入型产业，其自身 3D 打印技术的发展主要依赖于产业外部的知识获取与技术发展，其所处的技术势较低；其中还有一部分产业集中在外部因果正负值分界线上，这类产业在产业关联中外部输出与外部输入能力相似，属于均衡型产业，其发展需要得到其他产业的支撑，同时也为其他产业提供支撑，起到了中间的桥梁作用，是重要的技术转化产业。位于 A、C 两个区域中的产业内企业、研发机构应当积极加强与外界的技术流动，提升其技术输入与输出能力。争取早日进入 B、D 两个产业关联较为活跃的区域。

将上述所涉及的产业进行归类，可以发现产业关联中技术输出能力较强的产业为金属制品、特殊机器、矿物制品、塑料制品产业，以上产业中所涉及的大多为 3D 打印技术的上游产业，主要用于解决的是 3D 打印中的材料问题。基础材料以及生产加工相关产业在各产业相互关联中起到了重要作用，是其他各类技术、产业发展的支撑，推动了 3D 打印技术在所有产业中的整体发展，与此同时，也能够在技术发展的过程中从其他种类的技术中汲取更多的知识，从而推动自身的不断发展。由于用于 3D 打印的原材料较为特殊，必须能够液化、粉末化、丝化，在打印完成后又能重新结合起来，并具有合格的物理、化学性质。因而，目前涉及基础材料制造的产业在技术输入与输出方面的能力均最强。3D 打印技术所涉及的下游产业包括汽车摩配、家电电子、医疗卫生等产业。由产业间关联分析可知，3D 打印技术目前的下游应用产业发展较为缓慢，技术整体仍处于发展的成长时期，有诸多的基础性技术问题有待解决，在这些问题解决以后，3D 打印技术将会被更多下游应用产业所吸收采用，通过技术流动出现更多的产业关联从而创造出新的技术以及产品来满足更多的市场需求。由此可见，目前 3D 打印技术正处于上游基础材料制造业等产业发展的推动时期，产业关联主要体现在基础技术不断向研发应用领域发展推广上，尚未进入下游生产应用产业的拉动时期。因而在各产业发展的过程中，都要以此为基础进行新的研发，从而保证研究的可持续性。

（五）关联产业主要专利权人分析

"关联产业主要专利权人"的识别和分析，对于把握新兴产业关联规模、识别新兴产业技术主导者及确定自己的发展策略具有重要意义：如果特定新兴产业的主要专利权人不仅局限于"新兴领域"，而且也出现于其他"已有领域"，则说明新兴产业的关联规模具有扩散之势；识别出主要专利权人，对于关联产业内非主要专利权人来说，可根据自己在新领域的状态（"已进入"、"刚进入"、"准备进入"）选择有效的发展策略。

"关联产业主要专利权人"可采用专利权人 h 指数方法。运用高 h 指数以识别 3D 打印各相关产业内的主要专利权人，具体结果如表 10-2 所示。

表 10-2　3D 打印技术各产业主要专利权人表

产业编号	专利权人	所属国家	产业编号	专利权人	所属国家
1	BOSCH GMBH ROBERT	德国	13	BOSCH GMBH ROBERT	德国
2	BIOMET 3I LLC	美国	14	STRATASYS INC	美国
3	TOSHIBA KK	日本	15	Z CORP	美国
4	MATSUSHITA ELECTRIC IND CO LTD	日本	16	THERICS INC	美国
5	LUCENT TECHNOLOGIES INC	美国	17	STRATASYS INC	美国
6	KOLLMORGEN TECHNOLOGIES CORP	美国	18	Z CORP	美国
7	MASSACHUSETTS INST TECHNOLOGY	美国	19	BAKER HUGHES INC	美国
8	MASSACHUSETTS INST TECHNOLOGY	美国	20	MASSACHUSETTS INST TECHNOLOGY	美国
9	MASSACHUSETTS INST TECHNOLOGY	美国	21	3D SYSTEMS INC	美国
10	MATSUSHITA ELECTRIC IND CO LTD	日本	22	STRATASYS INC	美国
11	FUJI JUKOGYO KK	日本	23	NAMBA PRESS WORKS CO LTD	日本
12	GALAXY SHIPPING ENTERPRISES INC	巴拿马	24	MATSUSHITA ELECTRIC IND CO LTD	美国

从表 10-2 中可以看出，24 个产业内的主要专利权人以美国、日本、德国公司居多，其中 Z CORP、STRATASYS INC、3D SYSTEMS INC 为专门从事 3D 打印

器械生产制造的公司，其他公司以及科研机构大都从事电器、机械、材料的综合性科研或生产制造，涉及多种产品的研发，在此发展阶段，越来越多不同产业的企业、研发机构开始投入到 3D 打印技术的研发中来，这推动了技术的迅速发展以及所涉及产业的扩散。我国相关产业内企业的研发与生产可以参照国外先进公司的经验，在现有的基础上进行进一步突破性创新，进一步开发新的基础性制造产业或者是新的产业应用。

由表 10-2 可知，高 h 指数专利权人主要来自美国，说明美国公司在 3D 打印相关产业形成了具有相对较强基础的研发能力，日本以及一些欧洲国家属于后来的追赶者。对于已经处于某产业领域的企业来说，应该积极适应该产业变化提出的新功能新需求，进行拓展性研发，借助与其他产业内企业的合作以及自身已有的产业优势进行专利布局，在不断加强自身能力的同时巩固并且拓展与其他产业内企业的关联关系；对于刚刚进入某产业领域的企业来说，应该寻求自身特殊的技术特点，通过不断地与本产业领域内的领头企业进行合作形成新的发展机会，在此基础上努力创建新的产业关联；对准备进入该技术领域的企业来说，应该最大限度地利用产业间的关联关系，通过其他产业内已有的技术降低在新产业进行应用研发的风险，并通过与其他产业领域的主要公司合作，获得更多的技术输入。目前公司经营范围的多样化发展主要是以利润为导向，存在较大的风险，而按照产业间关联关系现状与发展趋势，既可以保持企业的原有优势，又可以沿着未来可能的产业发展方向进行多样化发展，这样可以降低跨产业发展战略的风险。

第二节　面向新兴产业发展的产业关联特性研究

产业间存在着广泛联系，由于造成产业间产生关联的原因以及所处关联阶段的差别，产业间关联特性以及各产业在关联关系中的地位、作用存在着极大的差异。新技术的出现以及发展会带来产业间关联关系的变化，产业间关联关系的变化又进一步推动技术的发展。因而从技术的出现以及发展角度出发，在不同的产业关联阶段，对产业关联发展变化的特征进行分析，对产业关联发展阶段进行识别，不仅有利于保持产业间的良性互动，更有利于调整产业规模和产业结构，促进国民经济的有序发展。

一、产业关联发展阶段特征分析

产业关联发展阶段模型图如图 10-9 所示。

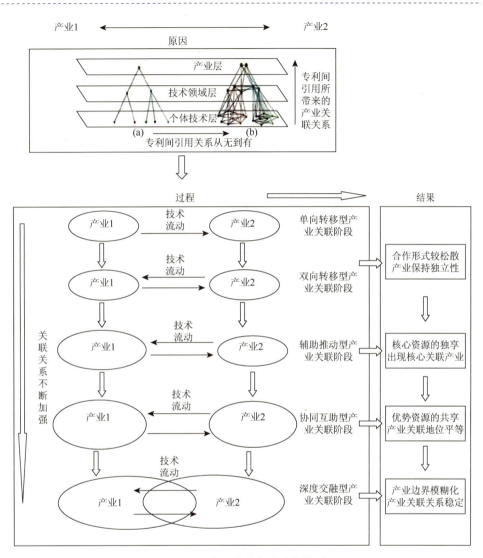

图 10-9　产业关联发展阶段模型

　　从技术视角出发，根据产业间技术流动的方向、强度以及结果，将产业间关联发展过程分为五大阶段，即单向转移型产业关联阶段、双向转移型产业关联阶段、辅助推动型产业关联阶段、协同互助型产业关联阶段、深度交融型产业关联阶段。五个阶段概括了基于技术视角的产业关联关系发展的主要过程。因此，基于产业关联模型的产业关联发展研究能够更好地理解产业关联概念的特征及内涵，同时基于不同关联阶段的特征分析能够更好地指导产业关联的实践。

1. 单向转移型产业关联阶段

　　在单向转移型产业关联阶段中，两个产业之间存在的是微弱的单向技术流动，两个产业中只存在一个产业向另一个产业输出技术，由于技术流动的偶然性，两个产业间关联关系不稳定，关联关系发展随时可能会出现中断，该类关联阶段主要出现在某项新技术出现初期或是出现在以往技术流动较少的、技术跨度较大的产业间。

2. 双向转移型产业关联阶段

在双向转移型产业关联阶段中，两个产业之间存在的是微弱的双向技术流动，虽然此阶段的产业间转移为双向，两个产业间互相输出技术，但两个产业间的关联关系依然不稳定，各产业的独立性强。与单向转移型产业关联阶段类似，该类关联阶段主要出现在某项新技术研发初始期或是出现在专业性较高、独立性较强的产业间，但由于技术的发展，产业关联较单向转移型产业关联有所加深，出现了产业间的互动关联。

3. 辅助推动型产业关联阶段

在辅助推动型产业关联阶段，产业间微弱的双向技术流动转为一方微弱而另一方较强的双向技术流动。在此阶段，往往会出现产业关联中的核心产业，核心产业主要是指具有较强的技术输出能力，对其他产业乃至所有产业的发展起着重要影响，能够引领其他产业发展的产业。该阶段关联关系中的产业主导方一般具备较强的核心竞争力和较高的技术地位，核心产业在其发展历程中并不过多依赖其他产业的带动而发展，而外围产业的发展主要依赖于核心产业的技术进步。因而该产业关联阶段主要出现在某项技术发展的逐步成长期，或是对于某些产业依赖程度较大或技术的产业属性特征明显的产业间。

4. 协同互助型产业关联阶段

随着知识经济时代的到来，技术创新与观念更新逐步成为各产业的发展重点，以此为契机，各产业之间的依赖程度也在日益加深。两者不再是不平等的主从关系，而是由一方微弱而另一方较强的双向技术流动转变为较强的双向技术流动。在该阶段，技术资源平等地互动，使双方关联关系逐步稳定，通过形成更具产品特色和产业优势的协同整合力进一步延伸和扩大产业的影响力，保持并提升产业的竞争优势。因而该关联阶段主要出现在某项技术快速发展且被越来越多的产业应用时期，技术逐步高度整合和产业间逐步实现优化配置，或是出现某项需要综合多类产业知识的新技术。

5. 深度交融型产业关联阶段

伴随着技术的迅猛发展，产业间的界限不再明显，而同时产业之间渗透与融合程度正不断加深，逐步出现了产业之间的"耦合"现象，两者达到关联关系的新阶段，彼此相互依赖、共同发展，对于一个具体的技术而言，很难准确地划分其技术核心部分究竟是属于哪个产业。深度交融型关联阶段主要是通过将产业之间核心资源的交融形成兼具两者优势的新产业，该产业保持与原有产业的互动以实现共同发展。因而该阶段主要出现在某项技术的成熟期。

根据两个产业间技术的流动方向以及强度，判断产业间的关联属于何种发展阶段。技术在发展过程中的速度、程度会不断变化，但不同产业间关联关系的变化并不同步，因而通过对技术发展时间段进行划分，分析各产业间关联关系在技术发展过程中的变化情况。产业技术输入表示该技术所属不同产业类别的其他技术领域输入技术，产业技术输出表示该技术向所属不同产业类别的其他技术领域输出技术。

为了进一步考察产业间关联关系的强度、某一产业对其他产业技术发展的影响大小以及其他产业对于该产业技术发展的影响大小，解析两个产业在发生关联时的特征与相对技术势，制定了产业关联强度与产业关联差值两个计算指标。

产业关联强度是指两个产业间技术流动之和；产业关联差值是指两个产业间技术流动之差的绝对值。通过以上指标的计算能够帮助划分产业关联发展阶段，从中找出产业关联阶段发生变化的产业以及产业关联阶段保持稳定的产业，并且进一步分析关联产生以及变化的原因，找到未来技术与产业的发展方向。

产业关联所处阶段随产业关联指标的变化如图 10-10 所示。

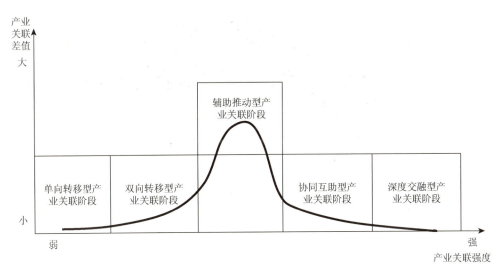

图 10-10　产业关联阶段划分图

二、以 3D 打印技术为例的产业关联发展阶段识别

（一）产业关联发展阶段识别流程与关键步骤

①与专家讨论，确定专利检索策略，在德温特专利数据库中进行专利检索以及保存；②根据技术领域内专利数量的变化，划分技术发展阶段；③提取各阶段

个体技术间的关联关系；④将个体技术间的关联关系映射到技术领域间的关联关系；⑤将技术领域间的关联关系映射到产业间的关联关系；⑥将不同产业间的关联关系划分为不同产业关联发展阶段。

（二）3D打印技术相关产业关联发展阶段划分

根据对 3D 打印技术的专利检索结果，结合产业间技术流动的方向以及强弱关联分析，可将 3D 打印技术发展划分为三个阶段，进而对产业关联阶段的变化进行对比分析。根据专利间的引用关系以及技术与产业间的对应关系构建产业关联矩阵，从而得到产业关联关系图。1960～2012 年的产业关联关系图，如图 10-11 所示。

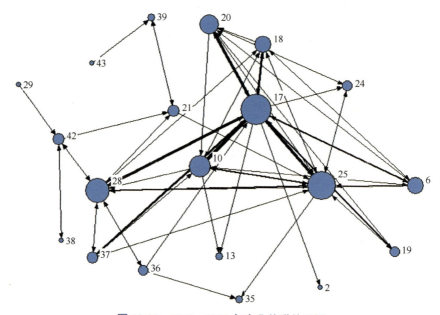

图 10-11　1960～2012 年产业关联关系图

对图 10-11 中的各关联产业关联产生的最早年份进行对比，产业间最早产生关联的是测量设备业与汽车业，测量设备业对汽车业产生了技术输出，由此可见，3D 打印技术最初的出现是实际应用需求拉动的，最早主要用于产品特别是汽车部件相关产品原型的制造，由于受材料、制造工艺等限制，3D 打印用于直接制造产品的比例非常小。随着技术的不断发展，受到需求的不断推动，越来越多的产业开始涉及相关研发并产生了错综复杂的关联关系。

1960～2012 年，共有产业关联对 41 对，其中，处于单向转移型产业关联阶段的关联产业包括：产业 17 与产业 13、产业 2、产业 36、产业 24、产业 20；产业 10 与产业 20、产业 37、产业 13；产业 20 与产业 18、产业 19；产业 21 与产业 25、产业 28、产业 42；产业 25 与产业 37、产业 35；产业 29 与产业 42，产业 39 与产业 43。

1960～2012 年，处于双向转移型产业关联阶段的关联产业包括：产业 6 与产业 10、产业 17、产业 18；产业 10 与产业 18、产业 25；产业 18 与产业 25、产业 28；产业 25 与产业 19、产业 24、产业 28；产业 20 与产业 24、产业 25；产业 28 与产业 36、产业 37、产业 42；产业 38 与产业 42；产业 21 与产业 39。

1960～2012 年，处于辅助推动型产业关联阶段的关联产业包括：产业 17 与产业 10、产业 19、产业 37、产业 18、产业 19、产业 20、产业 25、产业 28。所有的辅助推动型产业关联阶段的产业都与产业 17 具有关联关系。

1960～2012 年，产业 17（橡胶和塑料制品业）、产业 10（基本化学品业）、产业 28（办公设备与计算机）、产业 25（专用机械制造业）、产业 20（金属制品业）占据了重要的关联地位，其中产业 17 的产业关联度最广，与 11 个产业都具有关联关系且以技术输出为主，其中与产业 28 之间的关联强度最大且从产业 28 流入的技术最多，向产业 10 的技术输出最多，因而此阶段的材料研发是核心的科研主题。

1960～2014 年（图 10-12），共有产业关联对 48 对。在 1960～2012 年基础上，1960～2014 年新进入单向转移型产业关联阶段的产业包括：产业 1 与产业 17，产业 1 与产业 18，产业 7 与产业 20，产业 17 与产业 24，产业 28 与产业 38。餐饮业开始了 3D 打印技术的探索性研究，与橡胶和塑料制品业以及非金属矿物制品业产生了关联。

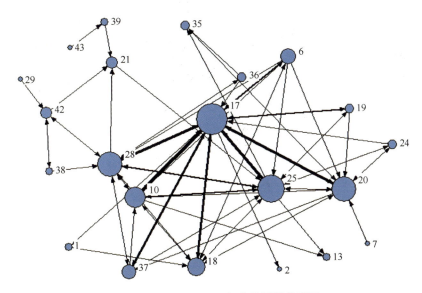

图 10-12　1960～2014 年产业关联关系图

1960～2014 年，产业 6 与产业 18、产业 18 与产业 20 由单向转移型产业关联阶段跃升为双向转移型产业关联阶段，产业 19 与产业 17、产业 17 与产业 37 仍为辅助推动型产业关联阶段但关联程度有所加深，产业 10 与产业 18 仍为双向转移型产业关联阶段但产业 10 向产业 18 的技术输出加强，产业 10 与产业 25 仍为双向转移型产业关联阶段但产业 25 向产业 10 的技术输出加强，产业 17 与产业 18、产业 17 与产业 28 由辅助推动型产业关联阶段开始逐步进入协同互助型产业关联阶段，产业 17 与产业 20、产业 17 与产业 25 仍为辅助推动型产业关联阶段但随着双向技术输出不同程度的增加产业关联逐步迈向协同互助型产业关联阶段。

1960～2014 年，产业 17（橡胶和塑料制品业）、产业 10（基本化学品业）、产业 20（金属制品业）、产业 28（办公设备与计算机）、产业 25（专用机械制造业）占据了重要的关联地位，其中产业 17 的产业关联度最广，与 13 个产业都具有关联关系且以技术输出为主，因而此阶段各产业以材料研发为主，技术的新型应用也成为重要的突破点。

1960～2015 年（图 10-13），共有产业关联对 52 对。在 1960～2014 年基础上，1960～2015 年新进入单向转移型产业关联阶段的关联产业包括橡胶和塑料制品业与测量设备制造业、金属制品业及办公设备与计算机。

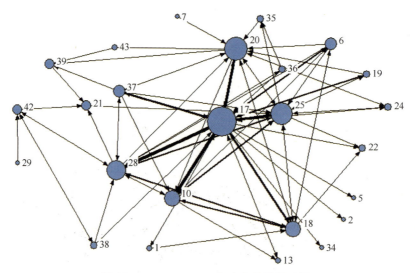

图 10-13　1960～2015 年产业关联关系图

1960～2015 年，基本化学品业与非金属矿物制品业仍处于双向转移型产业关联阶段但关联深度持续加深，可见基础材料制备仍是产业研发的重点；由于制药业开始向橡胶和塑料制品业进行技术输出，关联关系由单向转移型阶段进入双向转移型阶段；橡胶和塑料制品业与非金属矿物制品业的关联关系协同互助型阶段进一步深化，橡胶和塑料制品业与专用机械制造业、橡胶和塑料制品业、办公设备与计算机业间关联阶段跨入协同互助型；由于橡胶和塑料制品业向金属制品业的技术输出增多，两产业间的辅助推动型产业关联阶段特征更为明显；由于非金属矿物制品业向办公设备与计算机的技术输出激增，产业间关联阶段转变为辅助推动型。

通过三个时期的关联发展阶段分析可以发现，产业关联不断加深的产业包括：产业 17 与产业 10、产业 18、产业 20、产业 24、产业 25、产业 28、产业 37；产业 18 与产业 10、产业 20、产业 25、产业 6；产业 25 与产业 10、产业 28；产业 20 与产业 24。产业关联围绕橡胶和塑料制品业、非金属矿物制品业不断深化，专用机械制造业是 3D 打印技术应用最为广泛并且成熟的产业，金属制品业作为又一个 3D 打印基础材料产业逐步得到重视，应用范围也逐步广泛。因而对于涉及 3D 打印的产业而言，金属材料作为新型打印原材料应当是未来发展中需要重视的发展方向，而塑料、非金属材料作为传统的打印原材料仍将不断得到发展。在技术发展缓慢时期，各产业间关联所处发展阶段间的转变同样较为缓慢；而技术发展进入快速时期，产业关联关系变化较为剧烈。目前 3D 打印研发主要集中于两个方面：基础材料制备与特定产业应用，特定产业的应用是以基础材料制备为基础的。今后的产业发展中，基础产业研发仍将进行，并且成为各产业研发的重点，而与不同应用产业的结合将成为基础材料制备的发展方向。

（三）3D 打印技术及相关产业发展策略

3D 打印技术发展的三个时间段中，不同的产业间关联经历了不同的发展变化过程，由此可以看出在技术发展过程中，不同产业在不同时间段对产业关联起到不同的推动或拉动作用。3D 打印技术经历了由市场实际需求拉动转向基础技术进步推动的发展阶段，而未来的发展趋势仍是市场实际需求拉动发展。而目前，基础材料研发以及特定用途等关键产业逐渐出现并占据产业关联的核心位置，3D 打印技术相关产业关联特点为研发主要集中在某些特定产业，其他产业发展较为缓慢，研发大都围绕核心产业开展。由此可见 3D 打印技术仍处于成长时期，产业间关联大都处于双向转移型和辅助推动型阶段，各产业间关联阶段仍会不断变化，产品如何适应大规模批量化生产仍是研发重点，因而国家决策部门应当在此时引导尚未进入产业关联的产业积极进行研发，从而达到平衡产业结构体系的目的，以防止基础研发过剩但后续研发迟缓导致难以实现产品的市场化，同时也应随时关注目前发展势头较好的基础材料研究领域的研发进展。对当前的核心产业而言，应当寻求多产业合作，从而拓展研发视角，在现有研究的基础上寻求新的突破；对当前仍处于边缘的产业而言，应当关注核心产业的技术动态，寻找可能的技术流动机会。不同产业中的企业应当积极寻求关联产业中的重点企业进行合作。

　　对于已经进入某产业领域的企业来说，针对目前本产业与其他产业之间关联所处阶段的不同，应该积极采取不同的研发策略，适应该产业关联变化提出的新功能、新需求，着重关注与本产业处于辅助推动以及协同互助型关联阶段的关联产业内重点企业进行技术研发并大力寻求合作，以帮助本企业进行拓展性研发，借助与其他产业内企业合作以及自身已有的产业优势进行技术布局；对于准备进入该技术领域的企业来说，针对与本产业处于辅助推动以及协同互助型关联阶段的产业，可以采用跟随模仿创新，以降低在新产业进行应用研发的风险，同时积极拓展与处于单相转移型以及双向转移型产业关联阶段的各产业内相关企业进行合作研发，从而形成自身的研发优势，产生更多的技术输入输出。目前公司经营范围的多样化发展主要是以利润为导向，存在较大的风险，而按照产业间关联发展阶段进行判断，既可以保持企业的原有优势，又可以沿着未来可能的产业发展方向制定多样化的战略，这样可以降低跨产业发展的风险。

第十一章

新兴产业共性技术识别与发展研究

新兴产业共性技术识别与发展研究是新兴产业持续发展的基础。国内已有的共性技术研究成果主要依据定性的方法测度共性技术，如德尔菲法等[178-180]。主观的判断方法，很大程度依赖于专家对该技术领域的全面了解情况，专家的知识水平和主观建议对结果有很大影响。因此，如何依据共性技术自身的特点和发展规律，在补充客观数据的基础上，识别发展新兴产业共性技术，是产业创新与发展的重要基础。

第一节　新兴产业共性技术识别方法框架

一、新兴产业共性技术的概念和特征

新兴产业共性技术是为多项其他产业技术提供基础，具有宽广的应用范围和众多的技术使用者，对多个新兴行业或产业的发展具有支撑作用，具有显著经济和社会效益的技术。新兴产业共性技术与共性技术一样，具有有以下三个主要特征。

（1）核心性。新兴产业共性技术处于核心性地位，能够为后续产业技术的研发提供基础性研发手段和技术支持，并为后续新兴产业发展提供基础。

（2）广泛性。新兴产业共性技术因其基础性，包含着最先应用的科学知识，往往会扩散、溢出到其他新技术或多个产业领域，从而在多个领域中得到应用，为多个领域中企业 R&D 活动服务。

（3）效益性。新兴产业共性技术作为新兴产业其他技术的基础，在多领域中充当支持者的角色，其研发成果能够为企业和社会带来广泛的经济效益和社会效益。新兴产业共性技术的研发将有助于国家、地区和产业形成良好的产业创新平台，并加快产业创新速度，为社会带来巨大的经济效益和社会效益[181]。

二、新兴产业共性技术识别框架构建

针对新兴产业共性技术的特点，提出基于专利分析的四个识别环节，即专利数据整理、技术基础性识别、技术应用范围识别以及技术社会效益识别。新兴产业共性技术识别概念框架如图 11-1 所示。

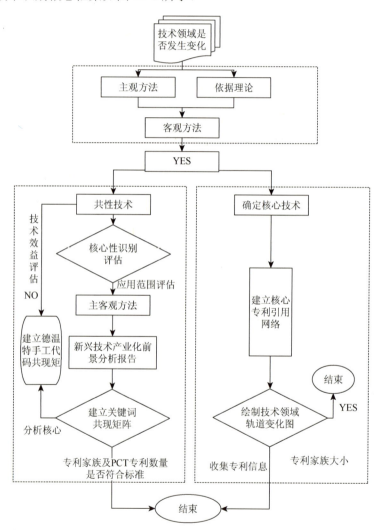

图 11-1　新兴产业共性技术识别概念框架

图 11-1 表明，通过技术的基础性识别可以确定未来研究所需基础技术的检索表达式，从而缩小并明确基础技术范围。并且，这种利用关键词及德温特手工代码检索专利的方法也是科学可靠的。

在挑选出基础专利技术后，要对该技术的应用范围及技术效益同时进行识别评估。只有同时满足在多个（至少 3 个）领域应用——技术的新兴产业应用范围大，并且专利族的平均专利数量逐年增多——技术效益大，才能最终被确定为新兴产业共性技术。

第二节　新兴产业共性技术识别方法应用

以锂电池技术为例说明识别方法的应用过程。在德温特专利数据库中，利用检索表达式"TS = ((mak* or produc* or manufactur*) and ((lithium battery) or (lithium-ion battery)))"，检索 1976～2013 年锂电池制造专利，得到 22 062 个专利族。

一、技术核心性评估

通过德温特手工代码与手工代码之间的共现关系（图 11-2），可以分析专利与专利，甚至技术与技术之间的相关性，也可以发现所研究技术领域的内部技术组成及其结构。通过解析整个手工代码共现网络，那些与其他手工代码共现次数最多的手工代码，便可以被认为是核心手工代码，因为它是众多专利中所应用到的技术基础，为多个专利的实现和应用提供技术支持，核心手工代码包含核心技术信息。

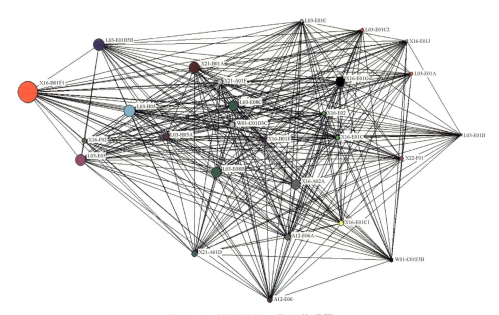

图 11-2　德温特手工代码共现图

　　因为一项技术中可以由多个专利组成，并且包含多个德温特手工代码，所以单纯从德温特手工代码共现分析中得到的信息很难直观读出基础技术。为此提出结合"文本挖掘"的方法，对专利文献的摘要（abstract，AB）进行挖掘，从而得到技术关键词，并对关键词进行筛选，结合专家意见，得到其中有代表性的高频关键词。

　　借助 TDA 软件得到德温特手工代码共现矩阵，再将共现矩阵放入 Ucinet 软件中，利用 K-核法进行分类。

　　K-核法是社会网络研究中凝聚子群分析的一种分析方法。凝聚子群是指一个集合中的行动者之间有相对较强、直接、紧密、经常或积极的关系。将德温特手工代码聚为 19 类，其中 21-核中的德温特手工代码与其他点共现次数最多，为 21 次及 21 次以上，共现次数最多的代码包含最核心的技术特性，这类手工代码共 26 个，如图 11-2 所示（注：图中圆圈大小表示节点中心度，圆圈越大则中心度越大），各个节点所表示的意义如表 11-1 所示。

表 11-1　德温特手工代码解释

序号	德温特手工代码	解释	序号	德温特手工代码	解释
1	X16-B01F1	无水—以锂为基础	14	W01-C01D3C	电话—用户设备
2	L03-E01B5B	锂电极	15	X16-E01C1	氧化物、复合氧化物
3	L03-H05	车辆	16	X16-F02	分隔、膜、隔片
4	L03-E03	次级电池	17	X16-B01F	电力工程—无水
5	X21-B01A	电动汽车—牵引电池	18	A12-E06	电池
6	L03-E08C	电池其他组件的制造	19	X16-E02	电极媒介物、盘、收集器
7	L03-E08B	制作电极	20	X16-E01C	电极中的无机混合物
8	X16-E01G	电极中活性物质制造	21	X22-F01	汽车电器系统—电池
9	X16-A02A	电化学储能—以锂为基础	22	W01-C01E5B	电池、电池节能、蓄电池电源
10	L03-H03A	电子交流技术—计算机数据存储单元	23	L03-E01C2	无水电极
11	X21-A01D	混合动力汽车	24	L03-E01A	主级和次级电池组成部分（隔板）
12	A12-E06A	电池的电极	25	X16-E01J	活性材料黏结剂和填料
13	X21-A01F	电动汽车	26	L03-E01B	主级和次级电池组成部分（电极）

　　从表 11-1 中对节点的解释可知，检索出的核心锂电池专利主要是两个方面：一是锂金属电池专利，二是锂离子电池专利。

　　为更准确地确定核心专利信息，结合专利文献中的关键词共现进行分析。对专利文献中的摘要部分利用 TDA 软件进行分词处理，得到 223 315 个关键词组。提取出现频次大于 100 的关键词组共 314 个，建立关键词库。经过专家讨论，最终确定关键词组 260 个。将最终关键词组放入 Ucinet 中作出共现网络图，并得到共现次数最多且联系最密切的关键词网络，如图 11-3 所示（注：图中方块大小表示节点中心度，方块越大则中心度越大）。

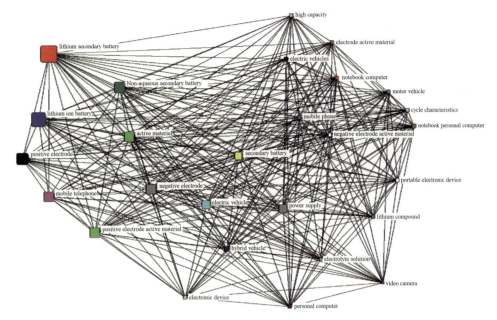

图 11-3　关键词共现图

从图 11-3 中可以看到，与汽车及便携式电子设备中有关的高频共现关键词也是围绕上述两个方面的。结合德温特手工代码及关键词两项的中心度指标，节点中心度是衡量社会网络中节点重要性的指标，中心度指标越大，表示该节点在该网络中越处于重要地位。将关键词及德温特手工代码整合（去除重复及意思相近的词组），确定锂电池中具有技术核心特性的专利应该包含如下关键词及德温特手工代码，如表 11-2 所示。

依据表 11-2 中的信息，可以直接检索具有核心特性的锂电池制造专利，检索表达式为 TS = ((lithium ion battery)AND(power supply)AND((electrod* material) OR (non-aqueous) OR electrolyte OR (cycle characteristic*))) AND MC = ((X16-B01F*) OR (X16-E01*) OR (X16-F02) OR (X16-E02) OR (X16-A02A) OR (L03-E01*) OR (L03-E08*) OR (L03-E03*) OR (A12-E06*))。检索得到具有锂离子电池专利 2022 件。这种结合德温特手工代码及关键词共同识别核心技术的方法，为共性技术的应用范围及技术效益评估奠定了基础。

表 11-2　锂电池制备核心专利检索关键词及德温特手工代码

德温特手工代码	X16-B01F*	关键词	lithium ion battery
	X16-E01*		electrod * material
	X16-F02		power supply
	X16-E02		non-aqueous
	X16-A02A		
	L03-E01*		electrolyte
	L03-E08*		
	L03-E03*		cycle characteristic
	A12-E06*		

二、技术应用范围评估

对于已经检索出的基本专利，评估这些专利所代表的的基础技术是否能在多个新兴产业领域应用。

首先，对基础技术的总体情况进行分析。对检索出的基础专利的德温特手工代码进行统计分析，绘制出德温特手工代码所表示的技术领域随年份累计数量的散点图。根据逐年数量的结果，分析基础技术领域是否发生转移。如果技术领域数量逐年不断增长，则表明技术领域发生了巨大变化。可以继续利用技术轨道分析，得到具体的技术应用范围变化路径。反之，此项技术则没有在多个新兴产业领域中得到应用，便不符合新兴产业共性技术的特点。

然后，对初步筛选出技术领域发生变化的基础技术的应用轨道进行分析，从而获得技术在哪些具体领域变化的信息。根据 Hummon 等[182]的算法思想，以搜寻路径链接数目（search path link code，SPLC）为方法，进而获取专利网络中的技术轨道。利用 Ucinet 与 Pajek 软件可以对技术内部发展路径（专利引用关系）连通性进行分析，使用 NetDraw 软件进行技术轨道绘制，再结合专利申请人信息及德温特手工代码，将专利按照不同新兴产业领域的企业及不同领域的应用进行重新梳理，从而判定应用领域的扩展变化。

统计收集到的锂电池专利的德温特手工代码逐年（专利族申请年）变化情况图，如图 11-4 所示。

从图 11-4 中可以看到，德温特手工代码数量逐年快速增长，说明此项技术领域发生了较大变化。

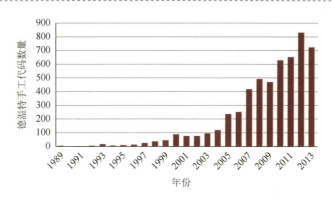

图 11-4　锂电池专利族德温特手工代码逐年变化图

利用 Ucinet 软件对其应用范围变化进行评估。首先，查找出德温特数据库中专利族间的引用关系，以优先权专利号作为整个专利族专利代码。然后，将其导入 Ucinet 软件中绘制专利引用关系图。最后，再将文件导入 Pajek 软件中，利用其自带的引用关系计算公式"SPLC"计算锂离子电池发展主路径。经过计算，其主路径如图 11-5 所示。

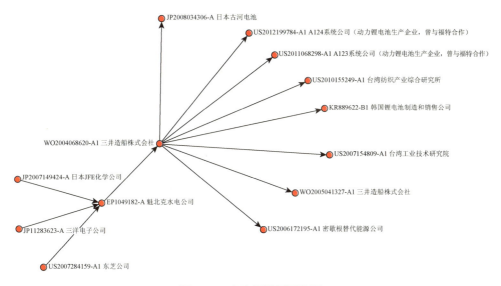

图 11-5　主路径引用网络图

注：图中是从施引专利指向被引专利

从图 11-5 中可以看到，锂电池最早掌握在三洋电子公司、东芝公司这样的小型电子设备公司手中，研读这三个专利（JP2007149424-A、JP11283623-A、US2007284159-A1）的具体内容，发现这三个专利均应用于便携式电子设备的电池上，如手机、收音机等，与之前通过文献了解到的锂离子电池发展过程相符，首先应用在便携式电器中。继续沿着该路径可以看到技术发展出现了多条分支，有的路径是对锂电池材料正负极及薄膜的研究，有的是对锂离子电池进行改进从而可以在混合电动车中应用。对于我国"十二五"期间提出的大力发展我国电动汽车产业，我国锂离子电池企业将迎来巨大的发展机会。因此，锂离子电池符合共性技术中应用范围广的特点。

三、技术效益评估

一项专利技术之所以要向更多国家或地区提出专利申请，谋求更多国家或地区的专利保护，一定是该项专利技术具有较大的商业价值或技术价值，因此该项专利可以被确定存在着很好的社会和经济效益。

在德温特数据库中，每一条记录描述了一个专利族，专利族越多，越被视为具有良好效益的技术，越符合共性技术的特点。

将专利族中包含大于等于 3 件专利的专利族定义为有价值的专利族。将检索到的锂离子电池专利族，按照德温特数据库更新时间进行排序，如图 11-6 所示。

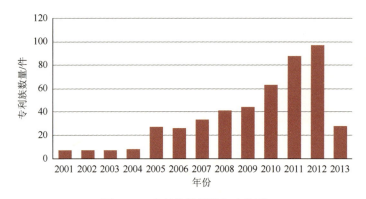

图 11-6　专利族数量逐年变化图

从图 11-6 中可以看出，锂离子电池专利族数量逐年快速增长，表明人们已经充分认识到锂离子电池的重要性及未来良好的发展潜力，仍在不断改进及创新，争夺在该市场中的竞争优势。例如，目前多国正在加大动力混合汽车的研发工作，所以锂离子电池的技术价值得到了极大提升。

第三节　新兴产业共性技术发展对策

我国新兴产业共性技术创新还未能满足战略性新兴产业的需要，应在国家意识与顶层设计、创新模式及运行机制、成果扩散与产业化等方面，进行深入探讨，提出应对策略。

一、发展新兴产业共性技术的顶层设计

目前新兴产业共性技术创新的国家意识不够凸显，缺乏新兴产业共性技术创新活动的顶层设计，资源使用效率有待提高；国家相关科技与产业政策中虽有"产业共性技术"的提法及指南，但"标准"往往缺乏客观性且十分宽泛，随意性大；"指南"虽系统、全面，但缺乏建立在科学基础上的优选方法，并未突出重点；相关的法规与政策及协调需要细化、完善。

第一，将发展战略性新兴产业共性技术作为国家战略的重要组成部分，中央政府建立有科技预算的政府部门共同参加的新兴产业共性技术协调机构，统筹协调新兴产业共性技术创新资源分配与政策制定；在我国研发经费占 GDP 比例不断提高的情况下，应明确政府研发经费中用于新兴产业共性技术创新的比例；将新兴产业共性技术创新列入战略性新兴产业部际协调会的重要内容；国家层面的各行业协会应把促进、引导本行业新兴产业共性技术创新作为重要职责，为本行业新兴产业共性技术创新提供服务和决策支持。

第二，国家科技计划项目、战略性新兴产业专项中，应把获得产业共性技术创新成果作为立项、验收的主要评价指标；同时建议新增新兴产业共性技术创新计划项目和创新基金，前者用于新兴产业间共性技术创新，后者用于新兴产业内共性技术创新补助；国家自然科学基金要注重为新兴产业共性技术创新提供基础研究支持。

第三，随着国家研发经费投入不断增大以及对新兴产业共性技术创新的重视，应当努力提高资源使用效率：一是建立新兴产业共性技术创新项目征集与招标制度；二是研究制定新兴产业共性技术识别标准、项目优选方法与评估过程；三是制定各战略性新兴产业领域共性技术路线图，按步骤进行资源投入，推进新兴产业共性技术创新实施。

第四，新兴产业共性技术是在现有技术拉动和基础研究推动共同作用下获得的，前期基础研究、早期应用研究（高风险）是新兴产业共性技术创新的保证。创新型国家基础研究经费占研发总经费的比平均为 16%左右，我国这一比例维持在 5%左右；美国高风险研发比例要求不低于 8%，我国没有相关要求。建议将我国基础研究经费比例提高至 8%，高风险研发比例明确为 5%，以此保证战略性新兴产业共性技术创新的经费需求。

第五，建立对新兴产业共性技术相关信息与数据的监测机制，同时建立专家队伍，以便更好地把握新兴产业共性技术及应对策略；实施年度新兴产业共性技术发展报告制度。

第六，从供给和需求两个方面，运用财政、金融、市场调节与技术标准等工具，探索建立促进新兴产业共性技术创新的法规与政策体系。

二、新兴产业共性技术创新模式

目前，我国新兴产业共性技术创新处于创新组织（主体）缺位，运行机制不健全状态之中：新兴产业共性技术创新风险高，其创新成果共享性高，因此科研机构转制后，主要忙于本行业工艺与产品创新，基础性、战略性共性技术创新主体出现严重缺位；国家相关"工程中心"、"技术中心"过于依附所在企业，企业在应对激烈的竞争市场和不断缩短的创新周期中，缺乏进行新兴产业共性技术创新的动力；通过多方合作实施产业共性技术创新，既缺乏模式创新，也缺乏相关的立法和政策体系支撑。

有效的新兴产业共性技术创新模式应具有以下特征：共性技术创新主体目标定位准确；具有稳定充足的创新资源投入；具有兼顾风险和利益的运行机制；具有反映产业需求的立项及绩效评估过程。据此提出四种共性技术创新模式，即实体国家队模式、虚拟国家队模式、创新伙伴模式、新兴产业技术联盟模式。

第一，实体国家队模式。实体国家队的创新主体由国家级院所、中心、国家实验室构成，或新建国家级院所构成。

实体国家队的运行模式是：①目标定位是通过基础研究、早期应用研究，提供具有高度战略性意义的共性技术，特别是环境、安全、能源等领域内高风险、战略性的共性技术。②创新资源全部来自中央政府。③政府组织学界、研究机构和产业界专家确立研发项目。④创新主体独立从事研发活动，共性技术创新获得的知识产权属于国家和创新主体共有。

第二，虚拟国家队模式。虚拟国家队的创新主体由多方组成，主要包括协调管理方（不出科技经费的政府管理部门）、出资方（有科技经费的政府部门）、研发方（国家中心与实验室、研发机构、高校）。

虚拟国家队的运行模式是：①目标定位是以提供新兴产业间基础性、前沿性、共性技术（如能源技术、信息技术、纳米材料技术、先进制造技术等）和相关服务。②研发经费由出资方提供，出资方可以通过股权投资和项目经费等形式支持新兴产业共性技术的研发和服务，股权投资可用于技术市场风险较小，有可能自负盈亏和实现盈利的研发项目；项目经费可用于技术和市场风险较大的，或者技术成果很难内部化的研究项目。③出资方与研发方共同确立研发项目。④研发方独立从事研发活动，新兴产业共性技术创新获得的知识产权属于国家和研发方共有。⑤虚拟国家队是临时共同体，新兴产业共性技术创新项目研发完成后，临时共同体解散。

第三，创新伙伴模式。创新伙伴模式中，政府则是作为伙伴之一参与新兴产业共性技术创新，而不主导新兴产业共性技术创新。创新伙伴的创新主体由政府、企业、研究机构（高校）等单位构成。

创新伙伴的运行模式是：①目标定位是提供新兴产业内共性技术（关键工艺和产品核心技术），为新兴产业内不同行业的发展提供共同基础和条件。②创新伙伴充分发挥参与者的各自优势，可以有效实现各自利益，企业可以获得新技术和使用具有技术技能的员工；研究部门可以获得经费支持，增强获得知识产权的能力；政府获得持续的经济增长。③创新伙伴可以依据国家科技活动要求而产生，也可以针对某个新兴产业共性技术创新而组成；创新伙伴实施"政府引导，市场化运作"——政府投入少量资源，引导企业和研究机构投入主要创新资源。④伙伴各方共同确立新兴产业共性技术创新项目时，按照各方提供创新资源的多少，决定其在创新立项中作用的大小。⑤新兴产业共性技术创新获得的知识产权属于伙伴各方共有。与"产学研"相比，伙伴各方在责任和利益方面受到更明确、更具体、更严格的约束。

第四，新兴产业技术联盟模式。从目前我国的情况看，新兴产业技术联盟作为研发的组织形式还比较少见，绝大多数新兴产业技术联盟主要侧重于产业技术标准、知识产权共享、科技成果推广应用等活动。新兴产业技术联盟的创新主体是以企业为主体，吸收大学、科研机构等参加的组织。

新兴产业技术联盟的运行模式是：①提供新兴产业共性技术是新兴产业技术联盟的主要任务之一，其目标定位是提供行业内基础技术、产品关键与核心技术。②共性技术创新经费主要由联盟各方提供，政府对联盟的作用仅限于政策引导、倡导，以及有限的资源支持（贴息贷款或后补助）。③研发项目由新兴产业技术联盟独立确定，或者申请国家科技计划项目。④新兴产业共性技术创新获得的知识产权属于新兴产业技术联盟所有。

新兴产业技术联盟在新兴产业共性技术创新中要发挥作用，还要探索解决联盟目前存在的问题，如信任问题、经费投入与利益分享、风险共担问题。

三、新兴产业共性技术扩散模式

（一）基本原则与要点

发挥政府在新兴共性技术扩散中最大风险承担者的作用：加大对共性技术成果扩散和转移的投入，通过各种技术创新基金和产业化基金的投入，为各种社会投资培育出更多的可选"项目"，这是共性技术扩散和转移过程中的关键启动点。

基础性共性技术的扩散应考虑接受方的广泛性和传播活动的公益性等特点。

基础性共性技术在本质上是一种公益性的技术服务，它可以通过免费的方式提供，也可以通过适当收费的方式提供，收费水平的高低应是象征性的和低水平的。

前沿性共性技术成果本身在技术上的不成熟和市场价值的潜在性而存在相当大的风险，因此，应注意培育接受方对扩散技术价值的评价能力和风险承受能力。

核心性共性技术的扩散应对扩散对象的价值进行保护和控制。核心技术的提供方的利益，一方面应该得到保护，另一方面又要限制它以核心技术的垄断地位而获得垄断利润。

关键共性技术的扩散应注意在接受方和提供方之间形成合理的产业合作关系。一方面，战略性产业的发展（接受方）离不开关键共性技术；另一方面，如果战略性产业得不到发展，关键共性技术的市场价值也会大大降低。因此，在战略性产业的发展过程中，关键共性技术的提供方和需求方之间形成一种合理的产业合作关系，才有利于关键共性技术的使用和扩散。

（二）扩散模式选择

新兴产业共性技术的扩散模式及选择，要考虑新兴产业共性技术的通用性、政府参与程度和创新主体积极性三要素。

由于"实体国家队"提供的新兴产业共性技术属于公共产品，且政府在经费投入与立项方面发挥主导作用，新兴产业共性技术的扩散模式为免费推广应用。

"虚拟国家队"提供的是新兴产业间的共性技术，且研发方参与了立项决策，因此，一定时期内，研发方可优先无偿使用；超过一定时期后，免费推广使用。

"科技专项"提供的是新兴产业内的共性技术，在一定时期内，项目承担单位可优先无偿使用；由于承担单位为完成项目也提供了经费，一定时期后，非承担单位可以通过协商低价采用。

"创新伙伴"提供的新兴产业共性技术，伙伴各方可免费使用；一定时期后，可向创新伙伴外进行转让；伙伴成员中的科技人员也可成立子公司，优先购买共性技术成果，并进行成果转化。

"新兴产业技术联盟"提供的新兴产业共性技术，由联盟共同协商技术扩散方式。

第十二章

新兴产业风险评估与预警研究

新兴产业风险评估与预警研究是新兴产业发展的保证。

处理好新兴产业激励与风险管控的关系，既是产业创新的重要工作，也是新兴产业发展的重要保证。随着科学技术的发展和人们需求的变化，新兴业态不断出现，有些新兴产业逐渐成长为主导产业、支柱产业，因此，促进产业创新与新兴产业发展是政府的重要职能。为此，我国制定发布了诸多新兴产业规划和产业创新发展政策，这是十分必要和正确的。但同时也必须看到，在规划和政策引领资源情况下，也存在着"一哄而起"、"鱼龙混杂"的现象，存在着产业趋同、产业基础不稳、"产能过剩"的风险，存在着各种新技术、新资源、新市场、新商业模式方面的不确定性风险。因此，制定新兴产业的规划和政策措施时，应对新兴产业可能存在的潜在风险做出评估，采取必要的预警措施，最大限度地减少该新兴产业发展中可能遇到的风险损失。同时，要对新兴产业发展政策的实施进行监督：一是政策本身要不断优化，提高针对性和有效性；二是力争政策执行准确，不走样。

第一节　新兴产业风险构成分析

对新兴产业风险进行评估预警，首先应该对新兴产业风险进行识别。风险识别是新兴产业风险评估的首要环节，其目的在于寻找新兴产业发展过程中可能存在的各种风险因素。风险因素是指能够增加或引起风险事故发生频率和大小的因素，它是风险事故发生的潜在原因，是造成损失的间接的和内在的原因[183]。新兴产业风险因素是新兴产业形成、成长、发展的动态过程中，制约产业稳定、健康、有序发展的一系列潜在原因，从而导致产业发展在成长初期就出现"夭折"或发展成熟后逐渐衰退。由于新兴产业受到新兴技术的先导性作用，新兴产业发展过程中所面临的风险主要通过产业新兴技术创新风险体现，通过对Souder 等[184]、Balachandra 等[185]、毛荐其等[186]、王立新等[187]、Mu 等[188]、Chen

等[189]、Wu 等[190]学者相关产业或企业技术创新风险因素研究的借鉴及相关理论知识的总结,确定新兴产业风险分为技术风险、成长风险、市场风险和环境风险四大类。

一、技术风险

技术风险是由于企业在生产和技术创新过程中,受到技术装备、研发水平等多方面因素影响,例如,新兴技术研发和商业化过程中出现的技术滞后性、技术可替代性等技术不成熟问题,导致产品正常产出受到影响,使得新兴产业发展受到行业竞争者冲击较大、产业发展的竞争优势降低的风险[187]。目前各省市在加快新兴产业技术攻关方面,已制定出较为明确的关键核心主攻方向,总体上技术创新强度不断提高,但很多领域的技术发展薄弱,技术路线仍处于探索阶段。国内新兴产业内的许多企业更多的是依托于部分核心技术或附属产品及服务在产业链的某个环节上展开竞争,无法形成产业互补发展。例如,目前比较受关注的物联网,很多挂着"国产"标牌的设备使用的依然是外资品牌的核心芯片、传感器。

二、成长风险

成长风险是由于新兴产业从初创期向成长期过渡发展阶段,受到外部环境或者市场因素的影响,造成内部资源匮乏、技术损失等风险,如技术被替代、人才流失,间接导致新兴产业在主营业务收入、销售和市场份额等方面受到不利影响,具体体现在各项效益型数据的同比增长率或增长幅度不乐观,甚至出现负值。从产业发展生命周期角度来看,新兴产业实质上处于产业发展的初创阶段,尚未形成稳定的技术经济范式。在产业成长发展过程中,产生一系列风险因素相互作用,将影响新兴产业内部协调水平、体量扩张速度和机能完善程度等,构成了新兴产业成长风险,进而阻碍新兴产业发展为支柱性产业的进程。成长风险具体可以体现在人才流失风险和新产品开发风险方面。

(1)人才流失风险主要是指企业在成长阶段关键人才流失的风险,即由于企业人才招聘及培养体系不完善、员工激励及奖惩机制不健全等导致的人才流失、人才配置结构不合理等人才损失的风险。通常具有一定研发能力的创新型人才决定了核心技术、新产品开发项目的研发成功与否,他们的离开将导致核心技术研发失败或拟开工项目终止,企业甚至会面临关键信息泄露的风险。此外,创新型人才一般也具有较强的人格魅力,会影响和吸引其他人才的集聚,他们的离开也可能带来相关领域人才的流失,进而影响整个新兴产业的发展。

（2）新产品开发风险主要是新产品开发过程中的不确定性和模糊性等导致新产品开发受阻的风险。主要是由于新产品创新经费投入不足、员工业务知识缺乏、技术能力不强等导致新产品研发活动成功率不高的风险。此外，还包括新产品研发过程中，信息获取不够及时、全面带来的技术滞后性、核心技术已申请专利到期却没有新技术替代、核心技术未申请专利导致其泄露或被其他企业模仿等，这些导致新产品未流入市场就已经失去竞争优势或被相似产品取代的风险。

三、市场风险

新兴产业市场风险主要是由于市场供求变动、市场价格波动及市场激烈竞争态势等市场因素变动而导致新兴产业的产品达不到市场预期效果，给产业发展带来的风险。市场作为企业生产的起点和终点，市场供求状况发生变化可能给企业带来十分不利的影响，造成企业产品滞销或原材料紧缺等风险，此外，行业竞争者进行恶性降价竞争或进行显著的促销活动，会给企业销售、收入和市场占有率带来威胁，可见，市场风险对于新兴产业发展来说是至关重要的风险，将直接影响新兴产业竞争力的可持续性。

新兴产业要完成从技术创新到获得稳定收益的过程，需要化解许多市场风险，主要表现在以下四个方面。

（1）新产品市场风险。其主要是指目标市场对产品的接受程度不理想导致新兴产业发展受阻的风险。由于新兴产业依托新兴技术生产出的一批新产品，通常会受到用户的转换成本、用户的消费习惯、市场规模和特点等因素的影响，变数很大，如果不能把新产品有效地引入市场，产业就很难稳定发展。

（2）配套市场风险。其主要是指市场配套体系不完善所引起的新兴产业发展的一系列风险。从产业发展生命周期来看，处在发展初期的新兴产业，面临与现有同类产品相比成本比较高、市场配套体系不完整等问题，这些问题制约新兴产业进一步成长和发展。

（3）国际市场风险。其主要是指国内新兴产业面向国际市场过程，由于国际市场准入要求高、价格竞争激烈而引起的新兴产业产品进入国际市场空间受阻、新兴产业在国际市场占有率低迷等一系列风险。例如，在国际民用航空航天市场上，波音公司和空客公司在民航大飞机制造上有很高的市场占有率，而我国却鲜有与之匹配的航天制造产品。

（4）市场机制风险。其主要是指市场制度及机制不完善所引起的新兴产业发展的一系列风险。国内的市场准入制度、价格形成机制不完善，市场竞争不规范，地方保护、行业垄断现象依然存在，严重影响了新兴产业有序、健康的发展。

四、环境风险

新兴产业环境风险主要是由于产业所处的政策环境、经济环境等外部性条件变动和不稳定性导致新兴产业成长发展受阻甚至衰退[185]。具体体现在经济性风险和政策性风险两个方面。

（1）新兴产业经济性风险是指在国家宏观经济环境和行业微观金融环境的影响下，新兴产业在融资、创投、资本运营等方面存在一些问题，影响其产业发展的可持续性。从国家宏观经济环境来看，我国整个金融体系由大而全的大型机构作为主导，金融服务的细分化、专业化程度不高，因而很难对新兴产业灵活、多样化、不断变化的金融服务需求做出全面、及时、有针对性的反应，向新兴产业渗透的能力不足，服务于新兴产业的技术和手段不足。此外，政府对新兴产业的研发投入受国家整体经济水平影响，如 GDP 大小、GDP 同比增长情况等均是制约新兴产业发展的宏观经济性条件，我国目前 GDP 在国际上位居前列，但 GDP 增长率较低，经济增长活力不足，国家经济运行环境并不乐观，政府对新兴产业的研发投入不够均衡，对于尚不稳定的产业投入力度不够，使得这些产业发展面临较大的资金不足、资本运营困难等系统性风险；从行业微观金融环境来看，新兴产业的融资体系尚不健全，导致创新型企业普遍存在融资难、资金缺乏的问题。金融资本成本高、手续复杂，创投资金设立困难、总量不足，这些因素影响和制约了新兴产业的融资机会与融资能力。

（2）新兴产业政策性风险主要体现在国家宏观层面上对新兴产业的政策扶持力度不够、不具备针对性，不同省市的产业扶持政策同构化，政策缺乏系统性，产业战略规划调整内容不能及时落实，有的政策出台后就不知"去向"，只管出台不管落实，产业政策与企业的结合度不够，与企业的有效需求、企业的发展动力及行业的发展方向结合度不强，从而影响新兴产业的健康、有序和稳定发展。

第二节　风险评估与预警指标体系的构建

新兴产业发展过程中受到产业内外部条件、环境等各种因素的影响，产业发展存在一系列复杂的风险因素，这些风险因素严重制约了新兴产业的初创及成长，为此，想要做好风险预警及控制工作，则要求有效识别风险因素、构建全面客观的新兴产业风险评估指标体系。

一、风险评估指标选取原则

通过确立一套客观、科学化的新兴产业风险评估指标体系，有利于决策者合理全面地认识、评估新兴产业风险的实际状况，为新兴产业发展规划及战略制定、企业风险管理措施的实施及调整提供理论依据和实践支撑。由于新兴产业发展是一个多层次、多阶段和多方位的动态变化过程，在其发展过程中会受到各种风险性因素综合影响，设定新兴产业风险评估指标体系时，应从不同视角、不同层面着手，才可确保指标体系的全面性、客观性和合理性。构建新兴产业风险评估指标体系时，应严格遵循如下原则。

第一，科学性原则。对于评估指标体系的确立，最基本的原则即科学性和合理性。为此需要做到如下两点：准确性和客观性，评估指标的概念要准确，内涵要清晰，并主要基于现有学者给出的、得到学术界广泛认可的成熟概念，避免个别学者或自身的主观定义；全面性和完整性，评估指标用于评估产业风险水平这一综合问题，由于该问题影响因素众多，相应的评估指标体系要全面地围绕评估目标，完整地体现评估目标内部要素和影响因素。

第二，系统性原则。系统性原则要求：一方面，对于各个用于评估新兴产业风险水平的指标，都需具备明确、清晰、独立的含义和内容，同时所选指标具有较广的覆盖面，进而可以充分体现新兴产业风险水平的各个方面；另一方面，不同状态指标之间还应存在相当程度上的联系，这些联系主要以包含与被包含、互相补充、互相影响等形式存在，只有符合上述要求的指标体系才能够更全面地展现新兴产业风险的实际情况。

第三，可比性原则。可比性原则要求一套全面、完整、科学的评估指标体系，与以往静态风险评估不同，可以从动态视角展开新兴产业风险评估。基于动态视角对比新兴产业在不同时期的风险水平及状态，要求所确立的评估指标体系能够以纵向视角反映评估过程中需要考虑的关键问题和主要风险因素，由于选取新兴产业中的生物药品制造、航天器制造和电子通信及设备制造业三个子产业作为具体研究对象，所确立的新兴产业风险评估指标体系，要求三个子产业在不同时期内指标数据具有相同的含义和统一的统计口径，且指标数据的值域范围也应保持一致。

第四，可操作性原则。该原则要求在评估新兴产业风险水平时，所获得的指标体系及相应数据容易获取且具备现实意义，避免过于抽象和笼统，否则在实践中难以实施评估工作，无法进行风险因素识别和相应风险预警系统设计。为此在确立新兴产业风险评估指标体系时，应尽可能地将评估指标的具体含义和内容描述清楚，且相应的实证数据容易获取，剔除一系列隐性和烦琐的指标，避免产生由于数据获取难，工作量重复频繁等弊端导致的评估结果可信度低的问题。

二、风险评估指标体系确立

关于新兴产业风险评估指标体系的构建，在前面对新兴产业评价指标及标准、新兴产业发展技术路径及选择、新兴产业风险构成等相关内容分析的基础上，结合新兴产业风险评估指标体系构建的科学性、系统性、可比性和可操作性原则，并参照 Wang[191]、Luo 等[192]、Bi 等[193]、Kuzma 等[194]、刘正龙等[195]、余佳[196]、肖玲诺等[197]、Wu 等[198]、Kyonghwan 等[199] 和王璐[200] 等学者对产业及企业发展或技术创新发展潜在风险因素，如市场风险、技术风险、成长风险和环境风险等相关内容，在这些设计较为成熟的风险评价及评估指标体系基础上，构建新兴产业风险评估指标体系如表 12-1 所示。

表 12-1 新兴产业风险评估指标体系

一级指标	二级指标	代码	单位
技术风险（A_1）	产业 R&D 人员比例	a_{11}	%
	R&D 内部经费占主营业务收入比例	a_{12}	%
	产业年发明专利申请量比例	a_{13}	%
	百名 R&D 人员发明专利申请量	a_{14}	件
	产业年有效发明专利数量增长率	a_{15}	%
成长风险（A_2）	产业内从业人员数量年平均增长率	a_{21}	%
	R&D 内部经费年增长率	a_{22}	%
	新产品开发项目数增长率	a_{23}	%
	新开工项目数量比例	a_{24}	%
	产业年利润增长率	a_{25}	%
市场风险（A_3）	产业主营业务收入增长率	a_{31}	%
	新产品销售收入比例	a_{32}	%
	产业年利润率	a_{33}	%
	出口交货值	a_{34}	亿元
环境风险（A_4）	政府 R&D 投入比例	a_{41}	%
	宏观 GDP 增长率	a_{42}	%
	研发机构数量	a_{43}	个
	项目建成投产率	a_{44}	%

根据表 12-1，所构建的新兴产业风险评估指标体系共包括 4 个一级指标和 18 个二级指标，这些指标基本涵盖了新兴产业发展过程中可能包括的具体风险因素，其中，针对新兴产业从萌芽阶段发展成为支柱性产业期间具有成长性和新兴技术

先导性的特点，根据其具有的显性和隐性风险，特设计产业技术风险和成长风险两个一级指标。

对于部分指标做出进一步解释说明，以阐述选择相关指标进行实证风险评估的合理性和科学性。

（1）产业 R&D 人员比例 = R&D 人员数量/从业人员平均人数×100%。

（2）产业年发明专利申请量比例 = 发明专利申请量/专利申请数量×100%。

（3）百名 R&D 人员发明专利申请量 = 发明专利申请量/（R&D 人员/100）。

（4）从业人员平均人数：从事一定社会劳动并取得劳动报酬或经营收入的人员，包括全部职工、再就业的离退休人员及其他从业人员。这一指标反映了一定时期内全部劳动力资源的实际利用情况，是反映新兴产业具备人力资源存量的一个重要指标。

（5）R&D 人员数量：从事基础研究、应用研究和试验发展三类科技活动的人员，其主要分布在高校、科研所，R&D 人员数量直接体现了新兴产业中技术研发基础力量。因此，产业 R&D 人员比例体现新兴产业内部具备的研发人才情况，其数值越高，反映新兴产业有较多研发人员，产业研发人才构成合理，新兴产业创新人才占比较高，面临的人才短缺或流失等风险较低。

（6）专利申请量：专利机构受理技术发明申请专利的数量，是发明专利申请量、实用新型专利申请量和外观设计专利申请量之和。新兴产业专利申请量作为产业的一种无形资源，体现了产业知识产权能力，利用有形资源转化科技成果等无形资源的能力。

（7）发明专利申请量：表示 R&D 人员已经开发出的高质量的且具有核心技术的知识产权产品的数量，其得到法律的保护授权，且处在规定的有效期内。因此，平均百名 R&D 人员发明专利数量表示新兴产业内部 R&D 人员具备的研发能力水平，该数值越高，体现了产业具有越高质量的知识产权开发水平，技术创新能力越强，面临的研发风险越低。产业年发明专利申请量比例越多，反映该产业对其原始资源的转化能力越强，具备更加丰富的无形资产存量，技术创新风险、专利风险越小，它是衡量新兴产业技术风险的重要标志之一。

（8）政府 R&D 投入比例：指政府资金与新兴产业研究及试验发展（R&D）经费内部支出之比。该指标直观上反映了国家对新兴产业科技创新、技术研发和商业化等活动的重视程度，体现了一国政府对新兴产业政策上的扶持力度。该指标数据越大，反映政府对新兴产业研发投入力度越高，新兴产业受到政策环境影响较小，面临的环境风险性越低。

（9）R&D 内部经费占主营业务收入比例 = R&D 经费内部支出/主营业务收入×100%。

（10）R&D 经费内部支出：新兴产业用于内部进行研究与试验发展（R&D）活动的实际支出。具体包含了 R&D 项目活动的直接支出，间接用于 R&D 活动的管理费、服务费、与有关的基本建设支出以及外协加工费等。这其中不包括生产性活动支出、归还贷款支出以及与外单位合作或委托外单位进行 R&D 活动而转拨给对方的经费支出。R&D 经费内部支出与主营业务收入比例大于 1，表示新兴产业研发经费要超过销售收入水平，体现新兴产业由于技术研发带来的技术风险。

（11）新产品销售收入比例：新产品是企业依据新的技术和原理通过 R&D 活动开发出的能直接转化成经济效益的产品，新产品销售收入表明了企业经过研发—生产—销售，实现新技术商业化的过程。它是科技成果直接产业化、市场化的结果，新产品销售收入比例即新兴产业新产品销售收入占主营业务收入的比例，该数值越大，直接体现了新产品受到社会大众关注越广泛。新产品销售是产业业务收入的主要来源，新产品市场占有率越高，面对外部市场价格波动、恶性价格竞争等市场风险越小。

（12）研发机构人员数量：研发机构人员数量是指企业设立的独立或非独立的具有自主研发能力的技术创新组织载体中从业人员的数量。该指标能充分体现新兴产业具备研发和创新能力的人才环境，充分体现新兴产业具备的人力资源的丰富性和充沛程度。

三、指标数据获取

风险评估实证分析的数据来源，一方面充分考虑所需要数据的非保密性、时效性和权威性等相关特性，另一方面严格参照前面构建的新兴产业风险评估指标体系，从《中国科技统计年鉴》、《中国高技术产业统计年鉴》、《中国统计年鉴》等相关官方发布的权威统计年鉴上获取相关数据。从国家整体视角，选取高技术产业中的生物药品制造业、航天器制造业和电子及通信设备制造业三个典型的新兴产业作为风险评估实证分析对象，并从以上相关统计年鉴中选取 2006～2014 年的时间序列数据作为风险评估实证分析的数据，着重评估这三个子产业在不同时间序列的纵向层面的实际风险状况。

第三节　风险评估模型构建及实证分析

当前关于风险评估的方法主要有 AHP[193]、BP 神经网络[197]、未确知测度函数法[201]、灰色关联分析法[202]、白化权函数[203]、ANP[204]、模糊理论[205]、贝叶斯网络[206]等，上述风险评估方法丰富并拓展了风险评估理论，为风险评估提供了一定的基础和借鉴，但以往风险评估均存在一定的局限，对相应的边界条件和环境较为限制，制约相关评估方法的普适性。例如，VAR 方法等是基于企业绝对收益角度，从局部出发评估风险程度；而 AHP、ANP、模糊理论、贝叶斯网络等则是从风险可能性出发评估风险存在的概率及其概率大小。从新兴产业风险构成要素及产业本身特征来看，这些方法都无法完整地反映新兴产业风险的本质内涵。为此，在风险因素识别的基础上，考虑在一定时期内风险动态变化情况，构建一个基于理想解法的"垂面"距离风险评估模型，从风险水平和动态变化趋势两个视角评估新兴产业风险。

一、"垂面"距离概念

"垂面"距离是指在正理想解与负理想解之间，分别过这两点作以正理想解与负理想解连线为法向量的平面间的距离[207]。

为了更形象地描述"垂面"距离，以三维空间为例，如图 12-1 所示，K 和 H 分别为所有备选方案中的相对正负理想方案。经过 X 点以直线 HK 为法向量的平面与经过 Y 点以直线 HK 为法向量的平面之间的距离，即平面 L 和平面 M 的距离，就是点 X、Y 分别在直线 HK 上的正交投影点 O 和点 U 之间的欧氏距离。

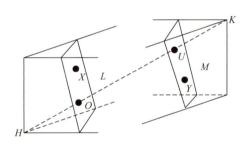

图 12-1　三维空间的"垂面"距离

定义 1[206]　如图 12-1 所示，设点 H、K、X、Y 所对应的向量为 h、k、x、y，则平面 L 的方程式为

$$(z-x)\cdot(h-k)=0$$

平面 M 的方程式为

$$(z-y)\cdot(h-k)=0$$

则点 X 与 Y 的"垂面"距离为

$$V=\frac{\left|(h-k)\cdot(x-y)\right|}{\|h-k\|} \tag{12-1}$$

其中，·为向量的点积，即若存在两个向量 $\boldsymbol{a}=(a_1,a_2,\cdots,a_n)$ 和 $\boldsymbol{b}=(b_1,b_2,\cdots,b_n)$，则它们的点积定义为 $\boldsymbol{a}\cdot\boldsymbol{b}=\sum_{i=1}^{n}a_ib_j$；$\|\ \|$ 为范数。

二、基于"垂面"距离的风险水平评估模型

根据"垂面"距离的概念，风险水平可视为相关的目标与理想目标间的"垂面"距离，某目标与理想目标的"垂面"距离越近，则说明该目标相应的属性性能与理想目标越接近，则目标发展过程中朝向理想方向发展，其风险水平越低；反之，某目标与理想目标的"垂面"距离越远，则表示目标的发展性能与理想中的属性性能偏离度越高，则目标的风险水平越大。如图 12-2 所示：x^* 为理想目标，x_1、x_2、x_3 为原始风险水平评估目标的正交投影点，则各目标与理想目标的"垂面"距离为 x_1x^*、x_2x^*、x_3x^*，可知相应的"垂面"距离排序为 $x_1x^* > x_2x^* > x_3x^*$，则其风险水平由大到小的排序为 $x_1 > x_2 > x_3$，为便于界定相应的评估目标的风险水平值，可直接将各个目标与理想目标的"垂面"距离视为风险水平的精确值，因此，图 12-2 中相应目标的风险水平为 x_1x^*、x_2x^*、x_3x^*。

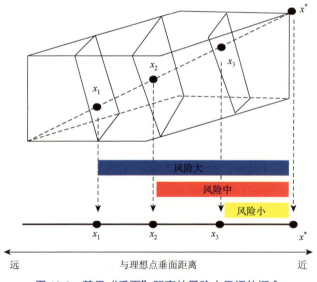

图 12-2　基于"垂面"距离的风险水平评估概念

根据"垂面"距离概念和图 12-2 的风险水平评估概念，给出基于"垂面"距离的风险水平计算过程。

设有 m 个需要评估风险水平的目标，相应的目标风险属性（指标）为 n 个，第 j 个目标为 $y_j = (y_{j1}, y_{j2}, \cdots, y_{jn})$，则所有目标风险及其相应的风险评估属性组成风险水平评估矩阵 $Y = (y_{ji})_{m \times n}$，$y_{ji}$ 表示第 j 个目标第 i 个风险水平评估指标。首先，运用 z 分数（z-score）对 y_{ji} 进行规范化处理，其计算为

$$d_{ji} = [y_{ji} - E(y_j)] \bigg/ \sqrt{\frac{1}{m}\sum_{j=1}^{m}[y_{ji} - E(y_j)]^2} \qquad (12\text{-}2)$$

其中，$E(y_j)$ 为 y_j 的平均值，即 $E(y_j) = (y_{j1} + y_{j2} + \cdots + y_{jn})/n$。

记 $\boldsymbol{D} = (d_{ji})_{m \times n}$，同时令风险水平指标的权重向量为 $\boldsymbol{W} = (w_1, w_2, \cdots, w_n)$，令

$$\boldsymbol{R} = (r_{ji})_{m \times n} = (d_{ji}w_i)_{m \times n} = \begin{pmatrix} d_{11}w_1 & d_{12}w_2 & \cdots & d_{1n}w_n \\ d_{21}w_1 & d_{22}w_2 & \cdots & d_{2n}w_n \\ \vdots & \vdots & & \vdots \\ d_{m1}w_1 & d_{m2}w_2 & \cdots & d_{mn}w_n \end{pmatrix}$$

为使计算过程进一步简化，将坐标原点平移到理想解点，通过计算可得到正理想解 $S^+ = (S_i^+ | i = 1, 2, \cdots, n)$ 和平移后的矩阵 $\boldsymbol{T} = (t_{ji})_{m \times n}$。其中，若风险水平指标是效益型指标，则取理想解为最大值；若风险水平指标是成本型指标，则理想解取最小值，并得到

$$t_{ji} = r_{ji} - S_j^+ = (d_{ji} - d_j^+)w_i \qquad (12\text{-}3)$$

则平移后的负理想解为 H^-，平移后的正理想解为 $H^+ = (0, 0, \cdots, 0)$，负理想解 H^- 的计算公式：

$$H_i^- = t_{jk} = d_{jk}w_i \qquad (12\text{-}4)$$

需满足条件 $|t_{jk}| \geqslant |t_{ji}|$ 或 $|d_{jk}| \geqslant |d_{ji} - d^+|$，$1 \leqslant k \leqslant n$。

其次，计算所有风险评估目标与理想解的"垂面"距离 P_j，根据"垂面"距离的概念，得到风险评估目标与理想解的"垂面"距离 P_j 为

$$P_j = \frac{\left|(H^- - H^+)(H^+ - y_j)\right|}{\left\| H^- - H^+ \right\|}$$

因为正理想解与负理想解间的距离相对于各个不同风险评估目标而言为常数，且经过平移后的风险评估矩阵中理想点为 $H^+ = (0, 0, \cdots, 0)$，所以可优化"垂面"距离 P_j 计算公式为

$$P_j = \sum_{i=1}^{n} H_j^- \times t_{ji} = \sum_{i=1}^{n} d_{jk}(d_{ji} - d_i^+)w_i^2 \qquad (12\text{-}5)$$

然后，求解评估风险指标的权重 $W = (w_1, w_2, \cdots, w_n)$，根据基于"垂面"距离的风险水平评估概念可知，$P_j$ 大小即相应评估目标的风险水平大小，应尽可能使 P_j 小，如果 P_j 值越小，则评估目标的风险水平越小。因此，基于上述思想，可建立基于风险最小的非线性优化模型（式（12-6））：

$$\min \sum_{j=1}^{m} P_j = \sum_{j=1}^{m}\sum_{i=1}^{n} H_j^- \times t_{ji} = \sum_{j=1}^{m}\sum_{i=1}^{n} d_{jk}(d_{ji} - d_i^+)w_i^2 \qquad (12\text{-}6)$$

$$\text{s.t.} \begin{cases} \sum_{i=1}^{n} w_i = 1 \\ w_i \geqslant 0, \quad i=1,2,\cdots,n \end{cases}$$

为求解 w_i，对式（12-6）构建拉格朗日函数，得

$$L(w_i,\lambda) = \sum_{j=1}^{m}\sum_{i=1}^{n} d_{jk}(d_{ji}-d_i^+)w_i^2 + 2\lambda\left(\sum_{i=1}^{n} w_i - 1\right)$$

分别对 w_i 和 λ 求偏导，并令偏导函数等于 0，则

$$\begin{cases} \dfrac{\partial L(w_i,\lambda)}{\partial w_i} = 2\sum_{j=1}^{m} d_{jk}(d_{ji}-d_i^+)w_i + 2\lambda = 0 \\ \dfrac{\partial L(w_i,\lambda)}{\partial \lambda} = \sum_{j=1}^{n} w_i - 1 = 0 \end{cases}$$

解上述方程组得

$$w_i = \frac{1}{\sum_{i=1}^{n}\left[1 \Big/ \sum_{j=1}^{m} d_{jk}(d_{ji}-d_i^+)\right]\sum_{j=1}^{m} d_{jk}(d_{ji}-d_i^+)} \tag{12-7}$$

最后，将权重 w_i 代入式（12-5）可得到基于第 j 个评估目标与理想解的"垂面"距离 P_j，即"垂面"距离 P_j 为第 j 个评估目标的风险水平。P_j 值越小，对应的第 j 个评估目标风险越小，反之，则越大。

三、新兴产业风险实证评估分析

在构建了新兴产业风险评估指标体系及模型，并获得相应数据后，运用 z-score 对数据做出标准化计算，使不同量纲状态参量的数据统计口径统一，因篇幅限制，以生物药品制造产业为例给出详细计算过程，根据 SPSS19.0 软件对数据进行 z-score 的标准化计算，得到生物药品制造产业四种风险的标准化数据如表 12-2 所示。

表 12-2　生物药品制造产业风险评估指标标准化数据

指标		2006 年	2007 年	2008 年	2009 年	2010 年	2011 年	2012 年	2013 年	2014 年
A_1	a_{11}	−1.067	−0.88	−1.004	0.3114	−1.078	0.4771	0.8614	1.0835	1.2951
	a_{12}	−1.349	−0.979	−1.056	0.564	−0.686	0.456	1.0115	0.9497	1.0886
	a_{13}	0.7937	1.2171	1.7506	−0.267	−0.325	−0.799	−0.882	−0.993	−0.496
	a_{14}	−1.58	−0.423	−0.552	0.6235	−0.958	0.1504	0.4753	0.4599	1.8038
	a_{15}	1.9977	0.2864	−0.828	0.5237	−1.299	0.7619	−0.534	−0.439	−0.469

续表

指标		2006 年	2007 年	2008 年	2009 年	2010 年	2011 年	2012 年	2013 年	2014 年
A_2	a_{21}	−0.758	1.64	1.475	−0.887	−0.509	−0.79	0.7086	−0.414	−0.465
	a_{22}	−0.357	0.4085	−0.568	1.9525	−1.342	1.0629	−0.026	−0.586	−0.545
	a_{23}	1.0469	−0.364	0.1132	1.3811	−1.606	1.1261	−0.396	−0.624	−0.677
	a_{24}	−1.156	−0.475	−1.276	0.2063	1.3191	−0.766	1.3087	0.8543	−0.016
	a_{25}	−0.998	1.7808	0.6745	0.7222	0.7042	−0.734	−0.648	−1.121	−0.38
A_3	a_{31}	0.1071	1.3923	−0.054	0.2677	−0.696	1.2316	0.4284	−1.017	−1.66
	a_{32}	−1.718	−0.984	−0.607	1.34	−0.096	1.2393	0.0471	0.2099	0.5692
	a_{33}	−1.278	−0.963	−0.889	−0.743	0.1026	0.6511	0.6922	0.8671	1.5596
	a_{34}	−1.636	−0.396	0.1789	0.8363	1.5272	0.8339	0.2686	−0.674	−0.938
A_4	a_{41}	1.4868	1.0205	0.5639	−0.486	0.9517	−1.105	−1.037	−0.6	−0.796
	a_{42}	1.2407	1.8771	−0.071	−0.251	0.2819	−0.213	−0.922	−0.913	−1.03
	a_{43}	−1.091	−1.007	−0.99	0.305	−0.858	0.2211	1.0661	1.0541	1.2998
	a_{44}	−1.561	−1.395	−0.529	0.2012	0.2464	0.4516	0.461	0.5326	1.5924

首先对生物药品制造产业的技术风险进行评估，即对表 12-2 中 A_1 所属数据进行计算，根据计算数据得到生物药品制造产业技术风险的加权风险评估矩阵：

$$\boldsymbol{R}=(r_{ji})_{9\times5}=(d_{ji}w_i)_{9\times5}=\begin{pmatrix} -1.067w_1 & -1.349w_2 & \cdots & 1.998w_5 \\ -0.880w_1 & -0.979w_2 & \cdots & 0.286w_5 \\ \vdots & \vdots & & \vdots \\ 1.259w_1 & 1.089w_2 & \cdots & -0.469w_5 \end{pmatrix}$$

因生物药品制造产业技术风险评估指标均为效益型指标，由加权矩阵 $\boldsymbol{R}$ 可得出原始正理想解 $S^+=(1.295\,w_1,1.087\,w_2,1.751\,w_3,1.803\,w_4,1.998\,w_5)$，则 $d_1^+=1.295,\ d_2^+=1.087,\ d_3^+=1.751,\ d_4^+=1.803,\ d_5^+=1.998$，平移加权矩阵为

$$\boldsymbol{T}=(t_{ji})_{9\times5}=\begin{pmatrix} -2.362w_1 & -2.438w_2 & \cdots & 0 \\ -2.175w_1 & -2.067w_2 & \cdots & -1.711w_5 \\ \vdots & \vdots & & \vdots \\ 0 & 0w_2 & \cdots & -2.467w_5 \end{pmatrix}$$

则平移后的负理想解为 $H_i^-=(-2.373\,w_1,-2.438\,w_2,-2.744\,w_3,-3.384\,w_4,-2.527\,w_5)$，则 $d_{k1}=-2.373,\ d_{k2}=-2.438,\ d_{k3}=-2.744,\ d_{k4}=-3.384,\ d_{k5}=-2.527$。

根据式（12-7）可求出生物药品制造产业技术风险评估指标权重向量为

$$\boldsymbol{W}_j = (w_1, w_2, w_3, w_4, w_5) = (0.265, 0.307, 0.17, 0.134, 0.124)$$

根据权重值和式（12-5）得出 2006～2014 年生物药品制造产业技术风险各方案与理想解垂面距离，即风险水平，同理可得到生物药品制造产业市场风险、成长风险和环境风险水平，以及航天器制造产业和电子通信设备制造产业风险水平，结果如表 12-3 所示。

表 12-3　新兴产业风险评估结果

项目		2006 年	2007 年	2008 年	2009 年	2010 年	2011 年	2012 年	2013 年	2014 年
生物药品制造产业	P_{A_1}	1.2363	1.1029	1.1632	0.5906	1.3029	0.6464	0.5067	0.4888	0.3024
	P_{A_2}	1.1424	0.6534	0.9028	0.5796	0.964	0.9549	0.6898	1.0073	1.1067
	P_{A_3}	1.9394	1.2608	1.3655	0.7416	0.992	0.3257	0.8346	1.2157	1.1901
	P_{A_4}	1.1288	1.1049	1.2741	1.047	1.0246	1.1479	0.9832	0.8938	0.7347
航天器制造产业	P_{A_1}	1.2853	0.9775	0.7995	0.8899	1.309	0.8392	0.5255	0.8593	0.5373
	P_{A_2}	1.325	1.2305	0.969	1.349	1.1717	0.3972	1.4248	0.8718	1.487
	P_{A_3}	1.3134	1.0504	0.8178	0.952	0.6771	0.0209	1.3374	1.062	1.4312
	P_{A_4}	1.4631	0.7251	1.1879	1.4327	1.1321	0.9899	0.6616	0.9901	0.662
电子通信设备制造产业	P_{A_1}	1.4727	1.3726	0.6099	0.3802	0.6066	0.4102	0.3564	0.2759	0.1766
	P_{A_2}	0.9373	0.9196	1.1467	1.2245	0.4924	0.7965	0.6435	0.8649	1.0083
	P_{A_3}	1.4744	1.4948	1.7393	1.5662	0.7	0.9756	0.8017	0.6353	0.6327
	P_{A_4}	1.4691	0.9866	0.8966	1.3741	0.8772	0.5559	0.6979	0.6217	1.094

为更直观地展现三大新兴产业在 2006～2014 年的风险评估结果，将表 12-3 中的相关产业的各个类型风险水平评估结果生成曲线拟合图，如图 12-3 所示。

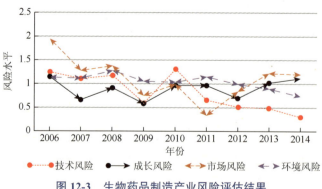

图 12-3　生物药品制造产业风险评估结果

据图 12-3 所示，在 2006～2009 年，生物药品制造产业中四种类型风险水平变化态势较为一致，可以看出 2006～2008 年生物药品制造产业四种风险处于较高水平，但回落走向明显，到 2009 年开始反弹；2010～2014 年，该产业技术风险和市场风险水平变化波动较为明显，两种风险在 2011 年开始下降之后呈现差异性的发展势头，市场风险在 2011 年下降之后迅速回升，而技术风险则延续了 2011 年的下降势头；相比之下，成长风险和环境风险水平较为平缓。进一步分析 2012～2014 年的风险状况，生物药品制造产业技术风险和环境风险水平下降趋势显著，表明该产业新兴技术创新方面逐步加强，产业发展环境得到改善；而成长风险和市场风险呈现上升态势，表明该新兴产业市场进入门槛难度加大，市场竞争形势严峻，相关企业在发展壮大的成长过程中面临较大挑战。

由图 12-4 可知，航天器制造产业的四种风险水平在 2006～2014 年展现出多波段的"S"形变化曲线。总体而言，航天器制造产业的四种风险在 2006～2009 年处在高危状态，2010～2011 年高风险的紧急态势得到解除。2011 年之后，四种风险类型呈现两种完全相悖的且具有周期性的演变趋势，例如，2011～2012 年，航天器制造产业的技术风险和环境风险水平持续下降，而成长风险和市场风险由在此期间的最低水平急速上升到最高水平；2012～2013 年，该产业技术风险和环境风险开始上升，反之成长风险和市场风险的历史高危状态得到缓解；到 2013～2014 年，航天器制造产业的四种风险发展状态又周期性地退回到 2011～2012 年所呈现的状态。由此可知，虽然航天器制造产业是一种较早出现的新兴产业，但因高投入、技术复杂、环境多变等多种因素的影响，其发展过程中仍然存在多种风险，在不同时期所面临的风险主导地位存在较大差异。因此，相关组织要"因时制宜"，有针对性地建立航天器制造产业发展过程中的风险防范机制，根据该产业风险周期性规律加强风险预警，有效地规避未来可能存在的风险。

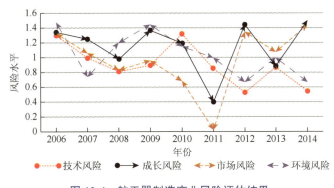

图 12-4　航天器制造产业风险评估结果

根据图 12-5 所示，电子通信设备制造产业风险评估结果表明，在 2006～

2014 年，该产业四种风险整体呈现由高水平状态逐步向低水平好转的趋势。整体来看，电子通信设备制造产业四种风险演变态势与生物药品制造产业和航天器制造产业风险状况大致类似。除技术风险较早在 2007 年开始持续下降，成长风险、市场风险和环境风险均在 2009 年开始下降，由此可见，2006～2009 年是电子通信设备制造产业风险高危期。2010～2013 年，四种风险变化波动较小，演变态势较为平缓，表明电子通信设备制造产业在此期间维持着良好的稳定发展状态。到2013～2014 年，四种风险出现差异性发展势头，除市场风险保持平稳状态，成长风险和环境风险水平开始显著上升，而技术风险依然延续历史下降的良好态势，这表明电子通信设备制造产业的新兴技术突破期望提高，但面临的宏观经济环境、新兴技术投资吸引力却不容乐观，由此可知，受多种风险的交互影响，近期电子通信设备制造产业发展趋势的不确定性加大。

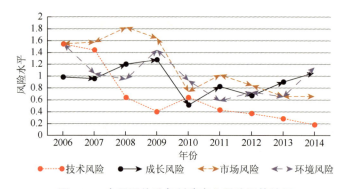

图 12-5 电子通信设备制造产业风险评估结果

　　综上可知，以电子通信设备制造、生物药品制造和航天器制造产业等为代表的我国新兴产业，在 2006～2014 年风险演变状态呈现多阶段的特征，2006～2008 年的高危状态，2009～2013 年的相对低水平态势，2013～2014 年的不同风险差异性发展的不确定状态。出现上述情况的原因与当时的社会经济背景是相吻合的，2006～2008 年爆发的全球性经济危机对我国宏观经济环境造成了强烈冲击，制约了新兴产业的技术投入、新产品开发、项目投产和产品出口等，滞缓了新兴产业发明专利申请、主营业务收入和产业利润，上述指标数据增长速度的降低拉高了新兴产业在此期间的技术风险、成长风险、市场风险和环境风险等多种风险。经济危机出现后，我国政府审时度势，出台包括"四万亿经济刺激计划"等一系列应对经济危机的有效措施，随后，国家陆续颁布《国家知识产权战略纲要》和实施创新驱动发展战略，进一步推动了航天、电子、生物、通信和互联网等新兴产业的发展，2009～2013 年，我国新兴产业 R&D 投入增长、发明专利数量增长、新产品销售收入等相关指标呈现加速增长态势，国家宏观经济环境恢复良好，新兴产业颠覆性技术得到突破、市场竞争力逐步加强、产业成长态势强劲。此后，因受到全球经济增长乏力的束缚，这种低水平风险的良好局面在后续几年未得到完全延续，2013～2014年，不同产业的四种风险发展态势具有较大的差异性，新兴产业综合风险演化态势不明朗，反映出新产业未来发展的不确定性加大。因此，为进一步促使未来新兴产业呈现明晰的发展态势和良好的局面，应积极摸索出新兴产业发展的规律，加强对新兴产业风险的动态预警，构建完善的风险防范机制。

第四节　风险动态预警模型构建及实证分析

一、新兴产业风险动态预警系统框架设计

风险预警系统是根据风险评估目标的特征，通过收集数据信息，监控风险的变动趋势，评价各种风险状态偏离预警线的强弱程度，向决策层发出预警信号并提前采取预控对策的系统[208]。新兴产业风险预警系统包括风险评估、风险预警模型、预警信号识别系统、警情预报几个部分，如图12-6所示。

风险评估是风险预警模型建立的前提，新兴产业风险预警是建立在新兴产业风险评估的基础上，对其风险变动趋势进行分析，根据其风险变动趋势建立风险预警机制。风险预警模型是整个风险预警系统的核心，它是在获得风险评估结果的基础上，进一步衡量风险变动情况，进而在一定时期内预测风险未来走向。预警信号识别系统是基于新兴产业的多种风险预警值和警限的设定建立起来的警度判别系统，主要是利用风险预警模型计算出的警度值与警区的比较，判断新兴产业未来发展过程中出现风险所处的警区，并发出预警信号，风险预警可分为五个预警区，即Ⅰ区（低风险区）、Ⅱ区（较低风险区）、Ⅲ区（中等风险区）、Ⅳ区（较高风险区）、Ⅴ区（高风险区）。预警信号可采取类似交通管制信号灯的灯号显示法。与上述五个预警区间相对，故可设计五灯显示系统，即"蓝灯"（无警）、"绿灯"（轻警）、"黄灯"（中警）、"橙灯"（高警）、"红灯"（重警）五种标识进行单项预警。针对不同的预警区间，灯号显示所表现的警情也会有所不同。

二、基于变化速度特征的新兴产业风险动态预警模型

风险预警系统核心的部分是建立一个合理的风险预警模型，作为预测风险的理论和工具基础。风险预警模型的构建是风险管理研究领域的重要内容，受到国内外学者的广泛关注。其中围绕企业风险预测的风险预警模型较早就呈现非常活

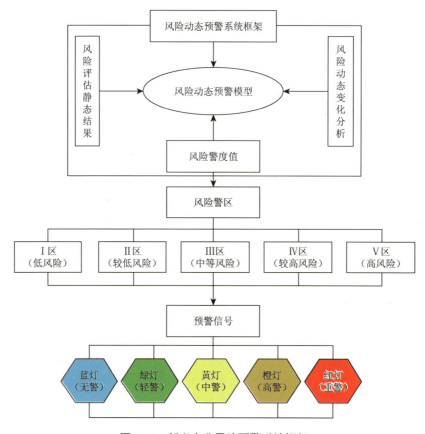

图 12-6　新兴产业风险预警系统框架

跃的探索迹象，并形成了一系列成熟的风险预警模型，主要包括基于模糊数学运算法则的风险分类判别模型[209]、混沌模型[210]、自组织映射[211]、生存分析[212]、主成分分析[213]、多元判别分析[214]、神经网络[215]、累积和模型[216]等。类似风险预警模型为风险预警模型的应用拓展起到了重要的基础性作用。

　　因此，近年来基于上述传统风险预警模型的改进模型及其扩展应用相继涌现。如 Zhang 等[217]根据模糊运算逻辑，结合证据推理理论构建一个基于知识工程的风险预测模型。类似的，Liu 等[218]运用证据推理理论和可变模糊集构建了一个安全预警系统评价模型，并对高速公路建设安全进行了预警实证分析。Dokas 等[219]给出了一种基于灾害过程分析的风险预警信号识别系统，用于判定风险情况。林宇等[220]通过引入自适应合成抽样法（adaptive synthetic sampling，ADASYN）和逐级优化递减采样法（optimization of decreasing reduction，ODR）在对新样处理基础上，利用支持向量机（support vector machine，SVM）对极端金融风险进行预警研究。相比模糊数学、SVM 模型和判定分析等风险预警方法，基于神经网络或贝叶斯网络和回归预测技术的风险预警思路逐渐成为主流，并用于各领域风险的预警分析。关于神经网络或贝叶斯网络的风险预警模型，Yang 等[221]根据贝叶斯网络构建了预警突发事件产生的风险预测模型。Jiang 等[222]则在进一步引入连续隐马尔可夫模型基础上，根据贝叶斯网络分层原理提出了一种新的风险预警模型。Zhong 等[223]利用神经网络原理，基于 3σ 准则提出了一种区间型的预警度风险判别模型。关于回归预测技术的风险预警模型，Zhang 等[224]基于 Logisitc 非线性回归方程，对我国辽宁省西北部玉米可能产生的干旱灾害风险进行了预警。Yoon 等[225]首先在构建一个市场不稳定指数前提下，应用逐步回归法对经济危机进行了预测。He 等[226]利用自回归积分滑动平均模型建立了用于高铁及其铁路桥建设的风险预警模型。上述风险预警模型的根本原理在于根据历史基础数据，一方面基于聚类分析方法对不同风险因素进行分类，根据风险发生可能性程度确定预警信号，并利用信号指令进行风险预警或预测；另一方面利用回归模型对未来风险情况进行预测，根据预测结果预估未来可能风险产生与否及程度。上述两种思路进一步拓展和丰富了风险预警理论，但此两种思路忽视了风险变化情况，现实生活中，根据事物历史变化情况来判定未来结果更具有说服力，尤其是关于风险在历史某阶段的变化情况是预测未来一段时间风险产生及程度的重要依据。且由于新兴产业正处于发展变动过程中，通过变化速度的视角对其进行风险预警，更能体现其成长过程性。据此提出，从风险变化速度的视角，构建一个融合速度状态特征与速度趋势特征及由二者共同驱动的风险水平演化速度综合特征模型，根据风险水平演化综合速度特征值来判定未来风险的大小，从而对新兴产业风险进行预警。

基于变化速度特征的新兴产业风险动态预警模型，具体算法如下。

设需要对某个新兴产业 m 种风险 $Q = \{Q_1, Q_2, \cdots, Q_m\}$ 在 h 个时期 $t = \{t_1, t_2, \cdots, t_h\}$ 内进行预警，首先根据对新兴产业风险的静态评估结果形成时序信息矩阵为

$$\boldsymbol{P} = [P_{ik}]_{n \times h} = \begin{pmatrix} P_{11} & P_{12} & \cdots & P_{1h} \\ P_{21} & P_{22} & \cdots & P_{2h} \\ \vdots & \vdots & & \vdots \\ P_{m1} & P_{m2} & \cdots & P_{mh} \end{pmatrix} \tag{12-8}$$

其中，$i = 1, 2, \cdots, m$ 为风险测度目标个数；$k = 1, 2, \cdots, h$ 为时序。

同时令风险评估目标 Q_i 在 $[t_k, t_{k+1}]$ 时间区间风险水平的演变速度为 $V_{i(k+1)}$，从而得到风险评估目标的风险演变速度信息矩阵为

$$\boldsymbol{V} = [V_{i,k+1}]_{m \times h} = \begin{pmatrix} V_{12} & V_{13} & \cdots & V_{1h} \\ V_{22} & V_{23} & \cdots & V_{2h} \\ \vdots & \vdots & & \vdots \\ V_{m2} & V_{m3} & \cdots & V_{mh} \end{pmatrix} \tag{12-9}$$

在式（12-9）中，$V_{i,k+1}=(P_{i,k+1}-P_{ik})/(t_{k+1}-t_k)$，当 $V_{i,k+1}>0$ 时，Q_i 的风险水平演变处于增长状态；当 $V_{i,k+1}<0$ 时，Q_i 风险水平处于递减状态；当 $V_{i,k+1}=0$ 时，Q_i 风险水平处于稳定状态。

假设某时间段内，Q_i 风险水平演变速度为匀速状态，从而可以用图 12-7 展现风险评估目标在多个时间跨度内演变速度的信息，在某时间跨度内，Q_i 风险水平演变速度均为正，则其演变速度值在横轴上方（如在 $[a,b]$ 时间段内）；反之，则位于横轴下方（如 $[c,d]$ 时间段内）；当 Q_i 风险水平演变速度同时出现正负时，其演变速度值穿过横轴，分别处于横轴上下方（如 $[b,c]$ 时间段内）。把所有时间跨度内的 Q_i 风险水平演变速度状态值与 $V_{i,k+2}$ 在坐标轴内进行连接，则其连线可用于表示 Q_i 风险水平演变速度的运动轨迹。

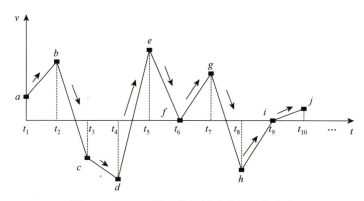

图 12-7　风险评估目标的风险水平演变速度

$V_{i,k+1}t_{k+1}V_{i,k+2}t_{k+2}$ 与时间轴 t 所形成的面积即 Q_i 在 $[t_k,t_{k+1}]$ 区间内风险水平的演变速度状态值，其计算公式[227]为

$$Q_i^V(t_{k+2},t_{k+1})=\int_{t_{k+1}}^{t_{k+2}}\left[V_{i,k+1}+(t-t_{k+1})\times(V_{i,k+2}-V_{i,k+1})/(t_{k+2}-t_{k+1})\right]\mathrm{d}t \quad （12-10）$$

式（12-10）体现了风险评估目标 Q_i 在 $[t_{k+1},t_{k+2}]$ 风险水平的演变速度状态特征。

同时，根据式（12-9）得到 Q_i 分别在第 $k+1$ 时刻和 $k+2$ 时刻风险水平的演变速度值 $V_i(t_{k+1})$ 和 $V_i(t_{k+2})$，从而设[227]：

$$\mu_{ij}=\begin{cases}0, & t_{k+2}=1 \\ \dfrac{V_{i,k+2}-V_{i,k+1}}{t_{k+2}-t_{k+1}}, & t_{k+2}>1\end{cases} \quad （12-11）$$

式（12-11）表明 $\mu_{i,k+1}$ 是 Q_i 风险水平的演变速度在 $[t_k,t_{k+1}]$ 内的线性增长率，令 γ 是关于 $\mu_{i,k+1}$ 的函数，进而建立风险评估目标风险水平的演变速度趋势特征模型为

$$\gamma(\mu_{i,k+1}) = \frac{\varepsilon}{1 + e^{-\mu_{i,k+1}}} \qquad (12\text{-}12)$$

由式（12-12）表明，$\gamma(\mu_{i,k+1})$ 为单调递增函数，$\gamma(\mu_{i,k+1})$ 受 $\mu_{i,k+1}$ 的影响。从而得到

$$\lim_{\mu_{i,k+1} \to +\infty} \gamma(\mu_{i,k+1}) = \lim_{\mu_{i,k+1} \to +\infty} \frac{\varepsilon}{1 + e^{-\mu_{i,k+1}}} = \varepsilon$$

$$\lim_{\mu_{i,k+1} \to -\infty} \gamma(\mu_{i,k+1}) = \lim_{\mu_{i,k+1} \to -\infty} \frac{\varepsilon}{1 + e^{-\mu_{i,k+1}}} = 0$$

此外，由于变化速度趋势特征 $\gamma(\mu_{i,k+1})$ 是关于演变速度线性增长率 $\mu_{i,k+1}$ 的函数，可知当演变速度线性增长率 $\mu_{i,k+1} = 0$ 时，变化速度趋势不变，即 $\gamma(\mu_{i,k+1}) = 1$，则 $\mu_{i,k+1}$ 中参数 ε 可根据特值法进行求解，设当 $\mu_{i,k+1} = 0$，$\gamma(\mu_{i,k+1}) = 1$ 时，求出 $\varepsilon = 2$。即得到

$$\lim_{\mu_{i,k+1} \to +\infty} \gamma(\mu_{i,k+1}) = \lim_{\mu_{i,k+1} \to +\infty} \frac{2}{1 + e^{-\mu_{i,k+1}}} = 2$$

由此可见 $\gamma(\mu_{i,k+1}) \in [0,2]$，$\gamma(\mu_{i,k+1})$ 在演变过程中存在一个拐点 $\gamma(\mu_{i,k+1}) = 1$，在拐点前段区间，即当 $\gamma(\mu_{i,k+1}) \in [0,1)$ 时，$\gamma(\mu_{i,k+1})$ 呈现递减趋势；在拐点后段区间，即当 $\gamma(\mu_{i,k+1}) \in (1,2]$ 时，$\gamma(\mu_{i,k+1})$ 呈现加速趋势；为此，根据 $\gamma(\mu_{i,k+1})$ 对 Q_i 做出速度激励或惩罚的修正。

基于式（12-10）～式（12-12）可获得三种风险水平的演变速度趋势对演变速度状态的修正情况。

（1）当 $\gamma(\mu_{i,k+1}) = 0$ 时，$\gamma(\mu_{i,k+1}) = 2/(1 + e^{-\mu_{i,k+1}}) = 1$，对 $Q_i^V(t_{k+1}, t_{k+2})$ 乘以 1，表明对无演变速度趋势的速度状态不做任何修正；

（2）当 $\mu_{i,k+1} > 0$ 时，$\gamma(\mu_{i,k+1}) = 2/(1 + e^{-\mu_{i,k+1}}) > 1$，对 $Q_i^V(t_{k+1}, t_{k+2})$ 乘以大于 1 的系数，表明对增长演变速度趋势的速度状态做出激励修正；

（3）当 $\mu_{i,k+1} < 0$ 时，$\gamma(\mu_{i,k+1}) = 2/(1 + e^{-\mu_{i,k+1}}) < 1$，对 $Q_i^V(t_{k+1}, t_{k+2})$ 乘以小于 1 的系数，表明对递减演变速度趋势的速度状态做出惩罚修正。

综合风险评估目标的风险水平演变速度状态修正结果和第二定律 $\sum F = \kappa m a$，可得到风险评估目标 Q_i 在 $[t_{k+1}, t_{k+2}]$ 内融合速度状态和速度趋势两种速度特征的测度：

$$Y_i^V = \kappa \times Q_i^V(t_{k+1}, t_{k+2}) \times \gamma(\mu_{ik}) \qquad (12\text{-}13)$$

式（12-13）表明，速度状态 $Q_i^V(t_{k+1}, t_{k+2})$ 对应第二定律中的质量 m，速度趋势 $\gamma(\mu_{i,k+1})$ 为加速度 a，系数 κ 设定为 1，Y_i^V 为 F。其中，$Q_i^V(t_{k+1}, t_{k+2})$ 和 $\gamma(\mu_{i,k+1})$ 两种速度特征共同驱动了 Q_i 在 $[t_{k+1}, t_{k+2}]$ 内风险评估目标的风险水平演变状况，进一步可得到 Q_i 在 $[t_{k+1}, t_h]$ 整个跨时间区间内的风险水平整体动态变化速度特征值为

$$Y_i^* = \sum_{k=1}^{h} Q_i^V(t_{k+1}, t_{k+2}) \times \gamma(\mu_{i,k+1}) \qquad (12\text{-}14)$$

在式（12-14）中，当 $Y_i^* > 0$ 时，说明 Q_i 在 $[t_{k+1}, t_h]$ 内风险水平演变综合效度处于恶化上升趋势；当 $Y_i^* < 0$ 时，风险水平演变综合效度处于良好下降趋势；当 $Y_i^* = 0$ 时，风险水平演变综合效度处于一般平稳趋势，可以根据式（12-14）来监测某一个评估目标在一定历史时期内风险水平的动态变化，根据历史风险整体动态变化速度情况为新兴产业在发展过程中提供风险动态预警。

为此，根据式（12-14）的动态变化速度特征值含义，可以设定一个预警区，如表 12-4 所示，当 $Y_i^* < -0.5$ 时，表明在某段时期内产业风险演变综合效度呈现大幅度下降态势，可将其划分为 Ⅰ 区（即低风险区）；当 $-0.5 < Y_i^* < 0$ 时，风险演变综合效度下降态势较慢，归纳为 Ⅱ 区（即较低风险区）；当 $0 < Y_i^* < 0.5$ 时，说明风险演变综合效度呈现缓慢的上升态势，划分为 Ⅲ 区（即中等风险区）；当 $0.5 < Y_i^* < 1$ 时，说明风险演变综合效度偏高，划分为 Ⅳ 区（即较高风险区）；当 $1 < Y_i^*$ 时，说明风险演变综合效度过高，划分为 Ⅴ 区（即高风险区），五个风险预警区分别对应预警信号灯的"蓝灯"（无警）、"绿灯"（轻警）、"黄灯"（中警）、"橙灯"（高警）、"红灯"（重警）五种标识。

表 12-4　新兴产业风险动态预警区间

警区	Ⅰ区	Ⅱ区	Ⅲ区	Ⅳ区	Ⅴ区
警区值	$[-\infty, -0.5]$	$[-0.5, 0]$	$[0, 0.5]$	$[0.5, 1]$	$[1, +\infty]$
预警信号	无警	轻警	中警	高警	重警

三、新兴产业风险动态预警实证分析

根据对三大新兴产业中四种风险的实证评估静态结果，首先，根据式（12-10）求出三大新兴产业四种风险在 2007~2014 年的变化速度状态，如表 12-5 所示。

表 12-5　新兴产业风险水平变化速度状态

新兴产业		2007~2008 年	2008~2009 年	2009~2010 年	2010~2011 年	2011~2012 年	2012~2013 年	2013~2014 年
生物药品制造产业	$Q_{A_1}^V$	−0.037	−0.256	0.0698	0.0279	−0.398	−0.079	−0.102
	$Q_{A_2}^V$	−0.12	−0.037	0.0306	0.1877	−0.137	0.0262	0.2084
	$Q_{A_3}^V$	−0.287	−0.26	−0.187	−0.208	−0.079	0.445	0.1777
	$Q_{A_4}^V$	0.0726	−0.029	−0.125	0.0505	−0.021	−0.127	−0.124

续表

新兴产业		2007~2008年	2008~2009年	2009~2010年	2010~2011年	2011~2012年	2012~2013年	2013~2014年
航天器制造产业	$Q_{A_1}^V$	−0.243	−0.044	0.2548	−0.025	−0.392	0.01	0.0059
	$Q_{A_2}^V$	−0.178	0.0593	0.1014	−0.476	0.1266	0.237	0.0311
	$Q_{A_3}^V$	−0.248	−0.049	−0.07	−0.466	0.3301	0.521	0.0469
	$Q_{A_4}^V$	−0.138	0.3538	−0.028	−0.221	−0.235	7E−05	0.0002
电子通信设备制造产业	$Q_{A_1}^V$	−0.431	−0.496	−0.002	0.015	−0.13	−0.067	−0.09
	$Q_{A_2}^V$	0.1047	0.1525	−0.327	−0.214	0.076	0.0342	0.1824
	$Q_{A_3}^V$	0.1324	0.0357	−0.52	−0.295	0.051	−0.17	−0.084
	$Q_{A_4}^V$	−0.286	0.1937	−0.01	−0.409	−0.09	0.0329	0.1981

由表12-5可知，我国生物药品制造、航天器制造和电子通信设备制造等三大新兴产业的四种风险，在2007~2014年的不同时期内风险水平变化速度状态有正负不同的情况，反映了各新兴产业风险水平在相应时期内变化速度均匀变动的情况。

其次，根据式（12-12）计算出新兴产业风险水平的变化速度趋势，如表12-6所示。

表12-6 新兴产业风险水平变化速度趋势

新兴产业		2007~2008年	2008~2009年	2009~2010年	2010~2011年	2011~2012年	2012~2013年	2013~2014年
生物药品制造产业	$\gamma(\mu_{A_1})$	1.097	0.694	1.567	0.406	1.253	1.061	0.916
	$\gamma(\mu_{A_2})$	1.353	0.721	1.34	0.806	0.873	1.283	0.891
	$\gamma(\mu_{A_3})$	1.373	0.651	1.411	0.571	1.528	0.936	0.799
	$\gamma(\mu_{A_4})$	1.096	0.804	1.102	1.073	0.857	1.038	0.965
航天器制造产业	$\gamma(\mu_{A_1})$	1.065	1.133	1.163	0.583	1.078	1.313	0.683
	$\gamma(\mu_{A_2})$	0.917	1.31	0.728	0.71	1.717	0.341	1.526
	$\gamma(\mu_{A_3})$	1.015	1.181	0.798	0.812	1.756	0.338	1.312
	$\gamma(\mu_{A_4})$	1.537	0.891	0.734	1.079	0.907	1.317	0.683
电子通信设备制造产业	$\gamma(\mu_{A_1})$	0.68	1.26	1.224	0.792	1.071	0.987	0.991
	$\gamma(\mu_{A_2})$	1.122	0.925	0.616	1.476	0.775	1.185	0.961
	$\gamma(\mu_{A_3})$	1.112	0.794	0.667	1.516	0.779	1.004	1.082
	$\gamma(\mu_{A_4})$	1.194	1.276	0.548	1.088	1.228	0.891	1.268

表 12-6 表明，我国三大新兴产业风险水平在近几年的不同时期变化速度趋势既有上升也有下降，进一步反映出新兴产业风险水平变化速度的优良状况。

最后，基于新兴产业风险水平变化速度状态和趋势两类变化速度特征，应用式（12-14）求出我国三大新兴产业风险水平在 2007～2014 年综合变化速度特征值，如表 12-7 所示。

表 12-7　2007～2014 年新兴产业风险水平综合变化速度特征

风险类型	生物药品制造产业	航天器制造产业	电子通信设备制造产业
技术风险（$Y_{A_1}^*$）	−0.773	−1.198	−0.432
成长风险（$Y_{A_2}^*$）	0.1033	0.0155	−0.004
市场风险（$Y_{A_3}^*$）	−0.507	−0.841	0.0735
环境风险（$Y_{A_4}^*$）	−0.297	−0.374	−0.369

基于表 12-7 的新兴产业风险水平综合变化速度特征值，参照新兴产业风险动态预警区间表，将不同时期三大新兴产业在 2007～2014 年的风险动态变化情况进行预警表征，为新兴产业发展提供预警服务。预警表征结果如表 12-8 所示。

表 12-8　新兴产业风险预警情况

风险类型	生物药品制造产业	航天器制造产业	电子通信设备制造产业
技术风险（$Y_{A_1}^*$）	无警	轻警	轻警
成长风险（$Y_{A_2}^*$）	中警	中警	轻警
市场风险（$Y_{A_3}^*$）	无警	无警	中警
环境风险（$Y_{A_4}^*$）	轻警	轻警	轻警

根据表 12-8 关于新兴产业风险预警情况可知，我国生物药品制造产业、航天器制造产业和电子通信设备制造产业等三大新兴产业在 2007～2014 年综合风险预警水平主要处于无警、轻警和中警等级，这表明我国新兴产业整体发展较为平稳，风险处于可控范围内。具体分析来看，不同新兴产业中各个风险在此期间风险预警等级具有较大差异性。

生物药品制造产业在 2007～2014 年，技术风险和市场风险整体动态变化速度特征处较快的下降态势，这与表 12-3 中静态风险评估变化态势是吻合的，此时该两类风险预警等级为无警状态，表明该产业的技术风险和市场风险持续弱化，在继续保持现有政策策略条件下，未来生物药品制造产业在核心技术研发、新产品的市场投放等方面有望延续历史一贯的良好发展势头；同时生物药品制造产业在此期间的成长风险和环境风险整体动态变化速度特征分别呈现缓慢的上升态势和下降态势，此时该产业成长风险和环境风险的预警等级分别为中警和轻警状态，表明生物药品制造产业在未来一定时期内其发展不确定性增加，市场占有率和利润增长等发展壮大势头减缓，发展环境压力加大。

　　航天器制造产业在此期间，除了市场风险处于无警状态，技术风险、成长风险和环境风险为轻警和中警等级，这与表 12-4 所显示的此三类风险水平在不同年度的波动态势是相关的。说明历史上较早出现的航天器制造这一新兴产业，在未来一定时期内其市场进入、市场占有率和产品销售收入等方面继续保持良好发展势头，这与航天产业的国家垄断性是密切相关的。此外，因航天器制造产业突出的技术复杂性、高投入性、回报慢和发展不确定性等特征，在未来一定时期内，其发展过程中所面临的技术风险、成长风险和环境风险压力依然较大，未来在航天器制造产业发展过程中要注重其技术的全面性发展，实时监控其发展过程中不确定性因素和环境，加强风险的预警机制建设。

　　电子通信设备制造产业在此期间市场风险处于中警状态，技术风险、成长风险和环境风险均为轻警状态，进一步反映了表 12-5 中关于电子通信设备制造产业风险评估的静态情况，对比之下，市场风险在 2007～2014 年处于较高水平，其预警结果的中警状态表明电子通信设备制造产业在未来一定时期内市场进入条件依然较高，市场竞争形势严峻，因此要注重产品、销售和管理创新，提高市场竞争力，降低市场风险。另外，虽然技术风险、成长风险和环境风险为变化速度特征下降的良好态势，但预警情报为风险水平下降速度综合效度缓慢的轻警状态，因此其三种风险在未来一定时期内可能存在由下降变为上升的恶化态势，在预警电子通信设备制造产业风险时，除了重点预警并监控其市场风险，还需要注意对其技术风险、成长风险和环境风险进行预警和监控，防止风险水平呈现反弹的上升恶化态势。

第五节　新兴产业中企业信用风险管理

一、采用 KMV 模型分析企业信用风险的方法基础

　　信用风险是指在金融交易活动中交易对手违约或因信用品质潜在变化而导致发生损失的可能性。近年来中国经济飞速发展，市场也不断完善，通过上市募集资金已经成为了多数企业进一步发展的最佳选择。随着众多的企业选择上市，中国证券市场也初见繁荣态势，上市公司对整个国民经济的影响力逐年递增，并

构成其不可分割的一部分，上市企业的信用风险也因此得到越来越多学者的重视，但相比于西方发达国家近年来对于信用风险先进理论和方法的不断研究与创新，我国仍比较落后。KMV 模型是由 KMV 公司开发的，使用市场价格和财务指标数据评估上市公司信用风险的动态商业化模型。该模型基于期权定价理论[228]，类比[229, 230]分析证券投资时运用的期权定价思想设计出的用于度量估计上市公司违约风险科学实用的方法。

我国学者对 KMV 模型在中国证券市场上的相关运用做了一系列的研究，陈晓红等[231]利用 KMV 模型对 2006 年中国中小上市公司信用风险的状况进行了较为具体的研究，认为相比于大型企业，中小上市公司到 2006 年违约风险有增大趋势，通过设定两条信用预警线来监控中小上市公司的信用危机。另外，资产规模对信用风险有显著影响，2004 年之后资产规模与违约风险显著负相关，总资产小于 3 亿元的小公司抗风险能力最差。顾乾屏等[232]利用 KMV 模型对非上市公司的违约距离和违约概率进行了实证研究，由会计信息进行参数估计的模型具有较高的风险标志精度；进而表明基于会计报表数据的违约风险模型和基于资本市场数据的模型在实证上的有效性非常近似。李磊宁等[233]对 KMV 模型进行了一些修正，即不再假定公司资产价值增长率为零，将增长率引入 KMV 模型进行计算分析，说明修正后的 KMV 模型能够较好地识别出非 ST 公司和 ST 公司之间信用风险的差别，比较准确地把握上市公司信用质量的变化趋势。刘迎春等[234]利用 GARCH 波动率模型估计股权价值波动率，并将其运用到分行业 KMV 模型的计算中，得出分行业 KMV 模型能够很好地分辨 ST 公司和非 ST 公司信用风险的差异，不同行业上市公司的信用状况存在一定的差异，上市公司信用质量的变化趋势与宏观经济走势表现出一致性。史小坤等[235]从违约点、股权价值波动率、公司资产价值年增长率三方面对原有 KMV 模型进行了修正并进行实证分析，得出参数修正后 KMV 模型输出的违约距离能有效地识别出样本公司信用风险存在的差异,模型在我国已经具备相当的适用性。张智梅等[236]充分考虑了流通股和非流通股的分别计价问题，并通过参数调整 KMV 模型对于信用风险识别的准确程度。曾诗鸿等[237]的实证结果说明了改进后的 KMV 模型能够识别信用风险。

二、基于 KMV 模型的信用风险实证研究

（一）数据选取

采用随机抽样的方法选取战略性新兴产业上市公司作为研究样本。选取方法及条件：①根据研究对战略性新兴产业的范围设定，通过各大股票投资网站在 7 个产业中每个行业选取 12 家上市公司作为一级范围。②上市公司满足 2008 年之前在交易所上市，以保证至少有一年的分析时间段。③分别对各公司编号，通过随

机数在每个行业中选取 2 家公司作为研究样本。以此方法经筛选后选定了 14 家符合条件的公司，相关数据来源于 CSMAR 国泰安数据库。利用 MATLAB 和 EViews 软件对 42 组上市公司进行研究。

（二）关键参数的设定

（1）股权价值 E。股权分置是我国一些上市公司客观存在的问题。考虑到我国实行的股权分置改革政策，研究采取上市公司一年流通股的平均股价与发行数量的乘积作为股权价值的标的。计算方式为股权价值＝流通股平均价格×流通股数。

（2）股权价值的波动率 σ_E。考虑到国内市场的弱有效性，研究采用历史波动率法估计上市公司股权价值未来的波动率。通过考虑一年内证券市场的平均交易天数，设定一年一共有 252 个交易日，即股票价值年波动率 $\sigma_E = \sqrt{252} \times$ 日平均波动率。

（3）时间参数 τ。时间周期 $\tau = 1$。

（4）无风险利率 r。目前国内尚无权威的债券价格无风险利率的基准，因此采用到期前一年的 1 年期银行定期存款利息率作为无风险收益率。选取 2009～2011 年三年年终利率水平为无风险利率，分别为 0.0225、0.0275、0.035。

（5）违约点 DP。上市公司短期负债与长期负债的总额可以标的违约点 DP，当一些公司负债的账面价值达到资不抵债的状况时，他们仍可以通过长期负债相对于短期负债的远期偿还特性来渡过难关。因此采取多数学者推荐的方法计算违约点，即 DP＝短期负债（STD）＋0.5×长期负债（LTD）。然而，违约点参数的设定忽视了不同年份之间的差异。由于我国证券市场的特殊性，年份不同，政府针对市场出台的政策不同，国际形势对我国证券市场的作用效果也不同，上市公司在不同年份的应对策略也不同。将 DP＝短期负债＋0.5×长期负债作为任何年份都适用的违约点参数标准，其说服力显然需要进一步研究。

2010 年国务院对战略性新兴产业的政策调整会对各产业上市公司的经营情况产生明显影响，鉴于此，选取 2009 年 7 个战略性新兴产业 60 家上市公司作为回归样本，选取上市公司 2009 年年报中资产、流动性负债以及长期负债等数据，对违约点定义方程 DP＝α×短期负债＋β×长期负债进行回归，得到特定年份的 KMV 模型违约点定义式，将其计算出的违约距离与定义式 DP＝短期负债＋0.5×长期负债计算的结果进行对比。

（三）公司价值 V 和企业资产价值波动率 σ_A

在确定了 KMV 模型各项参数的基础上，利用编制的 MATLAB 程序借助 Newton 迭代法计算出各个公司的资产市场价值与波动率。根据计算结果得知，对于 2009 年

7 个战略性新兴产业的上市公司，其企业资产波动率基本维持在相对稳定的水平，大多数都处在 + 0.02 ～ + 0.06 的区间中。但在 2010 年，一些行业的资产波动率下降到较低的水平。在估计上市公司违约距离时，公司资产价值和资产波动率共同作为上市公司市场价值这一变量的标准差，如此小的标准差必然导致债务价值与资产价值的差值相对于标准差的倍数显著增大，即上市公司的违约距离显著增大。在 2011 年的数据中，这样的现象更为明显，公司资产价值波动程度保持在低水平说明公司的经营状况相对稳定，这也和 2010 年 10 月国务院出台的《国务院关于加快培育和发展战略性新兴产业的决定》有关。可以看出，上海汽车集团股份有限公司（600104）和东方通信股份有限公司（600776）的资产价值波动率相对较高，在东方通信股份有限公司所在的新一代信息技术产业，中兴通讯股份有限公司在 2011 年营收增速处在全行业第一，由于我国新一代信息技术产业的市场容量相对较小，一家做大做强必然会对其他企业产生影响，东方通信股份有限公司在 2011 年的资产价值波动率上升就反映出这一现象。

（四）结果分析与比较

利用已经得到的资产市值和波动率数据，得到各上市公司的违约距离以及违约率。

1. 模型计算结果分析

从模型的计算结果来看，2009 年上市公司的违约距离大多数处在 10～30 这个区间上。上海汽车集团股份有限公司的违约距离较小，其违约概率 EDF 也相对略高，这可以看出上海汽车集团股份有限公司在 2009 年资产市场价值与负债价值的差值较小。2009 年，节能环保行业的上市公司相比其他行业上市公司，违约距离明显较大，说明 2009 年我国节能环保产业的成长状况相对较好。在 2008 年金融危机后，投资者努力寻找风险较小较为稳定的投资渠道，而当时正值全球讨论碳排放，商议节能减排的时期，因此节能环保产业在 2009 年的相对优势便得到了合理的解释。通过 2010 年的数据可以看出，新能源汽车，新一代信息技术和节能环保产业具有良好的发展预期，其他行业也因受政府政策的影响迎来了较为温暖的发展期。

2. 模型参数比较分析

对于模型参数的调整，使用 2009 年 7 个战略性新兴产业 60 家上市公司作为回归样本，其中有效样本 57 个。选取上市公司 2009 年年报中资产、流动性负债以及长期负债等数据，对违约点定义方程 $DP = \alpha \times$ 短期负债 $+ \beta \times$ 长期负债进行回归，利用 EViews 软件得到回归结果：

$$DP = 1.0251 \times \text{短期负债} + 1.1232 \times \text{长期负债}$$

即

$$DP = 1.0251 \times STD + 1.1232 \times LTD$$

其中，调整判定系数为 0.999639，说明其拟合程度较好。对于参数系数的回归结果，系数在显著性检验中，t 检验的 P 值均小于 0.01，表示短期负债、长期负债与 DP 之间的线性关系较为显著，参数模型设置比较合理。此外，根据回归结果的 DW 值可排除一阶自相关，说明参数合适。

取 2009 年的数据作不同 DP 设定情况下的 KMV 模型适用性对比分析，设定 DP1 = STD + 0.5×LTD，DP2 = 1.0251×STD + 1.1232×LTD，各上市公司的违约距离及违约率如图 12-8 所示。

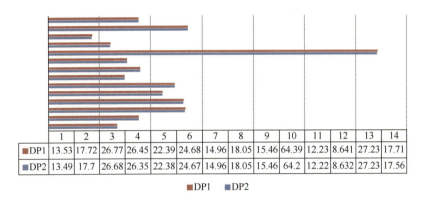

	1	2	3	4	5	6	7	8	9	10	11	12	13	14
DP1	13.53	17.72	26.77	26.45	22.39	24.68	14.96	18.05	15.46	64.39	12.23	8.641	27.23	17.71
DP2	13.49	17.7	26.68	26.35	22.38	24.67	14.96	18.05	15.46	64.2	12.22	8.632	27.23	17.56

■DP1 ■DP2

图 12-8 不同违约点设置下的违约距离

图 12-8 为两种违约点设定情况下，上市公司的违约距离和违约率情况，图中横坐标表示违约距离。可以看出，相比于最初情况，在设定情况为 DP2 时违约距离相对较小，各企业违约距离之间的关系 DP2 与 DP1 表现出高度的一致性，当各公司的违约距离较大时，DP2 在违约距离的表达上优于 DP1。由于当 DP = 1.0251×STD + 1.1232×LTD 时，模型对上市公司信用风险的度量更符合审慎对待的原则，在新违约点设定状况下，KMV 模型对我国上市公司信用风险的使用程度更好。

三、应用 KMV 模型进行风险管控的建议

选取 7 个战略性新兴产业 14 家非 ST 上市公司的 42 组样本数据，利用 KMV 模型计算各家上市公司的违约距离及违约概率并加以研究。通过模型分析得出，现阶段我国战略性新兴产业上市公司的发展状况整体较为稳定，发展前景比较乐观。但相关政策的成效略显不足，市场中的高新技术产业还没有得到足够的重视。KMV 模型在我国的适用性通过考察期一致时不同参数设定对模型的影响分析实现。利用回归技术对模型违约点进行重新设定，并对比分析两种情况下模型估计

的精确程度。结果表明，重新设定参数后，KMV 模型的估计精度略有提高，由
于在样本数据选取时没有按上市公司的经营绩效进行分类，其违约距离的差异
性没有完全体现出来，重新设定参数后的模型相比较原有模型进步不够明显。
由此可以看出，我国目前已经具备了应用 KMV 模型管理信用风险的基本条件，
但对模型中结合市场情况及上市公司特点后的相关参数修正探究还需要进一步
加强，结合我国特点对 KMV 模型进行研究，对完善信用风险度量体系具有重大
的意义。

第六节　新兴产业风险防范与预警

新兴产业发展面临一系列风险性因素，各个风险因素具有一定的不可控性，
它们之间存在紧密关联性，把握新兴产业运行态势和发展规律，及时规避或减小
产业发展中潜在风险对于新兴产业未来发展具有重大意义。结合前面对新兴产业
风险构成分析、风险评估及动态预警的实证分析结果，将从产业核心技术、产业
成长、市场作用及产业环境等方面提出新兴产业风险防范与预警对策。

一、新兴产业技术风险防范与预警

我国新兴产业发展较晚，许多核心技术被欧美、日韩等国家所掌握，近几年
来，我国新兴产业的进步普遍比较依赖外来的技术，我国从国外高价引进的往往
都是国外已经过时的产品和技术，没有完全转换吸收，还未从整体上改善整个产
业的技术水平。针对新兴产业面临的一系列技术风险，提出以下技术风险防范与
预警对策。

（1）完善产业技术创新体系，加大创新经费投入。我国要想真正建立完善的
新兴产业科技创新体系，就必须加大对 R&D 经费的投入力度，政府带头促进科
研经费在全国经费中的投入比例，以此来发展和巩固新兴产业的科技创新地位，
同时也能够促进新兴产业内部资源的分配结构调整，加大对科研基础和关键技术
的投入比例。政府和企业应该扩大对新兴产业中自主创新产品的目录，特别是在
新能源、生物医药等领域的政府采购、企业研发等，促进科研成果的转化，这样
能够有效地推进新兴产业的发展，进一步促进新兴产业向国家支柱型和先导型产
业发展。

（2）优化行业协会机制，加强知识产权保护。对于新兴产业来说，需要具有
一个行业维权机制来支持其技术创新，帮助协会内企业保护自身的知识产权。我
国相关新兴产业的行业协会应该建立一套相对完整的知识产权保护机制。培养企
业自主保护自身知识产权的能力，同时对于一些知识产权保护相对薄弱的企业进

行照顾和提醒，防止其技术和产品在进入国际市场时被仿冒和侵权而造成损失。另外，当协会内的企业由于倾销、技术壁垒、侵权等原因被起诉时，新兴产业的行业协会可以充分利用我国的 WTO 相关条款，成为企业的代言人，为新兴产业内企业维护利益。

（3）建立技术研发机构，加强自主创新能力。在国家全面推进知识产权战略和实施创新驱动发展战略的背景下，具有高效的技术创新能力和自主知识产权，是新兴产业走入国际市场的"敲门砖"。因此，我国新兴产业应加强与高校科研院所的合作，提高科研水平，加强产业内企业联盟的构建，通过联盟研发与技术创新，不断地开发出具有创新性的产品和技术。尤其是对于一些有较强发展实力的高新技术企业，也可通过在欧美、日韩等发达国家建立相应的研究机构，利用国外创新型人才来提升新兴产业的整体科研水平。

（4）增强产学研合作交流，强化核心技术攻关工作。各类企业可以开展多方位、多渠道的集体技术创新活动，将企业、高等院校和相关科研机构联合在一起，形成产学研合作创新网络，利用聘用专家研制、与国外合作研制、产学研联合研制等多种方式，形成共同攻关联盟进行协同合作，开发核心技术产品，攻破关键领域的核心技术，不断培育并完善新兴产业集群。此外，对产业技术瓶颈，组织招标公关；可以建立健全工业设计、检验检测、实验试制、技术咨询和推广、技术交易、成果展示等科技中介服务体系；高起点建设一批产业孵化器和加速器；建立和不断完善新兴产业的通用交流平台、专利认证服务平台、标准化测试平台、前沿科技信息共享平台和科学技术成果转化服务平台等，从不同方面加强对新兴产业核心技术发展的支撑。

二、新兴产业成长风险防范与预警

新兴产业是知识技术密集型、成长潜力大、综合效益好的产业，具有巨大的增长潜力，是未来促进国家经济发展的支柱产业和先导产业。然而新兴产业的成长壮大是一个漫长的发展过程，这其中伴随着众多的不确定性，在政治、国防、民生等方面的新兴产业产品及项目可能存在经济效益不高或负利润等风险。因此，需要完善产业成长风险防范及预警机制，加强对新兴产业成长风险的防范工作。

（1）遵循产业发展规律，增速提质并重。新兴产业有别于传统产业，有着自身特定的发展规律，各地要结合自身发展情况，准确把握新兴产业的发展规律。根据前景好、经济效益好、辐射带动力强的标准，选择适宜的新兴产业发展重点，尽快形成高端技术优势和规模效应，构筑具有本地特色和差异化竞争优势的产业成长路径。此外，抢占新兴产业发展制高点是一个量变到质变的过程。加快发展和提升质量对于新兴产业健康、持续、快速发展同等重要，因此，新兴产业发展在重发展速度的同时，还应该注重"量"的提升。高度重视新兴产业新产品出口、项目建成等量的增长，同时坚持加快发展中不断提升质量，拥有核心技术、上乘质量和一定规模，新兴产业发展才会稳定持续的发展，才能逐渐成为引领未来发展的主导产业，并在世界产业格局中占有较大份额。

（2）构建产业成长风险预警和评估机制，优化创新风险管理策略。新兴产业要想稳定持续发展，有必要建立一套科学合理的产业成长风险预警和评估机制，根据产业风险周期性规律加强风险预警，有效地规避未来可能存在的风险。通过对新兴产业技术创新方案的可行性研究与评估，可以降低技术研发的盲目带来的风险；同时构建新兴产业发展的早期预警体系、预警指标体系、预警评判体系等，以增强风险识别或风险水平预判能力；通过改善组织结构体系建立风险监控机制，用合理有效的方法进行防范和控制，以尽早地确认风险的发生源，防止风险的扩散和后果的恶化；此外，也可以建立风险转移机制，如企业通过参与保险和吸收风险投资的方式实现部分财务转移；通过技术转让、委托开发、合作和联盟开发等方式实现部分客体转移；建立风险分散机制，例如，企业通过选择合适的项目组合，进行组合开发创新，使整体风险得到降低。

（3）加强产业链整合，推进产业协同发展。新兴产业以重大技术突破为先导，决定其组织培育方式不同于传统产业，以配套集群的模式，在一定空间范围内实现上下游衔接，有助于知识和技术的转移扩散，尽快形成整体竞争能力。要加强产业链整合，推动集聚化发展。只有建立新兴产业链，并将其进一步延伸，才能将某一领域发展壮大，形成规模优势，才能使新兴产业获得持久生命力，从而使整个经济向多元化良性发展；另外，建立开放式产业与研发联盟，特别要向民企、外企开放。促进新兴产业的协调发展，防范投资潮涌现象的泛滥。新兴产业本身就是一套精密的技术、经济范式，产业创新涉及多个战略模块、战略技术的研发和生产，任何一个模块或技术的研发不同步，都可能影响最终产品的市场推广和抢占先机，所以，同步性和均衡性是新兴产业实现跨越式发展的必要条件。

（4）加强人才队伍建设，优化创新创业环境。我国新兴产业发展离不开创新，在目前国家大力推进万众创新、大众创业举措的背景下，国家需要构建完善的法律法规体系、采取强有力的政策措施来扶持创业者进行创新创业，进一步优化我国创新创业环境，鼓励一大批人才勇于创新、敢于创业，探索合适的创业模式，培养创新创业人才，尤其是科技型创业人才，进一步激活我国原始创新和自主创新活力，进而推动新兴产业持续稳定的发展。同时，新兴产业的持续稳定发展急需引进创新型和复合型人才，尤其需要加强对关键技术人才、技术创新管理人才的引进。一方面应拓宽人力资源的来源渠道，不仅是吸引和留住国内的优秀人才，也可以加强宣传，在全世界范围内选拔和培养高水平的人才；另一方面新兴产业中的大规模企业应当更加注重对高层次科技人才与管理人才的引进力度，探索建立知识、技术、管理等要素共同参与分配的具体办法，在引进和培养本土科技人才的同时，加强对外籍工程师及科学家的吸引和招聘。在产业内不断完善人才培养机制，对员工开展职业规划，职业培训工作；另外，还应不断健全新兴产业科技人才激励机制，关心员工的物质和精神需求，优化创新人才成长环境，建立公平、公正和透明的新兴产业科技人才选聘机制。此外，要强化激励机制，在制度上形成"事业留人"的环境，通过管理入股、员工持股、技术入股、创业股等多种分配、奖励形式，以建立相应的制度。

三、新兴产业市场风险防范与预警

由于新兴产业产品和服务市场可变因素多，特别是未定型的新产品，在产品营销数量和质量、营销结构和方式等方面，可能出现不对称和不协调的现象，在市场接受程度、市场接受时间和空间上，都存在风险因素。此外，新兴产业项目中，新产品研发成功后未能快速进入市场或产品的持续创新能力不足，导致企业竞争优势和垄断地位被打破，出现众多行业竞争者，面对激烈的市场竞争，新产品价格将大大降低，营业收入及销售利润也将锐减，这与新兴产业项目高投入的特点正好形成反差，使产业项目失去盈利机会，面临较明显的市场风险。因此，需要加强对于新兴产业市场风险的防范工作。

（1）建立健全市场体系，优化国内市场环境。政府应该首先建立相关的市场规范体系，完善企业的认定条件，对于具有发展前景的企业可以实行相应的优惠措施，提供土地、技术和资金的支持，优化新兴产业在国内市场的经营和销售环境；其次，对于一些具有战略意义的海外投资，如获取的海外先进技术、战略资源、开拓市场等进行政策支持，从政策上进行宏观调控，尤其是对于一些很有前景的企业，政府可以牵头，以航天制造业为例，可以加强企业与中央的大企业、军工企业等的高层沟通合作，这样可以集中优势来承接一些重大的科研项目。加强国内市场宣传，增强消费者的消费信心，鼓励创新消费模式，促进国内消费结构升级。

（2）协调整合市场资源，提高产业国际化地位。我国新兴产业除了要扩大国内市场份额，同时要提高新兴产业的国际化地位。一方面政府可以鼓励创新产品的出口，实行出口贴息贷款、担保贷款等措施，以扶持援助企业拓展国外市场份额。另一方面企业在经营过程中需要各种资源的投入，行业协会可以通过资源的整合协调作用，实现资源的共享，以促进技术联盟的建立，实现地区产业集群，为新兴产业协会内的企业创造更多的国际商机；行业协会还可以通过建立官网、创办刊物、举办国际博览会、展销会等形式邀请高校、科研院所内相关行业专家、学者出席开发项目和新产品宣传活动，提高行业重点企业的知名度，为协会内的领头企业创造更多市场份额，进一步促进新产品走入国际化市场。

参考文献

[1] Historical R J. Review of the Development of Future-Oriented Technology Analysis. Future Oriented Technology Analysis[M]. Berlin Heidelberg：Springer-Verlag，2008：17-21.

[2] Borko H. Information science：What is it?[J]. American Documentation，1968，19（1）：3-5.

[3] Wordnet Search 3.1[EB/OL].（2017-12-25）. http: //wordnetweb.princeton.edu/perl/webwn?s=Futurology&sub=Seaarch+WordNet&o2=&o0=1&o8=1&o1=1&o7=&o5=&o9=&o6=&o3=&o4=&h=000.

[4] Leydesdorff L，Milojevic S. Scientometrics[EB/OL].（2017-12-25）. https: //arxiv.org/abs/1208.4566.

[5] OECD Publishing. OECD Glossary of Statistical Terms[M]. Paris：OECD，2013.

[6] de Bellis N. Bibliometrics and Citation Analysis: From the Science Citation Index to Cybermetrics[M]. Lanham：Scarecrow Press，2009.

[7] Kaplan S，Tripsas M. Thinking about technology：Applying a cognitivelens to technical change[J]. Research Policy，2008（37）：790-805.

[8] Narayanan V K. Managing Technology and Innovation for Competitive Advantage[M]. Englewood Cliffs：Prentice Hall，2001.

[9] Kim K H，Kim C H，Park H W. A new approach to estimating product life times：A case study of an LED based LCD TV[J]. Asian Journal of Innovation and Policy，2012，1（2）：200-218.

[10] Geels F W. Technological transitions as evolutionary reconfiguration processes：A multi-level perspective and a case-study[J]. Research Policy，2002（31）：1257-1273.

[11] Evans J P. Environmental Governance[M]. Abingdon：Routledge，2012.

[12] Geels F W，Schot J W. Typology of sociotechnical transition pathways[J]. Research Policy，2007，36（3）：399-417.

[13] 庞景安，黄迎燕. 国内外专利引文数据库的研究与发展[J]. 情报科学，2004（2）：182-187.

[14] Hummon N，Doreian P. Connectivity in a citation network：The development of DNA theory[J]. Social Networks，1989，11（1）：39-63.

[15] Schmoch U. IPC-technology concordance table[EB/OL]. [2013-03-01]. http: //www.wipo.int/ipstats/en/statistics/technology_concordance.html.

[16] European Research Council. Capturing dimensions of frontier research with bibliometrics（Part I）[EB/OL]. [2013-02-20]. http: //erc.europa.eu/identification-frontier-research-and-emerging-research-areas-research-proposals-bibliometric-approac.

[17] European Research Council. Measuring frontier research in the ERC research proposals：Effect on selection outcome[EB/OL]. [2013-02-21]. http：//erc.europa.eu/identification-frontier-research-and-emerging-research-areas-research-proposals-bibliometric-approac.

[18] Taylor Eighmy. Some thoughts on fostering transdisciplinary research—Heading towards a "Discovery collaborative incubator"[EB/OL]. [2013-04-29]. http：//research.utk.edu/files/2013/08/transdiciplinary_research_4-29-13.pdf.

[19] 陈超美. CiteSpace II：科学文献中新趋势与新动态的识别与可视化[J]. 情报学报，2009（3）：401-421.

[20] Kleinberg J. Bursty and hierarchical structure in streams[C]. Proceedings of the 8th ACM SIGKDD International Conference on Knowledge Discovery and Data Mining，Edmonton：ACM Press，2002.

[21] 闫裴，刘亚茹. 新版 WOS 网络数据库的特点及检索技巧[J]. 情报探索，2009，3：78-79.

[22] Smit B，Wandel J. Adaptation，adaptive capacity and vulnerability[J]. Global Environmental Change，2006，16（3）：282-292.

[23] Rodriguez A，de Leon J，Femat R，et al. A dynamic parameter estimator to control chaos with distinct feedback schemes[J]. Communications in Nonlinear Science and Numerical Simulation，2009，14（12）：4280-4291.

[24] Li S A，Li J R. Synchronization of network systems with delays by periodically intermittent coupling[C]. Proceedings of the Eighth International Conference on Information and Management Sciences，2009.

[25] Nakasone P H，Kiyono C Y，Silva E C N. Design of piezoelectric sensors，actuators，and energy harvesting devices using topology optimization [J]. Sensors and Smart StructuresTechnologies for Civil，Mechanical，and AerospaceSystems，2008，6932：69322w-1-69322w-11.

[26] Providakis C P，Voutetaki M E，Stauroulaki M E，et al. FEM Modeling of Electromechanical Impedance for the Analysis of Smart Damping Treatments[M]//Elleithy K，Sobh T，Mahmood A. Advances in Computer，Information，and Systems Sciences，and Engineering. Dordrecht：Springer，2007：129-134.

[27] 张新民. 智能材料研究进展[J]. 玻璃钢/复合材料，2013，6：57-63.

[28] Fisher R A. A mathematical examination of the methods of determining the accuracy of an observation by the mean error，and by the mean square error[J]. Monthly Notices of the Royal Astronomical Society，1920，80：758-770.

[29] 谢蕾蕾，宋志刚，何旭洪. SPSS 统计分析实用教程[M]. 北京：人民邮电出版社，2013.

[30] 薛薇. 统计分析与 SPSS 的应用[M]. 北京：中国人民大学出版社，2011.

[31] 张文彤，董伟. SPSS 统计分析高级教程[M]. 北京：高等教育出版社，2013.

[32] SPSS Inc. IBM SPSS advanced statistics 20[EB/OL]. (2012-09-16)[2014-07-29]. http：//www.sussex.ac.uk/its/pdfs/SPSS_Advanced_Statistics_20.pdf.

[33] Hinton P R，McMurray I，Brownlow C. SPSS Explained[M]. London：Routledge，2014.

[34] 荣泰生. SPSS 与研究方法[M]. 大连：东北财经大学出版社，2012.

[35] WIPO. International patent classification(Version IPC-2014.01)[EB/OL]. (2014-01-01)[2014-07-29]. http://www.wipo.int/classifications/ipc/en/.

[36] 专利信息服务平台. CNIPR 中外专利数据库服务平台使用帮助[EB/OL]. (2012-03-15)[2014-07-29]. http://search.cnipr.com/pages!helpPage.action.

[37] Fabry B，Ernst H，Langholz J，et a1. Patent portfolio analysis as a useful tool for identifying R&D and businessopportunities—an empirical application in the nutrition and health industry[J]. World Patent Information，2006，28：215-225.

[38] 黄梦婷，张鹏翼. 社会化问答社区的协作方式与效果研究：以知乎为例[J]. 图书情报工作，2015（12）：85-92.

[39] 孙晓宁，赵宇翔，朱庆华. 基于 SQA 系统的社会化搜索答案质量评价指标构建[J]. 中国图书馆学报，2015，41（4）：65-82.

[40] 苏素. 从知识传播的角度看问答型社交网站"知乎"[J]. 传播与版权，2013（1）：28.

[41] 张伟男. 社区型问答中问句检索关键技术研究[D]. 哈尔滨：哈尔滨工业大学，2014.

[42] 姜雯，许鑫. 在线问答社区信息质量评价研究综述[J]. 现代图书情报技术，2014，6：8.

[43] 刘宏明，柴梓淇. 论垂直型问答网站的发展[J]. 计算机光盘软件与应用，2012（21）：84.

[44] 钱爱兵，江岚. 基于改进 TF-IDF 的中文网页关键词抽取——以新闻网页为例[J]. 情报理论与实践，2008，31（6）：945-950.

[45] 苏祥坤，吾守尔，斯拉木. 基于词序统计组合的中文文本关键词提取技术[J]. 计算机工程与设计，2015，36（6）：1647-1651.

[46] 张红鹰. 基于模糊处理的中文文本关键词提取算法[J]. 现代图书情报技术，2009，25（5）：39-43.

[47] 田久乐，赵蔚. 基于同义词词林的词语相似度计算方法[J]. 吉林大学学报（信息科学版），2010（6）：602-608.

[48] 贾佳，宋恩梅，苏环. 社会化问答平台的答案质量评估[J]. 信息资源管理学报，2013，2：19-27.

[49] 曹雨骋，李浩鸣. 科普网站的社交功能对科技传播的影响研究——以知乎网为例[J]. 出版广角，2015（6）：79-81.

[50] OuYang K，Weng C S. A new comprehensive patent analysis approach for new product design in mechanical engineering[J]. Technological Forecasting and Social Change，2011，78（7）：1183-1199.

[51] Rohrbeck R. Harnessing a network of experts for competitive advantage：Technology scouting in the ICT industry[J]. R & D management，2010，40（2）：169-180.

[52] 张洪宝，胡大超. 生物 3D 打印的最新研究及应用[J]. 粉末冶金工业，2015，25（4）：63-67.

[53] Lee S，Lee S，Seol H，et al. Using patent information for designing new product and technology：Keyword based technology road mapping[J]. R&D Management，2008，38（2）：169-188.

[54] Yoon B，Park I，Coh B. Exploring technological opportunities by linking technology and products：Application of morphology analysis and text mining[J]. Technological Forecasting and Social Change，2014，86：287-303.

[55] Dai Y，Kakkonen T，Sutinen E. MinEDec: A decision-support model that combines text-mining technologies with two competitive intelligence analysis methods[J]. International Journal of Computer Information Systems and Industrial Management Applications，2011，3：165-173.

[56] 盖峰. 基于 QFD 和 TRIZ 的抽油机概念设计方法研究[D]. 南充：西南石油大学，2006.

[57]　Akao Y. Quality Function Deployment：Integrating Customer Requirements into Product Design[M]. London：Productivity Press，1990.

[58]　李慧颖. 在线评论对消费者感知及企业商品销量的影响研究[D]. 哈尔滨：哈尔滨工业大学，2013.

[59]　Yu D，Hang C C. A reflective review of disruptive innovation theory[J]. International Journal of Management Reviews，2010，12（4）：435-452.

[60]　Kopetzky R，Günther M，Kryvinska N，et al. Strategic management of disruptive technologies：A practical framework in the context of voice services and of computing towards the cloud[J]. International Journal of Grid and Utility Computing，2013，4（1）：47-59.

[61]　Christensen C M，Johnson M W，Rigby D K. Foundations for growth：How to identify and build disruptive new businesses[J]. MIT Sloan Management Review，2002，43（3）：22-31.

[62]　Walsh S T. Roadmapping a disruptive technology：A case study：The emerging microsystems and top-down nanosystems industry[J]. Technological Forecasting and Social Change，2004，71（1）：161-185.

[63]　Bloodworth I. A search for discriminative linguistic markers in ICT practitioner discourse，for the Ex ante identification of disruptive innovation[D]. Wellington：Victoria University of Wellington，2012.

[64]　Adner R. When are technologies disruptive? a demand—based view of the emergence of competition[J]. Strategic Management Journal，2002，23（8）：667-688.

[65]　Olyarnik S V，Bracken M E S，Byrnes J E，et al. Ecological Factors Affecting Community Invisibility[M]//Crooks J A. Biological Invasions in Marine Ecosystems. Berlin：Springer Berlin Heidelberg，2009：215-238.

[66]　Kohonen T. Self-Organization and Associative Memory[M]. New York：Springer，1988.

[67]　赵克勤. 集对分析及其初步应用[M]. 杭州：浙江科学出版社，2000：50-55.

[68]　Yoon J，Kim K. TrendPerceptor：A property-function based technology intelligence system for identifying technology trends from patents[J]. Expert Systems with Applications，2012，39（3）：2927-2938.

[69]　赵兴福，魏健. 电动汽车无线充电技术的现状与展望[J]. 上海汽车，2012（6）：3-6.

[70]　刘永军. 无线电力传输技术：创造未来空间神话[J]. 中国电子商情（基础电子），2008（11）：70-75.

[71]　Cascini G，Zini M. Measuring patent similarity by comparing inventions functional trees[C]. IFIP International Federation for Information Processing，2008，277：31-42.

[72]　方曙，胡正银，庞弘燊. 基于专利文献的技术演化分析方法研究[J]. 图书情报工作，2011，55（22）：42-46.

[73]　Benot G. Research and the practice of publication in industries[J]. Research Policy，1996，25：587-606.

[74]　Ismael R，Martin Mr. Diversity and network coherence as indicators of interdisciplinarity: Case studies in bionanoscience[J]. Scientometrics，2010（82）：263-287.

[75]　Stirling A. A general framework for analysing diversity in science，technology and society[J]. J. R. Soc. Interface，2007，4（15）：707-719.

[76] Porter A L，Roessner J D，Heberger A E. How interdisciplinary is a given body of research[J]. Research Evaluation，2008，17（4）：273-282.

[77] Porter A，Rafols I. Is science becoming more interdisciplinary? Measuring and mapping six research fields over time[J]. Scientometrics，2009，81（3）：719-745.

[78] Roessner D，Porter A L，Nersessian N J，et al. Validating indicators of interdisciplinarity：Linking bibliometric measures to studies of engineering research labs[J]. Scientometrics，2013，94（2）：439-468.

[79] 陈世明，舒娟. 智能群体合作网络的一致性研究[D]. 南昌：华东交通大学，2010.

[80] Rafols I，Meyer M. Diversity and network coherence as indicators of interdisciplinarity：Case studies in bionanoscience[J]. Scientometrics，2010（82）：263-287.

[81] Leydesdorff L，Carley S. Global maps of science based on the new Web of Science categories[J]. Scientometrics，2013，94：589-593.

[82] Leydesdorff L，Rafols I. A global map of science based on the ISI subject categories[J]. Journal of The American Society for Information Science and Technology，2009，60（2）：348-362.

[83] Jeffrey A，Kevin B，John C，et al. Roessner & Padhraic Smyth，an exploratory study of interdisciplinary and breakthrough ideas[C]. Proceedings of PICMET 13：Technology Management for Emerging Technologies，2013.

[84] Weisbrod G. A primeron economic impact analysis[D]. Chicago：Northwestern University，1997.

[85] ADB. Agricultural biotechnology，poverty reduction and food security[R]. Asian Development Bank，Manila，2001.

[86] FAO. Implications and development of biotechnology report for the 25th FAO regional conference for Asia and the Pacific[C]. Yokohama，Japan，2000.

[87] 黄大防. 生物技术与中国农业科技的新革命[R]. 中国农业科学院研究生院，2001.

[88] OECD. The economic impact of ICT：measurement，evidence and implications[D]. Paris：OECD，2004.

[89] Estimating the economic impact of smart technologies[DB/OL]. [2009-05-01]. http：//www-03. ibm.com/press/au/en/attachment/27567.wss?fileId=ATTACH_FILE2&fileName=Smarter%20 Planet%20AE%20IBM%20Report_2009.pdf.

[90] Ayhan D. Political，economic and environmental impacts of biofuels：A review[J]. Applied Energy，2009（86）：108-117.

[91] 蒋远胜，肖思顺. 转基因作物技术经济效应及其对农民收入、健康和环境的影响[J]. 农村经济与科技，2005（8）：12-13.

[92] 孙海. 煤制油技术产业化的经济效应分析[J]. 技术与创新管理，2009，30（1）：49-53.

[93] 刘兴凯，石其宝. 跨国公司专利与技术标准融合的经济效应[EB/OL]. [2010-01-01]. http：// lw.chinaue.com.

[94] 顾新建，林纪烈，韩永生. 大成组技术的经济效应研究[J]. Group Technology & Production Modernization，2004（3）：1-4.

[95] Rose A，McNiven C. Biotechnology：From measures of activities，linkages and outcomes to

impact indicators[DB/OL]. [2006-09-25]. http://www.oecd.org/dataoecd/10/63/37450288.pdf.

[96] Rai M D，Harmelink M K，Goedkoop P M，et al. Overview of essential technology features and parameters for the assessment of emerging technologies[R]. Utrecht：Universitat Autònoma de Barcelona，2010.

[97] Katz R L. Broadband demand and economic impact in Latin America[C]. Proceedings of the 3rd ACORNREDECOM Conference，2009.

[98] Malanowski N，Zweck A. Bridging the gap between foresight and market research：Integrating methods to assess the economic potential of nanotechnology[J]. Technological Forecasting & Social Change，2007，74：1805-1822.

[99] Atzeni G E. The economic effects of information technology：Firm level evidence from the Italian case[J]. Economic Development and International Economy：Economic Integration and Growth，2001，12：24-25.

[100] Whitacre B，Hartman P S，Boggs S，et al. Evaluating the economic impact of telemedicine in a rural community[J]. Oklahoma Cooperative Extension Service，2007，7：27-28.

[101] Fowler R A，Nichols L，Letourneau B E，et al. Estimating the economic impact of an initiative to increase organ donation in a transplant center[J]. Transplantation Proceedings，1997，29：3259-3260.

[102] Ozbay K，Bartin B. Estimation of economic impact of VMS（Variable Message Signs）route guidance using microsimulation[J]. Research in Transportation Economics，2004，8（1）：215-241.

[103] Juan Z，Wu J，McDonald M. Socio-economic impact assessment of intelligent transport systems[J]. Tsinghua Science and Technology，2006，11（3）：339-350.

[104] Souder W E，Shrivastava P. Towards a scale for measuring technology in new product innovation[J]. Research Policy，1985，14：151-160.

[105] Coccia M. Measuring intensity of technological change：The seismic approach[J]. Technological Forecasting & Social Change，2005，72：117-144.

[106] Sahal D. Patterns of Technological Innovation[M]. New York：Addison-Wesley，1981.

[107] Kleinknecht A. Are there Schumpeterian waves of innovations?[J]. Cambridge Journal of Economics，1990，14：81-92.

[108] Schumpeter J. Business Cycles[M]. New York：McGraw-Hill，1939.

[109] Mensch G. Stalemate in technology：Innovations overcome the depression[M]. New York：Ballinger，1979.

[110] Sahal D. Foundations of technometrics[J]. Technol. Forecast. Soc.，1985，1（27）：1-37.

[111] 陈铭昆，陈省三，蔡政明. 运用专利指标分析探讨主机板产业之专利布局[D]. 台北：台北科技大学服务与科技管理研究所，2012.

[112] Lerner J. The importance of patent scope：An empirical analysis [J]. Rand Journal of Economics，1994，25（2）：319-333.

[113] 孙涛，唐小利，李越. 核心专利的识别方法及其实证研究[J]. 图书情报工作，2012，56（4）：81.

[114] Roco M C，Bainberidge W S. Converging technologies for improving human performance：

Integrating from the nanoscale [J]. Journal of Nanoparticle Research，2002（4）：281-295.

[115] 汤文仙. 技术融合的理论内涵研究[J]. 科学管理研究，2006，24（4）：31-34.

[116] Choi K H. A research analysis on the concept of converging technology and converging types of information technology[C]. Proceedings of 2nd International Conference on Interaction Sciences：Information Technology，Culture and Human，2009.

[117] Meyer L. IPCC special report on carbon dioxide capture and storage[R]. Intergovernmental Panel on Climate Change，2006.

[118] 林俊旭，唐郁淳. 国内碳捕获与封存发展评析[F/OL]. [2010-12-14]. http：//www.cier.edu.tw/public/Data/ccs09.pdf.

[119] 王丽，潘云涛. 石墨烯的研究前沿及中国发展态势分析[J]. 新型炭材料，2010，25（6）：401-407.

[120] 郭新立，王增嫄，陈坚，等. 新型功能材料的产业化发展趋势[J]. 功能材料信息，2013（1）：19-22.

[121] 官建成，高霞，徐念龙. 运用 h 指数评价专利质量与国际比较[J]. 科学学研究，2008，26（5）：933.

[122] 颜端武，刘国晓. 近年来国外技术接受模型研究综述[J]. 现代情报，2012，（32）2：167-177.

[123] 甘智华，王博，刘立东，等. 空间液氢温区机械式制冷技术发展现状及趋势[J]. 浙江大学学报（工学版），2012，46（12）：2160-2177.

[124] 陈剑，冀京秋，陈宝国. 我国射频识别（RFID）技术发展战略研究[J]. 科学决策，2010（1）：8-20，94.

[125] 侯剑华，陈悦，王贤文. 基于信息可视化的组织行为领域前沿演进分析[J]. 情报学报，2009，28（3）：422-430.

[126] 章成志，梁勇. 基于主体聚类的学科研究特点及其趋势监测方法[J]. 情报学报，2010，29（2）：342-349.

[127] 马费成，张勤. 国内外知识管理研究热点——基于词频的统计分析[J]. 情报学报，2006，25（2）：163-171.

[128] 马费成. 国内知识管理研究结构探讨——以共词分析为方法[J]. 情报学报，2008，27（2）：93-102.

[129] 蒋永新，詹华清. 基于共现关键词统计的图书馆学情报学学科研究趋势分析[J]. 图书情报工作，2008，52（9）：28-31.

[130] Krackhardt. Organizational viscosity and the diffusion of controversial innovations [J]. Journal of Mathematical Sociology，1997，22（2）：177-199.

[131] 明宇，司虎克. 耐克运动鞋专利研发团队网络结构对技术创新影响的研究[J]. 体育科学，2013，33（2）：92-97.

[132] 张治河，谢忠泉，周国华，等. 产业创新的理论综述与发展趋势[J]. 技术经济，2008，1（27）：35-48.

[133] Forbes D P，Kirsch D A. The study of emerging industries：Recognizing and responding to some central problems [J]. Journal of Business Venturing，2011（26）：589-602.

[134] 谢雄标，严良. 产业演化研究述评[J]. 中国地质大学学报（社会科学版），2009，11：97-103.

[135] Elsbach K，Sutton R，Whetten D. Perspectives on developing management theory[J]. Academy

of Management Review，1999（24）：627-633.

[136] Malerba F. Sectoral systems of innovation and production[J]. Research Policy，2002，31（2）：247-264.

[137] Malerba F，Mani S. Sectoral Systems of Innovaton and Production in Developing Countries [M]. Cheltenham：Edward Elgar Publishing Limited，2009：6-11.

[138] 彭勃，雷家骕. 基于产业创新系统理论的我国大飞机产业发展分析[J]. 中国软科学，2011（8）：41-47.

[139] Hung S C，Chu Y Y. Stimulating new industries from emerging technologies：Challenges for the public sector[J]. Technovation，2006，26（1）：104-110.

[140] Funk J L. The origins of new industries：The case of the mobile internet[R]. World Portland International Conference on Management of enqineering & Technology，2003：222-228.

[141] 黄鲁成. 技术未来分析理论方法及应用[M]. 北京：科学出版社，2011.

[142] 游达明，陈凡兵. 基于耗散结构理论的产业创新系统熵变研究[J]. 统计与决策，2009（4）：21-24.

[143] 卢文光. 新兴技术产业化潜力评价及其成长性研究[D]. 北京：北京工业大学，2008.

[144] 张永安，李晨光. 复杂适应系统应用领域研究展望[J]. 管理评论，2010，5：121-128.

[145] 毛荐其，郝占刚，辛德强. 基于技术遗传特性的新产品开发研究[J]. 科研管理，2011，2：37-42.

[146] 宋艳，银路. 新兴技术的物种特性及形成路径研究[J]. 管理学报，2007（3）：211-215.

[147] McKendrick D，Jaffee J，Carroll G，et al. In the bud? Disk array producers as a（possibly） emergent organizational form [J]. Administrative Science Quarterly，2003，48：60-93.

[148] 藏旭恒，杨蕙馨，徐向艺. 产业经济学[M]. 北京：经济科学出版社，2007：8-9.

[149] Phaal R，O'Sullivan E，Farrukh C，et al. A framework for mapping industrial emergence[J]. Technological Forecasting & Social Change，2011（78）：217-230.

[150] 李欣. 新兴产业形成路径研究[D]. 北京：北京工业大学，2012.

[151] Ford D，Ryan C. Taking technology to market[J]. Harvard Business Review，1981（59）：117-126.

[152] Routley M，Phaal R，Probert D. Exploring industry dynamics and interactions[J]. Technological Forecasting& Social Change，2013（80）：1147-1161.

[153] Menhart M，Rennhak C. Drivers of the lifecycle-the example of the German insurance industry[R]. Reutlingen Working Papers on Marketing & Management，School of International Business，Reutlingen University，2006.

[154] Miranda L C M，Lima C A S. A new methodology for the logistic analysis of evolutionary S-shaped processes：Application to historical time series and forecasting[J]. Technological Forecasting and Social Change，2010（2）：175-192.

[155] 赵玉林，叶翠红. 中国高技术产业成长阶段及其转换的实证研究[J]. 科学学与科学技术管理，2011（5）：92-101.

[156] Meyer P S，Ausubel J H. Carrying capacity：A model with logistically varying limits[J]. Technological Forecasting and Social Change，1999（61）：209-214.

[157] Ernst H. The use of patent data for technological forecasting：The diffusion of CNC-technology

in the machine tool industry[J]. Small Business Economics，1997（9）：361-381.

[158] Meyer P S. Bi-logistic growth[J]. Technological Forecasting and Social Change，1994（47）：89-102.

[159] Trappey C，Wu H，Taghaboni-Dutta F，et al. Using patent data for technology forecasting：China RFID patent analysis[J]. Advanced Engineering Informatics，2011（25）：53-64.

[160] 傅瑶，孙玉涛，刘凤朝. 美国主要技术领域发展轨迹及生命周期研究——基于 S 曲线的分析[J]. 科学学研究，2013（2）：209-216，200.

[161] 毛荐其，刘娜. 基于技术生态的技术协同演化机制研究[J]. 自然辩证法研究，2010，26（11）：26-30.

[162] Pelikan P. Bringing institutions into evolutionary economics：Another view with links to changes in physical and social technologies[J]. Journal of Evolutionary Economics，2003，13：237-258.

[163] 曹东溟. "组合-创生-演化"的技术——打开"技术黑箱"的一个尝试[J]. 自然辩证法研究，2012，28（3）：44-49.

[164] Adomavicius G，Bockstedt J，Gupta A，et al. Technology roles in an ecosystem model of technology evolution[R]. MIS Research Center，University of Minnesota，Minneapolis，MN，2005.

[165] 王敏，银路. 新兴技术演化模式研究及其管理启示[J]. 技术经济，2009，28（11）：13-16.

[166] 连建辉，黄文峰. 企业的同质性假设、异质性假设与企业所有权安排[J]. 当代经济研究，2002（9）：57-65.

[167] Watts D，Strogatz S. Collective dynamics of small-world networks[J]. Nature，1998（393）：400-403.

[168] 张钢，倪旭东. 从知识分类到知识地图：一个面向组织现实的分析[J]. 自然辩证法通讯，2005（1）：59-69.

[169] Dosi G. Technological paradigms and technological trajectories[J]. Research Policy，1982，11（3）：147-162.

[170] Mark J，Steven F. Trajectories in the evolution of technology：A multi-level study of competition in formula racing [J]. Organization Studies，2001，22（6）：925-945.

[171] 吕铁. 论技术标准化与产业标准战略[J]. 中国工业经济，2005（7）：43-49.

[172] 芮明杰，张琰. 产业创新战略——基于网络状产业链内知识创新平台的研究[M]. 上海：上海财经大学出版社，2009：14-15.

[173] Rosenberg N. Technological change in the machine tool industry，1840-1910[J]. The Journal of Economic EHistory，1963，23（4）：414-443.

[174] Rosenberg N. Exploring the Black box：Technology，Economics，and History[M]. Cambridge：Cambridge University Press，1994.

[175] Jin J H，Park S C，Pyon C U. Finding research trend of convergence technology based on Korean R&D network[J]. Expert Systems with Applications，2011，38（12）：15159-15171.

[176] Kodama F. Japanese innovation in mechatronics technology[J]. Science and Public Policy，1986，13（1）：44-51.

[177] Schmoch U，Laville F，Patel P，et al. Linking technology areas to industrial sectors[R]. Paris：

Final Report to the European Commission，DG Research，2003：89.

[178] 袁思达. 技术预见德尔菲调查中共性技术课题识别研究[J]. 科学学与科学技术管理, 2009（10）：21-26.

[179] 于晓勇，尚赞娣，李金林. 基于技术预见德尔菲调查的共性技术课题选择方法研究[J]. 数学的实践与认识, 2011，41（4）：64-68.

[180] 魏永莲，唐五湘. 共性技术筛选指标体系及模型研究[J]. 科技管理研究, 2009（4）：46-48.

[181] 田宵依. 基于无标度网络理论的共性技术创新网络研究[D]. 合肥：中国科学技术大学, 2011.

[182] Hummon N，Doreian P. Connectivity in a citation network：The development of DNA theory[J]. Social Networks，1989，11（1）：39-63.

[183] 刘爽. 中小企业风险评估的实证研究[D]. 大连：大连海事大学，2008.

[184] Souder W E，Bethay D. The risk pyramid for new product development：An application to complex aerospace hardware[J]. Journal of Product Innovation Management，1993，10：181-194.

[185] Balachandra R，Friar J H. Factors for success in R&D projects and new product innovation：A contextual framework[J]. IEEE Transactions on Engineering Management，1997，44：276-287.

[186] 毛荐其，霍保世. 技术创新风险与评估[J]. 数量经济技术经济研究，2002，2：28-31.

[187] 王立新，李勇，任荣明. 基于灰色多层次方法的企业技术创新风险评估研究[J]. 系统工程理论与实践，2006，7：98-104.

[188] Mu J F，Peng G，MacLachlan D L. Effect of risk management strategy on NPD performance[J]. Technovation，2009，29：170-180.

[189] Chen Y，Liu J，Xie K F. Risk in integrated leapfrogging mode of technological innovation[J]. Kybernetes，2012，41：1423-1439.

[190] Wu J，Wu Z. Integrated risk management and product innovation in China：The moderating role of board of directors[J]. Technovation，2013，11：1-11.

[191] Wang W P. Evaluating new product development performance by fuzzy linguistic computing[J]. Expert System with Applications，2009，36（6）：9759-9766.

[192] Luo J L，Hu Z H. Risk paradigm and risk evaluation of farmers cooperatives' technology innovation[J]. Economic Modelling，2015，44：80-85.

[193] Bi K，Huang P，Ye H. Risk identification，evaluation and response of low-carbon technological innovation under the global value chain：A case of the Chinese manufacturing industry[J]. Technological Forecasting & Social Change，2015，100：238-248.

[194] Kuzma J，Paradise J，Ramachandran G. An integrated approach to oversight assessment for emerging technologies[J]. Risk Analysis，2008，28（5）：1197-1219.

[195] 刘正龙，杨艳梅. 多属性决策方法在高校科技产业风险评价中的应用研究[J]. 计算机与数字工程，2013，2：218-221.

[196] 余佳. 战略性新兴产业风险分析及预警机制研究[J]. 中国高新技术企业，2012，1：9-11.

[197] 肖玲诺，史建锋，孙玉忠. 基于 BP 神经网络的产学研知识创新联盟风险评价研究[J]. 中国软科学，2011，12：173-179.

[198] Wu D D，Xie K F. Modeling technological innovation risks of an entrepreneurial team using

system dynamics：An agent-based perspective[J]. Technological Forecasting and Social Change，2010，77（6）：857-869.

[199] Kyonghwan K，Yongrok C，Chang Y C，et al. The role of intermediaries on technological risk management and business development performance in Korea[J]. Technological Forecasting and Social Change，2010，77（6）：870-880.

[200] 王璐. 基于 VaR 方法的电子信息产业风险管理研究[D]. 西安：西安电子科技大学，2013.

[201] Wang J K，Zeng F L，Guo Z L. The evaluation of enterprise informatization risk based on the unascertained method[J]. Physics Procedia，2012，25：492-498.

[202] 李彦斌，于心怡，王致杰. 采用灰色关联度与 TOPSIS 法的光伏发电项目风险评价研究[J]. 电网技术，2013，6：1514-1519.

[203] 刘思峰，赵亮，王战营，等. 风险投资评价的一种新方法[J]. 中国管理科学，2001，2：23-27.

[204] Cao J T，Song W Y. Risk assessment of co-creating value with customers：A rough group analytic network process approach[J]. Expert Systems with Applications，2016，55：145-156.

[205] Choi H G，Ahn J. Risk analysis models and risk degree determination in new product development：A case study[J]. Journal of Engineering & Technology Management，2010，27（1-2）：110-124.

[206] Barbaros Y，Anthony C，Norman F，et al. A Bayesian network framework for project cost，benefit and risk analysis with an agricultural development case study[J]. Expert Systems with Applications，2016，60：141-155.

[207] 华小义，谭景信. 基于“垂面”距离的 TOPSIS 法——正交投影法[J]. 系统工程理论与实践，2004（1）：114-119.

[208] 杨德岭. 我国民办高等教育投资评价及风险管理研究[D]. 南京：南京航空航天大学，2012.

[209] Spanos M，Dounias G，Matsatsinis N，et al. A fuzzy knowledge-based decision aiding method for the assessment of financial risk：The case of corporate bankruptcy prediction[R]. European Symposiumon Intelligent Techniques（ESIT），Orthodox Academy of Crete，Greece，1999：1-7.

[210] Lindsay D H，Campbell A. A chaos approach to bankruptcy prediction[J]. Journal of Applied Business Research，1996，12（4）：1-9.

[211] Kiviluoto K，Bergius P. Exploring corporate bankruptcy with two-level self-organizing map [A]. Paper published in the Proceedings of the Fifth International Conference on Computational Finance. London Business School，Boston，Massachusetts，USA：Kluwer. Academic Publishers，1998：373-380.

[212] Shumway T. Forecasting bankruptcy more accurately：A simple hazard model[J]. Journal of Business，2001，74（1）：101-124.

[213] 杨淑娥，徐伟刚. 上市公司财务预警模型的实证研究[J]. 中国软科学，2003，1：56-60.

[214] 张玲，陈收. 基于多元判别分析和神经网络技术的公司财务困境预警[J]. 系统工程，2005，23（1）：50-56.

[215] Altman E I，Marco G，Varetto F. Corporate distress diagnosis：Comparison using linear discriminate analysis an neural networks[J]. Journal of Banking and Finance，1994，18（1）：505-529.

[216] Theodossiou P. Predicting shifts in the mean of a multivariate time series process：An application in predicting business failures[J] . Journal of the American Statistical Association，1993，88（422）：441-449.

[217] Zhang J，Lu J，Zhang G Q. A hybrid knowledge-based risk prediction method using fuzzy logic and CBR for avian influenza early warning[J]. Journal of Multiple-valued Logic and Soft Computing，2011，17（4）：363-386.

[218] Liu Y，Yi T H，Xu Z J. Safety early warning research for highway construction based on case-based reasoning and variable fuzzy sets[J]. Scientific World Journal，2013（5）：178954.

[219] Dokas I M，Feehan J，Imran S. EWaSAP：An early warning sign identification approach based on a systemic hazard analysis[J]. Safety Science，2013，58：11-26.

[220] 林宇，黄迅，淳伟德，等. 基于 ODR-ADASYN-SVM 的极端金融风险预警研究[J]. 管理科学学报，2016，19（5）：87-101.

[221] Yang M，Khan F，Amyotte P. Operational risk assessment：A case of the Bhopal disaster[J]. Process Safety and Environmental Protection，2015，97：70-79.

[222] Jiang P，Liu X，Zhang J，et al. A framework based on hidden Markov model with adaptive weighting for microcystin forecasting and early-warning[J]. Decision Support Systems，2016，85：89-103.

[223] Zhong Y H，Liu Y X，Lin X X，et al. The method of oilfield development risk forecasting and early warning using revised bayesian network[J]. Mathematical Problems in Engineering，2016（4）：1-10.

[224] Zhang Q，Zhang J Q，Wang C Y，et al. Risk early warning of maize drought disaster in Northwestern Liaoning Province，China[J]. Natural Hazards，2014，72：701-710.

[225] Yoon W J，Park K S. A study on the market instability index and risk warning levels in early warning system for economic crisis[J]. Digital Signal Processing，2014，29：35-44.

[226] He W，Duan Y L，Deng L W，et al. Risk assessment and early-warning system for high-speed railway during the construction and operation of underpass bridges[J]. Journal of Performance of Constructed Facilities，2016，30（1）：1-13.

[227] 刘微微，石春生，赵圣斌. 具有速度特征的动态综合评价模型[J]. 系统工程理论与实践，2013，3：705-710.

[228] Black F，Scholes M. The pricing of options and corporate liabilities [J]. Journal of Political Economy，1973，81（3）：637-659.

[229] Merton R. Theory of rational option pricing[J]. Bell Journal of Economics and Management Science，1973，4（1）：141-183.

[230] Merton R. On the pricing of corporate debt：The risk structure of interest rates[J]. Journal of Finance，1974，29（2）：449-470.

[231] 陈晓红，张泽京，王傅强. 基于 KMV 模型的我国中小上市公司信用风险研究[J]. 数理统计与管理，2008，27（1）：154-161.

[232] 顾乾屏，唐宁，王涛，等. 基于商业银行内部数据的 KMV 模型实证研究[J]. 金融观察，2010（1）：60-64.

[233] 李磊宁，张凯. KMV 模型的修正及在我国上市公司信用风险度量中的应用[J]. 首都经济贸

易大学学报，2007（4）：44-49.

[234] 刘迎春，刘霄. 基于 GARCH 波动模型的 KMV 信用风险度量研究[J]. 东北财经大学学报，2011（3）：76-81.

[235] 史小坤，陈昕. 商业银行信用风险管理的 KMV 模型及其修正[J]. 南京财经大学学报，2010（4）：47-51.

[236] 张智梅，章仁俊. KMV 模型的改进及对上市公司信用风险的度量[J]. 企业管理，2006（9）：157-161.

[237] 曾诗鸿，王芳. 基于 KMV 模型的制造业上市公司信用风险评价研究[J]. 预测，2013，32（2）：60-63，69.

后 记

　　历经五年，作者完成了国家社会科学基金重大项目（11&ZD140）"新兴技术未来分析理论方法与产业创新研究"，并顺利结项。

　　本书在结项报告基础上整理完成。本书所阐述的一些规律性特征，对于认识和把握新兴技术与产业创新发展具有指导意义；所提出的分析方法、识别方法、评估方法有些已经在实践中得到应用，并得到好评，取得了良好的社会效益；部分对策建议得到了政府有关部门的高度重视。"关于制定战略性新兴产业统一评价指标及标准的建议"（《成果要报》2012 年刊发）被有关部门参考，同时得到了全国哲学社会科学规划办公室的表彰。《光明日报》、全国哲学社会科学规划办公室网站、中国社会科学网、中国共产党新闻网、光明网、和讯新闻网、千龙网、国务院发展研究中心信息网、凤凰网、中华人民共和国国史网、中共中央党校-中国干部学习网、人民大学书报资料中心等媒体先后摘转了相关研究成果。研究团队还先后应邀到中国电工技术学会、中国技术经济学会、中国企业管理研究会、中国科学院科技政策与管理研究会、北京机械工程学会、部分高校、海尔集团技术研发中心、青岛海尔智能技术研发有限公司、北方微电子、潍柴动力、京城集团、风帆股份等报告研究成果。

　　研究过程中，先后发表 90 篇 CSSCI 期刊论文，总被引用 360 次，下载总量达 32904 次；EI、SSCI、SCI 检索论文 23 篇，总被引用 19 次。主办 7 次"中国技术未来分析论坛"并出版会议论文集 6 部。研究过程中培养了 3 名博士后、7 名博士、26 名硕士，主办全国性学术会议 7 次，应邀出席国内外学术会议并作报告 20 余次。

　　研究中得到了国内诸多知名大学、研究机构、企业、咨询公司、学会、研究会的支持与帮助，也得到了诸多专家学者的指导帮助，在此表示衷心感谢。

　　新兴技术与产业创新研究正在深入发展，新问题、新方法、新技术、新工具不断涌现，我们的研究工作是在特定环境条件下完成的，研究内容的前沿性和新颖性，成果的创新性具有阶段性特征，必定存在着不足和局限性，我们将以此为新起点，开始新的研究征程。

　　先后参加本研究工作的人员主要有：黄鲁成（项目首席专家）、吴菲菲、李欣、苗红、娄岩、杨早立、翟东升、阮平南、任海英、曾诗鸿、王亢抗、罗晓梅、成雨、黄斌、石媛嫄、王凯、刘晓燕、武丹、杨梓、杨学君、尚洪涛、张静、陈明、郭彦丽、唐月强、张辉、张璐、王静静、封红丽、彭巧语、李倩、陈晨、张欣琦、蔡万江、程善宝、常兰兰、刘玉敏、王雪婷、蒋林杉等。

黄鲁成

2017 年 4 月 18 日